重庆长安汽车股份有限公司董事长、党委书记 **朱华荣**

广州小鹏汽车科技有限公司联合创始人、总裁 **夏珩**

岚图汽车科技公司首席执行官兼首席技术官 **卢放**

广汽埃安新能源汽车有限公司总经理 **古惠南**

So.Car 汽车数据工场创始人、首席执行官 **张晓亮**

中国工程院院士、中国汽车工程学会理事长、清华大学教授 **李骏**

上海蔚来汽车有限公司创始人、董事长、首席执行官 **李斌**

上海汽车集团股份有限公司副总裁、总工程师 **祖似杰**

上汽通用五菱汽车股份有限公司副总经理 **练朝春**

赵福全研究院·汽车产业战略系列⑦

汽车产品创新

赵福全　刘宗巍　马青竹　编著

机械工业出版社

本书是"赵福全研究院·汽车产业战略系列"的第七册，集中展现了"赵福全研究院"第十五季、第十六季的九场高端访谈，记载了赵福全院长与朱华荣、夏珩、古惠南、卢放、张晓亮、李骏、李斌、祖似杰和练朝春九位汽车行业的企业家、技术专家就汽车产品创新开展的高端对话与探讨。

本书从产品创新总论、产品创新需求、产品创新战略、产品创新方法论四个方面，对汽车产品创新进行了系统阐述，对汽车产业发展趋势、产品创新的历程和现状、产品创新的机遇和挑战、产品创新的内涵和原则、产品创新的方向和重点等问题进行了剖析，从电动化、网联化与智能化、共享化、国际化等视角对产品创新战略进行了解读，从企业战略创新、组织架构创新、研发与制造创新、销售与服务创新、协同融合创新、商业模式创新、品牌建设创新、人才与产品创新等方面对产品创新方法论进行了探讨。

本书适合汽车行业及相关行业的企业管理人员、研究人员阅读参考。

图书在版编目（CIP）数据

汽车产品创新／赵福全，刘宗巍，马青竹编著．—北京：机械工业出版社，2021.10
（赵福全研究院．汽车产业战略系列）
ISBN 978-7-111-69241-6

Ⅰ.①汽⋯ Ⅱ.①赵⋯②刘⋯③马⋯ Ⅲ.①汽车-工业产品-产品设计-研究 Ⅳ.①F407.471

中国版本图书馆 CIP 数据核字（2021）第 200058 号

机械工业出版社（北京市百万庄大街 22 号　邮政编码 100037）
策划编辑：孟　阳　　　责任编辑：孟　阳
责任校对：李　伟　　　责任印制：李　昂
北京联兴盛业印刷股份有限公司印刷
2021 年 10 月第 1 版第 1 次印刷
169mm×239mm · 33.25 印张 · 2 插页 · 475 千字
0 001—3 000 册
标准书号：ISBN 978-7-111-69241-6
定价：99.00 元

电话服务　　　　　　　　　　网络服务
客服电话：010-88361066　　　机　工　官　网：www.cmpbook.com
　　　　　010-88379833　　　机　工　官　博：weibo.com/cmp1952
　　　　　010-68326294　　　金　书　网：www.golden-book.com
封底无防伪标均为盗版　　　　机工教育服务网：www.cmpedu.com

有一种对话：酒逢知己，不吐不快

付于武
中国汽车工程学会名誉理事长

作为凤凰汽车"赵福全研究院"被采访的嘉宾之一，同时也作为一位汽车行业的老兵，我在过去50余年里一直参与汽车产业的发展，也见证了最近20多年来中国汽车工业的腾飞。我有很多感触想和大家分享。

实际上，中国汽车产业从来没有面临像今天这样的历史机遇。同时，也从来没有面临像今天这样的严峻挑战。机遇来自于我们稳居汽车产销规模世界第一；机遇来自于中国制造业转型升级正在进行时；机遇更来自于当前席卷全球的新一轮科技革命，整个世界汽车产业都在重塑中。作为后来者，中国确实迎来了千载难逢的赶超机会。

但是与此同时，挑战也是空前的。能源、环境、拥堵、安全四大制约因素日益凸显，对汽车产业的可持续发展构成了现实挑战，尤其对于"跑步"进入汽车社会的中国，更是如此。特别是，尽管中国汽车产业取得了长足的进步，但总体上依然大而不强，集中体现在本土自主品牌汽车企业的弱势地位。

必须清楚：汽车对于中国，意味着国民经济的支柱与先导、制造强国的载体与抓手，汽车强，则制造业必强；意味着14亿人民的便利出行和社会资源的顺畅流通，是不可或缺的交通手段，也是新一轮城镇化进程的战略支点；意味着民生福祉的提升和稳定内需的基石，享受汽车生活是众多百姓心中的"中国梦"。因此,中国汽车人责无旁贷,必须把握机遇、应对挑战,突破制约因素,做强本土企业,让汽车为国家和人民做出更大的贡献。

正是在这种情况下,行业内外的众多同仁都在思考应该如何加快做强汽车产业和建成健康汽车社会。总结历史,厘清现状,展望未来,寻求突破,可谓正当其时,而且异常紧迫。

然而汽车产业实在太过复杂,牵涉广泛,所以各方的观点往往莫衷一是,甚至大相径庭。整个行业可以说不乏各种交流与讨论,像各类论坛、研讨会比比皆是,但是我觉得可能最需要的是,真正由专家提问、专家解答,在深层次碰撞思想、凝聚共识的一个平台,真正轻松自由、充分交流、畅所欲言,类似老友聚会的一种形式。

而凤凰汽车"赵福全研究院"就找到了这种形式,搭建起了这个平台,应该说这是一种了不起的独创,体现出了凤凰汽车追求高端的自我定位、前瞻思维的战略眼光。而我也有幸受邀参与其中,在交谈中,确实有深刻的问题和专业的互动,让我把自己心中所想有条理地和盘托出,也让我真正感受到了"酒逢知己"、不吐不快的畅怀。我觉得这种机会太难得了,这个平台太重要了!

栏目上线后,我得到了很多领导、专家从不同层面的反馈,与我的感受一样,大家都给予了极高的评价,更有很多人建议将这些讨论进一步系统整理成册,发挥指导行业发展的更大作用。令人欣喜的是,凤凰网顺应了大家的需求,在机械工业出版社的大力支持下,开创了网络媒体反向借助书面媒体,进行持久传播和记载历史的新纪元。基于每年精彩的访谈内容,作者进行认真的书面再整理和系统总结,形成了"赵福全研究院·汽车产业战略系列"丛书,逐年推出。确实难能可贵。

在此,利用这个机会我想对凤凰汽车策划和发起这件事情的所有领导、同事表示由衷的感谢和赞赏。感谢凤凰汽车"赵福全研究院"项目组的全体同志,认真策划选题,积极邀约嘉宾,把各项工作进行得井井有条,让这个构思逐渐细化和完善起来。

同时更为受邀担任主持嘉宾的福全院长点赞!福全是我的老朋友了,

也是各位受访嘉宾的老朋友。他是有着特殊代表性的行业翘楚，无论海外还是国内，技术还是管理，产业还是学术，都有独特的经历和深厚的积淀，也是大家公认的汽车界金牌主持人。有他的担纲掌舵和亲力亲为，这一场场极具价值的巅峰对话才得以如此精彩纷呈、振聋发聩。还有福全长期栽培的小刘（刘宗巍）博士，他的专业整理和文字功底，让如此思想盛宴清晰顺畅地跃然纸上。

也对所有参与访谈的嘉宾、发行本书的机械工业出版社，以及关注支持凤凰汽车"赵福全研究院"栏目和"赵福全研究院·汽车产业战略系列"丛书的全体同仁们表示感谢，大家辛苦了。

我相信，这套集聚汽车业界顶级专家心声的丛书，将为国家建言献策、给企业指点迷津，其战略价值将历久弥新、不断彰显。我也希望凤凰汽车的全体同仁以及福全院长能够百尺竿头更进一步，把"赵福全研究院"这个高端对话栏目持续办下去，并不断总结成书。不仅成为汽车行业深刻思想碰撞的平台、系统战略指导的源泉，也成为中国汽车发展史的宝贵记录，记载中国做强汽车产业的艰辛历程和中国汽车人的拼搏与探索！

谢谢大家。

媒体定位与内容价值

刘 爽

凤凰汽车新媒体首席执行官、执行董事
凤凰卫视有限公司运营总裁

高端对话栏目"赵福全研究院"自2014年4月正式推出后，持续得到了海内外众多同仁的广泛关注和积极反馈。

通过这个栏目，各位专家以和赵福全院长对谈的形式，把多年沉淀下来的真知灼见倾囊托出。除了在凤凰多媒体全面推送以外，我们还将访谈内容进行深度加工，编撰形成了"赵福全研究院·汽车产业战略系列"丛书，每年向行业奉献这样一册饱含珍贵观点和意见的建言书。

有很多人曾问我，在互联网时代，每天产生的信息数以亿计，辛辛苦苦做一个系列的纸质书籍究竟意义何在？我觉得这是一件非常严肃，而且很有必要的事情，在这件事上我们未曾有一丝的怠慢。

值此全球制造业转型与中国经济调整的关键期，如何加快做强汽车产业和建成健康汽车社会，一直都是备受热议的话题，有过讨论，当然也不乏争执。

作为媒体，凤凰汽车希望搭建一个具有公信力和影响力的平台，汇聚行业观点，进行思想碰撞，"赵福全研究院"正是顺应了这一重要需求，致力于打造汽车界的"老友记"，努力为行业最核心的疑问寻找答案；为中国做强实体经济，推动汽车这一支柱性产业的可持续发展，贡献我们的力量。

序二

这是一个信息爆炸同时知识碎片化的时代,虽然我们能更快地接触到最新的信息,但在深度关注某一具体领域时,太多的信息和线索反而带来了麻烦。如何有效串联这些信息,使我们可以在面对这个时代时,更清晰地把握脉络?这个时候,论述严谨、观点翔实,更专注于内容本身的书籍,就成为更好的选择,我想这也是"赵福全研究院·汽车产业战略系列"丛书的最大意义。

在这样一个信息多终端的时代,我们当然希望依靠内容差异性和稀缺性抢占先机,但与此同时,凤凰网作为媒体,始终在思考如何能让受众更专注于好的内容。好内容的意义在于,首先去伪存真,使媒体保持公信力和权威性;其次启人心智,推动社会的发展和产业的进步。我们相信,优质的内容永远是受众最需要的,优质的内容永远是媒体的原点。

最后,在本系列又一本新书问世之际,我要特别感谢清华大学汽车产业与技术战略研究院院长赵福全教授的倾力付出,感谢每位做客"赵福全研究院"栏目的行业领袖和企业精英的全力配合,正是因为各位的共同努力,才有机会将"赵福全研究院·汽车产业战略系列"丛书不断付诸出版。

谢谢大家!

前言 Preface

凤凰汽车"赵福全研究院"高端对话栏目自2014年推出至今,已成功开展了66场。在这个车界"老友记"的平台上,多位重量级嘉宾和我一起碰撞思想、深度交流,为国家、产业和企业的发展建言献策。同时,应广大同仁的强烈要求,我们对该栏目的内容进行了深度"加工",以精心修订的"高端对话"原味实录和提炼归纳的"论道车界"系统阐述,构成了"赵福全研究院·汽车产业战略系列"丛书,旨在以书面形式沉淀智者心声、指引产业方向、铭记发展历程,持续得到了业界的广泛关注和高度认可。到目前为止,这一系列丛书已经先后出版了六册,包括《洞见汽车强国梦》《探索汽车强国路》《践行汽车强国策》《供应链与汽车强国》《汽车技术创新》和《汽车产业创新》。这次呈现给大家的是"赵福全研究院·汽车产业战略系列"丛书的第七册——《汽车产品创新》。

本书的主题看似一个老话题,但实际上随着当前产业重构的不断深化,汽车产品创新早已今非昔比。特别是近几年来,"汽车新四化"的趋势日益明显,包括新能源、物联网、大数据、云计算和人工智能等新技术,以及"软件定义汽车"、全新用户体验和跨界融合商业模式等新理念,都成为业界高度关注的热点话题,并直接影响和改变着汽车产品创新的发展与实践。我们选择"汽车产品创新"作为2020年度栏目的主题,其重要意义和价值不言而喻。

为了充分做好"汽车产品创新"这个选题,我们精心策划了9场高端对话。与我对话的嘉宾包括长安汽车董事长朱华荣,小鹏汽车联合创始人兼总裁夏珩,广汽新能源汽车公司总经理古惠南,岚图汽车科技公司首席执行官(CEO)卢放,So. Car汽车数据工场创始人兼CEO张晓亮，中国工程院院士、中国汽车工程学会理事长、清华大学教授李骏，蔚来汽车创始人、董事长兼CEO李斌，上汽集团副总裁、总工程师祖似杰，上汽通用五菱副总经理练朝春。

这些行业领袖和企业领军人基于多年的产业实践、研究积累及系统思考，毫无保留地分享了各自的真知灼见。我们谈及的话题非常广泛，涵盖了新时期汽车产品创新的诸多核心问题，包括：产业全面重构及其对产品创新的本质影响；新时期汽车产品创新的内涵、方向与重点；面向用户体验的产品需求识别方法论；汽车产品电动化、网联化、智能化和共享化的创新战略；涵盖企业战略、组织架构、品牌建设和商业模式等要素，以及研发、采购、制造、质量、销售和服务等环节的产品创新体系；新旧整车企业、零部件企业和信息通信科技公司等主体深度融合的产品创新之道等。

我们交流的内容之所以如此丰富，是因为汽车产品创新并不是孤立存在的，而是一个涉及企业方方面面的复杂系统工程。事实上，汽车产品创新不仅需要多个领域技术创新的支撑，还需要企业整体战略的保障，更需要企业在推进正确战略的过程中有效解决研发、制造、销售和服务等环节的问题，并提供人、财、物等的充足资源。特别是在产业全面重构的当下，汽车产品创新还需要不同于以往的全新理念、策略和方法提供有力支撑。为此，企业必须重新审视用户需求，跨界融合内外部资源，倾力打造差异化产品特性。只有这些工作最终有效落地，企业才可能推出满足新时期市场需要的优秀汽车产品。

受访嘉宾们一致认为，中国汽车产业已经步入"唯有创新，才有未来"的新时期。面对新一轮科技革命驱动产业格局重塑的新机遇和新挑战，我们必须充分认识到，未来汽车产品将拥有远超从前的能力和价值。因此，今后单纯围绕汽车产品本身进行创新，或者参照传统造车模式的延长线进行创新，都是不可能实现汽车产品创新引领的。

从产业趋势上看，汽车新四化是产业发展的大势所趋，电动化和智能化是汽车企业尤其应该抓住的两个产品创新方向。新四化为汽车产业开辟了新赛道，创造了新价值空间，从而为后发的中国车企提供了宝贵的战略机遇。但机遇从来都伴随着挑战，中国车企要想成功应对挑战、把握机遇，就必须彻底摒弃过去单点式、跟随式、改良式甚至点缀式的产品创新，要坚决践行系统性、引领性和开创性的产品创新，尽快实现从跟跑到并跑甚至领跑的创新模式切换。

从发展理念上看，过去的汽车产品创新主要聚焦于车辆的功能和性能，而今后的汽车产品创新将更多关注用户的体验和服务。特别是智能化、网联化等一系列新技术的融入，使汽车不再是单纯的交通工具，而是可移动的智能终端与数据节点，从而逐渐成为具有持续自我进化能力的"新物种"。这既意味着汽车产品创新的内涵与外延远胜从前，也意味着新时期汽车及相关企业在产品创新上必须建立新认识、形成新观念、培育新能力。

从创新实践上看，"小打小闹"的改良式创新注定没有未来，企业必须进行全方位、颠覆性的系统创新，致力于形成体系化的创新能力，才能支撑未来的产品创新，满足消费者不断升级的产品需求。同时，未来智能汽车作为人类智慧生活的重要空间和载体，将与智能交通、智慧城市、智慧能源融合发展。因此，在构建全新汽车产业生态系统的过程中，传统整零车企、ICT和科技公司，以及各级政府的力量缺一不可，唯有三方跨界合作、资源重组、有效分工、紧密协同，才能打造出真正优秀的智能汽车产品，并在智能社会中最大限度地发挥作用。

嘉宾们对汽车产品创新的深刻认识与精辟阐释，对产业未来发展的详细解读与前瞻判断，为汽车相关企业围绕战略创新、技术创新、运营创新、商业模式创新以及人才管理创新、资本运用创新等维度，有效开展汽车产品创新实践，提供了重要参考和有益借鉴。

颠覆性的改变来自颠覆性的认识以及持续的产业实践。只有真正形成了颠覆性的认识，我们才能在产业实践中坚持不懈地采取颠覆性的创新举措，直至最终实现颠覆性的改变。当前，汽车产品创新迫切需要颠覆性的改变。而《汽车产品创新》一书恰恰有助于广大汽车同仁形成颠覆性的创新认识，并为产业实践指明方向。从这个意义上讲，本书对于新时期中国汽车产品创新能力的全面提升，具有深远的指导意义和直接的促进作用。

事实上，未来十年将是中国汽车产业转型升级的战略窗口期，而汽车产品则是中国汽车企业在此期间把握机遇、抢占先机、赢得优势的关键突破口。然而，要实现汽车产品的重大突破绝非易事。我认为，中国汽车产业必须在产品创新上完成三大任务：一是充分识别用户的全新需求，基于智能网联技术打造出差异化的全新汽车产品；二是积极践行国家"双碳"战略，快速推进节能与新能源汽车的有效普及；三是走出国门、走向世界，努力在全球范围内占据一定的市场份额，并提升中国汽车品牌的全球影响力。为此，中国车企必须以汽车产品创新突破为目标，加快探索和建设新型产品创造体系，不断提升自身产品乃至整个企业的核心竞争力，进而支撑中国汽车产业早日实现由大变强的转变。在此，谨以本书与诸位读者共勉！

展望波澜壮阔的未来汽车产业，我们自当继续努力，把"赵福全研究院·汽车产业战略系列"丛书的编写工作坚持下去，为中国乃至世界汽车产业的创新发展与转型升级，做出自己独特的贡献。希望大家一如既往地支持我们！让我们共同拥抱中国汽车产业的美好明天！

世界汽车工程师学会联合会（FISITA）终身名誉主席
清华大学汽车产业与技术战略研究院 院长、教授
2021年6月10日

目录 Contents

序一　有一种对话：酒逢知己，不吐不快　付于武
序二　媒体定位与内容价值　刘　爽
前言

第一部分　高端访谈

01　对话朱华荣
　　——打造智能科技创新能力，驱动产品体验全面升级　　/ 002

02　对话夏珩
　　——新造车企业要左手继承、右手创新　　/ 031

03　对话古惠南
　　——既要做好产品创新，也要做好服务创新　　/ 061

04　对话卢放
　　——定位造车"新实力"，聚焦产品零焦虑　　/ 088

05　对话张晓亮
　　——不能用旧路书跑新赛道　　/ 118

06　对话李骏
　　——从"汽车定义软件"到"熵减"开发理念　　/ 150

07　对话李斌
　　——蔚来服务密码是对用户的体验全程负责　　/ 190

08　对话祖似杰
　　——整车企业的核心竞争力始终是集成能力　　/ 230

09 对话练朝春
　　——五菱"神车"之路在于面向用户需求进行系统创新　/ 269

第二部分　论道车界

一、汽车产品创新总论　/ 316

01　汽车产业发展趋势　/ 316
技术发展与产业需求双向促进产业全面重构　/ 316
汽车产业正在发生四大改变　/ 316
"新四化"为汽车产品创新开辟了新赛道　/ 317
电动化和智能化成为传统车企转型的两大突破点　/ 318
智能化将引领产业演进方向　/ 318
高科技产业与传统制造业深度融合　/ 319
无人驾驶与汽车共享的时代必将到来　/ 320
院长心声　/ 321

02　产品创新的历程和现状　/ 326
中国汽车产品创新的四个阶段　/ 326
企业应以创新为发展动力，而非点缀　/ 327
本轮汽车产品创新的主要变化　/ 328
自主汽车企业需掌握两项核心能力　/ 329
院长心声　/ 329

03　产品创新的机遇和挑战　/ 332
自主品牌车企迎来后发赶超的历史机遇　/ 332
本轮产业变革中的中国优势　/ 333
传统车企应在转型中放手一搏　/ 334
中国车企需把握住战略机遇的重要窗口期　/ 335
自主品牌车企"十四五"期间的使命　/ 336
中国企业要在全球智能电动汽车产业格局中占有一席之地　/ 337
院长心声　/ 337

04 产品创新的内涵和原则 / 339
汽车产品创新需要全局性思考 / 339
汽车产品正在成为新物种 / 341
车企应该牢牢抓住汽车动力和方向盘革命 / 342
"场景定义产品"驱动未来汽车创新 / 343
掌握核心技术的重要性与基本原则 / 345
院长心声 / 346

05 产品创新的方向和重点 / 349
新时期汽车产品创新突破要靠转换赛道、交叉融合 / 349
车企必须掌握与竞争属性和魅力属性强相关的内容 / 350
面向出行需求提供汽车产品及服务 / 351
软件、数据、芯片成为未来汽车发展的关键 / 352
自动驾驶汽车不能沿着单车智能技术路线发展 / 354
智能环境建设应在三个方向上并行推进 / 355
未来五年智能电动汽车的终极形态将会出现 / 356
产业变革期企业必须看清未来并合理定位 / 357
院长心声 / 359

二、产品创新需求 / 365

01 客户之声 / 365
汽车消费群体的三大变化 / 365
消费者对汽车产品的理解和诉求正在改变 / 366
汽车产品需求正在发生跳跃式提升 / 367
汽车作为身份象征的作用将逐渐弱化 / 367
新时期不能只靠客户之声来定义产品 / 368
市场需求调研应围绕用户群建立分析闭环 / 369
未来企业产品决策依赖于大数据支持 / 371
院长心声 / 372

02 畅销车型 /374
在质量过硬的基础上打造全新的产品体验 /374
站在全局高度系统分析判断消费需求 /374
打造低成本优质产品的三个要素 /376
院长心声 /377

03 用车体验 /380
未来汽车产品开发更应围绕体验而非功能和性能 /380
汽车产品体验的三个层级 /381
评价汽车产品体验的四个步骤 /382
解决体验痛点主要是理念而非技术问题 /382
软件是提供更好产品体验的关键 /384
以科技实现汽车与人的情感互动 /385
"产品+服务"是未来企业实现差异化竞争的关键 /385
院长心声 /387

04 安全底线 /389
智能汽车预期功能安全开发体系亟待建立 /389
企业对智能汽车安全领域应加大投入 /390
智能汽车安全问题应通过标准法规解决 /391
智能网联汽车安全：合作重于竞争 /392
院长心声 /393

三、产品创新战略 /397

01 电动化 /397
电动化已成为汽车产业发展的大势所趋 /397
电动汽车是支撑智能化的最佳产品载体 /398
实现新能源汽车产品全生命周期内的"零焦虑" /399
面向用户体验进行电动汽车产品创新决策及验证 /400
打造消费者买得起且愿意用的电动汽车 /401
车企应掌握涉及产品迭代、改进和反馈的核心技术 /402

车企应从产品定义的角度研究电池 / 403
车企不宜生产电池单体，但须强化电池技术能力 / 403
混合动力的创新方向是成本控制做减法 / 405
燃料电池将在2025年后逐步应用于乘用车 / 405
院长心声 / 406

02　网联化与智能化 / 411

自主学习和进化能力是智能汽车的核心属性 / 411
智能汽车必须具备感知、决策和执行能力 / 413
智能汽车创新应抛弃"搭载"理念，采用"连接"模式 / 414
未来车企需要掌握整车层级功能的控制权 / 415
车企可按中等重要度来界定自己掌握的软件边界 / 417
未来汽车最核心的技术是电子电气架构 / 418
电子电气架构的不同层级和开发规律 / 419
智能汽车的软件和硬件开发策略 / 420
车企应掌握车辆底层操作系统和应用软件 / 421
未来汽车硬件必须实现可定义化和可控化 / 423
未来智能汽车将形成专属平台 / 425
车企应适当掌握芯片的定义及设计能力 / 425
院长心声 / 428

03　共享化 / 433

基于汽车自身、使用环境及服务模式系统思考解决方案 / 433
共享汽车在设计上应与普通车辆不同 / 434
院长心声 / 435

04　国际化 / 436

未来全球汽车产业将发生巨大变化 / 436
新四化为中国车企国际化发展带来新机遇 / 438
中国的智能电动汽车进军海外会有优势 / 438
中国车企要抱团维护中国品牌的海外声誉 / 439
院长心声 / 440

四、产品创新方法论 / 443

01 企业战略创新 / 443
新时期必须把创新视为战略而非战术 / 443
产品创新需突破超算平台、数据中心和运营能力 / 444
企业战略转型需认清大方向并坚定推行 / 445
院长心声 / 446

02 组织架构创新 / 448
以组织架构和管理模式创新支撑企业发展 / 448
扁平化架构有利于提高交流和决策效率 / 449
打破内部组织壁垒，实现部门有效融合 / 450
新造车企业在组织架构和企业文化方面的特色 / 452
软件团队既要相对独立，又要有效连接 / 453
院长心声 / 454

03 研发与制造创新 / 456
汽车产品研发已经由打鼓变成了演奏交响乐 / 456
建立研发与市场部门之间有效沟通的机制 / 457
整车企业必须加紧形成新的集成能力 / 458
并行开发模式助力企业缩短产品开发周期 / 459
"合作制造"模式不是简单"代工" / 459
院长心声 / 460

04 销售与服务创新 / 462
打通线上线下生态，满足用户服务刚需 / 462
车企既要负起服务责任，也要用好用足经销商 / 463
基于未来产品特点，打造"用不坏的汽车" / 464
车企应将全程服务用户视为自己的责任 / 465
未来汽车服务可借助销量规模效应和网络规模效应 / 466
面对问题最好的对策就是及时解决 / 467

全面提升用户体验是车企价值创造的核心 / 467
数字化生态系统是车企做好服务的支撑 / 469
让服务用户成为全员共识和企业文化 / 471
院长心声 / 471

05 协同融合创新 / 473

未来车企对供应商要有不同的定位和管理模式 / 473
车企必须掌握产品集成创新的主导权 / 474
未来汽车产品创新要求相关企业必须做好分工协作 / 475
院长心声 / 476

06 商业模式创新 / 478

车企应重新审视自我，构建开放平台 / 478
可移动性与物联网结合将催生汽车新属性 / 479
小额高频收费的商业模式将给产业带来重大变革 / 480
院长心声 / 481

07 品牌建设创新 / 482

成功塑造品牌要做到四个一致 / 482
品牌向上一定要走差异化路线 / 483
院长心声 / 484

08 人才与产品创新 / 487

新时期汽车人必须不断挑战自我、开拓创新 / 487
汽车人与互联网人需要相互理解、有效协作 / 488
车企管理软件人才应采用不同的方式 / 489
架构工程师是当前汽车产业最稀缺的人才 / 490
院长心声 / 491

附 录 嘉宾简介

一、凤凰网汽车、主持嘉宾及本书作者　　　　　　　　　／498
　　01　凤凰网汽车　　　　　　　　　　　　　　　　　／498
　　02　主持嘉宾及本书作者　　　　　　　　　　　　　／499

二、第十五季"赵福全研究院"嘉宾简介　　　　　　　／502
　　01　朱华荣　　　　　　　　　　　　　　　　　　　／502
　　02　夏　珩　　　　　　　　　　　　　　　　　　　／504
　　03　卢　放　　　　　　　　　　　　　　　　　　　／505
　　04　古惠南　　　　　　　　　　　　　　　　　　　／506
　　05　张晓亮　　　　　　　　　　　　　　　　　　　／507

三、第十六季"赵福全研究院"嘉宾简介　　　　　　　／508
　　01　李　骏　　　　　　　　　　　　　　　　　　　／508
　　02　李　斌　　　　　　　　　　　　　　　　　　　／510
　　03　祖似杰　　　　　　　　　　　　　　　　　　　／512
　　04　练朝春　　　　　　　　　　　　　　　　　　　／513

第一部分 高端访谈

01 对话朱华荣
——打造智能科技创新能力，驱动产品体验全面升级

赵福全： 凤凰网的各位网友，大家好！欢迎来到凤凰汽车"赵福全研究院"高端对话栏目，我是本栏目主持人、清华大学汽车产业与技术战略研究院的赵福全。今天非常荣幸请到了长安汽车董事长朱华荣来参加本栏目的第 62 场对话。欢迎朱董事长！

朱华荣： 各位网友好，我是长安汽车的朱华荣。

赵福全： 华荣董事长是本栏目的老朋友，之前就曾经参加过一次专场对话，这次是您第二次来我们的栏目交流了。应该说，您是技术人才成长为企业领军人的典范，这一路走来，您从工程师到研究院院长，从副总裁到总裁，负责过技术，分管过销售，继而主抓全面工作，最近又升任长安汽车董事长。我想，这充分表明您多年来不懈努力取得的业绩和展现出的领导力都得到了长安集团的高度认可。我作为同样技术出身的行业老兵，也作为您的老朋友，为您的成绩深感骄傲，同时也期待您能在新的岗位上做得更好，这不仅是对长安汽车的贡献，更是对整个行业的贡献。

记得我们上次对话是在 2016 年，那一年栏目邀请了 9 位车企的董事长、总经理与我一起探讨如何"践行汽车强国策"。转眼间四年过去了，汽车产业发生了巨大的变化。在这期间，长安汽车也经历过一段低谷，而您作为总裁面对经营压力始终没有动摇，一直坚持推进企业的转型发展，现在终于柳暗花明，迎来了逆势增长的喜人硕果。恰在此时，您又荣升为长安汽车董事长，这项任命既表达了长安人对您的信任，也传递了大家对您的期望。汽车是一个长周期的大产业，在我看来，长安汽车今天的成功其实源于三年前的正确战略和有效执行。同样，您今天播撒

下的种子，将决定三年后长安汽车会结出什么样的果实。

下面我们讨论的第一个话题是：过去四年，汽车产业发生的哪些变化让您感触最深？这些变化背后的原因又是什么？

朱华荣：谢谢赵教授的肯定和鼓励。过去四年整个行业既有潜移默化的变化，也有波澜壮阔的变化，尤其是大数据、云计算、人工智能等新技术的发展，不仅推动了汽车产业的全面重构，也引发了整个社会的深刻变革。聚焦于汽车产业，我总结了以下四点重大改变：

一是汽车消费不断升级。以前单纯作为出行工具的汽车产品正迅速被淘汰，品牌高端化、产品高端化和产品个性化，均已成为非常明显的发展趋势。

二是汽车产品快速升级。这突出表现在消费者对新技术应用的需求越来越高。三四年前，大家可能想不到智能化技术会发展得这么快，例如今天长安的集成式自适应巡航（Integrated Adapted Cruise Control，IACC）、自动泊车辅助5.0（Auto Parking Assist 5.0，APA 5.0）等技术都已经量产投放市场了，并且为广大消费者所接受，而这些技术在几年前还被认为是很难量产的。

三是汽车产业由硬件主导向软件主导快速转型。汽车产品早已不是传统的机械产品，而是承载多种新技术的高科技产品。汽车产业也不是有些人曾经认为的夕阳产业，而是古老的战略性新兴产业。

四是汽车产业向后端服务市场拓展。这一点可能不少人还没有关注到，不过现在很多企业都在朝这个方向发展。这些就是近几年汽车产业发生的重大变化。

赵福全：自2016年第一次参加本栏目到现在的四年时间里，您觉得产业既有潜移默化的渐进式变化，也有波澜壮阔的激进式变革。特别是汽车产品不再是简单的出行代步工具，而是变得越来越智能化，有点像"大手机"，用户越来越要求汽车必须好玩、炫酷。那么，为什么这四年来汽车产业会发生如此巨大的变化？是因为技术突飞猛进引发了从量变到质变的革命，还是因为产业萌发了新理念、新打法，由此出现了新的领跑者？请您和我们分享一下本轮产业巨变的原因。

朱华荣：是的，汽车已经成为大型移动互联终端，这个转变是非常明显的。我想，发生这些变化的根本原因，还是因为技术发展到了一定程度，到了产生质变的时候。正是互联网、信息通信以及人工智能等技术的快速发展和应用，驱动整个汽车产业发生了一系列变化。与此同时，汽车产业还迎来了消费需求升级，这对技术应用形成了促进作用。因此，本轮产业变革是技术发展与产业需求双向促进的，一方面是技术发展推动，另一方面是产业需求拉动，最终引发了汽车产业的全面重构。

赵福全：一方面，技术积累到了从量变到质变的拐点，开始产业化并走向市场，服务于广大消费者。另一方面，消费者接纳和拥抱新技术的意愿也日益强烈，这既和消费理念改变及消费能力提升有关，也和消费者的成长环境有关，尤其是年轻一代作为互联网的"原住民"，对智能网联技术有着天然的情结。由此，这种对高科技智能产品的追求就从消费电子产品向其他领域延展，并引领了相关产品的发展。这其中，汽车无疑是大家期待度最高的高科技智能产品。当然，汽车同时也是技术难度最高的高科技智能产品之一。其实，过去大家对汽车产品也有类似的期待，只是由于技术还没有达到车规级应用的要求，在成熟度和成本方面都有不足而未能如愿罢了。现在技术已经发展到了应用阶段，开始具备满足消费者需求的可能了。

朱华荣：这也和我们整个社会的发展进步有很大关系，经济的持续增长驱动了消费的不断升级。以前，汽车消费者需要的只是一个代步工具，而现在他们需要的不仅仅是代步工具，更是一个好玩、好看的大玩具，因此车企必须为消费者提供更好的产品和服务。同时，一些新技术在汽车产品上的应用成本也没有先前预想得那么高，而且随着技术的快速普及与迭代优化，其成本还在进一步降低，这就使这些新技术逐渐能被广大消费者所接受。

赵福全：朱总，今年我们栏目的主题是"汽车产品创新"，我认为现在讨论这个话题可谓正逢其时，就像您刚刚谈到的，汽车产品正在快速升级，已经不再是简单的代步工具了。近期长安汽车有一款新车 UNI-T，上市即成爆款，销量非常好。作为 UNI-T 背后的总指导，您带领团队推出了这样一款彰显长安汽车实力的标杆产品，令人振奋。在此我很想听听，您对这款热卖产品与长安汽车以往产品的不同是如何解读的。我也看了您对这款产品的评价，您特别强调这不是一款常规的汽车产品。那么，这款新车在底盘、车身、制动和转向等常规技术之外，又搭载了哪些和原来不同的技术呢？在您看来，今天的汽车产品创新和五年前相比究竟发生了哪些改变？

朱华荣：本轮产品和以前的产品相比确实变化很大，以前产品的核心技术无外乎是底盘、发动机和自动变速器等，而对本轮产品来说这些只是基础。当然，基础也很重要，长安汽车在这些传统核心技术上有着非常深厚的积累，可以为新一轮产品创新提供有力的支撑。实际上，这也是我们传统汽车企业向上发展的坚实基石。

那么，本轮汽车产品创新的变化主要体现在哪里呢？第一是由"硬"向"软"的转变。我们可以看到，软件技术在汽车产品上的应用越来越多，这是最大的变化之一。正是这个变化满足了消费者不断升级的需求。例如，之前人对车的操作都是通过手和脚来完成的，而现在通过软件的支持，人们可以通过语言甚至眼神来与车交互。刚才您提到的长安 UNI-T，其核心亮点就是通过大量应用软件技术满足了用户对汽车产品的新需求。

第二是智能化技术得到大量应用。还以 UNI-T 为例，除了语音交互、辅助驾驶等功能外，这款产品还搭载 APA 5.0，可以实现用户离车后的自动泊车。很多用户买了这款产品后都会把这个功能炫耀一番，特别是大家没有想到，这么炫酷的功能，竟然可以搭载到售价十几万元的车型上。

还有其他很多智能化技术值得一提：比如中控屏自动开启功能，只要用户转头看屏幕一眼，中控屏就自动启动了；又如疲劳提醒功能，当驾驶者感到困倦时，系统会迅速给予提醒。这对用户来说很有价值，可以让他们更有安全感。这些智能化技术都是让用户觉得好玩、炫酷的功能，而不是像以前的自动制动、方向盘助力等，主要追求的是舒适感，这也为我们指明了今后的汽车产品创新方向。

我觉得，当前汽车产品创新最大的改变就是软件技术和智能化技术的应用，由此带来了产品体验的巨大变化。而从产品背后的支撑来说，这又涉及汽车人才需求和结构的变化。

当然除此之外，我们在UNI-T的外观造型上也花了很大的心思。它完全是一款概念车的感觉，让用户觉得很新鲜。在UNI-T正式推出后，很多业内同仁，包括国外的一些朋友都来问我，这是概念车吧？我回复他们，这是实实在在的量产车。如同概念车般的造型却实现了量产，这让我们的用户觉得很惊喜。

赵福全： 长安UNI-T让消费者觉得炫酷，我理解这和以前消费者购买豪华品牌，如奔驰、宝马等产品，感受到的炫酷是不同的。如果说以前的炫酷是对购车者身份、地位的彰显，那么现在的炫酷则是让用户觉得产品本身好玩、新奇，具备以前产品没有的各种新功能。

不过说到这里我想了解一下，UNI-T面向的目标消费者是哪个群体？如果产品的亮点是好玩和炫酷，那么年纪较大的消费者也会喜欢这样的亮点吗？如何才能让产品吸引到更多的消费者？还是说UNI-T面向的就是年轻一代，尤其是"Z世代"人群？

朱华荣： 这个问题非常好。我觉得，汽车消费升级具有普遍性，正如马斯洛曲线所揭示的，消费者需求的不断提升是有共性规律可循的。在这方面我的体会是，消费者普遍对汽车产品不再满足于从A点移动到B点的基本需求，而是更加追求个人的心理喜好和社交圈层的认可。而新一代长安汽车产品恰恰能满足消费者的这些新需求，购买UNI-T的消费者都给出了很好的反馈，不少人还会发微博或抖音来分享这种好玩、炫酷的感觉。

具体来说，基于购车用户数据研究，我们发现长安汽车的消费群体发生了以下三大变化：

第一，年轻化趋势明显。与此前PLUS系列产品相比，UNI-T的用户群体更加年轻。

第二，存在跨年龄段的特点。购买UNI-T的也有不少年纪偏大的消费者，我们对此进行了专门分析，发现这些人属于年长群体中更喜欢新潮的那部分人。也就是说，好玩和炫酷的产品并不只是"90后""00后"

的最爱，也完全可以争取到其他年龄段的部分消费者。当然，总体来说还是"90后""00后"消费者所占的比例更大。

第三，用户群体发生了变化。消费者目前不再简单地把长安汽车的产品与其他自主品牌的产品进行对比，更多的是把自主品牌的智能化产品与合资品牌，包括一些国际一流品牌的产品进行对比。很多原计划购买合资品牌产品的消费者现在都选择了UNI-T，这是一个很大的变化。老实说，这是我之前也没有想到的。

赵福全：就是说，UNI-T现在已经在与合资品牌产品争夺市场份额，进行正面较量了。那么，这种正面较量是为消费者提供配置更高、具有性价比优势的产品，还是在智能化技术等方面应用得更多更好，使产品具备了更高的技术含量呢？当前，头部自主品牌的产品开始逐渐进入到原来合资品牌产品的价位区间，逐渐被购买力更强的消费群体所接受，这是因为合资品牌产品的性价比不如我们，导致其竞争力下降了吗？

朱华荣：合资品牌的竞争力倒未必下降了，只是我们的进步速度可能更快一些。我个人认为，长安汽车本轮产品的热销主要还是因为应用了一系列新技术，让消费者得到了更好的体验，同时也让原有的品牌差距在消费者心中有所弱化。对长安汽车的新产品，广大用户，特别是年轻一代，普遍没有"品牌高低"的概念，他们更直接的反馈就是"我喜欢"。

实际上，长安汽车这一轮产品的价格并不低，因为新技术的研发费用增加了，其售价比长安汽车原来的产品增加了10%~20%。而到今天为止，UNI-T上市刚好三个月时间，我们连库存都建立不起来，因为市场需求量非常大，产品一直供不应求。我想，这就是产品创新的回报，让我们得到了用户的高度认可。现在最"痛苦"的是生产老总，每天都被销售老总追着要货。

赵福全：应该说，UNI-T的表现充分说明新时期汽车产品的热销不再是靠简单的技术堆积，而是要让消费者真正感受到产品的好玩、炫酷，甚至愿意和别人分享产品带来的美好体验。同时，产品的炫酷感也不再是价格不菲的豪华品牌产品所专有，而是完全可以在大众化品牌的产品上得到充分体现。此外，本轮汽车产品的竞争打破了之前品牌阵营的界限，自主品牌不再是跟随合资品牌的技术和配置方案，简单地把产品价格做得更低，而是在新的领域自主进行技术创新和方案设计以实现差异化，致力于把产品体验做得和合资品牌一样好，甚至更好。这和之前汽车产品只能单纯比拼发动机、变速器等硬件的性能截然不同，使自主品牌在产品创新上超越合资品牌成为可能。

您还提到了很重要的一点，在更加关注软件技术、智能化技术的同时，车企对于传统汽车技术仍然不能有丝毫懈怠。在您看来，传统汽车技术是不可或缺的坚实基础，新一轮产品的好玩、炫酷都是建立在这个基础之上的，包括车身、底盘、制动系统、转向机构等硬件都必须做好，不能因为强调软件重要，就忽视了硬件的重要性。而传统车企在硬件技术上的深厚积累无疑是一种巨大的优势。

当然，如果说在此前"硬件主导汽车"的时代，硬件既是充分条件，又是必要条件，那么在"软件定义汽车"的新时代，我们必须认识到：硬件依旧重要，但只是必要条件，而不再是充分条件，软件才是决定产品体验的充分条件。为此，企业的侧重方向，包括宣传话术等都要进行相应的调整。比如我注意到长安汽车在百公里加速时间等性能指标上就讲得不多，但我相信这个指标你们肯定做得也很好，只不过你们觉得这是基础性的"硬"指标，没有必要过多强调罢了。

而最终结果证明，你们的努力没有白费，几十年沉淀积累的"硬"技术与大胆创新实践的"软"技术有效结合，使 UNI-T 大获成功，也让消费者见识到了不一样的长安汽车。

朱华荣：您说得很对，UNI-T 能吸引到合资品牌的消费群体，使他们毅然决定购买自主品牌的产品不是偶然的。在我看来，主要有两个原因促使消费者做出这样的选择：

第一，消费者认为汽车产品本身不应该有基础性的质量问题。而主流自主品牌已经解决了这个问题，现在我们的产品质量达到了与合资品牌产品相同的水平，有些产品的质量甚至超过了部分合资品牌。这不是自我感觉好，而是有第三方数据支撑的。我认为，这是中国自主品牌崛起的基础和前提。目前，消费者越来越感受到，自主品牌汽车产品的硬件质量是有保证的。

第二，中国汽车市场的竞争确实日益激烈，但从 UNI-T 的情况来看，我觉得关键还是汽车企业自己有没有真正把产品做好。至少长安汽车坚信，中国汽车市场的机会是巨大的，消费者的需求还远远没有得到充分满足。只要自主品牌车企能提供与众不同的产品体验，就一定可以赢得消费者的青睐，甚至让他们舍弃合资品牌而选择我们的产品。

当然，要彻底转变消费者的固有印象还需要一个过程。比如，可能部分消费者，特别是年纪稍大的群体，还是会下意识地觉得自主品牌的产品质量要差一点，对我们在技术和体验方面的提升也存在认知滞后的问题。不过随着时间的推移，随着越来越多的消费者感受到主流自主品牌汽车产品的进步，我相信这种固有印象一定会被打破，而且速度或许会超出我们的预期。

从长安汽车的产品序列也能看出自主品牌正在市场上不断攀升：现在，UNI-T 作为长安汽车的高端产品，已经与之前的 CS、逸动等系列产品形成了差异化。当然，如果没有原来产品的基础和积累，UNI-T 也不可能达到今天的水平。

赵福全：我觉得，UNI-T 的成功不仅让长安汽车，也让自主品牌企业都增强了信心。事实上，只要把产品真正做好，消费者是不会有太多成见，毕竟他们是在用自己辛辛苦苦赚来的真金白银买车，一定会追求自己最喜欢的、货真价实的产品。随着时间的推移，消费者对自主品牌优秀产品认可程度的提升，可能会比我们预想的更快。而且选择了自主品牌产品并切实感受到需求得到满足的消费者，对自主品牌后续的其他产品，也就更不会有成见了。

同时，您充分肯定了此前长安汽车踏实积累的重要性，如果没有过去三十多年从面包车和低端轿车起步，一点一滴逐步积累的经历和磨练，也就不会有长安汽车今天打造爆款车型的底气和实力。这就像您 30 年前加盟长安汽车一样，从做发动机研发开始，一步一个脚印，不断积累提升，才有了今天的朱华荣董事长。

目前来看，长安汽车本轮产品创新是非常成功的，可能连你们自己都没有料到消费者对长安汽车的新产品竟如此喜爱，以致于出现了产能不足的情况。刚刚您也深入分析了消费者选择 UNI-T 的原因。不过在我看来，产品创新从来都不只是产品本身的事情，而是与整个企业的战略息息相关，涉及如何预测需求、定位品牌、定义产品、攻关技术以及控制成本等环节。正因如此，我觉得在以 UNI-T 为代表的长安汽车产品创新大获成功的背后，一定有企业整体战略的有力支撑。从这个角度看，长安汽车的战略转型也是非常成功的，产品热销就是最好的证明。下面就请您分享一下长安汽车战略转型的心得，我想这也是行业高度关注的话题。

朱华荣：长安汽车产品取得成功的力量确实源自于我们坚定不移的战略转型，这是长安汽车的第三次创业，我们称之为"创新创业"。何谓第三次创业？对长安汽车来说，1984 年开始做小型车是第一次创业，2003 年开始做乘用车是第二次创业，而 2017 年我们正式提出要进行第三次创业。

正如前面讲到的，长安汽车第三次创业的背景是汽车产业正在发生全面重构，技术进步、消费升级、产业转型等一系列变化带来了新的机遇与挑战。在此情况下，经过深思熟虑，我们把第三次创业的核心战略确定为"向智能出行科技公司转型"。在我们刚刚提出这个战略时，不少行业同仁，包括长安汽车内部的一些员工都不是特别理解，而时至今日，大家已经越来越认同这是一个正确的战略。在这个核心战略之下又有两大计划：一个是面向智能化的"北斗天枢计划"，另一个是面向电动化的"香格里拉计划"。

当然，在核心战略和两大计划背后，我们还实施了组织架构、运营管理和人才结构等一系列相关调整，特别值得一提的是，长安汽车长期坚持进行大力度的研发投入。我们的管理原则中有一条规定，无论企业处于什么状态，研发费用不得低于年销售收入的 5%。实际上，过去几年长安汽车经历了一段很艰难的时间，但我们顶住了压力，克服了种种困难，保持了研发投入的力度。这些年，我们研发投入占企业营收的比例每年都在5%~6%，最高的时候达到了7%，这是很不容易的。正是在转型战略的指引下，在研发投入的支撑下，我们才得以持续推进技术创新，不断提升产品竞争力，使我们的新产品能应用新技术、带来新体验，让用户觉得耳目一新。我想，这才是长安汽车本轮产品创新取得成功的深层次原因。

赵福全：长安汽车之所以提出第三次创业，是因为看清了新一轮科技革命驱动汽车产业全面重构的大势，看准了汽车产业、市场、产品和技术等发生巨大变化的机会。长安汽车高层，尤其是作为领军人的朱总，觉得时不我待，必须抓紧把握良机才有可能赢得竞争优势，因此才下定决心，在企业处于阶段性低谷时毅然实施战略转型。

如前所述，本轮产业变革是由新技术的发展进步驱动的。在朱总看来，仅靠传统汽车技术已经不够了，发动机、变速器、车身、底盘做得再好，也不能满足消费者的需求了。今后必须应用软件技术、智能化技术，提供好玩、炫酷等全新的产品体验，才能最终赢得消费者的青睐。显然，要达成这样的目标必须在研发上持续投入，而长安汽车正是这样做的，即使在企业经营压力较大时，也依然坚持投入，毫不动摇，研发投入占比最高甚至达到了7%。说实话，我在车企担任CTO多年，深知这种坚持有多么难能可贵。因为通常企业经营困难时，削减研发项目是再正常不过的了，毕竟研发是要三年之后才有回报的长线投入。

那么，这种对研发投入的"执迷"和您的技术背景有没有关系？如果您不是技术出身，没有做过研究院院长，还会如此大力支持研发吗？我们再把话题延展一些，如何保证有一天您退休了，长安汽车还能继续保持研发投入的力度？实际上，企业要实现可持续发展，最终成为基业长青的百年老店是非常不容易的，因为每一任董事长、每一任总裁，都有各自不同的想法和需求，有些决策短期来看也有充分的理由，但长期来看却不一定能支撑企业竞争力的不断提升。而且我觉得，中国企业在这方面的问题尤为突出。不知道您对此是怎么看的？

朱华荣：前面提到，长安汽车有自己的管理原则，以此明确公司经营的基本要求和行动准则。例如，要求每年必须把不低于销售收入5%的资金投入到研发中，这是公司高层的集体决定，一旦纳入管理原则就必须执行。因此，当企业遇到困难时，我一直在告诫自己：不管承受多大压力，也不能随意改变这个原则。我相信，今后长安汽车也一定会把这个原则坚持下去，因为在这一点上大家有着高度的共识。

实际上，长安汽车的管理有三个层次：第一个层次是企业文化，在企业文化之下的第二个层次就是管理原则，而涉及具体执行的流程、标准、规范等，即企业的体系，是第三个层次。管理原则不是个人的决定，否则面临各种压力时就容易动摇。管理原则一定是集体的决定，是由公司高层充分研讨后达成的共识，这样就会形成一种制度性的保障，后续就不会轻易改变了。

而管理原则一直坚持做下去就会形成相应的企业文化。目前，"以科技创新驱动公司发展"在长安汽车已经成为一种文化，浸透到了企业的方方面面。无论是人力资源管理，还是公司资源配置，甚至从办公楼上都能体现出来。比如长安汽车最好的办公楼就是给工程技术团队用的，连总裁所在的办公楼都比不了。

赵福全：我觉得制度化的管理非常重要，这样才能形成持久的、硬性的约束力，无论谁当董事长、总裁都不能轻易改弦易辙。否则"一朝天子一朝臣"，每朝"君臣"都有不同的打法，这样企业的发展是不可持续的。

前两天我在上海参加汽车人才研究会的活动，就有长安汽车的一位技能大师进行分享，他荣获过国家级奖项，现在享受副总裁级待遇。他说自己是工人出身，后来做过一段时间的管理干部，之后又主动要求回去做工人了，这个选择固然是其个人意愿，但也充分说明了长安汽车对一线优秀员工有多么重视，给他们的发展空间有多大，提供的待遇有多么优厚。如果不是听了他的故事，我们之前也不知道长安汽车在人才资源管理上有这样的设计，让普通技术工人都能享受到副总裁级的待遇，以致于员工本人都不愿意升职转岗，更愿意坚守一线发挥自己的作用。当时不只是我，付于武理事长、朱明荣理事长等都对此给予了极高的评价。

朱华荣：长安汽车内部有人才成长的不同序列，例如技能工人线、技术线、管理线、营销线等，最高都可以晋升到副总裁级。像您刚才提到的技师，就是我们技能工人线的技能大师，目前全公司一共有十几人，均享受副总裁级待遇。我们还专门给这些技能大师配备了工作室，以方便他们带徒弟，同时让他们在公司内部巡回授课培训，分享自身的经验。这样一来，这些水平很高的专业人才就可以继续专注于本职工作，同时其经验也可以慢慢形成系统性的总结和积累，有效传递给其他员工。这对企业而言是非常重要的。

赵福全：长安汽车对于科技革命驱动产业重构带来的机会有着非常深刻的认识，并为此制定了清晰的转型战略。在转型过程中，你们坚信核心技术始终是企业的源动力，因此一直坚持高比例的研发投入。而且这种坚持并非源于朱总本人是技术出身的领军人，而是经过高层集体决策，纳入到公司管理原则中，成为公司必须长期严格遵从的"宪法"。有了这种制度性的保障，公司重大的方向性决策就不会因管理层的变动而轻易受到影响。在此基础上，相应的企业文化也逐渐形成，即产生了重视技术、崇尚创新的企业基因，这就使很多优秀的技术人才，包括其他方面的专业人才，都愿意加盟长安、扎根长安。最后，体系在管理原则落地、企业文化形成的过程中发挥着关键作用。打造出一款优秀的产品可以靠团队的努力，或者有时候也可以靠一些运气，但要把每款产品都打造好，就只能靠企业完备的体系来支撑了。

在我看来，做好产品创新有两点至关重要：一是对未来方向有准确的预判，二是敢于投入和坚持投入。对产品开发周期长、资金投入回报慢的汽车产业来说，要真正做到这两点是极其困难的。我经常讲，造车不能看现在市场上流行什么、消费者喜欢什么，而是要想好三年之后市场上会流行什么、消费者会喜欢什么。当前，产业重构又无形中加大了这种预判的困难和风险。另外，要在汽车这样的传统大产业里进行重大变革挑战更大，有时往往不经意间就又回到了原来的老路上，毕竟按原来的方式做事驾轻就熟，而且即使最终产品不能满足市场需求，也能找到充足的理由。但我们看到长安汽车没有退缩，在对未来进行综合判断后，你们果断决定启动第三次创业，向着全新的战略方向大胆前行。

那么，长安汽车提出向智能出行科技公司转型的战略有哪些深层次思考呢？实际上，即使到今天，业界对长安汽车转型战略的内涵可能也还存在一些疑问。比如，智能和科技是什么关系？智能难道不是科技的一部分吗？又如，向出行方向转型是否意味着长安汽车今后要在汽车共享等出行服务领域发力呢？但 UNI-T 不还是销售给 C 端个人用户的吗？

朱华荣：我可以把这其中的思考和逻辑分享一下。按照我们的研判，未来汽车产业的发展需要两个重要基础：第一，强大的汽车制造能力，在这方面传统车企有很大优势；第二，强大的科技创新能力，特别是面向新技术领域的创新能力，我认为这是传统车企必须加紧构建的。

有了这两个基础之后，企业才有条件实施战略转型。接下来必须想清楚的是，本轮产业重构涉及诸多技术，企业的重点究竟应该指向什么方向？长安汽车的结论就是智能化，这是对未来人类的需求、社会的发展和技术的突破等进行综合分析后做出的判断。我们认为，在相当长的一段时间里，智能化都将引领汽车产业的演进方向，构成汽车产品差异化的主要内容。具体来说，智能化又涵盖三个方面：一是智能产品；二是智能制造；三是智能管理。最终，智能管理将成为企业赢得未来竞争的核心基础。因此，长安汽车的转型战略特别强调了智能。

至于说出行，可以将其理解为汽车后市场，包括两个方面：一是汽车产业链延伸，未来将会催生上万亿的出行服务产业；二是汽车产品服务扩展，今后围绕汽车的服务将是一个潜力巨大的市场，尤其是面向汽车用户个性化需求的定制服务，增值空间极大。例如，车辆可以不去 4S 店处理，只通过 OTA（空中下载技术）在线升级就对加速性能等进行调整。实际上，我们判断只在产业链前端通过造车、卖车来盈利会越来越难，当然这仍然是车企必须要做的，而在后端个性化服务方面，将有越来越多的商业机会。因此，我们也需要把这一领域作为未来转型的重点方向。

而汽车共享等业务，长安汽车也会有所涉及，但这不是我们的重点。比如我们与一汽、东风共建的 T3 出行公司就是在做这方面的尝试，因为这也是汽车出行服务的发展趋势之一。我们需要跟踪并研究这个趋势，探索未来汽车共享出行可能的市场容量、商业模式、适宜产品、所需服务以及相关产业生态等。同时，这也是为积累出行大数据，支撑产品和服务的快速迭代改进。也就是说，长安汽车向智能出行科技公司转型的核心是在科技的支撑下，为广大用户提供智能化的出行产品及服务。

赵福全：您的分享很重要。讲到出行，人们容易想到的是类似优步（Uber）或者滴滴的业务，其实并不一定。我听下来，长安汽车向智能出行科技公司转型的思路非常清晰，你们要做的"出行"还是基于产品的服务。也就是要打造智能化的汽车产品，让消费者享受到智能化的出行服务，这其中既包括个性化的产品定制，也包括个性化的服务定制，并且要基于大数据，不断升级自身的产品和服务，让汽车出行变得更安全、更高效、更便捷、更舒适，直至做到极致。在这个过程中，长安汽车认为，无论商业模式如何改变、汽车是否共享，都需要智能化的核心技术来提供支撑。

朱华荣：是的，智能出行科技公司的关键是科技，因为科技才是支撑企业转型的根本，也就是我前面说的两个基础之一。客观来讲，物联网、大数据、云计算、人工智能、区块链等一系列新技术，都不是传统汽车企业的强项，但既然时代要求车企向智能化方向转型，我们就必须努力构建起这些领域的科技创新能力。目前，长安汽车正在组建一支2000人的软件工程师队伍，现在已经有近1000人了，后续还要加快发展。实际上，这也是长安汽车提出第三次创业的根本原因，我们以前掌握的核心技术已经不够了，今后长安汽车必须掌握新的核心技术，以实现新的发展。而无论如何转型，企业都要始终抓住产品和服务这两个重点，不断提升用户体验。

赵福全：正是因为有了清晰的战略认识，长安汽车才能提出相应的转型目标，也才会有具体的转型行动。试想如果没有想清未来、明确目标，又怎么会有加快组建2000人的软件工程师队伍这样大手笔的行动呢？

因此，强调智能化只是为了明确科技创新的重点，而不是不做电动化等其他技术；强调出行则是一种目的导向，是要把汽车产品打造好，最终为大家提供更好的出行产品和出行服务；而实现这些目标的支撑是科技，尽管商业模式创新、资本运作探索、全新概念研究等工作都非常重要，但科技创新能力始终是最核心的基础。

刚才您谈到智能化，除了智能产品和智能制造，还特别强调了智能管理。在我看来，管理的目的就是确保资源得到有效利用，而智能化无疑是提升管理水平的重要手段，能让整个公司运行的效率更高、质量更好、成本更低。我认为，新一轮科技革命驱动本轮汽车产业全面重构，在本质上就是产生了新的生产力，因此需要有新的生产关系与之匹配。而智能管理无疑就是一种新的生产关系，可以让企业更好地拥抱智能技术这一新的生产力，并充分释放其潜能。从这个意义上讲，长安汽车能如此重视智能管理是非常有远见的。接下来，就请您谈谈长安汽车是如何推进智能管理的。

朱华荣：原来，我们对客观事物的判断大多依靠个人感知和经验，因为此前我们没有办法收集到足够多的数据并从中识别出规律，而今后，我们的判断会越来越依赖于大数据的支持，从而更加符合客观事实。实际上，大数据应用的价值和内在逻辑是毋庸置疑的，现在问题的关键是确定汽车产业链上的各种数据都在哪里，以及如何有效收集、处理和分析这些数据，以支撑企业决策。

为此，长安汽车专门构建了一个长安数据驱动管理（CADDM）系统，这是我亲自取的名字，其目标就是基于数据来让企业的决策更加精准。例如，原来我们会争论用户群体的平均年龄到底是 20 岁还是 30 岁，而现在客观的用户数据可以直接告诉我们答案。这样我们就可以基于销售一线数据迅速准确地判断相关情况，进行更有效的决策，如针对 20～30 岁的用户群体怎样定义产品，针对不同学历或收入情况的用户怎样设计差异化配置方案，以及广告宣传应该怎样才能更有针对性等。

赵福全：您刚才说的很重要，不过这其实还是从市场的角度来看智能管理。而我更想与您探讨的是，作为适应新生产力的新生产关系，智能管理究竟怎样在更深层次影响企业运行的方方面面，为此企业又该如何布局？

比如在"软件定义汽车"的前景下,软件能力日益重要,而为提升软件能力招募来的新人才应该如何管理呢?是放到原来的研究院,还是成立一个新的部门?怎样做才能更好地发挥他们的专业能力,调动他们的工作积极性,同时又保持他们的创新活力?这方面行业目前也有不同的观点,有些企业选择从研究院中拆分出独立的软件中心或软件公司,您觉得这样做到底是对还是错?又如现在车企从销售端得到的数据越来越多,这其中不仅有相对简单的结构性数据,像产品质量数据等,你有更加复杂的非结构性数据,那么这部分数据又该如何充分利用起来呢?这绝不是简单的技术问题,还涉及企业的管理变革。

所谓形成新的生产关系,实际上也是企业战略转型的重要组成部分。长安汽车为了拥抱产业变革而进行第三次创业,绝不是多招一些软件工程师,或者增加智能技术的研发投入就够了,企业管理层面的变革,包括调整组织架构、创新管理模式等,都是需要认真思考和实践的。那么,您觉得传统汽车企业原有的管理方式局限性在哪里?长安汽车做了哪些改变来打造与新生产力相匹配的新生产关系呢?

朱华荣:赵教授问得非常专业,那我也必须尽力回答得专业些。事实上,我认为,在确定了拥抱产业变革的转型战略之后,对组织架构进行调整就是企业必须要做的工作。今天就介绍一些我们在这方面的实践。目前,长安汽车组织构架的特点可以归纳为:小总部、事业群、共享平台和孵化创新。

小总部容易理解,不用过多解释。事业群是指长安汽车内部有若干个事业部,事业部的核心职责是用户研究、品牌宣传和产品营销,也就是在所谓的"微笑曲线"的两端开展工作,这样才能把整个产品线更好地贯穿起来。

而共享平台是指整个集团凡是能共享的资源都必须统合起来并充分共享,包括人力资源、制造资源、研发资源等。比如长安汽车在全国的所有制造基地都共享一个制造中心。再如长安汽车的基础技术研究都集中在研究总院进行,其他部门不允许做基础研究,这样就实现了R(研究)和D(开发)的分离。这些举措说起来容易,做起来很难,因为涉及一系列管理关系的变化以及权力的再分配。

最后,关于孵化创新我们是这样思考的:在本轮产业重构中,不仅汽车人才的结构发生了变化,人才的需求和心理也随之发生了变化,比如软件工程师和硬件工程师的个人追求是有差异的。因此,我们决定成立若干个创新孵化中心来满足不同人才的不同需求。目前,我们正在筹建北斗天枢公司和软件公司,这不是在原来研究院的机构内成立一个新部门,而是要成立新的子公司,并且在新公司里会重新构建与传统研究院完全不同的管理机制,采取包括员工持股等在内的一系列激励手段来支持长安汽车新产品、新技术的高效孵化。

赵福全: 所以说长安 UNI-T 的热销只是企业转型成功的结果,而您刚刚分享的这些实际行动才是成功的原因,从中我们可以感受到长安汽车从三年前提出转型战略一直到今天的持续努力与实践。现在几乎所有企业都在讲转型,但不少转型战略都因没有实际行动而沦为口号,只有像长安汽车这样真正努力践行的企业才有可能获得转型的成功。与此同时,我一直觉得信息社会是"酒香也怕巷子深",优秀的企业也有必要把自己的实践经验分享出来。这不是"泄密"或者"吹嘘",而是要让广大消费者、让自己的员工、让整个行业都知道,长安汽车正实实在在地实施着战略转型。

正如您刚刚谈到的,为了拥抱新一轮科技革命,长安汽车对组织架构进行调整是必然的,而目前你们正按转型战略进行相应布局。比如长安汽车实现了研究与开发的分离,避免了开发团队既要做好眼前的产品,又要思考未来的技术储备,让专业的人做专业的事,也让不同的人聚焦于不同的环节,这样研发的整体效率就提高了。现在长安汽车的举措初见成效,你们成功打造出了像 UNI-T 这样优秀的产品。而我相信,UNI-T 只是一个阶段性的里程碑,后续在高效顺畅的组织架构及运行机制的支撑下,长安汽车一定还会有更多的优秀产品涌现出来。

同时,长安汽车也为如何用好新领域的人才动足了脑筋。过去,汽车产品创新基本上都是渐进式的改善,像化油器升级为进气道喷油、再升级为缸内直喷等。而在新一轮科技革命的驱动下,今后汽车产品创新将是跨越式的革命，其核心是基于数字化实现智能化。汽车企业原来并不具备数字化、智能化等领域的技术，面对产业日新月异的快速变化，必须考虑如何用新的打法有效支撑新技术领域的创新。此外，车企今后的竞争对手不限于其他车企，可能还包括一些信息通信产业巨头以及其他领域的科技公司。因此，车企既要努力招揽到新领域的相关人才，也要充分发挥他们的作用，以期在未来的竞争中占据优势。而互联网等产业与传统汽车产业的人才是不同的，他们可能更追求自由创新创业的氛围，如果还是按照原有的人力资源模式实施管理，就很可能会束缚他们的创新活力，或者出现一些人积累了部分汽车行业经验后就离职的情况。因此，长安汽车提出了孵化创新的理念，通过独立运行的子公司以及股权激励等手段，稳定新技术团队，提高其创新产出，为长安汽车的长治久安奠定了基础。

朱华荣：在孵化创新方面，除内部成立独立子公司外，我们也在探索另一种机制：无论长安汽车员工，还是外部人员，只要有可行的新技术，长安汽车都可以投资帮你孵化，甚至不要求买断这项技术，而是允许你对外推广，只需让长安汽车保有优先使用权即可。

包括您刚才提到的车企与信息通信产业巨头的关系，实际上，这也涉及长安汽车在战略转型过程中进行的一项重大调整，即谋求构建新"朋友圈"。因此才会有长安汽车与腾讯的合资公司梧桐科技的诞生，长安汽车需要腾讯的相关技术与生态，而腾讯也愿意通过支持长安汽车的转型，使自己的技术得到更广泛的应用。出于同样的目的，我们还与其他很多科技公司建立了一系列的创新中心。这方面值得一提的还有长安汽车的全球研发中心，即全球智慧研发平台，这是我们打造的一个公用创新平台，它不仅承载着长安汽车的自主创新，更汇聚了我们与众多合作伙伴以各种形式开展的协同创新，包括合资类、技术类、项目类等。此外，长安汽车还启动了"一号工程"，专门进行用户研究，因为要想更好地拥抱未来，就必须坚持用户导向，这样才能让我们的持续创新真正符合市场需要。

赵福全：今天您讲的很多内容我都是第一次了解，也只有华荣董事长才最有资格谈这些细节。说实话,您的分享让我对长安汽车更有信心了,因为长安汽车不是靠运气推出了一款成功的新产品,而是围绕着支撑产品创新的各个方面,踏踏实实地开展了大量工作,为拥抱未来做好了充分准备。因此,即使没有UNI-T,也一定会有另一款热销产品出现。

我也在企业打拼过多年,深知企业转型的艰难。在转型过程中,领军人不得不触动很多人的蛋糕,薪资级别只是一方面,如果面临理念难以统一的问题,有时候就真的只能是"不换理念就换人"。尤其像长安汽车这样的国企,调整起来恐怕就是难上加难了。那么,您在领导长安汽车战略转型的过程中是如何解决这些问题的呢?您不担心有既得利益者反对,甚至影响到您的位置吗?

朱华荣: 转型过程确实不容易,但我觉得总体情况还好,这其中最重要的是解决思想转变的问题。我讲一个真实的情况,在公司高层确定了第三次创业的转型战略后,我在内部亲自做了三次宣讲。按理说总裁讲一次也就够了,为什么要讲三次呢?就是因为当时有不少人对企业转型战略的理解不到位,内心里总觉得"第三次创业""智能出行""科技公司"都太虚了。其实,员工并不是不想把工作做好,只是在认识上与高层存在差异,这也很正常,毕竟大家对产业未来发展的洞察、个人所掌握的信息以及知识与经验的积累等都不相同。这时候就需要高层不厌其烦地宣贯和坚定不移地推行转型战略。记得第三次宣讲时我说了这样一句话:今天是我最后一次讲公司转型战略,所有人理解了要执行,不理解也要执行,不允许再有任何质疑。

我认为,长安汽车各个层级不同岗位上的员工们整体上都还是非常优秀的,我们很快就形成了统一思想,有效开展了各项工作。长安汽车虽然是国有企业,但我们的危机意识很强。根据我最近了解的情况,长安汽车的干部们目前谈的最多的,一是变革,二是危机,三是创新。大家都能有这样的认识,我是很欣慰的。

赵福全: 重要的事情说三遍,之后领军人就明确表态,懂了要照办,不懂也要照办。一开始您需要和员工们讲理念,而当企业上下的理念转变到一定程度时,转型就会成为大家自觉的行动。正如您之前所说的,

"问题出在前三排,主要还在主席台。"企业的成功转型是与领军人的见识和魄力分不开的。那么,在企业转型的过程中,您自己有没有遇到过理念或者认识上的局限?您又是怎样突破这种局限的呢?

朱华荣: 肯定也会有局限。但我想最关键的是从一开始就把握清楚大方向,同时在前进过程中始终保持开放的心态,不断吸收各种知识和信息,不断进行自我反思和挑战,这样就可以突破原来的思维惯性和认识局限。

从大方向上来讲,我的第一个基本判断是,如果还按照以前的打法,长安汽车未来是走不了多远的,因此战略转型不是可做可不做,而是非做不可。第二个基本判断就是要想清楚未来汽车行业究竟会向什么方向发展,科技革命带来的核心变化究竟是什么?我们的答案就是前面讲到的智能化。因此,我们从一开始就要朝这个方向转型。当然,像长安汽车这样的大企业实施战略转型是不可能一步到位的,而且外部环境随时都在变化,因此我们的规划每年都要重新评估一次、调整一次,很多举措也是根据外部变化和内部实践的情况不断细化后才确定的。

按照我们内部的说法,长安汽车的第三次创业即创新创业目前已经进入到 3.0 阶段,预计到 2021 年年底就可以迈入 4.0 阶段。其实在 1.0 阶段的时候,很多具体问题我们是没有想明白的,从 1.0 到 3.0 阶段本身就是一个不断优化升级的过程。而今天做到 3.0 阶段的时候,我们已经把很多事情都想明白了,包括战略目标、组织架构、人才工程等,这是极为关键的过程。

赵福全: 新一轮科技革命驱动下的产业重构,意味着汽车产业进入到前所未有的发展区。正因如此,即便是大众、丰田这样的传统车企巨头都倍感纠结,同时,特斯拉等新造车企业的一些理念也没有完全落地。长安汽车与这些车企不同,你们既不是传统车企巨头,也不是从零起步的新造车企业,更没有什么适合参照的对象,因此,长安汽车自己把要做什么想明白了才是最重要的。正如刚才朱总所说,企业的发展是一个不断完善的过程,只要在开始时看准了大趋势、找准了大方向,之后就要大胆实践、摸着石头过河。如果长安汽车当初没有下定决心实施战略转型,就不会有创新创业的 1.0、2.0 阶段,更不会有今天的 3.0 阶段。其实转型过程中的很多具体问题是无法预料的,只有在转型中不断解决转型带来的问题,并且持续完善相关的具体举措,转型才能越来越接近成功。

下面,让我们跳出长安汽车的范畴,站在行业的角度来讨论一些问题。本轮科技革命引发的汽车产品革命已经不是简单把车造好的问题,而是还要把车用好,这涉及诸多相关因素。汽车企业仅靠自己的力量根本无法完全覆盖,因此必须与其他领域的各类企业融合创新、协同发展。刚刚您谈到长安汽车和腾讯成立了合资公司梧桐科技,这就是一个典型的合作案例。

在原来产业封闭的时代,汽车企业的管理主要围绕自身的战略方向和内部的组织关系展开。而在产业日益开放的今天,汽车企业的管理必须覆盖到外部资源,也就是需要通过新型商业模式来解决外部资源协同创新问题。比如面向"软件定义汽车",最底层的操作系统,车企不太可能自己去做,而供应商之前提供的嵌入式软件又不能满足有效采集和处理数据的需求。为此,车企必须构建新型商业模式,借助外部资源来弥补自己的短板。因此我一直讲,未来汽车产业将进入生态化发展阶段,任何一家企业,甚至一个产业都不可能掌控所需的全部能力,更不可能拥有整个汽车产业生态。但企业必须关注生态发展、参与生态建设,依托自己的优势能力在生态里找准定位,成为生态中不可替代的重要组成部分。

在此想问您一个很重要的问题,您认为汽车企业未来应该如何通过拥抱汽车产业生态?以长安汽车为例,你们的目标是成为产业大生态的主导者吗?您觉得今后传统车企自己应该具备什么核心能力?如何建立这些能力?又如何通过与相关企业合作来获得其他核心能力?

朱华荣:在长安汽车的大战略里,我们定义了两个关键因素:第一个是效率。为什么讲效率?因为长安汽车现在相对产业巨头规模还比较小,想要与巨头们竞争就必须让自己发展得更快,别人用三年时间做出来的事情,我们就需要争分夺秒用一年半做出来。快速本来就是规模较小的企业更容易做到的，同时这也一直是中国企业的一种优势，并非车企巨头们想学就能学到的。

第二个是软件。我们认为必须把软件打造成企业的核心竞争力，因为软件是未来形成产品差异化的关键。传统汽车技术包括材料、工艺以及集成等，是一步一步发展起来的，目前都已成熟，很难再实现跨越。相比之下，软件是汽车产品上的"新生事物"，有巨大的拓展空间，并且软件天然具备研发效率更高的优势，而传统车企巨头们对软件并不擅长，这就给了我们超越的机会。比如 UNI-T 上的 APA 5.0 超越了很多竞争对手产品的自动泊车功能，主要原因就在于我们自己掌控了软件。在产品上市之后，很多用户都询问这么好的功能是哪个供应商做的？实际上，供应商只提供了硬件，软件是长安汽车自己开发的。这表明至少在软件方面，中国车企确实是有机会取得领先的。

说到传统车企必须掌控的核心能力，根据我们对未来汽车产业生态的理解，有两点可能是最重要的：一是定义使用场景的核心能力，车企需要藉此提升自己的差异化竞争力；二是资源整合的核心能力，即在多元丰富的产业生态中通过构建新的商业模式，获得自己需要的资源。比如我们与腾讯合作，由长安汽车率先实现微信在汽车产品上的应用落地。其实，互联网企业在某种意义上也需要转型，它们希望把传统互联网生态向工业互联网延伸，而汽车产业恰是工业互联网中最重要的领域之一，因此双方都愿意相向而行、深度合作。现在，我们把长安汽车的平台提供给互联网公司作为试验田，为其技术实现更广泛的商业化创造机会，而互联网公司则给我们提供优质技术，使长安汽车的产品保持领先，这样就形成了优势互补和良性互动的双赢局面。

赵福全： 您提到软件是未来汽车产品的一个核心因素，同时也提到车企要与互联网等公司展开深度合作。不过我们都清楚，对整车企业来说，汽车产品上的软件是不能无限制地开放给第三方企业的。但反过来讲，如果软件开放程度不足，又会导致生态丰富性下降，进而影响产品的竞争力。因此车企围绕"软件定义汽车"必须确定一个基本原则，那就是既要实现高效、丰富的差异化，又要确保企业对核心软件的掌控。

刚才您谈到长安汽车和腾讯的合作，比如微信在汽车上的应用等，我感觉这主要还是从服务生态的角度展开的，而未来智能汽车还会有直接控制功能和性能的外部开发生态。对这部分软件，一些整车企业正在涉猎，而像博世、华为这些新旧供应链企业也在探索，其中恐怕是有所重叠并存在竞争关系的。在一定程度上，我认为这涉及未来汽车产品的核心Know-how（技术诀窍）究竟由谁掌控，以及掌控多少的关键问题。那么，对于这种功能、性能开发生态中的分工，您从汽车企业的角度出发是怎样看的？车企未来在这方面应该掌握哪些内容？又该掌握到什么程度？

朱华荣：我认为，未来相关企业在这方面应该可以很好地进行分工。实际上，我们现在已经在讨论这个问题了，包括车企做什么？供应商做什么？供应商向车企开放什么内容？车企给供应商提供什么接口？就我个人的观点，我倾向于将这些功能中比较基础的软件部分交给博世、华为等供应商来做，但与场景直接匹配的应用软件，尤其是一些高度特殊的场景，可能交给整车企业来做会更合适，因为这样不同车企的产品之间才能真正形成差异化。比如各家车企可以使用相同的操作系统，也可以使用相同的底层软件，但只要上面的应用软件不同，呈现给用户的汽车产品和服务就会有所差异。而且这应该也是最经济的一种解决方案，每家车企都去做自己的操作系统和底层软件是不现实的。

赵福全：您刚刚还提到，长安汽车要想转型成功就必须做好智能科技，而智能科技的最终载体是芯片。前段时间李骏院士也说过，软件定义汽车，数据开发汽车，芯片制造汽车，同样强调了芯片的重要性。实际上，智能汽车使用的芯片既要解决算力的问题，也要解决算法的问题，更要解决如何支撑软件快速迭代的问题。最近我和很多企业都讲过，不要只看你现在的芯片能不能做好，还要考虑后续十年你的芯片能不能做好。未来，如果车用芯片不能做到快速升级换代，建立在原有芯片之上的整个软件系统就会面临全面落后的风险。那么，长安汽车会自己做芯片吗？如果芯片外包给供应商，您觉得只是买来就行了吗？还是要设法形成一定的商业壁垒？在理想状态下，未来车企与芯片厂商应该达成一种什么关系？

朱华荣：长安汽车会做一些芯片方面的工作，比如根据自己的需要进行部分芯片的设计等。实际上，我们现在已经在这样做了，因为唯有如此，长安汽车才能在智能科技上真正形成核心竞争力。但我们所做的也仅限于根据汽车产品的需求来进行芯片设计，长安汽车不会去制造芯片，这是一个基本原则。

基于长安汽车这几年的实践，我们觉得这种自主设计、外包生产的模式是可行的，比如长安汽车"三电"控制系统中的软件都是自行设计的，但制造全是外包的，因为在整个产业生态中有太多可以利用的优质资源，凡事都自己做在经济上不划算，在能力上也不可行。对于芯片，长安汽车未来将根据不同的情况，选择与供应商建立不同的合作关系：比如对一些相对常规的电控系统，如整车控制系统、动力电池控制系统等，我们可能以直接采购供应商的标准芯片为主。而在智能交互等方面，我们就需要构建自己的话语权，这一类芯片除制造外，我们自己最终还要进行定义和设计。据此，长安汽车就可以分别选择能满足自己不同需求的芯片供应商，作为深度合作的战略伙伴。

赵福全：今天您分享的观点都很有价值，我认为不仅阐明了长安汽车的战略思考，更可以为整个行业提供发展指南。像我们刚刚交流的芯片，在智能汽车中非常重要，同时，车企此前又未曾涉猎，因此已成为目前业界普遍担忧的问题。更重要的是，长安汽车战略转型的目标就是要成为智能出行科技公司，这在很大程度上与芯片相关。对此，长安汽车的策略很明确：一方面自己不会去制造芯片，另一方面对事关产品竞争力的芯片，必须掌控其定义和设计的主导权，并以此为原则与芯片厂商开展合作。这有点像车企与动力电池供应商的关系，绝大多数车企都不会自己制造动力电池，但很多车企与动力电池供应商的合作正在不断深入，开始进入到电池包、模组，甚至电池单体的层面，以更好地掌控电动汽车产品的性能。我认为，未来芯片可能会比动力电池更加重要，因为智能汽车的竞争力将集中体现在软件和数据上，而软件和数据方面的表现直接依赖于芯片。从这个角度看，长安汽车面向未来制订了清晰的芯片策略，可谓意义深远。

应该说经过多年的努力，长安汽车目前已经取得了阶段性成功。但"一花独放不是春，百花齐放春满园"，如果只有一家自主品牌车企做得很好，而其他自主品牌车企都没有发展起来，那么中国汽车产业就不会真正做强。实际上，所有自主品牌都是中国产品形象的代表，就像现在国产汽车征战海外市场，只要有一家中国车企的产品做得不好，海外消费者就会觉得中国汽车都不行，特别是在单个中国汽车品牌的国际影响力还比较弱的时候，就更需要我们共同进步以形成合力。

我曾经给汽车强国下过定义，其中，具有世界级影响力的品牌和占据一定全球市场份额是两个必备条件。为实现这个目标，包括长安汽车在内的所有自主品牌车企应该携手共进，一起努力实现中国汽车品牌影响力和全球市场占有率的提升。我注意到，您也一直在呼吁中国自主品牌车企要加强联合。那么在您看来，中国自主品牌车企继续向前发展，应该怎样做才能取得更大的突破，真正成为在世界范围内具有竞争力的企业？或者说，您觉得未来十年中国车企应该如何把握产业重构的战略机遇，成功实现后发赶超？

朱华荣： 我觉得当前就是中国汽车企业实现跨越式发展的大好时机。从国内来看，首先，主流自主品牌车企已经解决了基础的产品质量问题，不只是制造质量，也包括设计开发质量等，都有了很大的提升，具备了让消费者接受我们产品的基本条件。其次，这个时代又给自主品牌车企提供了超越的良机，因为汽车产品正处于由硬件主导向软件主导转变的过程中，在相关新领域里，我认为我们与世界一流车企的差距远没有传统领域那么大，其中不少领域甚至处于近乎相同的起跑线上。最后，在新一轮科技革命的影响下，汽车产品的用户群体、消费心理以及用车模式等都在发生巨大变化，由此产生了很多全新的差异化需求。特别是中国汽车市场不仅规模全球最大，对新事物的接受度也是全球最高的，这对本土作战的自主品牌车企非常有利。只要我们把产品和服务真正做好，就一定能赢得消费者的青睐，从而在市场份额和产品价位上取得质的突破。正因如此，我认为自主品牌车企必须加大力度坚决实施战略转型，以抓住本轮产业变革的历史机遇。

再从全球来看，中国自主品牌现在也到了在海外市场争取份额的时候。为实现更大的发展，自主品牌车企必须立足本土、开拓海外，而我说的开拓海外不再是像现在这样进行简单的汽车贸易，而是真正深耕全球大市场，实现研发、生产、销售、服务等一系列环节在海外的本地化。其实反过来看也是一样，尽管中国的市场空间这么大，本土化战略实施不到位的国际大公司也无法取得良好的业绩。因此，自主品牌车企征战全球市场必须大力推进本地化布局，早日形成规模，不断降低成本，以提升综合竞争力。此外，满足海外市场的不同需求将促使企业形成解决问题的更强能力，进而反哺国内市场，帮助我们在中国市场实现突破。

赵福全： 如果说自主品牌的出身可以叫"命"，那么本轮科技革命带来的战略机遇就是"运"，由此我们就有了掌握自己"命运"的机会，这个机会一定要牢牢抓住。原来居于主导地位的硬件，国外车企已经有了几十年甚至上百年的积累，如果沿着这条赛道竞争，我们只能做到接近，而很难实现超越。然而，未来占据主导地位的将是软件，在这方面，我们与国外车企的起步点基本相同，这就使我们实现后发赶超成为可能。同时，正如您谈到的，过去几十年中国汽车产业取得的长足进步也非常关键，自主品牌车企已经把产品硬件做得相当不错了，这不仅是赢得消费者认可的前提，也是支撑未来软件创新发展的基础。更重要的是，在"软件定义汽车"的时代，消费者的关注点将大不相同，而中国坐拥全球最大且最活跃的汽车市场，为自主品牌车企发挥本土优势提供了广阔的空间。

当然，世界顶级的汽车企业一定是全球化的企业，自主品牌车企也不能一直满足于在中国市场和别人较量，那样做得再大也不是真正的世界强企。因此，中国车企必须走出国门，而且新时期的走出国门必须有新的内涵，只是进行国产汽车的海外贸易或者在发展中国家建一个全组件加工（Completely Knock Down，CKD）工厂已经不够了，自主品牌车企必须从品牌建设和本地化运营的角度深耕海外，这样才有可能成为拥有全球品牌影响力和市场份额的强企。

最后一个问题，目前长安汽车的第三次创业已经取得了阶段性成功，现在又到了企业进行"十四五"规划的时候，而要想做好"十四五"规划就不能不考虑"十五五"的发展。从您的角度来说，肯定希望长安汽车能在"十四五"期间取得更大的成绩。那么，长安汽车"十四五"的发展目标是怎样的？你们准备如何实现这个目标，进而打通从"十四五"到"十五五"的未来十年？十年之后可能我们都退休了，不过到那个时候，我们或许还可以再做一次专场对话，一起回顾一下您是如何实现十年前自己给长安汽车提出的目标的。这也正是我们这个栏目见证中国汽车产业和汽车人奋斗历史的意义所在。

朱华荣：就"十四五"而言，长安汽车将继续沿着第三次创业的大方向，加速向智能出行科技公司转型。而在这个大方向之下还有一系列的具体方向，包括智能产品、新能源产品等，这些都是未来长安汽车将坚定不移推进、持续不断细化的工作。此外，我们还会进一步拓展汽车后市场、拓宽产业布局，以增加自己面向未来的收益源，这其中，最重要的还是要牢牢抓住本轮科技革命和产业重构带给汽车企业的新收益机会。

展望未来，我希望通过成功转型，长安汽车能够在中国市场拥有稳固的地位，并以此为基础，支撑我们更有信心也更有力量地走向海外，使长安品牌能够在世界范围内立足。其实，"打造世界一流汽车企业"是长安汽车始终未变的目标，我们希望能早日进入世界车企 TOP 10 之列。我们认为，只以打造中国一流汽车企业为目标是不够的，长安汽车必须以打造世界一流汽车企业为目标，唯有如此，我们才能赢得长期生存和发展的空间，并且这个目标一定要在 2030 年前实现，否则后面很可能就再也没有机会了。

赵福全：谢谢华荣董事长！时间过得很快，朱总的分享让我对长安汽车有了更深的了解，也引发了我的很多共鸣。记得四年前与您在这个栏目的交流，主要是围绕长安汽车的基本功，包括人才、技术等展开的，而今天我们再次对话，从产品创新出发探讨了一系列新话题。实际上，产品创新不是孤立的，其背后不仅需要企业战略的支撑，更需要企业在战略落地过程中有效解决研发、采购、生产、销售和服务等一系列问题，产品最终才能真正满足市场需要。

朱总认为，经过三十多年的努力，长安汽车已经奠定了良好的硬件基础，现在完全有条件，而且必须抓住千载难逢的历史机遇，把软件做好。为此，长安汽车从整个企业的战略转型出发，采取了组织架构调整、人才工程创新等一系列举措，目标就是要成为智能出行科技公司，通过软件技术的应用，不断提升用户满意度。朱总也谈到了长安汽车的"一号工程"，我原以为这是指长安汽车最重要的一个项目，今天才知道是专门研究用户的工程，这足见你们对用户需求的重视程度。我相信，从朱总的分享中各位网友可以看出，长安汽车不仅有清晰的转型战略，更有具体的转型措施。在转型的过程中，长安汽车并不是把所有事情都想清楚了才开始行动，而是看准了大方向就果断前进，并在实践中不断完善自己的转型战略，优化自己的转型战术。长安汽车的第三次创业，即创新创业也是经历了 1.0、2.0 阶段，才做到今天的 3.0 阶段，并且后续还会有 4.0 阶段。

实际上，企业要做出一款热销产品并不难，难的是使多轮产品持续受到用户认可，这样企业才有机会成为长盛不衰的百年老店。在这方面，朱总认为科技创新能力始终是立企之本，企业必须坚持大力度的研发投入，这也是长安汽车高层的集体共识，并已列入公司的管理原则，甚至逐渐成为企业文化中共同的价值观。由此，在长安汽车"加大研发投入、加强技术创新"不仅有了制度保障，更浸透到每个员工的血液里，从而为企业的长治久安奠定了坚实的基础。

此外，朱总还分享了对中国自主品牌车企未来发展的判断。朱总认为我们在硬件基础上已经过关了，同时又迎来了"软件定义汽车"的赶超良机。在新一轮科技革命驱动产业全面重构的前景下，要打造优秀的汽车产品，硬件只是必要条件了，这无形中相对削弱了传统车企巨头的优势。而软件成了充分条件，在这方面，中外车企的起点基本相同。此外，中国消费者对软件带来的新体验有更高的期待，他们对汽车的追求将越来越倾向于好玩、炫酷，而非身份、地位的象征。这对本土作战的自主品牌车企来说无疑是历史性的重大机遇。而且这个机遇自主品牌车企是可以把握住的，长安汽车的实践就是最好的证明。我想长安 UNI-T 的热销，特别是成功争取到原来合资品牌的消费群体，不仅让长安汽车自身增强了信心，也坚定了所有自主品牌车企的信念：只要打造出满足用户需求的汽车产品，就一定能赢得消费者的认可和青睐。

实际上，我觉得企业发展得快一点或者慢一点还在其次，最重要的是必须走在正确的道路上。而长安汽车的前进方向，我认为是正确的。在此前提下，你们就可以大胆地加快转型，争取早日实现自己的目标。刚才朱总谈到，长安汽车的目标是成为世界 TOP 10 的车企，因为只有这样，长安汽车才能在全球汽车产业格局中真正占据一席之地。对此我非常认同。中国市场虽大，但海外市场更大，如果一直只守在本土市场，自主品牌车企的竞争力终究是有限的，最后也不可能走得太远。当然，那些连中国市场都没有做好的企业，说要走向世界是没有意义的。说到底，自主品牌车企还是要不断苦练内功、持续提升实力，这样才能抓住历史机遇，最终成为世界级强企。

最后，祝愿长安汽车在华荣董事长的领导下，越做越好！

朱华荣：谢谢赵教授。

02 对话夏珩
——新造车企业要左手继承、右手创新

赵福全：凤凰网的各位网友，大家好！欢迎来到凤凰汽车"赵福全研究院"高端对话栏目，我是本栏目主持人、清华大学汽车产业与技术战略研究院的赵福全。今天非常高兴请到小鹏汽车联合创始人兼总裁夏珩，参加我们栏目的第59场对话，欢迎夏总！

夏　珩：各位网友，大家好！我是小鹏汽车联合创始人兼总裁夏珩。

赵福全：夏总是清华大学汽车专业的优秀毕业生，也是比较年轻的"80后"汽车人。与很多传统汽车人不同的是，夏总几年前就投身于新造车事业，参与创建了小鹏汽车，并且取得了不错的成绩。不久前，小鹏汽车刚刚在美国成功上市，股民的反应也比较积极，应该说在资本趋冷的今天，能够迈出这样坚实的一步是非常不容易的。在此也对小鹏汽车表示祝贺！

夏总，大家对新造车企业寄予厚望，不过同时也有很多担忧。当前不少新造车企业陷入了困境，这又引发了一些质疑。小鹏汽车无疑是中国新造车企业中的佼佼者，目前已经成长为少数几家头部企业之一。随着产品投放市场，你们的品牌定位越来越清晰，产品力也在不断提升。今年我们栏目的主题是"汽车产品创新"。夏总是汽车专业科班出身，曾经在传统车企工作过，之后又与何小鹏董事长一起创办了小鹏汽车，进行了很多创新探索。那么您觉得在"汽车新四化"的大背景下，汽车产品的概念究竟发生了哪些变化？

夏　珩：现在业界都在谈"汽车新四化"，不过小鹏汽车创办的初衷是智能化，而不是电动化。按照我们的理解，智能化的本质就是新兴的互联网等高科技产业与传统的制造业深度融合，这将是一个催生根本性

变化的大趋势。为什么会有这种融合呢？我认为主要有两个原因：

一是消费端有需求。当前人们已经习惯了日常生活中的信息交互和智能应用，特别是年轻一代消费者，越来越青睐智能化产品。比如智能手机每天都推送给我们大量信息，我们也会用非常便利的方式与手机等智能设备进行交互。但到了汽车上，却感觉它仍旧是一套冷冰冰的机械。仅就消费者感受而言，传统汽车在近百年的发展历程中变化并不大，并没有被赋予太多的信息化属性。虽然车辆本身也有大量的数据信息，但并未得到有效利用，也没有给用户带来新的价值。

二是产业端有需要。传统汽车产业属于典型的制造业，车辆研发的大部分内容都是面向机械或者基于机械的嵌入式软硬件展开的，与工业高度相关。然而时至今日，情况已经发生了改变：信息通信和人工智能等新兴技术快速发展，正在与汽车技术不断融合。在这方面，特斯拉就是很有代表性的例子，虽然其产品还是一辆汽车，但其供应链大量来自互联网和消费电子行业。例如，电动汽车上价值最高的单一部件不是发动机，而是动力电池系统，而特斯拉之前采用的1860动力电池就来自于消费电子领域。又如特斯拉对智能化、信息化功能非常关注，其最初一批车主就是硅谷中对这方面非常敏感的人群。随着这股浪潮席卷全球，在中国也有越来越多的互联网及信息科技巨头，像百度、阿里、腾讯、华为等，快速涌入到汽车产业中。

在这种情况下，汽车市场和产业都迫切需要智能化产品。因此与一些选择以"电动化"或者"共享化"为主要创新方向的团队不同，小鹏汽车在"新四化"中始终坚持以"智能化"作为自己的核心突破口。2014年诞生之初，我们就是从"智能化"切入的，此后一直致力于"智能化"方面的深度研发与快速迭代，这是我们的核心战略。

赵老师是汽车界公认的顶级专家，您应该非常了解汽车行业经典的V形开发流程，以及互联网行业推崇的敏捷开发流程。我们在创建公司之后花了大量时间来研究，如何把汽车的V形流程和互联网的敏捷开发流程有效结合起来，建立一套适合智能电动汽车的开发模式。从"三电一屏"，即动力电池、电机、电控系统和中控大屏，到自动驾驶技术，我们进行了大量的自研工作。以自动驾驶为例，在小鹏汽车自行研发自动驾驶技术的时候，行业多数车企，包括不少国际巨头在内，都是采用Tier1（一级供应商）提供的解决方案，也实现了相应的功能，但用户的使用率普遍较低。这其实是有原因的，以自动泊车为例，其解决方案往往停泊准确率不高，同时动作也比较复杂。

而小鹏汽车从一开始就坚持对自动驾驶软硬件进行自主开发，以确保能不断优化我们的解决方案和产品体验。仍以自动泊车为例，现在小鹏汽车的广大用户，包括合作伙伴，对我们的自动泊车体验普遍非常认可。与此同时，我们还实现了仅用摄像头来完成自动泊车，这是小鹏汽车的全球首创。当时其他车企，包括特斯拉在内，都还要借助雷达。此外，我们在精准定位上也做了很多工作，目前多数自动驾驶汽车并没有超高精度定位，而小鹏汽车的定位系统精度非常高，达到了导弹级别，这样又能弥补算法上的不足。总之，我们在智能化方面已经下了很大功夫，并且今后仍将继续努力，后续在XPILOT 2.5系统、XPILOT 3.0系统和更高级别的自动驾驶系统，以及车内智能系统上，小鹏汽车会倾注更多研发力量。

赵福全： 夏总刚刚介绍了小鹏汽车的基本理念是以智能化为核心突破口，因为小鹏汽车认为智能化是消费者的痛点，也是产业升级的需要。传统汽车缺乏与消费者交互的能力，因此既不能理解消费者，也不能实现自我进化。而现在，信息科技和人工智能技术的进步，让我们有条件为消费者提供全新的汽车产品和用车体验。小鹏汽车决心抓住"智能化"的机遇，顺应这一发展趋势，抢占未来竞争的"天时"。为确保智能化能力能有效落地且充分受控，小鹏汽车选择了自主研发相关软硬件，并将其视为最核心的竞争力。那么在您看来，智能汽车应该如何定义？比如聪明的小孩可以有多种不同的表现，有的能背很多唐诗，有的能解复杂的数学题。而智能汽车的"聪明"究竟应该如何体现呢？

夏　珩： 我认为智能化产品必须具备两个核心属性。第一个核心属性是自主学习，智能汽车一定是可以自主学习的。这又可以分成四个维度：一是存储能力，像您刚说的背唐诗，这就是一种存储能力；二是感知能力,在汽车上安装各种雷达和摄像头,就是要使其具备感知周边环境的能力;三是连接能力,能够与其他智能体进行交流和分享信息,从而使自己,也使整个群体的智能水平更高;四是计算能力,这个很好理解,就是在收集到信息之后能够有效处理。

也就是说,智能汽车必须具备这四个维度的学习能力,能综合感知并判断环境情况,然后决定怎样安全快速地到达目的地,而不仅仅是通过既定逻辑或规则来进行决策。我觉得,这是 AI(人工智能)汽车与以前嵌入式系统汽车的本质不同。基于这样的认识,小鹏汽车的整个自动驾驶系统都建立在深度学习的基础上。当然,对这一模式也有一些争论,例如 Mobileye 公司对深度学习就有过质疑,不过后来他们也逐渐开始采用深度学习技术了。

第二个核心属性是自主进化。生物是从单细胞到多细胞、从爬行动物到哺乳动物、从变温动物到恒温动物逐步进化的。而人造智能系统也应该是可以升级和进化的,而且也只有通过代际升级的不断积累,才能最终完成质变进化的终极目标,类似于猿最终进化成人类。小鹏汽车的 XPILOT 系统就是这样发展的,从 1.0 到 2.0 再到 3.0,一脉相承地不断进化。在这方面,能够在产品全生命周期中不断通过 OTA(空中下载)进行升级,对智能汽车来说是非常重要的能力。比如小鹏汽车的 P7 和 G3 车型在最初上市时还不具备自动泊车功能,但在三个月后我们完成了相关技术的研发,立即通过 OTA 进行了在线升级,使这两款车型具备了自动泊车功能。目前,小鹏汽车产品的大量功能都是通过 OTA 升级实现的。

总体来看,我认为智能汽车有两个关键词,第一个是 OTA。因为 OTA 提供了一种贯穿整个汽车产品生命周期随时进行升级的核心能力,这样相关技术工作的最新进展就都可以及时体现在终端产品上。实际上,这种能力涉及汽车的各个方面,而不只限于自动驾驶系统,其他如 BCM(车身控制模块)、座椅控制和空调控制等功能都可以基于 OTA 随时升级优化。

第二个关键词是 AI。某个车型的自动驾驶到底能否做到 L3 或者 L4 级,关键还是要看 AI 能力。这既包括诸如人工神经网络等 AI 算法的有效性，也包括提供给算法的数据的有效性，只有不断优化算法，并基于大量高质量数据进行训练，AI能力才能变得越来越强。小鹏汽车的愿景之一就是通过数据驱动改变未来出行生活，因此数据对我们来说至关重要，这也是我们特别看重自动驾驶等功能使用率的原因所在。因为如果用户对功能使用得少，相应产生的数据就少，车企也就无法积累更多的数据来支撑汽车进化。

赵福全：对智能化的理解可谓仁者见仁、智者见智。夏总认为，智能汽车首先必须具备自主学习能力，而在学习之后还要能使用，因此还要具备自主进化能力。而进化的基础来自于大量数据的积累和应用，这样产品才能不断完善，做到一天比一天好、一代比一代强。对此我非常认同，之前我曾经讲过，自主进化是智能汽车的本质特征和最高境界。

这样听下来，似乎智能化和汽车动力系统并没有太大关系，那么以智能为发展重点的小鹏汽车，为什么选择以电动汽车作为载体呢？不能在传统燃油汽车上开发智能系统吗？作为一家新造车企业，选择传统燃油汽车不是更容易达到较大规模吗？毕竟传统燃油汽车的市场占有率仍在95%以上，而电动汽车要取代燃油汽车还要经历一个漫长的过程。

夏　珩：刚才我说到小鹏汽车选择汽车智能化作为核心突破口，这并不意味着我们不做其他"三化"。之前就有人问过我们，为什么不做混合动力产品，因为我们的造车资质是全面的，无论纯电动汽车、混动汽车，还是燃油汽车都可以做，这和一些受限于资质别无选择的新造车企业是不同的。在电动化方面，小鹏汽车选择纯电动汽车作为产品载体也是经过深思熟虑的。

在早期战略研讨时，我们在直觉上就觉得应该从纯电动汽车切入。但只有直觉是不够的，我们必须把选择纯电动汽车的原因想清楚。记得当时何小鹏、我与很多互联网专家一起探讨，大家有一个共识，就是觉得纯电动汽车具有简单和纯粹的特点，而简单和纯粹恰恰是大众化产品更容易获得发展的基因。例如，智能手机为什么选择触摸式大屏来取代按键式设计，单从功能实现的角度来看，按键方式也是可以的，但无论从开发还是从使用角度看，按键都不及触屏方式简单。正是触屏和安卓系统的结合，才推动了智能手机的普及。我们认为汽车产品也是如此，如果用燃油汽车来实现智能化，整个产品及其开发过程都会变得更加复杂。

这种复杂主要体现在两个维度上。一是供应链维度，燃油汽车的供应链比较复杂，而且不少 Tier1（一级供应商）掌握着很大的话语权。例如大部分整车企业使用的 AT（自动变速器）都是从供应商那里购买的，想自己升级 AT 非常困难。如果还要基于自动驾驶的需求，同时匹配合适的发动机 MAP（发动机特性图谱）来进行 AT 换代升级，那就是难上加难了，很可能与 Tier1 沟通好久都无法解决。当然，对汽车产品来说，安全永远是第一位的。不过在传统汽车供应链体系及与之对应的产品开发模式中，有太多出于安全考虑的更新升级阻碍，其中很多其实是可以避免影响安全性能的。另外，很多 Tier1 都是国际供应商，本土化能力强弱有别，就算想支持车企进行相应的调整，也未必能做到令人满意的程度。就像发动机标定，很多时候车企也只能选择接受或不接受而已，并不能进行细节的优化。更何况汽车供应链不仅结构复杂、层级分明，还有着既有的利益捆绑和固化体系，这是多年沉积形成的结果。在这种情况下，要让燃油汽车的供应商们完全按照新造车企业的思路来开发智能汽车，我觉得会非常困难。二是技术维度，这一点大家都很清楚，主要是发动机控制比电机控制复杂，变速器换档比电机调速复杂。

如果在产业链和技术复杂度都更高的燃油汽车平台上开发智能汽车，自动驾驶等智能化功能就只能以增量搭载的方式才容易落地，要想对整车架构进行系统全面的重新设计几乎是不可能的。也就是说，基于传统动力总成的智能汽车，会有一些系统可以通过 OTA 升级，另外一些系统不能通过 OTA 升级，导致整体上智能水平不及电动化的智能汽车。

赵福全：按照您所讲的，小鹏汽车创立之初就考虑到纯电动汽车能为智能化提供一个更为合适的技术平台，而基于机械动力传动系统的燃油汽车在技术内容上更为复杂，经过一百多年发展形成的供应链也有局限性，很多供应商可能并没有能力去拥抱智能化，反而会因自身固有理念而阻碍智能化的发展。因此你们认为做纯电动汽车更合适，因为纯电动汽车本身相对简单，控制灵活度更大，也就更容易挖掘和发挥出智能汽车的潜力。这表明小鹏汽车选择纯电动汽车的逻辑完全是基于智能化的需要，即智能化是未来的大方向，而纯电动汽车是支撑智能化的最佳载体。

不过这就引出了一个新的问题。目前仍占据绝大部分市场份额的燃油汽车要如何实现智能化呢？难道未来燃油汽车就不能成为智能汽车，而只能渐渐被取代吗？

夏　珩：实际上早在2014年，我就和很多人讲过燃油汽车不适合做智能化，不过传统汽车人可能不太认可这个观点。举个例子，当初功能手机也是有智能功能的，何小鹏做的UC浏览器最早就是运行在功能手机上，基于塞班系统，但后续进化速度很慢，因此只能切换到智能手机上。这就像赛跑一样，如果别人跑了一千米，而你只跑了两三百米，那差距就会越拉越大。因此，我坚信纯电动汽车和智能汽车的结合是未来的大趋势。如果传统车企下定决心转型，我建议还是应该努力一步到位，而不是用中间方案来替代，要转型就不能只拥抱智能化，而不拥抱电动化。从产业实践来看，2014年到2020年这六年间，传统汽车企业，包括奔驰、宝马等巨头，真正推出的比较酷的智能化功能，也都是在纯电动汽车产品上体现的，而不是出自燃油汽车产品。

赵福全：按照您的看法，汽车智能化是未来的大方向，必须要有更合适的技术平台来支撑，而这个平台就是纯电动汽车。传统燃油汽车也必须向智能化方向努力，但由于在基因上就与纯电动汽车存在差异，燃油汽车智能化的发展速度会相对较慢。因此您认为，在智能化方面，燃油汽车最终是没有办法和纯电动汽车竞争的。

下面我们谈谈产品细节。刚才您讲了很多关于智能化的内容，这其中可能软件的成分偏多，比如您谈到很多软件都是小鹏汽车自己编程的。实际上，硬件仍然非常重要，是支撑智能化发展的基础和前提。未来，硬件和软件之间必须有效结合，才能提供智能化的最佳解决方案。例如没有品质优良的制动、转向系统，软件开发得再好也无法实现车辆的智能控制。那么，您认为硬件应该如何支撑智能化？小鹏汽车又要如何掌控硬件相关的核心技术呢？

夏　珩：小鹏汽车在创立之初就把智能汽车技术分成了两部分。一部分是智能技术，我们要深度自研，同时要大胆创新，实施快速敏捷开发。另一部分是传统汽车技术，我们始终认为，汽车作为历经百年的大工业，有着非常深厚的底蕴，在这方面，我们应该尽量采用成熟技术，谨慎面对"创新"。也就是说，要对传统汽车技术心存敬畏，对于底盘、车身等，我们要用成熟的方案，并且尽量选择行业最好的资源。

为此，在汽车人才方面，我们吸纳了大量经验丰富、行业知名的汽车专家，他们以前都是标准的传统汽车人，而且至少经历过两三个整车项目的完整开发。同时，在产业资源方面，我们充分借助了很多优质合作伙伴的力量。例如小鹏 P7 的底盘是与保时捷工程公司联合开发的，车身是与爱达克公司联合开发的。之前我在广汽传祺工作时就深深体会到了这一点——与一些掌握核心 Know-how（技术诀窍）的集成供应商合作，是快速提升产品品质的有效途径。目前来看，小鹏汽车在这方面的实践结果相当不错。

在与供应商伙伴合作的过程中，我们也会做一些创新，而不是完全照搬。实际上，小鹏的技术水平也赢得了供应商伙伴的认可和尊重。例如之前我们联系博世寻求合作，刚开始博世对我们这些新造车企业的技术能力是有怀疑的。当时博世对我们讲，现在有几十家新造车企业找他们合作，他们根本没有足够的工程师来对接。我们就请他们来体验带有自动泊车功能的小鹏样车，结果他们感到很震撼，认为我们的自动泊车做得非常好，于是愿意与我们紧密合作。此后，我们与博世联合开发了很多系统和功能，包括转向、制动以及自动驾驶硬件、制动能量回收系统等。例如小鹏 P7 的续驶里程比较长，其中一个原因就是我们在制动能量回收方面采用了先进的串行制动设计，用户踩下制动踏板时尽可能先用动能回收为电能的过程来制动，如果制动力不足再使用制动盘制动。而很多品牌产品的方案是制动盘与能量回收系统同时工作，这样就会增加能量损失。当然只用能量回收系统进行制动，在安全上挑战很大，我们对此也很慎重，与博世进行了大量的联合标定与开发，在确保技术成熟后才敢采用。另外，为了让产品和年轻人有更好的契合，我们也进行了不少创新，例如无框车门和铝合金结构等，其中一些创新在国内是首次使用。

总之，在配合智能化、电动化的底盘以及车身等方面，我们尽量借鉴和利用传统汽车产业的经验和资源，在此基础上也进行了很多有特色的创新。

赵福全：小鹏汽车认为硬件也很重要，将为智能化提供基本支撑。因此，你们一方面将很多在传统车企打拼了多年的专家和工程师招揽到小鹏效力，负责产品开发等重要工作；另一方面与不少优质供应商合作，依靠供应商的 Know-how 和经验，避免此前出现过的硬件问题在小鹏产品上重复出现，以确保产品安全性和稳定性。那么，面向未来软件定义汽车的前景，小鹏汽车对汽车硬件创新是如何定位的？对智能汽车来说，硬件创新应该发挥什么作用？硬件是否不如软件重要了呢？

夏　珩：我觉得并不是说硬件不重要，而是其开发必须围绕软件展开。因为智能汽车的本质就是软件定义汽车，所以未来开发的硬件一定是软件能定义和控制的，如果硬件无法用软件定义和控制，就很难实现智能化。例如车门能不能自动打开？传统汽车没有与软件相匹配的传感和执行硬件，既无法感知车门有没有打开，也无法执行打开车门的命令。因此，未来开发硬件系统最重要的就是可定义化。用互联网术语表述叫布点，即首先掌握硬件所处的状态，然后再对硬件进行有针对性的控制。例如先确定车辆目前的使用情况，包括有多少人坐在车内，处于什么行驶状态等；再根据驾驶人意图和路况信息，灵活控制车辆加速、制动、转向、动力电池、电机以及车用电器等，最终实现软件对硬件的可控化。在这方面，小鹏汽车早期实现可控化的硬件也不多，但我们发展速度很快，自 P7 以后，车门、车窗、座椅、空调和音响等很多硬件都已经实现了可控化。

赵福全：开发智能汽车和传统汽车的最大区别在于，智能汽车的硬件应该是可定义可控的。为了做到可定义可控，您觉得汽车硬件需要进行哪些改变呢？还是说只要有足够好的软件，什么样的硬件都能进行控制？我想应该不是这样，如果硬件本身品质不佳，可控之后可能会弥补一些不足，但肯定依然不会是一款好车。

夏　珩：我认为主要有两点。第一，整车的电子电气架构必须重构。这也是传统汽车很难做到的一点，传统汽车的电子电气架构是分布式的，必须改成集中式，即 CPU + 域控制器。也就是说，各种功能要从以前各自为政的分散控制转变为相对集中的域控制，能够由 CPU 统一管理，否则每一个控制单元各自对应一个功能，不仅系统高度复杂，也无法实现整体的最优控制。因此我们现在的做法是努力把整车上大大小小的几十个控制器集成为十几个域控制器，这是小鹏汽车坚定不移的推进方向。

由此就会带来很多改变。比如以前的控制器大多只是基于功能的，现在我们可以考虑线束的位置，致力于让整个线束布置得更合理、节约。同时，智能汽车对网联化要求很高，必须构建"信息高速公路"，因此我们要在车辆上加入车载以太网等一些新的通信技术模块。

第二，硬件的控制精度必须能准确定义和测试。比如前面讲到的制动功能，为满足要求，必须对控制精度进行大量的标定和测试，同时还要根据智能化引发的新变化设计一些冗余方案。这些诉求都必须在统一的顶层架构中系统思考和布置，如果还像以前那样一个一个系统单独控制和修改，后期就会出现很多冲突。

此外，对车门、空调和电机控制等直接影响用户体验的功能，还要把舒适性纳入考量范围。例如以前的车门只要能开就可以了，反正是由人来开门的，但现在要用智能控制，这就意味着要把类似"老司机"那样的感觉体现出来，让用户感到车门开得非常"舒服"。因此对机械的控制要恰到好处，这显然不是只靠软件就能达成的，必须与硬件本身相关联，不断提升硬件的控制精度才行。

赵福全：我相信大家都在思考这个问题，即当软件定义汽车之后，硬件的角色和作用究竟会是什么？和原来相比有什么不同？未来汽车硬件的发展方向又是什么？而夏总刚刚给出了非常明确的答案，那就是硬件必须充分实现可定义，进而实现充分可控。

刚刚谈到小鹏汽车的底盘系统是与博世公司合作开发的，而您在广汽时也与博世合作过。那么，您认为对这两家车企来说，像博世这类供应商的角色有没有差异？博世作为一级供应商，给传统车企提供的不仅是硬件，也包括控制软件。而在给小鹏汽车供货时，博世也提供控制软件吗？还是说控制软件由小鹏汽车自己来负责？此外，这还涉及数据由谁控制的问题。展望未来，在软件定义汽车的产品开发过程中，车企对供应商会有哪些新需求？

夏　珩：我想以智能手机为例来说明这个问题。智能手机的品质有好有坏，归根结底原因还是出在硬件上，因为软件如果出现了 bug（缺陷），相对来说容易测试出来，也容易解决，而硬件的问题就很难解决，涉及很多核心 Know-how。比如产品的材料工艺、电磁干扰、防护等级、防水性能等品质都必须靠硬件来保障。小米科技创始人雷军讲过一句话，创新决定飞多高，品质决定走多远，说的就是这个道理。

目前，在纽交所成功上市对小鹏汽车来说是一个重要的里程碑，但后面的路还很远很长。小鹏汽车立志于成为一家长远发展的公司，因此产品品质始终是我们的生命线。从这个意义上讲，我觉得不能说硬件变得没有软件重要了，因为品质是创新的基础。

回到与博世合作的话题。博世是我们非常尊重、信赖的合作伙伴，在这样有着深厚积淀的产业巨头面前，我们作为后来者必须保持谦卑。我认为，未来的汽车产品创新并不是谁颠覆谁的问题，而是如何实现合作共赢的问题。在传统汽车电控系统的开发过程中，很多功能确实分别掌握在不同的 Tier1 供应商手中。比如制动控制，由于博世等供应商具有很强的技术能力和开发经验，于是放在了其开发的 ESP（电子稳定程序）系统中；再如发动机控制，放在了供应商提供的 EMS（发动机管理系统）中，这些功能其实原本应该在整车层级统一进行控制。当然，传统车企也会做一些标定匹配工作，但在本质上，各项控制功能，包括在各种不同工况下的控制逻辑和算法，还是分散于供应商提供的相关系统中。

而对智能汽车来说，我们认为整车层级的多数功能应该由整车企业来统一设计和掌控，这样上述模式就很难适用了。对于 Tier1 供应商，我们更希望其提供安全性好、鲁棒性强、冗余度高、质量可靠的硬件系统。

比如转向系统，我们需要让车辆转向多少度，就能非常精确地实现，而判断该不该这样转向并不需要供应商来完成。

目前，大量整车层级的感知和控制是由供应商提供的系统完成的，像刚才讲的 ESP、EMS，也包括 BCM（车身控制器）等，这样整车企业就很被动，可能连控制车门开关这样的简单动作都不能自己主导。当然，设计这些系统的出发点都是好的，问题在于这些离散的系统无法从车辆整体上获知更多的信息，因此要做出精准判断和最优决策就很困难，要使用 OTA 进行升级也很麻烦。因为我们根本无法预料一些软件更新后会不会出现问题。举个可能不太恰当的例子，一家商场为了避免顾客偷窃商品，就把顾客的手脚都绑了起来，这样肯定是安全了，但显然无法让顾客满意，何况大部分顾客都是自律的。对整车企业来说，开发智能系统必须确保产品安全，但不能因此就被各个供应商的系统和程序"绑"住了手脚，这样是无法真正实现预期的智能化功能的。

我们在开发 G3 车型时，就遇到了很多关于某个功能应该由整车企业还是 Tier1 负责的问题，由此我也越发认识到，传统汽车的分布式控制架构是不适合智能汽车的。而我们在厘清思路的过程中，也在引导博世这样优秀的供应商逐渐把注意力更多地聚焦于系统硬件。

当然，直到现在我们的产品还是有一些整车层级的控制需要放到供应商的系统中，例如与制动相关的 ESP。原因在于，一方面整车企业要形成相应的能力还需要时间，另一方面我们认为这些与安全直接相关的领域，像博世这样的供应商在很长时间内都会比我们更有经验。但类似 BCM、车载空调控制等，我们就要自己掌控了。在传统汽车上，只要车辆没有起动，这些系统就无法打开，因为之前的设计理念认为不开车的时候是不需要这些功能的。现在这类事情不再用供应商来考虑了，我们自己决定这些系统何时使用，无论车辆本身是否已经起动。在这个过程中，整车企业必须确保在整车层级上不会因此出现一些其他问题。

我认为今后由供应商负责的整车级功能会越来越少，目前来看剩下的功能主要集中在制动领域，其他领域都可以陆续转给整车企业，以提高整车的智能化表现。比如转向系统，以前的策略是发动机没有起动时不提供转向支持，以免出现这样或那样的问题。我们在测试时就遇到过车辆在某些工况下突然不能转向的情况，经过排查发现是因为转向系统一直以来就有这样的诊断程序，动力系统未起动时就不工作，其实这种控制逻辑对智能纯电动汽车来说已经不适用了。又如落锁的功能，供应商之前是不太关注的，而现在可以由整车企业根据需要来设计，变为一种主动性动作。总体来看，未来供应商掌握的整车层级软件将越来越少。

赵福全：对智能汽车来说，自动驾驶是最核心的功能之一，而实现自动驾驶就要对制动、转向等硬件进行灵活且精准的控制。在这方面，优质的硬件还是需要由优秀的供应商来提供。但为了让自动驾驶的智能汽车真正满足用户的个性化需求，乃至实现千人千面和千车千面，整车企业就必须掌握这些硬件的控制权，而不能仍然交由供应商负责。因为更贴近消费者的是整车企业，同时再大再强的供应商也无法在整车层面上确定全局性的解决方案。整车企业如果做不到这一点，就没有办法为消费者提供差异化的智能产品和服务，智能汽车的功能和性能也就不可能具有个性，更无法通过 OTA 升级做到常用常新。这其实还涉及用户数据的收集和积累问题，前面讲到智能汽车是可以自我学习和进化的汽车，而学习和进化的基础正是数据。

从这个角度看，传统汽车供应商曾经开发的系统，现在看来更多的是硬件系统，而不是软硬结合的系统。将来供应商可能会只负责硬件及其相关的一部分系统级软件，而整车级的软件会逐渐被整车企业收回，这对供应商而言是一个巨大的挑战。就像夏总讲的，原来是各种局部性的系统混杂在一起来完成整车的功能，未来会逐步走向统一架构。此外，分工也会更加清晰，整车级就是整车级，系统级就是系统级，同时前者要能对后者进行有效调用。

梳理一下我们刚才交流的内容：随着智能汽车发展的不断深化，软件逐渐成为主导，但硬件仍然非常重要，特别是在软件调用硬件的前景下，硬件的品质及其鲁棒性和可控性，可能会变得比以往更重要。与此同时，消费者对智能汽车的体验依赖于软件对硬件的灵活精准控制，这就需要车企掌握整车层级的控制权，并基于大量数据的积累和应用，不断提高智能化功能的表现和可拓展性，从而为用户提供差异明显的最优解决方案。因此，未来只依赖于供应商的车企恐怕走不了太远。整车企业对车辆总体架构上的核心内容必须掌控得越来越多，而供应商也必须逐步向整车企业开放，如果不开放，要么会被先进的车企淘汰，要么会和落后的车企一起被消费者淘汰。

前面谈到小鹏汽车聘用了很多传统汽车人来开发产品，是为了把这些人才的 Know-how 充分利用起来。说起来，您应该也属于传统汽车人。夏总可谓是少帅，年纪轻轻就带领团队出来创业。而您当年接受的是汽车专业的培养，又在传统车企里积累了整车研发的经验，现在则是新造车企业的领军人，恐怕您的理念也不是一夜之间就从传统汽车转到智能汽车的吧？我很想问问夏总，在创立和经营小鹏汽车的过程中，您有没有感受过一些冲击和碰撞？又有哪些固有理念发生了根本性转变？刚才我和广汽新能源的领导也交流过这个问题，未来企业发展到底是能力重要还是理念重要？如果没有能力，理念再正确也是空谈；可如果没有理念，能力恐怕永远也不会形成。

夏　珩： 赵老师提的这个问题非常关键。前不久我参加了一个研讨会，正好谈到外行领导内行或者说外行跨界创新，会不会有成功的机会呢？当时就提到了华为的案例，华为有一个非常突出的特点就是喜欢用外行。还有一个例子，小鹏汽车有一位重要投资人，他不只投资了我们，也支持过 UC 和小米，他就讲自己特别喜欢投资外行创业的公司。当时听到这句话我还不是太理解，直到昨天研讨会看到一段视频让我印象很深，感觉一下子明白了这位投资人的意思。

当年日本偷袭珍珠港的时候，有一位美军军官看到了日本的飞机，但他下意识地认为那是一次演习。明明看到了日本飞机飞过去，但作为一个老兵，他却认定不可能是日本飞机。因为珍珠港离日本本土太远了，中间还有好几处美军基地，何况美国本土长期以来从未受到过外国攻击。同样，美军雷达其实也探测到了日本飞机，但执勤士兵同样认为是美国自己的飞机。这个视频给了我很大的启发，我们一直以为是因为看到所以相信，但实际上是因为相信所以看到。

在一个行业里做得太久了，手段就慢慢变成了目的，就会下意识地觉得改变打法肯定是不对的。例如开发汽车产品，形成了标准的流程，这个流程逐渐就成了金科玉律。说实话，即使像我这样在传统车企工作时间不长、积累不太多的人，也已经在不经意间形成了很多固有思维，感觉有很多地方无法与互联网人沟通。而在过去几年与互联网人不断交流的过程中，我逐渐发现，很多时候汽车人认为明显错误的观点，只是互联网人用的一些术语不够精确，但他们想表达的思想其实是对的。例如互联网人说产品应该如何如何做，汽车人一听就感觉不可行，而实际上互联网人的想法可能更接近问题的本质。在很大程度上，这是汽车和互联网产业的话语体系完全不同造成的。很多时候互联网人由于缺乏一些汽车专业知识和术语，没能把观点表达到位，但后来我发现他们的直觉和判断往往是正确的。

大家可以看到，目前在这么多家新造车企业中，何小鹏、李斌、李想的公司都有不错的表现。这其中来自互联网产业的何小鹏是纯粹的"外行"，而李斌和李想虽然做过汽车媒体，但总体来讲也属于"外行"跨界造车。我觉得这样的结果不是偶然的，因为企业领军人对产品的直觉非常关键，而这恰恰是传统汽车技术人员所缺乏的。有时候，同样的事情做得太久了，就难免会形成难以改变的惯性思维。

当然，从另一个角度来讲，我认为汽车专业人员拥有的技术能力的重要性仍然是不容置疑的。原有的汽车共性基础技术，像整车安全、汽车动力学等必须按部就班、一丝不苟地坚持做下去，在这方面是不能随意"创新"的。例如开发一款车型需要三年时间，新造车企业不能因为领军人的一句话，就把开发时间缩短到一年半，这是不符合科学规律的。

小鹏汽车诞生至今，整车开发流程该有的步骤一个都没有少过，测试车的数量也比大多数传统车企更多，例如G3的测试车超过了1000辆，这还不包括早期试用的产品。我是从传统车企出来的，深知新造车企业在汽车技术上的差距所在，因此我们的测试必须比传统车企样本更多、里程更长，毕竟我们的经验更少。再如一些我们本来可以自己做的事情，之所以要找外部力量提供支持，也是为了确保把产品做好。总体来说，对于传统汽车产业的理念和经验，新造车企业必须坚持一部分，改变一部分，既要有继承，也要有创新。

赵福全： 我知道您与何小鹏董事长已经合作了很长时间。一开始您作为联合创始人在前台，而何总作为投资人在后台，后来何总也走到前台直接出任董事长。你们两个人中，来自传统车企的您可能对汽车产业理解得更深一些，而何总应该更具有互联网的思维和理念。那么，你们在合作过程中有没有过冲突？最后是怎样达成一致的？要怎样判断谁才是掌握真理的一方呢？

夏　珩： 我与何小鹏的合作很有意思。最早小鹏经人介绍找到我，只是为了了解一些汽车专业知识，例如造一辆车需要多长时间等，他并没有谈到与创业相关的话题。后来他说自己大概2013年就有在汽车领域创业的想法了，那个时候他除了找我，也找了行业里很多人交流。不过由于我们之前并不认识，他当时自然不会和我提这些。

我和小鹏交流之后，又接触到其他一些互联网人，而且当时百度、阿里、腾讯以及华为等企业都在考虑进军汽车产业的事情，包括不少新造车企业也开始涌现出来。我想这应该是一个很好的创业机会，而小鹏之前找我了解过汽车的事情，他是不是也有这样的想法？于是，后来我又反过来去找小鹏，我和他说，现在形势这么好，不如您出来，咱们一起造车吧。他当时不愿意出来，后来折衷的方案就是由他投资、由我们来做。此后直到2017年3月之前，他一直是在幕后。小鹏在互联网界是很成功的，但仍然对直接进入汽车界非常谨慎。这种谨慎其实也不难理解，毕竟造车不是短跑比赛，而是一场马拉松式的较量。汽车不仅要开发好、制造好，还要销售好、服务好，产品的生命周期很长。赵老师在汽车界打拼了这么多年，肯定更清楚汽车行业有多复杂。

应该说，我与小鹏的磨合是从2014年就开始了，之前是一种理念上的互动关系。不是他直接把我找来造车，而是他推我一把，我拉他一下，彼此不断坚定对方的信心，一起努力往前走。而在2017年小鹏来到前台之后，我们就进入了实质性的合作工作阶段。

赵福全： 前期的互动也是一个互相了解和改变的过程。那么，在

2017年何总走到前台直接参与公司运营后，你们有没有遇到过观念上的冲突？例如在供应商选择、技术方案决策等方面，你们有没有分歧，又是如何解决的呢？

夏　珩：从2017年开始，我们的合作就进入了新阶段，基本模式是小鹏做决策、我来协助。说实话，在工作中我们的不同意见非常多，可以说争论是经常性的，有段时间基本上每天都有。有时候他刚讲完，我马上就说这样行不通。但互联网文化有一点非常好，就是大家对这种争论并不在意。之前我也一直与他有交流，知道他们当年做 UC 时是怎样为了产品激烈争吵的，因此我也觉得这没有什么。当然最终还是要由小鹏来拍板决定，一旦定下来我会坚决执行。而且我发现，正是在这些辩论和争吵的过程中，汽车人越来越能从互联网的角度思考问题，而互联网人也越来越能从汽车的角度思考问题。

有一位同事和我讲，他在刚加入小鹏时，感觉公司氛围很紧张，好像有互联网人和汽车人两个阵营。他并不是指小鹏和我，而是指公司里的互联网人和汽车人之间看起来"合不来"，毕竟这两个行业有太多的不同。不过过了一年，他感到两部分人融合得越来越好，而现在互联网人和汽车人在一起工作，已经不太分得清谁来自互联网企业、谁来自汽车企业了。

赵福全：你们两个创始人之间关系融洽，其他互联网人和汽车人也越来越能相互理解和有效协作，这对公司健康发展是至关重要的。不过，这样会不会又导致何总逐渐失去互联网思维，而您逐渐失去传统汽车理念呢？如果出现这种变化，到底是好还是坏？

夏　珩：赵老师提醒得很对。一方面，每过一段时间，我就会对自己强调一遍：质量是企业的生命线，汽车产业的基本规律不容违背。另一方面，今后小鹏汽车还会不断地引入新人才，为公司输入新鲜血液，这些新人往往会带来一些新想法，同时也包括一线同事们的意见，我们要始终保持开放的心态，认真听取和吸纳，切不可形成新的固有思维。因为一旦僵化理解互联网思维，僵化理解创新，就会形成新的形式主义。

何小鹏和我分享过一句话，"我们一定要反对新的形式主义"，我觉得非常正确。不能因为老板是互联网人，就把互联网思维当成真理，谁都不敢反对；也不能说任何方面都必须创新，其实很多时候是不需要甚至不允许创新的。例如把冲压流程创新了，怎样保证品质呢？实际上，汽车制造领域有非常成熟的技术和经验需要我们学习，不要总想着开辟新路，就像精益生产，只要学得更深入一些，做得更到位一些，这本身就是进步。

赵福全：这个观点很重要，企业无论发展到什么阶段，都需要时刻避免陷入僵化。小鹏汽车作为新造车企业，一定要有自己的创新之处，但也不能为了创新而创新，而是要以产品最终满足消费者需求为目标来创新。同时，在创新过程中，汽车人和互联网人都应该有自己的坚持。夏总基于自己在传统车企的经验，要坚持把产品打造好，绝对确保质量；来自互联网行业的何小鹏董事长则带来了新的理念，要坚持以第一性原理来识别和满足用户需求。实际上，购买汽车的客户和使用汽车的用户是完全不同的，未来有些用户可能只使用而不拥有汽车，为此车企必须建立用户思维，重新思考用户的需求究竟是什么以及如何满足。而汽车人和互联网人各自的坚持其实也是一种磨合，最终使大家逐渐都能站在对方的角度思考问题，甚至不再分得清彼此，这对企业的经营和发展是非常重要的。

同时，企业思维和理念的更新永远没有止境，在产业日新月异的今天，更要不断吸收外部的新思想。说到底，企业最终不是与自己竞争，而是要战胜对手，因此在内部究竟谁对谁错并不重要，重要的是如何不断提升产品竞争力。对新造车企业来说，必须做到该坚持的坚持，该创新的创新，该学习的学习，该接纳的接纳，只有这样才能抓住产业重构的机会，逐步形成智能汽车超越传统汽车的吸引力。也就是说，今后汽车产品要常用常新，车企的理念也要常干常新。为此，企业领军人必须站得高、望得远、想得清、看得准，这非常挑战领军人的眼界和判断。

今天和夏总的交流让我再次感到，拥抱新一轮科技革命带来的产业全面重构，把车造好始终是基础和根本，但只是造好车已经不够了，今后还要把车用好。要用好车就需要智能化、网联化，因为唯有如此才能使汽车不再是没有温度的机械工具，成为帮助人、解放人、理解人的贴心伙伴，并且常用常新、越用越好，最终能以千人千面、千车千面来满足消费者的个性化需求。到那个时候，一款硬件不变的汽车，消费者用过几个月之后就与之前大不一样了，让人感觉越来越顺手、越来越体贴。在我看来，这就是我们打造智能汽车的终极目标，也是智能汽车需要遵从的第一性原理。

当然，不管汽车今后如何智能，首先依旧是一辆车。因此，传统汽车知识并不是没用了，车还是要造得可靠才行，各种道路和环境测试都不能缺少，要有足够里程的耐久测试，要有"三高"（高温、高原和高寒）试验。再智能的汽车也要满足基本的使用要求，开到海拔高的青藏高原能正常行驶，在冬季零下四五十摄氏度的黑河也能正常使用，这些要求不能因为是智能汽车就可以忽略，否则智能汽车就不是强大的"智能机器人"，而是无用的"智能稻草人"。在此基础上，汽车再实现智能化，形成自我进化的能力，使自身具有生命力，这样才能赢得未来消费者的青睐。

下面我们谈谈软件定义汽车。您认为软件定义汽车到底指什么？这里的软件都包括哪些？其核心是软件架构，还是车载操作系统？您多次提到智能手机，未来智能汽车上也会出现类似智能手机的安卓系统吗？企业基于硬件开发软件定义的汽车，具体需要形成哪些能力？

夏　珩：我认为软件定义汽车最关键的是，汽车的硬件及电子系统都可以被软件控制和定义，包括行驶、转向和制动等系统，也包括车身及座舱相关系统，例如车门。为实现汽车硬件及电子系统被软件控制和定义，需要在三个维度上开展工作：第一，对汽车硬件进行重新设计，即面向软件定义汽车来进行匹配性开发，在重要的地方布点，搭载相应的传感器和执行器，随时了解硬件信息并对其进行控制；第二，铺设"信息高速公路"，为此要构建崭新的汽车电子电气架构；第三，配置智能CPU和域控制器，形成基于人工智能的复杂运算能力。这三个维度是软件定义汽车的基础，改造后的硬件、高速信息通道和智能汽车"大脑"

缺一不可。

对小鹏汽车来说，我们正致力于在这三个重点方向上实现突破：

一是超算平台。我们认为，超算平台对发展智能汽车具有非常重要的价值，它将为智能汽车提供关键的"脑力"支持。由于智能汽车及其运行的环境高度复杂，对计算能力的要求不断增长，未来如果没有强大的超算平台，就根本无法支撑智能汽车的进步。这也符合互联网产品开发的规律，即硬件更新的速度永远跟不上软件迭代的速度。我们作为普通消费者也能感受到这一点，例如智能手机刚买来的时候运行速度是很快的，可往往过了一段时间就会慢下来，因为软件迭代更新得太快，各种新的APP很快就让手机的计算能力难以应付。相比手机，智能汽车需要处理的数据量更庞大，其计算能力也必须更强，因此超算平台的开发对智能汽车而言至关重要。令人高兴的是，目前李骏院士、李克强教授等专家都在开展这方面的研究，希望今后有更多的有识之士关注这一领域，使我们能拥有越来越强大的超算平台。

二是数据中心。要想做好软件定义汽车，我们就必须拥有大量的数据和强大的数据处理能力。现在很多人都在谈大数据，好像是一个新事物。实际上，企业本来就涉及很多数据，只是此前没有进行有效的收集、梳理和分析，自然就没有办法利用数据来创造价值。为此，小鹏汽车设立了专门的团队，对数据进行规范化的收集、梳理、存储、分析和运用，力求从数据中挖掘出更多有价值的信息，并应用到产品的持续迭代优化中。

三是运营能力。何小鹏曾经讲过："智能汽车的核心不在于制造，而在于运营。"试想，智能汽车怎样才能产生价值？怎样快速迭代从而不断优化？数据应该怎样搜集，又该怎样处理？应用数据之后怎样才能触及用户？这一系列问题的答案都指向运营能力。相比传统汽车，智能汽车在修理、维护和使用服务上都将有巨大改变。而我们必须通过一定的媒介才能实现这些改变，并使其真正抵达用户，这个媒介就是运营能力。现在已经可以看到一些新造车企业展现出的新特点，例如特斯拉的远程诊断，蔚来的用户服务等，小鹏汽车在运营体系的智能化方面很有特色。

我们在运营能力上已经做了很多工作，不过我们自己觉得还不够，今后还有很长的路要走，需要继续加倍努力。

当然，我们强调运营能力，并不是说汽车制造就不重要了。正如前面讲到的，无论开发什么汽车，制造始终是基础，就像人的呼吸一样是必备条件，只不过这一点对传统汽车和智能汽车来说并没有差别，因此就无需特别强调了。我们想表达的是，如果没有相匹配的运营能力，未来的汽车产品就根本称不上是智能汽车，只是功能更多一些的传统汽车而已。

赵福全：对智能汽车来说，并不是制造不重要，而是只有制造不够了，制造和运营分别是必要条件和充分条件。对此，我非常认同。之前我与何小鹏董事长也单独交流过，他说小鹏汽车致力于打造智能汽车，坚持以智能作为企业的发展方向。因此你们不会自己做电池，电池采购就可以了，而且供应商应该比你们做得更好。在你们看来，电池只是基本条件，更重要的是智能化能力的建设。

不过智能是一个很大的概念，需要各种不同的能力。对整车企业来说，既涉及 EEA（电子电气架构），又涉及 CCA（计算与通信架构），同时没有可靠的硬件提供支撑，软件也不可能发挥作用。但企业显然不能样样都做，再大再强的企业也没有能力包揽所有该做的事情，因此必须"有所为，有所不为"。那么，您觉得在软件定义汽车的时代，以智能汽车为目标的小鹏汽车，应该选择什么作为最核心的能力？如果聚焦到一个圆心，这个圆心在哪里？后续围绕这个圆心又该如何把企业能力的圆逐步扩大呢？

夏　珩：如果只选一项能力，我认为应该是智能控制能力。这主要涉及软件，同时也涉及顶层的硬件，例如电路板的设计等，但不包括芯片等底层的硬件。目前阶段我们不会自己做芯片，而是要与芯片企业深入合作。

赵福全：你们以智能控制为最核心的能力，同时自己不做芯片。但算力是由芯片决定的，算法也集成在芯片上。如果只是与芯片企业合作，难道你们不担心失去主导权吗？有没有可能会受限于合作伙伴提供的芯片，又或者他们把开发好的芯片及系统卖给其他企业呢？

夏　珩：我觉得这应该不是太大的问题。我想，做任何事情首先还是要考虑如何实现共赢。一方面，客观上我们自己不具备芯片研发方面的能力，而这个领域有非常强大的供应商可以合作；另一方面，实际上整车企业在软件开发和电路集成设计等方面已经积累了很多Know-how，这些整车层面的控制技术，也不是高通、英伟达等芯片企业所能做的。

我们关注的核心还是软件，与智能相关的软件肯定要自主研发。而硬件要看具体的情况，有些也要自主研发，有些则要与合作伙伴联合开发。对芯片和电池等涉及很深专属技术的硬件，目前还是借助能力更强的合作伙伴来做，而不是垂直整合，每个环节都自己做。

我还想提一点，除智能本身外，我们还特别关注智能汽车的颜值。可以看到，高科技智能产品的颜值都很高。如果颜值不够，就会影响消费者对我们产品定位的认知。小鹏汽车成立以来一直投入很大精力来打造产品颜值，并以此为目标不断加强我们的造型设计能力。像P7车型的造型设计就完全是由我们自己的团队完成的，目前在市场上的反响还不错。

与燃油汽车相比，不搭载传统动力总成的智能电动汽车在颜值设计方面有更多创新空间，例如格栅变化、轴距与车长关系调整等。此外，布置雷达、摄像头等新硬件也会给设计带来变化。接下来，我们会把各款车型都打造成具有智能电动汽车特色的产品，力争将小鹏汽车的颜值提升到新高度。当然，汽车是各方面综合平衡之后的产品，还有很多重要的基础性能必须考虑，例如整车的加速性能、NVH（噪声、振动与声振粗糙度）性能等。刚刚我只是强调，小鹏汽车对智能和颜值这两点更重视。

赵福全：实际上，支撑产品核心竞争力的关键要素有很多，像资源配置、组织架构、产品开发流程和商业模式等，对企业来说都非常重要。夏总在谈到小鹏汽车的核心能力时认为，最重要的还是智能化。同时，您也谈到了产品颜值，其实汽车作为大众消费的商品，无论智能与否，颜值都很重要，而夏总强调的是小鹏汽车的颜值要体现出智能电动汽车的特色，这实际上又回到了智能化上。可见，你们选择智能化作为发展方向的决心是多么坚定。

在我看来，未来智能汽车的核心竞争力要同时围绕支撑智能化的软件和硬件来打造。智能汽车和智能手机最大的差别就在于，前者不仅有类似后者的应用服务生态，还有针对汽车功能和性能的开发生态。汽车功能和性能开发生态不只是电子电气架构的问题，也不只是计算与通信架构的问题，它要让制动、转向等硬件能与软件有效互动，接受软件的"指挥"，并因软件的升级而得到优化，否则智能汽车是不会有竞争力的。而这些硬件的在线控制又涉及车辆的安全性，因此难度是很大的。

那么，目前小鹏汽车围绕智能功能的开发人员中，软件和硬件人员的比例是怎样的？您预计五年之后比例会有什么变化？

夏　珩： 目前，我们参与自动驾驶和车联网开发的相关研发人员大约占研发人员总数的40%。我估计五年后的比例应该还会维持在这一水平上，即智能板块的研发人员占比为30%~40%。

赵福全： 与传统车企相比，您觉得小鹏汽车在内部组织架构、人员分工和汇报关系等方面有什么特色？

夏　珩： 我们主要有三个特色。第一，与传统车企不同，我们有一些类似"直辖市"的部门。例如智能部门，在传统车企的组织架构中通常会隶属于整车或电子电气部门，而在小鹏汽车，智能部门是直接与很多核心部门并列的，也就是说在组织架构中位置更高。

第二，传统汽车企业通常侧重于专业部门的矩阵式管理模式，而我们采用的是项目式管理模式。当然，传统汽车企业也有项目式管理，但小鹏汽车的项目式管理用得更普遍，更强调项目打通各个专业部门的作用。此外，我们通过各种项目打通的业务范围也更广，除打通汽车和互联网外，还牵涉充电设施建设、出行服务运营等，甚至还包括与政府的合作。小鹏汽车是新创企业，很多工作对我们来说都是全新的。在这种情况下，采用这种项目驱动的管理模式，就是要以结果为导向，拉动不同专业的员工共同参与，尽可能快速地实现目标。这可能也是我们的特色之一。

第三，小鹏汽车对企业文化建设非常重视。作为联合创始人，每年我都会给一定级别的同事进行企业文化培训。实际上，越是偏重项目管理的组织，对企业文化的要求就越高。因为现在工作需求的变化太快了，公司不可能从年初就确定好每个员工各自要做什么工作，很多时候往往是某个员工正在做一项工作时，就必须打断他，让他立即转去做其他工作。遇到这种情况时，员工心中对企业文化的认同就会发挥关键作用。因此，从我们创业开始，何小鹏就一直强调企业文化建设的重要性。

回想我原来在传统车企工作的时候，也知道有企业文化建设，但总体上感觉是和人力部门的工作混在一起，主要就是员工福利、文体运动等。而在带有互联网基因的小鹏汽车，企业文化是要接受考核的重要指标之一。我们对员工的考核中，企业文化的权重占30%。最初我对此也不太理解，后来发现很多互联网企业其实都是这样做的。

此外，小鹏汽车的企业文化评价不是上级凭主观印象给下级打分，而是设定了可考量、可执行的具体考核项。我们认为，只有建立了具有实操可行性的评价方法，才能准确鉴别员工是否符合公司的价值观，是否认同公司的文化。对符合公司价值观的员工，就要正向激励；而对不符合公司价值观的员工，就要负向激励，甚至可能判定不适合继续在小鹏汽车工作。也就是说，企业文化建设要落地是有"技术含量"的，这一点可能传统车企总体上关注得还不够。小鹏汽车花了很大精力进行企业文化建设，同时很多重要流程也都与企业文化相关，目的就是要通过企业文化把整个公司的力量有效凝聚起来。

赵福全：互联网基因确实与汽车行业不同，有一些精髓需要我们认真体会，像对员工价值观的管理，对员工使命感的培养，就很值得我们借鉴。也唯有如此，企业上下才能同心协力、攻坚克难。实际上，这也与企业的组织架构有关，传统车企大多是典型的金字塔式架构，各个层级和不同部门之间泾渭分明，其优点是职责明确、分工精细，但相对而言也容易出现墨守成规和协同困难的问题。在传统车企中，高层管理者或上下级之间为了一件事情激烈争论的情况通常比较少见。而如夏总所言,互联网公司有很大不同,很多时候大家都把就事论事的争论视为合理的工作方式之一。这既与企业文化有关,也与组织架构以及相应的权力分配关系有关。

刚才谈到了小鹏汽车的内部特色,那么,你们的外部模式又有哪些不同?我们知道,汽车上60%～70%的零部件都是采购来的,每一款车型都涉及几十家甚至上百家供应商。在打造智能汽车的过程中,除基本的成本、质量要求外,小鹏汽车对供应商还有哪些需求?你们与供应商的关系有哪些变化?将来能否真正成为彼此的战略合作伙伴?前面您谈到,超算平台对智能汽车非常重要,这肯定不能靠小鹏汽车自己来打造。像这类新增的关键系统及部件,其供应商的角色与原来相比有没有差别?

夏　珩: 应该说在供应链管理上,我们90%以上的精力还是花在了质量管理、采购管理和账期管理等方面,这些工作与传统汽车企业相比并没有什么不同,在此就不赘述了。我想讲讲小鹏汽车在供应链管理过程中的感受和体会。

第一,对新创企业而言,供应商的信心管理至关重要,这也是我们初期感觉非常困难的地方。我们刚开始创业的时候,供应商对小鹏汽车完全没有认知,因此让供应商对我们的造车意愿和能力建立信心就极为关键。为此,我们经常邀请重要的合作伙伴来参加公司的活动,目的就是要加强与他们的互动,增强他们的信心。我们要打造行业领先的自动驾驶系统,没有供应商的全力支持是很难做到的。事实上,有实力的一级供应商都有很多整车客户,传统车企的订单可能都做不完,现在又有了这么多家新造车企业。而供应商与车企合作需要很大投入,同时还要考虑工作量的波峰波谷问题,不可能按照与所有整车企业都合作来招人,那样如果后续合作项目减少了又该怎么办?因此,优质供应商对整车合作伙伴是要进行评估和选择的。特别是芯片等一些新兴领域的供应商很强势,几乎所有整车企业都要寻求与其合作。因此,新创企业必须全力以赴做好信心管理,争取最大限度地得到供应商的支持。

第二,与供应商有效合作还需要进行文化管理。整车企业有自己的文化，供应商也有自己的文化，必须寻求两者之间的共同点和平衡点。核心就是要建立平等、合作的文化氛围，而不是以整车企业的身份"压迫"供应商，这样供应商才能以更加积极和投入的方式与我们合作。

第三，整车企业还应探索构建与供应商的新型合作模式。在产业重构的新形势下，由于所处层级和技术能力的不同，供应商已经出现了两级分化。其中一部分供应商下沉成为代工厂的角色。我相信不仅是小鹏汽车，其他打造智能汽车的企业也会感受到这一趋势。以前，整车企业向供应商支付开发费和模具费等，由供应商完成相应的零部件开发工作。而现在开发智能汽车时，很多原本由供应商负责的零部件设计工作必须由整车企业自己完成，因此小鹏汽车对这部分供应商就采用了代工管理。也就是说，我们完成设计，然后告知相关供应商所需零部件的要求和数量，供应商只负责生产，甚至他们用到的下一级配件也由我们购买或指定。这就与传统的供应商管理模式完全不同了。

以前车企打造一款车型，直接涉及的供应商大约有两三百家，而现在小鹏汽车的供应商远远不止这个数量。因为以前很多零部件是以总成形式整体采购来的，在整车企业的采购管理系统中，只将其视为一个零部件，而现在很多零部件是拆分采购的，这样零部件及其背后供应商的数量自然就增多了。例如中控大屏、动力电池包等，我们要自己完成设计开发，然后分包给很多二级供应商生产。很多与智能相关的总成，因为不再有整体供应商，所以都必须采用这种代工方式来处理。我觉得这也是小鹏汽车与传统车企相比一个重要的不同之处。

与此同时，另外一部分供应商则成了我们的战略合作伙伴，在各个维度与我们展开密切合作，不只是生产零部件，也不只是设计零部件，甚至还会参与到我们的企业运营和业务管理中来。例如电池方面的合作伙伴，现在就参与到我们的售后服务环节。传统汽车的发动机维修大多是由整车企业处理的，很少让供应商直接负责，可能只有一些大型客车发动机的维修存在例外。而现在的电池维修，整车企业其实是做不了的，因此我们就与电池供应商结成战略合作伙伴关系，让供应商直接负责。小鹏汽车现在有一批类似电池供应商这样的战略合作伙伴，双方在质量、成本和商业模式等层面共同探索和努力，真正形成了一荣俱荣、一损俱损的利益共同体。应该说，这在传统车企中也是比较少见的。

赵福全：随着汽车智能化的不断发展，车企必须掌控核心软件和一部分关键硬件，自己完成相关的设计开发工作，这样一部分供应商的研发角色就被弱化了，逐渐成为车企的代工厂。但另一方面，"汽车新四化"相关的很多新兴领域都有很高的技术门槛，车企能做的工作其实非常有限。在这些领域，车企就不能只把相关供应商视为供货者，而是要使其真正成为自己的战略合作伙伴。

最后一个问题，无论新造车企业还是传统车企，最终都希望能具备全球范围内的竞争力。我记得与何小鹏交流的时候，他就说，中国车企和国际企业最大的差别是，国际车企起步时就想做全球公司，而中国企业更多定位于做中国公司。

我想小鹏汽车肯定是以国际化发展为最终目标的。不过我一直在讲，智能汽车必须与所处的应用场景高度匹配才能提供最佳解决方案，因此将呈现出日趋明显的区域主导特性，且智能化程度越高，汽车对区域性文化和生态的依赖性就越强。这种情况会不会让小鹏汽车未来的国际化之路变得更难？但如果不走出国门，就永远无法成为世界级企业。在智能汽车时代，如何实现国际化可能对所有汽车企业来说都是一个现实挑战。对此，新造车企业应该如何有效应对呢？

夏　珩：赵老师有丰富的国际化经验，您对国际化肯定有非常深刻的理解。对您的这个问题，我是这样看的。

首先，我们必须想清楚到底该不该走国际化这条路。当今世界地缘政治复杂、逆全球化趋势凸显，反智主义和民粹主义抬头，似乎再讲国际化有点不合时宜了。包括我们在纽交所上市的时候提到国际化，都有人觉得是一股"逆流"。但小鹏汽车自成立之初就有自己的国际化愿景，因为我们希望能服务到更多用户。这实际上也是领军人何小鹏的愿望，应该说他是一位颇具勇气的梦想家，他经常讲，人因为梦想而伟大。他有很多宏伟的企业愿景，国际化也是其中之一。因此无论有多困难，我们从骨子里是想做、要做国际化的。

其次，我们必须想清楚中国企业面向国际化发展的优势和劣势。正如赵老师所讲，国际化往往是与本地化关联的，例如麦当劳来到中国，只有让中国人接受才能算成功的国际化，反过来说，这也是麦当劳在中国的本地化过程。从这个角度讲，我觉得不必太过担心中国车企未来的国际化。众所周知，中国互联网和智能手机等产业的国际化都做得比较成功。像何小鹏以前做 UC 的时候，在巴西、印度和俄罗斯等国的市场份额都超过了谷歌，做到了第一名。即使在美国也做到了第二名。这个过程中，各个国家和地区都有不同的法规标准，例如不能上传某些数据，有些研发资源必须放在当地等。我们的企业都应对得很好。我到欧洲时也问过一些朋友，他们对中国产品的看法大都比较正面。他们认为，像小米手机、大疆无人机等中国的智能产品都非常不错。因此，对未来中国智能汽车走出国门，我们也应该抱有信心。

最后，我们可以看到，发达国家市场上的产品与国内的产品相比，在智能化程度和续驶里程等方面其实已经有了一定差距。因此一些在国内相对一般的产品，销售到国外后也能得到不错的评价。今后，中国的智能电动汽车进军欧洲，应该是很有竞争力的。实际上，我认为从产品力的角度出发，智能电动汽车走出国门反而会比传统燃油汽车更有优势。至于您刚才讲到的区域性要素，像地图、导航等，确实依赖于本土资源，不过其实也可以借鉴互联网和手机公司的方法去做好。现在华为、TikTok 等公司在海外受挫，并不是产品力的问题，而是受到了地缘政治因素的影响。对这些企业无法左右的外部因素，我们当然也要预先做好准备，同时更要把自己可以主导的事情做好。

赵福全：谢谢夏总，一个半小时的交流，感觉意犹未尽。新一轮科技革命带来了新的生产力，汽车产业在此前一百多年发展历程中形成的传统生产关系，已经不能适应时代的需要，到了彻底变革的时候了。在此过程中，无论企业还是个人，都有太多机会，也有太多挑战。

夏总作为科班出身的汽车精英，在传统车企历练过多年，之后和何小鹏董事长一起创业，打造出一家初露锋芒的新造车企业。应该说，小鹏汽车经过几年的努力取得了不错的成绩，当然在前进的过程中也难免会遇到一些波折或争议。通过夏总的分享，我们可以感受到，小鹏汽车对汽车产业的理解是清晰的，那就是决不能因为所谓的互联网思维，就忽视了汽车产品固有的质量、成本及可靠性要求。不管今后汽车如何智能，这部分属性都是必须坚持的。

与此同时，小鹏汽车又认为汽车产品必须有所创新和改变，尤其应该借鉴互联网关于产品快速迭代和关注用户体验的成功经验，而不是一味地靠硬件功能和性能指标来打动消费者。在智能汽车时代，广大用户一定希望汽车产品能常用常新、越用越好，随时都有新的优化，不断匹配自己的个性化需求，而不是像现在的汽车产品这样，十年下来软硬件都一成不变。这将是整个汽车产业未来发展的大方向。

正因如此，小鹏汽车坚定地选择智能化作为自己的发展方向，并已经在技术研发、组织架构、内部管理模式、外部合作模式以及企业文化建设等方面，初步形成了自己的特色。在我看来，新造车企业的这种尝试，无需争论是对是错。就整个产业而言，这种创新尝试本身就是重要的贡献。而这一系列创新最终都将在产品竞争力上得到体现，并接受市场的检验。

在传统车企里，夏总是年轻的汽车人；而在互联网造车新势力里，夏总无疑又属于老汽车人，这两种身份的有效组合，恰恰为更多汽车同仁转型发展提供了很好的案例。我想，多年之后回顾我们今天的交流，大家可能更会感到，夏总的分享不仅给新造车企业以启迪，还帮助传统车企拓宽了思路。实际上，面对未来越发激烈的竞争，我们比以往任何时候都需要汲取创新思想的养分。

应该说，小鹏汽车到目前为止一直走得比较扎实，现在公司成功上市，得到了资本市场的认同，这是令人鼓舞的。当然，我一直认为，汽车产业像马拉松比赛，必须在每一天做对每一件事，才能逐步接近成功的终点。最后，一定要在消费者心中建立起特色鲜明的品牌形象，使消费者能与企业及其产品产生情感共鸣，而不是趋向于"你有我也有"的同质化。同质化太过严重，正是传统汽车产品无法令消费者满意的重要原因之一。而智能化恰恰可以为实现充分的差异化提供支撑，通过千人千面和千车千面，让用户享受到个性化的贴心体验和服务。

最后，祝愿小鹏汽车能越走越好，不断取得更好的成绩，为中国汽车产业成功拥抱本轮产业变革做出更大贡献。谢谢夏总的分享！

夏　珩：感谢赵老师！谢谢各位网友！

03 对话古惠南
——既要做好产品创新，也要做好服务创新

赵福全： 凤凰网的各位网友，大家好！欢迎来到凤凰汽车"赵福全研究院"高端对话栏目，我是本栏目主持人、清华大学汽车产业与技术战略研究院的赵福全。今天非常高兴请到广汽新能源汽车公司总经理古惠南，作为本栏目第 58 场的对话嘉宾，欢迎古总！

古惠南： 各位网友，大家好！我是古惠南，请多多关照。

赵福全： 古总，我们是老朋友了，之前就曾经在一些论坛上同台交流过。业界对古总的评价是"敢讲、会讲"。而在我看来，古总"敢讲、会讲"的前提和基础是，您对很多问题有着自己的深度思考和独特判断。

大家知道，广汽新能源汽车的销量一直不错，尤其是在近期中国汽车市场整体低迷、新能源汽车市场也遇到很大挑战的情况下，广汽新能源仍在日益激烈的竞争中实现了逆势增长，表现非常突出。今年我们栏目的主题是"汽车产品创新"，古总作为广汽新能源的领军人，对这个话题肯定颇有心得。下面就请介绍一下广汽新能源的产品和销量情况，以及你们实现逆势增长的原因。

古惠南： 众所周知，近期中国汽车市场整体上一直处于下滑状态，特别是在疫情发生后，传统汽车和新能源汽车的销量都在下降，直到近两个月才逐步转为增长。与传统汽车相比，新能源汽车的下滑幅度更大，今年 1~8 月中国汽车总体销量同比下降了 9.7%，而新能源汽车销量同比下降达 26.4%。不过，同期广汽新能源汽车的销量一直在增长，即使是在疫情高峰期的 2 月，我们的增幅仍超过 100%。

当前，广汽新能源的销量主要来自三款产品：一是 2019 年 4 月推出的埃安 S（Aion S），这款产品的销量在中国品牌电动汽车中排在首位；

二是 2019 年年底推出的埃安 LX，这款车刚上市没多久就遭遇疫情暴发，没办法开展市场推广活动，加上产品的定位相对高端，价格最高达 40 万元，因此主要起到提升品牌价值的作用；三是 2020 年 6 月上市的埃安 V，这款车自 7 月开始正式交付用户，首月就销售了 1000 辆，8 月交付了近 2000 辆，预计未来几个月还会保持增长势头。按照品牌划分，目前广汽新能源能排进中国新能源汽车销量的前三名，而 2019 年年初时，广汽新能源的排名是第 19 名，可以说我们的增长态势的确不错。

赵福全： 在中国市场上包括外国品牌在内的所有新能源汽车品牌中位列前三名，这确实是非常不错的成绩。那么，您刚才介绍的这三款产品都是什么车型？对于细分市场的覆盖，广汽是怎样考虑和布局的？

古惠南： 埃安 S 是一款三厢轿车，轴距 2.75 米，参照传统汽车的分类方法，属于标准的 A 级车。埃安 LX 是一款 SUV，轴距 2.92 米，属于标准的 C 级车。埃安 V 也是一款 SUV，轴距 2.83 米，是一款 B 级车。实际上，新能源汽车有自己的特点，就是可以做到大轴距、短车长，因为动力电池的布局相比发动机更为灵活。例如埃安 V，从外部尺寸看，只相当于 A 级车。我们在设计时有意把车身尺寸缩小了一些，这样车身的姿态更好看。同时，其轴距却属于 B 级车的范畴，内部空间很大。

赵福全： 就是说广汽新能源目前在市场上征战的三款车分别是 A 级三厢轿车、B 级 SUV 和 C 级 SUV。古总还提到，新能源汽车的车长与轴距之比相对更灵活，可以适当缩短车身长度，这样不仅能优化造型，还能降低整车重量，同时仍保持较长的轴距，以确保车内空间宽敞。这其实就是产品创新的体现。

我们知道，近两年中国汽车市场一直在负增长，特别是这次疫情对汽车消费影响很大。那么，广汽新能源为什么能在如此困难的背景下实现持续增长呢？

古惠南： 我认为，广汽新能源汽车销量实现逆势增长主要有两个原因：一是产品力，二是服务力。在这两个方面，我们都做了很多创新。在产品上，我们提出要打造"先人一步的科技享受"，这实际上是涵盖了汽车产品方方面面的全方位创新，包括"三电"系统、底盘、车身和电子电气架构等，以赢得消费者的青睐。同时，在服务上，我们提出要实现"一键尊享服务"，即用户只要在手机上按一下就可以得到相应的贴心服务。

为什么是"尊享服务"呢？这体现的是我们对服务的重新思考和定位。曾经有一个销售商和我交流，他说现在消费者买一辆几十万元的汽车，究竟得到了什么服务？而到五星级酒店住一晚，只消费上千元，却能得到非常好的服务。我认为他说得很有道理。消费者现在买车后确实没得到什么服务，更没找到尊贵、享受的感觉，因为车企在服务方面根本没做到位。

但怎样才能把服务做到位呢？我们传统车企天天强调造车的基本功，而说到服务，过去我们几乎从来没直接服务过用户，所有服务都是通过4S店来做的。用户如果有问题就去找4S店，4S店处理不了的再找车企相关部门支持。就是说，用户很少直接找车企，车企也很少直接接触用户，这就是问题所在。

赵福全： 原来汽车产业的服务模式实际上是B2B2C，也就是"整车企业—经销商—用户"，整车企业与用户之间等于隔了一堵"墙"。

古惠南： 是的。过去车企虽然也在天天讲服务，但对象其实是各级经销商，并没有真正服务到用户。而经销商的服务水平参差不齐，因此我们提出了"金三角"服务模式，把我们与用户的这条线也打通。以前是整车企业到经销商、经销商再到用户的直线型模式，现在整车企业与用户这条线也连起来了，等于我们也做B2C了，这样整车企业、经销商、用户就形成了一个"金三角"。

显然，要形成"金三角"只靠传统体系是不行的，因为用户没办法找到车企。因此，我们就开发了一个APP（应用程序），只要用户打开这个APP，就可以直接找到我们。也就是说，用户可以通过4S店找到我们，也可以通过APP直接找到我们。这种服务模式在疫情期间给了我们很大帮助，因为病毒传染性很强，疫情期间大家都不愿意出门，这时我们就利用APP提供送菜上门服务，包括用户购买的其他东西也可以帮忙送过去。

实际上，疫情期间我们从服务用户的角度出发做了很多创新。例如疫情期间大家对空气质量的要求特别高，我们马上推出了N95空滤器，过滤网内增加了活性炭，并且优先送给武汉的用户。又如疫情期间有很多网约车还在坚持运营，当时广州也有一批车被政府征调使用，司机则住在指定宾馆里接受封闭式管理，每天必须穿着防护服，冒着被感染的风险去接送医生或病人。我们了解到加热到60℃持续半小时就可以消杀新冠病毒后，马上开通了利用热泵空调为车辆加热的功能。

赵福全： 让用户感到暖心，这本身就是最重要的尊享服务。像疫情期间，车辆增加过滤病毒的功能，会给驾乘人员提供很大的保护。还有利用热泵空调为车辆加热，以消杀病毒，这也是非常体贴的功能。

古惠南： 实际上，传统燃油汽车也可以加热，但必须起动发动机，会产生二氧化碳和有害物排放问题，极端情况下甚至可能危害到驾乘人员。而电动汽车加热半小时，完全没有排放顾虑。也就是说，广汽新能源开通这个功能是充分基于自身产品特点的，我们让用户感受到了不一样的服务。

赵福全： 广汽新能源目前在售的三款车型，都已成为市场上的主流产品，得到了消费者的高度认可，这也让古总深感自豪。不过，在谈到广汽新能源取得如此佳绩的原因时，古总首先讲的却是服务。您认为产品肯定要做好，但只把产品做好还不够，服务也必须做好。作为在传统车企征战多年的老兵，您的这种认识是引人深思的。在您看来，服务创新是对产品创新的补充甚至超越，或者说服务创新已经成为产品创新的重要组成部分。

刚才谈到广汽新能源正努力为用户提供各种"尊享服务"，例如在疫情期间提供送菜上门服务。说到这里，我在想这样的服务难道其他车企不能做吗？如果其他车企没有做，是因为不愿意提供这类服务，还是因为没有感受到用户的相关需求？反过来讲，如果大家都认识到了服务创新的重要性，那么类似这种并没有太高门槛的服务，会不会很快就被别人效仿？而对广汽新能源来说，你们又怎样确保自己的服务特色可以持续，始终保持在其他车企难以达到的水平呢？

古惠南：从门槛上讲，这类服务的确不难复制。但就像餐馆一样，彼此都可以借鉴，可每家餐馆的服务还是不一样的。

其实门槛也是有的，要提供线上线下连通的服务，企业就必须有直接连接用户的渠道，而且管理也要跟得上。用户会有车辆技术方面的问题，也会有一般性的使用问题，这些都需要企业及时予以回应和处理。例如用户不会使用充电设备，谁来解答这个问题？车辆突然起动不了，又该怎么办？在我们开发的APP上，专门设置了技术席，由工程师们直接解答用户的问题。以前接待用户的是接线员，接线员把问题记录下来再找人解决。现在，技术人员马上就可以给用户提供解决方案。这样专业化的服务，没有足够积累的企业是很难做到的，因为这不仅需要很强的服务意识，还需要投入相当数量的专业人员。

同时，企业还要把线下服务做到位，包括充电、送电、取车和送车等。为此，我们提出了一个"25小时吧"的概念。为什么是25小时？这不是噱头，一天只有24小时，但我们希望能为用户额外省出1小时，就是在充电的同时，他们可以做其他事情。大家知道，对传统燃油汽车4S店来说，用户除买车或修车外，平时很少会去店里。但电动汽车4S店却不一样，用户可以来店里充电，充电时就可以去"25小时吧"休息，在那里喝杯咖啡、看看书或者订购点商品。现在，我们的4S店里有很多品类的商品在售卖，此外还有一些科技训练，方便用户带着小朋友来体验学习。今后，我们要把线下体验中心的功能不断扩大，形成所谓的"异业同盟"，提供更多更好的线下服务。

赵福全：为什么用户要去4S店充电呢？是因为充电免费吗？还是有其他附加服务？

古惠南：我觉得这不是充电免费或者附加服务的问题，而是要让用户来到店里能逐渐感受到方便。正因如此，我们把"25小时吧"定义为营销服务新生态。过去，用户到4S店买完车就离开了，现在用户买完车后可以回来充电，而充电时可以做很多事情，例如吃饭、洗澡、会客或上课等。后续，用户完全可能是因为来做这些事情而顺便把电充了。现在我们有很多具备条件的4S店正在构建专门的服务中心，以形成"车、桩、网、吧"一体化服务生态,这样我们与用户的黏度就会大幅提升。不像以前要建一个车主俱乐部就很困难,现在新能源汽车为我们创造了这个贴近用户的宝贵机会。

赵福全：作为汽车行业从业三十年的老兵,古总在介绍产品时,不是讲动力电池有多优异、底盘有多过硬、安全有多到位,而是一直在谈服务,并且讲得津津乐道、如数家珍。特别是您认为服务创新已经成为产品创新的重要组成部分,对此我非常认同。在我看来,未来人类社会必将进入智能时代,由此,单纯的"制造"将向"制造+服务"演进。也就是说,既要把产品造好,也要把服务做好,两方面有效融合,才能构成产品全生命周期的完整生态,从而为用户提供最佳体验,为企业创造最大价值。

这种"制造+服务"的生态建设,一方面要做好线上服务,即通过有效手段把所有用户有效连接起来,及时了解用户共性或个性的各种服务需求,并尽最大可能予以满足。正如古总刚才谈到的,用户可以通过广汽新能源的 APP 直连车企,遇到产品技术和使用问题都可以直接询问工程师,第一时间得到专业回复或处理。另一方面,还要做好线下服务,对此,广汽新能源主要依托于 4S 店的体验中心来开展。这已经不是传统 4S 店里那种用户修车时可以喝饮料看电影的层面,而是要构建一个充满关爱的全新服务环境,让广汽埃安的每一个用户都能感受到自己身处于一个温馨的大家庭,可以随时"回家"做自己感兴趣的事情。

对于广汽新能源的全新服务生态,我还有几个问题想和古总交流。第一,4S 店在这个生态中起到什么作用?与车企是如何分工的?"金三角"会不会出现混乱,导致用户有了问题不知道应该找谁解决?在这种服务模式下,4S 店是不是只担当辅助角色,而用户的所有问题都由整车企业进行判断,决定由谁来具体解决?

古惠南：您这个问题提得非常好,我们曾经也担心出现这样的问题。虽然"金三角"实现了车企与用户的直连,但三角关系是最复杂的,容易出现扯皮现象。对此,我们一方面要确保信息对称,即用户所有的需求信息三方都能看到;另一方面,整车企业要负起主要责任,凡是车企能直接解决的问题就立即解决掉，需要通过4S店解决的问题再分配到4S店。如您所说，过去4S店是服务的主角，而现在车企是服务的第一责任人，这种转变本身就有助于提升用户满意度。因为用户会感受到是车企在为自己服务，信任度更高，效率也更高。在这一过程中，我们不只为用户提供技术服务，还要建立起互信关系，从而把用户有效地管理起来。

赵福全：企业打造品牌必须赢得消费者的关注、青睐乃至信任，为此强调关爱用户、让用户得到暖心的服务，我认为这无疑是正确的方向。不过，这也引出了我的下一个问题，做服务也是需要投入的，目前广汽新能源的服务团队有多大规模？相应的，广汽新能源汽车的保有量现在有多少？可能目前保有量还不大，但如果按照目前的增长速度发展，当保有量上升到几十万甚至上百万辆的时候，车企还能支撑起如此庞大的服务体系吗？

古惠南：广汽新能源汽车的保有量目前已经超过10万辆，随着售出车辆的增多，用户的服务需求确实也越来越大。不过这个问题是可以解决的。第一，我们要把产品本身尽量做好，如果车辆不出问题，就不需要太多的技术服务。

第二，我们要把用户需求统一管理起来，确保问题都能及时得到有效解决，但这并不是说所有问题都由车企自己来解决。过去，众多4S店"自发"地直接服务用户，对车企来说，其服务行为是不受控的。而现在"金三角"模式最核心的区别在于，我们可以对4S店的服务进行控制。对于4S店的服务是否到位，我们完全掌握，并且可以根据情况随时介入，这样4S店的服务水平就会大幅提升，服务效率也会显著提高。也就是说，我们是要更加充分地利用4S店的能力，而不是要完全代替4S店来服务用户。实际上，车企需要做的就是把管理和服务的标准抓起来，同时替4S店处理一些他们难以解决的问题，至于其他事情，还是要由4S店来做。这样车企就可以掌控服务水准，提升对用户需求的响应速度和质量，避免因4S店水平参差不齐而影响用户体验。

赵福全：整车企业首先要把车造好，尽最大可能把质量问题降到最少，这本身就会提高用户的满意度，同时也可以减少服务上的负担，这个理念我完全认同。不过，刚才古总谈到的很多服务不只是车辆维护那么简单，我感觉更像是要成为车主全天候的"管家"，这就远远超越了汽车产品和技术本身。在这种情况下，当车主越来越多的时候，车企又该如何应对呢？对此古总也有清晰的答案，就是有关车辆质量、技术的一些关键问题，由车企直接处理，而除此以外的大部分服务还是交给4S店来负责，例如要构建车主大家庭，涉及车辆以外的用餐、娱乐、聚会、交友以及学习等服务，都由4S店来提供。

不过这就产生了第三个问题，4S店提供这些服务是希望盈利的，否则就不会有动力。而建设服务生态需要一个过程，可能在很长时间里4S店都无法盈利。如果4S店只是迫于整车企业的压力去提供这些服务，恐怕就会影响投入的力度和服务的态度，最终导致广汽新能源车主们的体验感下降。实际上，4S店的服务可以分为两部分。一部分是围绕车辆本身的服务，如维护等，都是常规服务，4S店可以与整车企业分成，盈利是没有问题的。另一部分就是为用户提供的延展服务，这部分其实未必能盈利。例如建设体验中心，包括饮品、图书和儿童娱乐设施等都是需要投入的，那么，这部分费用应该由整车企业还是由4S店来投入呢？在这方面，广汽新能源是怎样做的？

古惠南：的确如此，让经销商都能盈利对做好服务非常关键，没有盈利肯定不行，那样服务是无法持续的。广汽新能源的4S店称为体验中心，建设店面的费用由车企和经销商共同承担，这样减少了4S店先期投入的负担，只要车卖得好，用户服务做得好，盈利不成问题。实际上，我们的4S店大部分都有盈利。从车企的角度出发，为了服务好用户，我们当然要支持自己的经销商。

赵福全：我想这还不只是店面建设费用的问题。广汽新能源和一些新造车企业的体验中心都提供了很多超越产品本身的服务，你们称之为"尊享服务"，我觉得本质上就是让用户感到暖心的服务。这部分服务并不是没有成本的，如果完全由车企负担，费用会越来越高，而如果由4S店来负担，即使4S店总体上仍然有盈利，实际上也只是将其在车辆维护方面得到的利润拿出一部分投入到体验中心去而已。当然，整车企业可以对这部分投入提出硬性要求,但这样恐怕很难保证4S店发自内心地为车主提供相关服务。对此,广汽新能源是如何解决的呢?

古惠南: 对于暖心服务,我觉得我们必须看得长远一些,现阶段的确不一定能赚到钱,但一旦服务生态进入良性循环,就一定能盈利。试想,如果用户经常回到4S店充电,一个店建大约30个充电桩,只要经营得好,每个充电桩每月都可以收入1万元左右,30个桩的月收入就有几十万元,扣除成本之后的收益也相当可观,这是传统4S店不具备的盈利模式。另外,建设异业同盟也可以产生收益,例如在体验中心办派对,这是收费的。又如还可以通过太阳能储能获得收益,现在我们正尝试把充电桩与储能结合起来,对有条件安装太阳能发电设施的4S店,我们会为其提供废旧动力电池作为储能设备。

赵福全: 在古总看来,车企帮助经销商把服务生态建立起来,等于为其提供了增加额外收入的重大商业机会。其实,我认为传统车企也应该而且可以做服务创新,像广汽新能源也是依靠4S店在做车辆以外的这部分服务。希望传统车企的老总们听到这段交流都能有所感触,积极行动起来。现在市场竞争日趋激烈,企业再不创新、不变革,只会越来越困难,真的到了所谓"不换理念就换人"的时候了。对于这一点,我想问的是,古总也是从传统车企出来的,为什么广汽新能源就能想到并做到这些服务创新,而很多传统车企却没有做到呢?当然,传统车企要对既有的经销商体系进行重大调整甚至重建并不容易,不过我感觉这主要还是理念或态度问题,而不是能力问题。说到底,关键还是看企业想不想做。

古惠南: 我想主要还是因为很多传统车企已经习惯了以往的成熟模式,过分依赖4S店。而我们现在做的创新和变革,虽然也借助于4S店,但模式完全不同,是一场真正的服务革命。可以说,我们已经成为服务创新方面的先行者。

当然,传统车企真要做出改变并不容易,正如您提到的,这需要对整个既有的营销服务体系进行彻底调整。此外,还有一点也很重要,就是新能源汽车有充电需求,而传统燃油汽车没有类似的强连接,于是就少了一个与用户联系的途径。正因如此，很多传统燃油车售出之后，车主甚至再没回过 4S 店。

赵福全：电动汽车充电确实是一种刚需，不过用户为什么一定要到 4S 店来充电呢？是因为可以节省充电费用，还是因为家里没有充电桩？实际上，也不可能依靠 4S 店来满足所有用户的充电需求。另外，从目前的产业实践看，充电业务并不容易盈利。想要盈利，要么提高电费，要么提供其他有偿服务，但这可能又与增加用户黏度的初衷相悖。试想，如果用户只充电不买服务又该怎么办？消费者也会精打细算的。

古惠南：如果 4S 店的充电设施布置得比较多，使用非常方便，还是会有吸引力的。同时，充电其实是可以赚钱的，过去充电桩不赚钱，主要是因为利用率不高。

赵福全：古总曾经是一个地地道道的传统汽车人，现在成为新能源汽车人，却能把新能源汽车业务做得有声有色，这种转变确实难能可贵。而且我听下来能感受到，您是基于新能源汽车的特点来自我挑战，进而改变既有理念的。例如您认为在服务方面，充电可能是新能源汽车相比传统燃油汽车最核心的突破口，抓住了这一点就可以让用户更多地回到 4S 店。

古惠南：充电环节的确至关重要。汽车都需要能源，燃油汽车会找加油站，而新能源汽车自然会找充电桩。现阶段充电桩的普及度还远远不够，这就给了我们做充电服务的机会，也由此造就了与用户联系的纽带。这是一个不争的事实，现阶段一定要把这个事实用好用足。等充电桩充分普及后，用户可能就不会再为充电回 4S 店了，届时我们就需要提供其他服务。

赵福全：总结一下，在汽车产业全面重构的今天，只是把产品做好已经不够了，一定还要把服务做好。当然产品还是必须要做好，这是前提和基础。但如果没同时做好服务，就无法赢得消费者的青睐。因此做好产品是必要条件，做好服务是充分条件，两者都努力做到极致，才能获得良好的销量回报。为此，车企必须坚持进行服务创新，首先要知道用户到底关注什么，然后努力提供超越用户期待的服务。

那么，为什么车企之前不能把服务做到位呢？对此，广汽新能源也进行了深入分析。过去，车辆售出后就和车企没关系了，车辆维修保养等都是4S店的事情，车企可以对4S店进行一定的奖励或惩罚，但并不真正了解用户的服务体验是什么样。为此，一方面必须建立车企与用户直接交流的途径和机制，广汽新能源的做法就是构建车企、4S店与用户之间的"金三角"服务模式，直接了解用户的服务需求甚至喜怒哀乐。从这个角度讲，连接用户的APP不是简单的软件，而是车企获知需求、提供服务的媒介。另一方面，必须明确服务的主体责任，核心是要让车企成为服务用户的第一责任人。

车企作为服务的第一责任人，就更会全力确保产品品质过硬，避免出现质量问题而不得不维修车辆，因为这会导致服务成本上升和用户体验下降。同时，可以通过充电这一刚性需求强化与用户的联系，并让用户在充电过程中享受4S店提供的众多附加服务。如果把这个服务生态真正建立起来，同时产品越做越好，维修率越来越低，那么最终用户回到4S店，就更多是为享受服务带来的快乐，而不是给车辆"看病"了。

古惠南： 我们有一个理念，就是要打造"用不坏的埃安"，目前正在积极推进中。从研发端就开始着手，重点学习手机模式，例如苹果、华为手机都默认了使用一定期限后就要更换新手机，而不是让用户来维修旧手机，凑合着继续用。将来，新能源汽车可能也会在一定程度上实现这种模式，即主要不是修车，而是换车。

试想，未来的汽车为什么还要维修呢？在4S店"三电"系统修不了，智能系统也修不了，可能只有车身刮擦的损伤才能维修。这与传统燃油汽车需要维修发动机和变速器是完全不同的。同时，今后汽车可以通过OTA进行在线升级，能解决大量日常问题。既然如此，为什么我们不能打造"用不坏的汽车"呢？也就是说，我们可以随时监控并预判车辆的状态，一旦达到一定的使用强度，出现问题的概率上升，就直接为用户换车，同时把旧车回收处理。

赵福全： 传统燃油汽车的维护确实有很大一部分都是针对动力总成的，因为传统动力总成非常复杂，而且有很多耗损件，在不同的使用环境下会产生各种不同的问题。当然,正如古总讲的,传统服务体系的最大问题还是车企与用户间隔着4S店,导致车企没办法直接面对用户。而现在基于信息化手段,车企可以很方便地与用户直接互动。不过,仅仅实现互动还不够,车企更要有极强的服务意识,必须努力构建一套能真正解决用户问题、满足用户需求的服务系统,这样才能把服务创新落到实处。在这方面,无论新旧车企其实都可以践行,这主要是理念问题,而不是能力问题。广汽新能源的成功之处就在于,你们充分认识到了这些问题,并立足于进入新能源汽车领域的新契机,全力探索服务创新,真正把服务创新视为产品创新中极其重要的一部分。对传统车企而言,这是必须要认真思考和努力实践的。

接下来,我们还是把话题切换到产品本身上来。刚才古总谈到了产品质量必须过硬,也描绘了未来要向手机企业学习,打造"用不坏的汽车"的理念。即在汽车出现问题时或将要出问题时就为用户更换新车,而不是修理旧车。实际上,这其中蕴含着对未来汽车的独特预判。毫无疑问,未来汽车产品的信息化、智能化程度将越来越高,一方面,车企可以在整个产品生命周期内实时监控和调整车辆状态,做到在合理的寿命区间内不出问题;另一方面,在高度模块化的集成生产方式下,制造成本可能会低于维修成本,从而导致修不如换。更进一步说,这样也可以确保用户的用车体验。

当然,尽管新能源车企可以提出很多新理念,提供很多新服务,但汽车毕竟是价值相对很高的大宗商品,对绝大多数家庭来说是一笔很大的开支。不要说物超所值,至少要做到物有所值。那么,广汽埃安系列产品都有哪些创新?与传统燃油汽车以及其他企业的新能源汽车相比,究竟有何不同?或者说,有哪些吸引消费者的特别之处呢?

古惠南:广汽新能源的背后有广汽的支持。广汽集团是中国排在前几位的大型汽车集团,既有很强的合资企业伙伴,也有不错的自主品牌,市场表现和口碑都非常好,这为我们开拓新能源汽车业务奠定了良好的基础。当然,如果我们的目标仅仅是做一两款好的新能源汽车产品,那就没必要设立新能源汽车公司,直接在自主品牌传祺的产品序列里做就可以了。说到这里，我想简单介绍一下广汽新能源的成立背景。

广汽传祺在2008年推出了第一款车型，2011年时就推出了混合动力车型（HEV），不过由于国家产业政策的调整，混合动力汽车被归入节能汽车范畴，不属于新能源汽车。到2013年，我们又推出了插电式混合动力车型（PHEV）。也就是说，我们之前做过HEV，也做过PHEV。其中，PHEV还做过多款车型，但当时这些车型的用户体验并不太好，受动力电池性能限制，车辆行驶几十公里就要充电8~10小时。因此，当时我们就在想是不是应该打造纯电动汽车（BEV）。

2017年，我们正式推出第一款纯电动汽车GE3，市场反响还不错，这款车的续驶里程最初是310公里，后来又升级到400公里。不过，在开发纯电动汽车产品的过程中，我们遇到了很多困难，像里程问题、快充问题、动力电池衰减问题、安全问题和成本问题等，都很棘手。当时我们也有过犹豫，主要的困惑是"新能源汽车的时代真的会很快到来吗"？在我们开发首款纯电动汽车的2014年、2015年，业界还没有所谓"汽车新四化"的概念，我们可以说是敢于超前探索的企业之一。很多人认为广汽新能源是后起之秀，其实我们起步很早，早在2015年广汽就在自主品牌下成立了新能源汽车分公司，只是那时是用几百或几千辆纯电动汽车在进行尝试，为后续的发展做好积累。

在实践过程中，集团在战略层面上逐渐意识到电动化、智能化、网联化和共享化是未来必然的发展方向，必须想办法在这些方面提升我们的产品。经过深入研究和系统思考，广汽确定了一定要做好新能源汽车的战略，并决定从集团高度做出两大变革。一个变革是建立专门的体系，由专门的人做专门的事。正是基于这样的考虑，2017年，我们把原来的分公司升级为广汽新能源汽车公司。另一个改革是集团开始在广州打造智能网联新能源汽车产业园，总投资高达450亿元，征地8000亩，可以说是一次大手笔的投入。在产业园中，不仅有广汽新能源进驻，还将有动力电池、电机公司以及IGBT（绝缘栅双极型晶体管芯片）企业。这些举措至关重要，因为要打造优质的新能源汽车产品就必须另辟蹊径，只在燃油汽车上修改是肯定做不好的。

赵福全： 的确，构建专门而健全的体系是有效实施产品创新的基础，广汽集团的战略定位决定了广汽新能源公司可以大展拳脚。那么，在您执掌广汽新能源业务后，你们的产品都有哪些进步，形成了怎样的特色？像续驶里程、安全等难题，又是如何解决的呢？

古惠南： 我在接手广汽新能源公司后一直在思考，今后我们的产品究竟要往哪里走？只有先明确定位，后续的工作才能有的放矢。最后我们提出：第一，广汽新能源的定位是要做"世界领先，社会信赖"的产品；第二，为打造出符合这一定位的产品，我们必须借助"先人一步的科技享受"，就是说要用科技来武装产品。当然，我们看来，科技并不是冷冰冰的公式，而是能给用户带来享受的体验。实际上，我们的新能源品牌埃安（Aion）就是从这个理念中衍生出来的，其中 Ai 指人工智能，on 指在线。同时，Ai 也代表"爱"字的汉语拼音，这也是我们要为用户提供"有爱相伴的智能移动出行"的由来。后来，我们又进一步提出要为用户提供"更聪明的陪伴"，同样是基于 Aion，即智能在线来实现的。接下来，我们要把广汽新能源的产品打造得越来越先进。为此，一要解决纯电动汽车续驶里程问题；二要进一步提升纯电动汽车的加速性能。

赵福全： 这么说广汽新能源的定位是要做高性能产品。您刚才特别提到了续驶里程和加速性能。对于前者，其实广汽在 2013 年、2014 年策划及开发的产品，能做到 300 公里的续驶里程已经相当不错了。过去一直有观点认为，增加电动汽车的续驶里程很容易，只要多放电池就行了。实际上并不是那么简单，且不说车上有布置空间的限制，即使能放进更多的电池，导致车辆成本过高也是卖不掉的。我知道，你们很早就计划研发 650 公里续驶里程的产品，是有什么独特的技术支撑你们下此决心吗？内部有没有反对意见？特别是你们不担心把产品的成本做得太高以至于影响销量吗？而对于后者，加速性能本来就是电动汽车胜过传统燃油汽车的共性优点，在这方面，广汽新能源是要比其他厂商的产品做得更好吗？

古惠南： 过去，中国自主品牌车企实际上采取的都是跟随战略，这样风险小，但也无法取得领先。当时我们推出的一系列产品，坦率地讲是不尽如人意的。而现在广汽新能源既然要做"世界领先"的产品，就必须充分聚焦并实现突破。为此，我们的电动汽车产品既要续驶里程长，又要加速快。当然，要真正做出来是非常困难的。如果只是在传统车平台上改造，是不可能达成目标的，为此我们专门开发了铝合金的电动汽车专属平台。

同时，我们的目标也是有计划分阶段实施的。例如650公里的续驶里程并不是一步到位的，我们第一步定的目标是500公里。为此，我们在开发中还进行了两次重大调整，以便在有限的布置空间内尽可能实现电池升级。另外，我们的SUV埃安LX做到了百公里加速3.9秒，目前这个加速性能在中国品牌SUV中是第一名，在全球所有SUV产品里也排到了第五名。

在追求产品性能达到世界级的过程中，我们确实也遇到了很大成本压力。对此我的体会是，先不要过多考虑成本，一定要先实现技术突破，使产品真正具有世界领先的亮点。

赵福全：这一点非常重要，先把领先的产品做出来，才能对消费者产生吸引力，甚至初期就是要亏钱把车卖出去，这样后续才有降成本的机会。如果一上来就考虑成本，没把产品做好，仅仅便宜也不会有人愿意买。除续驶里程和加速性能外，广汽新能源产品还有哪些技术亮点？

古惠南：我们的产品有很多亮点。刚才在电动汽车续驶里程和加速性能突破方面，我已经做了不少介绍，下面我再谈两点。一是智能方面，我们在开发第一款车型埃安S时，行业整体上产品的智能水平并不高，而埃安S在2018年推出时已经搭载了L2级智能驾驶系统，目前在L2级车型的市场销量排行榜上，广汽新能源位列第一。我们的产品已经配备了自动制动、自动跟车和自动泊车等功能。到了埃安LX时，我们已经实现了L3级智能驾驶，尽管法规要求驾驶人不能放手，但在技术上我们的产品是可以在一定场景下实现L3级自动驾驶的。

二是高精度地图方面，我们应该是真正搭载中国版高精地图的第一家车企，国外品牌车企现在也还没有做到，也有些企业说搭载了，但地图的品质和我们完全不一样。

此外，智能座舱也是中国车企的强项，我们将推出全球第一款真正实现 5G 交互的汽车产品，广汽新能源将第一个搭载使用华为的 5G 模块。

通过这些技术突破，我们就可以为用户提供更好的体验。例如有了 L3 级自动驾驶系统，用户就可以使用一键遥控泊车，用手机就能完成车辆自动入库或出库，这个功能在车辆进出狭窄停车位时更显方便。还有高精地图支持下的 AR 导航，现在是可以显示立体场景的实景导航。

总的来看，我认为以前的汽车只是单纯的交通工具，而现在的汽车是面具，未来的汽车则是玩具。为此，我们不仅要把工具做好，更要把面具和玩具做好。

赵福全：我们梳理一下，广汽新能源现在热销的产品是 2018 年推出的，两年内实现了销量的快速爬坡，尤其是在疫情期间，很多企业的销量微乎其微，而你们仍然取得了不错的业绩。实际上，目前新能源汽车的市场推广还有赖于财政补贴，在当前补贴迅速退坡的情况下，广汽新能源汽车的销量能持续增长，这是很不容易的。

古总也介绍了广汽集团发展新能源汽车的历程。从 2013 年、2014 年起步，广汽新能源经过了多年的探索，你们逐渐认识到发展新能源汽车的大方向毋庸置疑，并且充分感知到消费者对新能源产品有更高的期待和要求，因此才下定决心确定了新战略，大手笔地投入建设新公司、开发新平台、打造新品牌。从这个意义上讲，其实你们也属于新造车势力，尽管出自传统车企，却是全新打造新能源产品的团队。

开发新能源汽车可以基于两种平台：一种是可以同时做传统燃油汽车和新能源汽车的兼容性平台，这种平台可以更充分借助传统车企已有的资源和积累。不过，这样开发出的新能源产品很可能是"四不像"，无法实现最佳的产品性能，在成本上由于要彼此兼顾，也不见得具有优势。另一种则是全新的新能源汽车专属平台，显然只有基于这样的专属平台，才有可能开发出真正领先的新能源汽车产品。尽管如此，开发全新平台的投入和风险都是很大的，因此很多企业虽然也意识到了专属平台的优势，却迟迟不敢做出决策。而广汽集团早在新能源市场尚不明朗之际，就做出了开发专属平台的决策，这是需要战略判断和胆识的。

正是基于这样的战略定位，广汽才不惜重金建设智能网联新能源汽车产业园，在电池和电机方面也做了很大投入，并确立了一定要实现产品"世界领先"的目标。当主流产品续驶里程为300公里时，广汽新能源就已经在开发续驶里程500公里的产品了，并计划通过后续的技术升级达到650公里。此外，前面古总提到电动汽车可以适当加大轴距、缩短车长，这样不仅看起来形态更美，而且相对来说空间更大、重量更轻。其实，无论续驶里程的前瞻开发，还是轴距车长比例的灵活调整，这一系列优势都是专属平台带来的好处。可以说，广汽新能源当初做出的战略决策，今天已经开始得到丰厚回报了。

今天古总也和大家分享了埃安（Aion）品牌的内涵和由来，即"智能+在线"的组合，这也代表着广汽新能源对未来汽车产品发展趋势的判断：未来的汽车一定是智能汽车，而汽车的智能一定是通过在线实现的，于是Aion应运而生。此外，古总提出汽车产品应该既有面具的功能，又有玩具的乐趣。如果说空间大、配置高、造型美，可以给消费者带来有面子的感受，那么好玩的感受则要靠智能化的科技来实现。而广汽新能源的产品同时满足了面具和玩具的需求，其热销也就理所当然了。

最后，我想和网友们强调的是，古总刚才提到了很重要的一点，就是必须先把产品做好，而不是先想着能不能赚钱而不敢投入。因为产品做好了，才能打动甚至感动消费者，也才有后续降低成本、实现盈利的机会。现在，一些企业不愿在新能源汽车产品投入上先迈一步，总想着基于传统燃油汽车平台来改造电动汽车，或开发一个多种动力兼容的平台，觉得这样可以降低成本，但最后开发出的车型却成了鸡肋，没有电动汽车独特的亮点可言，后续也没有办法导入更多新技术，这样其实反而浪费了企业资源。当然，追求一步到位是有风险的，例如新能源汽车专属平台需要巨大投入，而且只是让产品有了领先的机会，并不能说产品就一定会热销，这就要考验企业家在战略判断背后的胆识和魄力了。而最终企业只能以结果来证明当时的战略选择是否正确。

古总是做发动机出身的，在传统车企从事了多年的研发工作，现在担任新能源汽车公司的总经理，既抓产品开发，也抓市场销售。就您的体会来说，您觉得传统汽车人在转型过程中最需要突破什么？事实上，一个人要转变理念是非常困难的，很多时候不经意间就又回到传统的打法上了，很难跳出惯性思维。您在执掌广汽新能源汽车时有没有遇到这样的困难？我想企业内部肯定也存在各种不同的声音，要达成共识并不容易。这可能是传统车企转型面临的最大挑战，并不是没有能力，关键是受理念和认知制约，不能有效发挥自己的能力。反过来，这可能恰是新造车企业的后发优势所在。请您和大家分享一下这方面的感受。

古惠南：的确，这可能是传统车企转型最难的地方。就像当年诺基亚被智能手机颠覆，实际上，其管理层在某种程度上已经看到了智能手机的发展前景，但不敢承担转型的巨大风险，结果最后只能无奈出局。还有柯达的案例，数码相机本来就是柯达发明的，但柯达可能开始时并不相信数码相机的颠覆性，后来又不愿承认这种颠覆性，最终付出了惨痛的代价。传统车企的情况与之类似，背负的包袱太多太重，总是担心转型不成功该怎么办，顾虑太多就很难做出重大改变。

而广汽恰恰敢想敢做，我们是抱着"试一试，错了也不要紧"的心态来迎接挑战的。集团领导认为发展新能源汽车势在必行，目前公司的实力也足以支撑投入，而且集团也不急于把新能源汽车板块上市，不必过分关注短期收益，因此大可放手一搏。即使最后失败了，传统汽车那边还在发展，并不会影响全局。当时集团领导和我讲，需要多少投入你尽管提，我们不缺资金，即使亏损了也亏得起。我想，传统车企要成功转型必须要有这样的底气才行，有了底气才会有具体实践中的勇气。说到底，勇气是集团领导给的，否则我们这些具体操盘的人根本不可能大展拳脚。

赵福全：古总觉得，广汽新能源的成绩首先应该归功于集团领导的高瞻远瞩。不过我想只有高瞻远瞩的大战略还不够，如果操盘手的理念落后，也会把好事办坏，很多时候正确的战略都是错误的战术导致失败的。因此我一直讲，"赢在战略，输在战术"，赢的企业一定有正确的战略，但有正确战略的企业仍然可能由于战术不力而输掉竞争。因此既要做正确的事，也要正确地做事。那么，作为广汽新能源的操盘手，您自己是怎样转型的？有没有过纠结？

古惠南： 很多时候确实非常纠结。当时集团把做好新能源汽车产品的重任交给我，我反复思考究竟应该怎样做。虽然广汽当时已经造出了几款 PHEV 和 HEV，但市场销量都不大，产品特色也不鲜明。如果还是这样做下去，我觉得我们是不可能造出世界领先的产品的，因此首先还是要明确自己的定位。我就问集团领导，广汽到底要不要造世界领先的新能源汽车？集团领导明确表态："要！"这就决定了广汽新能源后面的发展路径，就是必须全力实现产品的突破。

说起来，我们这些 20 世纪 60 年代出生的汽车人都有某种情结，我们很多人都在合资车企工作过，心里面总想着什么时候可以自己主导做出一些突破性的技术。中国车企以前采取的都是跟随战略，这也是别无选择的选择。因为国外汽车产业比中国发展得早，发动机、变速器都是舶来品，包括汽车造型，当初都是跟着国外学来的。现在汽车电动化给我们提供了后发赶超的机遇，不管是弯道超车，还是变道超车，抑或是直线超车，中国汽车产业总归是迎来了超车的机会，这是可遇而不可求的。因为电动化可以助力汽车产业突破发动机性能的瓶颈，我以前就是研究发动机的，发动机由于物理特性的限制，在响应速度、平顺性等方面是无法与电机相比的，电机的加速曲线是线性的，这是其固有优势。我认为，这是广汽新能源必须抓住的第一个突破点。

第二个突破点是智能化，之前我就坚信智能时代一定会到来。记得三年前我们拍摄第一个广告片时，请了一位获得过奥斯卡金像奖的导演。他策划拍一段 30 年后北京城的场景，展现大都市未来将会怎样智能化。我当时就讲，未来汽车可能是会飞的，智能汽车将与无人机结合起来，他说我的理念与他的想法很相近。因此，三年前的广告片就确定了这样的方向。

当然并不是只有电动汽车可以做智能化，传统燃油汽车也可以做智能化，但那样会导致车辆变得很复杂。对此我的判断是，未来越先进的产品一定会越简单，这样才更容易胜出。电动汽车在物理特性上更容易与智能系统结合，因此更应该着力发展。过去我们总想把车做得"高大上"，其实如果汽车越做越复杂，未必能赢得消费者的青睐，对企业自身也是很大挑战。

赵福全：古总解答了最核心的一个问题。广汽集团作为传统车企，古总作为有30年从业经验的传统汽车人，之所以能在全新的新能源汽车业务上取得如此佳绩，主要有两大原因。一是集团领导有战略眼光，对产业发展有正确的预判，认定新能源汽车是未来的发展方向，同时广汽也有实力支撑新能源汽车的投入。当然，听起来好像"不缺钱、输得起"转型就容易了，其实远没那么简单，这背后蕴含的是国企老总的战略远见、创新精神以及敢于承担责任的胆识。要知道，但凡尝试创新就有失败的可能，作为大型国企的领导，完全可以选择在任期内按部就班地前进，没必要冒失败的风险。在这一点上，我们真的应该给广汽的高层点赞。

二是操盘手的战术执行到位。如果操盘手不能转变理念，不能很好地审时度势，带领团队积极探索、大胆尝试，那么即使有再好的战略资源也无法实现战略目标。对于汽车产业的发展方向，古总有自己的深刻理解，而且恰好与集团的大战略相契合，这样英雄就有了用武之地。

您对未来汽车技术的第一个理解是，复杂的技术不一定能打动消费者，既先进又简单，并且能带来全新体验的技术才是未来的发展方向。古总是从这个角度来看待发展电动汽车的价值的，因为电池和电机要比发动机和变速器简单得多，在一些性能上也更优越，因此没有理由不做电动汽车。您的第二个理解是，未来的城市必将是高度智能化的，与之对应，未来的汽车就必须是智能的汽车，这其实展现出了一种前瞻思维和超前洞察，在这方面，我感觉您的想法也是与广汽集团的大战略高度契合的。之前我曾经参观过广汽新能源的工厂，那是按工业4.0标准建设的智能工厂，投入也非常大。我想广汽新能源的成功就在于，战略方向是正确的，战术执行也是正确的。

我还有个疑问，集团高层和您都转变了理念，可造车是一个复杂的系统工程，包括研发、采购、质量、制造、销售等环节的人员，还涉及外部的合作伙伴，大家的理念都能转变过来吗？在这个过程中，您和下属、同事以及合作伙伴有没有过理念上的冲突？您又是如何解决的呢？

古惠南：是的，肯定有想法不一样的时候，这就需要认真沟通。例如要建一个什么样的工厂，在规划阶段就争议了很久。虽然集团领导说过，失败了不要紧，不过是否留条退路会更好呢？记得当时大家讨论，建设新工厂时要不要预留出油库的位置？万一新能源汽车失败了，还可以生产燃油汽车。在我们这几年的发展过程中，类似的争论还有很多。

赵福全：每当出现争议时，率先转变了理念的一方必须努力去说服其他人。就像建设工厂，虽然资金充裕，但还是要思考怎样以最少的投入达到最大的效果，这时预留油库，表面上看是一种保险，实则是一种浪费。实际上，很多时候之所以做了很多预留方案，还是因为不自信，或者说是对自己的战略判断心存犹疑。其实做产品何尝不是如此，不能总想着折衷、兼顾或预留，这样等于把好的技术打了折扣，反而达不到最佳效果。

古惠南：盲目预留就变成"四不像"了，这是不可取的。就像有的人习惯多煮一点菜以防不够吃，却吃不掉，只能留到下顿，结果总是吃不上新菜。做汽车也是一样，不能过度预留。实际上，设备也好、技术也好，等过几年再拿出来用，可能就过时了。

但另一方面，如果我们确实看准了趋势，就应该而且必须进行前瞻布局。当然，这话说起来容易，做起来难啊，很多时候未来是看不准的。像"软件定义汽车"的概念今天正变得越来越清晰，而前几年这些概念还是很模糊的，具体应该怎样发展并不像现在这样明确。在那个时候要为"软件定义汽车"做预留，就非常有挑战。反过来讲，这也恰是企业赢得未来优势的机会所在。例如，我们判断未来汽车肯定会越来越个性化，因此很早就提出了要做"个性化定制"。当时，这在内部也引起了很大争议，很多人觉得做起来太难、投入太大。但我还是说服了大家做这件事，应该说，广汽新能源是国内最早建设大批量个性化定制工厂的企业之一。过去只有豪华车有小批量定制，而大批量定制生产要困难得多。

同时，个性化定制的源头其实是在研发，除工厂建设外，我们还说服了研究院提供支持。让用户可以通过 APP 订车，一款车有很多种不同的定制方案。研究院开始是不同意的,因为工作量太大,而且管理难度极高,个性化定制的技术方案背后对应着不同的采购、物流和生产系统,这也让投资规模倍增。因此内部有争议也很正常,但现在我们逐渐取得了回报。例如以前卖车只有高、中、低几个配置版本,就这么一直卖下去,要改款很麻烦。而如今我们采取个性化定制模式,虽然订单量不一定很大,但可以通过OTA在线升级,三个月推出一版车型,及时回应用户的需求。也就是说,个性化定制体系不只能在购车阶段满足用户的个性化需求,还可以让车企有能力快速推出不同配置的产品,并促进汽车软件的更新换代,这恰恰体现出了未来软件定义汽车的优点。

赵福全: 当初可能您也只是隐约感知到未来的方向,但您经过深思熟虑后形成了自己的理解和判断,并将其融入到广汽新能源的产品创新中。从这个意义上讲,优秀的企业将为个人实现人生梦想提供平台,而拥有梦想的优秀个人也会为企业的发展进步提供动力。

在新理念的推进过程中会遇到很多阻力,这时必须坚持自己的目标。像智能工厂的建设,虽然当时对智能化的理解还不够深入,但您认为未来汽车向个性化定制方向发展的趋势不会错,因此制造能力,包括设计能力和采购体系等都要为之努力,并说服了大家在这方面加大投入。另一方面,因为相信电动化时代一定会到来,新能源汽车工厂未来不会去生产燃油汽车了,因此就不需要预留油库,避免无谓的浪费。还有在产品开发中不为追求兼顾或低成本而做过多折衷,而是一定要为用户提供最佳体验。归根结蒂,这些正确决策都来自企业家对未来的准确判断和战略胆识。

产品创新不是产品本身的创新那么简单,其中包含着技术创新、体验创新、服务创新以及生产创新等诸多创新,而这些创新的前提是战略创新,最后才能呈现出与众不同的终端产品。也就是说,产品创新是企业经营全方位创新在产品上的最终体现。古总,经历了几年的实践,您觉得未来中国车企在汽车新四化的发展征途中,应该如何利用产业转型的机遇超越传统汽车巨头?又应如何通过全新品牌和产品的打造跃居行业前列?特别是在产品创新上,您觉得我们应该怎样做?要知道打一场胜仗容易，做常胜将军很难。广汽新能源目前做得很成功，今后要如何确保长盛不衰，实现持续成功呢？

古惠南： 这个问题很有挑战性，我们也一直在思考和探索答案。老实说，谋划五年甚至十年之后的事情是非常困难的，但"人无远虑必有近忧"，因此我们必须去想去做。就像赵院长刚才说的，现在只是一时的成功，今后我们还要努力实现持续的成功才行。

未来几年，广汽新能源的工作还是要围绕我们对产业发展方向的判断展开。最近我们也在做十四五规划，虽然是五年计划，但一定要考虑到十年。否则这五年中的投入就有可能出现浪费，实际上浪费一点资金倒不是最要紧的，就怕错过了时机后续可能就再也跟不上了。

具体来说，我觉得还是要回到新四化上来寻找突破口。第一个方向是电动化，其实我认为更应称之为电气化。在前两天的论坛上我就讲过，节能汽车未来肯定要向电气化方向发展。理论上，燃油汽车在油电耦合后也可以且必须做智能化，当然可能这样的系统会更复杂，成本也更高。因此我还是相信电动汽车是未来的方向，车企应该努力做得更好、更扎实。

第二个方向是自动驾驶，我坚信在未来5~10年无人驾驶汽车的时代就会到来。广汽新能源计划在2022~2023年投放L4级自动驾驶技术，2025年实现L4级汽车产品的批量生产，目前我们判断这个目标是可行的。除车端提升外，中国还在强调车路协同，到2025年肯定有一定的路端支持，这样至少从车企的角度是可以推出无人驾驶汽车的。当然，这不是一个单纯的技术问题，当汽车不再需要驾驶人的时候，很多事情都会发生改变。首先所谓司机的定义可能都会不同，不再是掌握驾驶汽车技能的人，而是要担当安全员的角色，在无人驾驶汽车出现问题时能及时处理。受此影响，车辆的整个使用环境及运营生态都会大不相同。对此，我认为2B端的变化很可能要比2C端的变化更快、更大，车企必须把握住这个机遇。

另外，我觉得无人驾驶必然开启汽车共享时代，或者说共享时代是无人驾驶带来的附属品。因为运营车辆配备司机的成本太高了，而且停车也很困难。到那时，共享汽车是私人汽车拿出来共享，还是由运营公司提供车辆共享？同时，这么多无人驾驶汽车，在某种意义上都是带有人工智能的机器人，会不会带来安全隐患？为此，无人驾驶汽车应该是个人拥有，还是政府拥有？这些问题现在还难以预判，却是我们必须思考的，因为未来汽车由谁拥有和怎样使用至关重要。试想，如果是运营公司拥有，所有路上行驶的无人驾驶车辆都属于公交集团或滴滴这类运营平台，那么汽车产品的设计、采购、生产模式还会与现在一样吗？

当然，未来无人驾驶支持下的汽车共享可能将和我们当前所谓的共享模式完全不同。我有一个畅想，未来大多数人都会愿意使用共享汽车，不过可能不愿意共享车厢，而只愿意共享车头，因为还是自己拥有的车厢私密性更好，需要出行时依靠无人驾驶的车头来牵引，这或许是未来汽车共享的一种形式。还有体验方式的延展，例如现在跳广场舞的老年人会和来运动的年轻人抢场地，将来其中一方是否可以乘坐无人驾驶的汽车，到郊外去活动呢？在无人驾驶汽车的时代，人们的生活场景也将随之改变。对无人驾驶带来的变革，我们可以尽情想象。

从这个认识出发，我们汽车人自己首先不应怀疑这个时代的到来，一定要抓住无人驾驶的历史机遇。为此，今后广汽新能源一方面要把造车端做好，另一方面也要参与到用车端中去，而不是只盯着汽车本身。也就是说，未来我们打造的产品既要满足C端个人用户的需要，也要匹配B端公司用户的需求，坚定不移地推动双线智能化，这就是我们的发展方向。

赵福全：作为广汽新能源的总经理，古总对未来的判断直接决定了公司下一步要怎样走。虽然后续的具体举措，可能您现在还不便讲得太细，但我能感受到您对未来产业大势的理解和预判。一方面，您相信随着节能减排压力的不断增加，传统燃油汽车一定会电气化，发动机要"拥抱"电池和电机，以混动、插电、增程的方式继续发挥作用，而无论动力结构如何，车辆都要向智能化方向发展。实际上，智能化不仅能带来更快捷、安全、有趣的汽车，而且对节能减排也可以做出贡献。而您从智能化的需求反推，认定电动汽车是未来更好的技术平台，因为电动汽车有利于智能化的快速导入。

另一方面，您对高级自动驾驶普及速度的预估相对乐观，您认为2023~2024年L4级自动驾驶汽车就可以量产。尽管受基础设施和法律法规的限制，届时L4级汽车还无法四处随意行驶，但在区域内运行是可能的。同时，从应用无人驾驶汽车的角度出发，您认为L4级以上无人驾驶汽车上可能不再有司机，而只有安全员。您还觉得届时共享汽车将大行其道，其拥有者很可能不再是个人，而是运营公司，这意味着车企未来既要面对个人用户，也要面对公司用户，就是说必须同时做好2C和2B才行。而您将这一系列可能的变化视为广汽新能源的重大机遇，尤其看好结构性场景下的自动驾驶技术，并将其列为广汽新能源今后必须重点开拓的领域之一。

最后一个问题，广汽新能源正在做十四五规划，如您所说，这需要考虑十年之后的发展愿景。那么，您觉得到2030年广汽新能源将发展到什么程度？会有什么样的产品？达到多大的产销规模？在中国乃至全球汽车产业格局中又将占据怎样的地位？

古惠南：我认为必须基于世界坐标来设定未来的发展目标，广汽新能源通过十年努力，是完全有可能进入到世界头部企业行列的。从销量上讲，肯定要达到世界头部企业的水平，目前我们提的目标是几百万辆。但我觉得最重要的其实不是销量，而是生态。未来广汽新能源的产品未必都是从我们自己工厂里生产出来的，例如在国外市场销售的产品或许是基于我们的基础平台，加上适应当地需求的其他一些核心技术，相互组合而成。可能我们只提供最核心的技术，生产最核心的部分，例如无人驾驶汽车的底盘，而车身则像衣服一样"套"在这个底盘上，并且可以根据需求来"更换衣服"。未来整个汽车产业都会与现在大不相同，我们必须构建一个分工协作、合作共赢的大生态，并努力在其中发挥主导作用。如果到那个时候整车企业还仅仅只是造车，可能就会成为汽车运营公司的代工厂了。

赵福全：时间过得很快，和古总的每次交流都很愉快。应该说，在广汽集团大战略的指引下，古总具体操盘，带领广汽新能源团队取得了阶段性的成功。这种成功体现了传统车企拥抱未来产业变革坚定转型的战略眼光和胆识，这是通过品牌建设、产品升级、技术突破、服务创新等一系列实实在在的努力实现的。正因如此，广汽新能源才抓住了难得的历史机遇，交付了令人满意的答卷。

一方面，今天的成功源于三四年前企业准确的战略预判和勇敢的创新精神，那时也有过很多的纠结和争议，但最终广汽集团的高层还是下定决心，一定要把新能源汽车做好。这其实还不只是战略判断是否清晰或有无足够实力投入的问题，更是愿不愿意承担风险和责任的问题。正是由于几年前广汽集团高层在决策时敢于冒风险、担责任，才使广汽新能源产品形成了今天这样的竞争力。

另一方面，有了正确的战略决策，还要有正确的战术执行。其实正确的道路，往往是不好走的，这就需要一线操盘手披荆斩棘、勇往直前。通过今天的交流，相信大家都能感受到古总是有梦想的，而且对产业有着自己的深层次理解。正是在此基础上，他才能带领团队克服诸多困难，应对各种挑战，最终把广汽新能源这条路正确地走了出来。实际上，传统车企要转型并不容易，因为转型其实就是自我革命。同样，传统汽车人探索新能源汽车和智能网联业务，也需要先转变自己的理念和认识，而长期在传统车企打拼的古总无疑做到了这一点，这是非常难得的。

今年我们栏目的主题是"汽车产品创新"，而古总首先从服务创新、体验创新的角度来谈产品创新。古总认为仅仅把产品做好已经不足以适应时代发展的需要，因为消费者越来越关注服务，他们已经不再满足于拥有汽车产品，而是追求汽车产品带来的体验和享受。因此，如何让用户拥有更好的体验，使其真正感受到尊贵感、科技感、好玩、炫酷，就变得至关重要。而广汽新能源的产品创新，恰恰是从用户体验切入，反过来进行战略、品牌、产品、技术、服务等的全面布局，其终极目标是基于车辆运载平台打造服务生态，成为有竞争力的综合性企业，最后达成拥抱未来产业重构的大愿景。在这方面，古总强调未来广汽新能源不只要做好产品，更要参与生态建设。尤其是在自动驾驶及汽车共享大行其道的时候，消费者可能无需拥有就能使用汽车产品，这将催生出与现在截然不同的全新生态，汽车企业必须积极参与其中才能避免被淘汰或边缘化。

我想，古总的分享一定会让汽车产业的同行们有所感悟。社会上总觉得传统车企人都是"方脑袋"，要思考圆的事情会很困难，但听了古总的见解，我感到问题的关键不在于"出身"何处，而在于有无创新的理念和认识。回看过去五年，产业变化之大超乎想象，这是之前几十年都没有过的大变局。展望未来，我相信2025年、2030年的汽车产业，一定会有更大的变化，因为物联网、5G、自动驾驶等技术都将逐渐落地。相关企业都应该投身其中，围绕电动化和智能化的方向，坚定实施转型，以适应未来翻天覆地的产业重构。

预祝广汽新能源在集团的领导下，在古总的带领下，取得更大的成绩。谢谢古总！

古惠南： 谢谢！

04 对话卢放
——定位造车"新实力",聚焦产品零焦虑

赵福全:凤凰网的各位网友,大家好!欢迎来到凤凰汽车"赵福全研究院"高端对话栏目,我是本栏目主持人、清华大学汽车产业与技术战略研究院的赵福全,今天非常高兴请到了岚图汽车科技公司 CEO 卢放,欢迎卢总参加本栏目的第 60 场对话!

卢 放:大家好!

赵福全:卢总,我们创办这个栏目已经是第七年了,每年我们都有一个主题,今年栏目的主题是"汽车产品创新"。我注意到最近东风汽车集团发布了新品牌岚图,受到了行业的广泛关注。东风集团作为老牌国企,在"汽车新四化"的变局下发布新品牌,这背后肯定有很多战略思考和深刻内涵。作为岚图汽车科技公司的 CEO,请您借此机会与大家分享一下,东风此时发布岚图品牌的战略意图是什么?岚图的发展目标、品牌定位和产品定位又是怎样的?

卢 放:东风集团推出全新品牌岚图有这样几点思考。第一,当前产业正在全面重构,电动化和智能化已经成为汽车产业重要的新赛道,或者说新能源加智能代表着未来汽车产品的必然趋势,显然这对我们东风来说也是不容有失的发展方向。既然东风要发展先进的新能源和智能技术,就需要有一个高端的品牌来承载。

第二,我们一直在思考未来中国汽车产业应该如何发展,特别是中国自主品牌应该如何实现向上突破。这种向上突破不只是为了企业自己,也是为了中国的消费者。因为现在中国消费者对汽车产品有着更高的需求,我们必须努力满足这些需求。为此,东风集团在进行规划时就想到,我们应该推出岚图这样一个全新品牌,来满足消费者对高端新能源汽车

产品的需求，为消费者带来更好的产品体验。最终让汽车驱动梦想，为美好生活赋能，通过岚图为广大中国消费者，特别是新中坚力量，提供不一样的汽车产品、汽车出行和汽车生活。

第三，当前产业出现了不少新造车企业，东风汽车作为一家老牌国企当然是传统车企。但我们认为，中国自主品牌无论新旧车企都同样需要创新发展。作为传统车企，东风应该在当前的市场环境下积极进行创新尝试，争取实现"老树发新芽"，让老企业生长出新力量。同时，在中国汽车产业的格局中，既有国有企业，又有民营企业，还有合资企业，东风作为大型央企也应努力做出我们应有的贡献。这些思考支撑我们下决心创建岚图这样一个全新品牌。

赵福全：的确，中国市场是全球最多元化的市场。那么，岚图汽车目前进展到哪个阶段？你们采用的是全新的电动汽车平台吗？第一款产品计划什么时候投放市场？

卢　放：面对中国这个全世界竞争最激烈的市场，作为一家老牌国企，东风究竟怎样行动才能获得成功？我们觉得，一方面东风要努力探索新体制和新机制，让新的体制和机制为企业赋能，从根本上激发企业的创新潜能；另一方面，在现有的体制机制下我们也要积极尝试创新突破，为企业带来新的生机和活力。而岚图就是东风的重要尝试之一。

应该说，这两个方面都很困难，但我们一定会全力以赴。目前，岚图的各项工作正在有序推进，我们7月17日正式发布了新品牌，29日又发布了品牌战略，当然在此之前我们已经做了很长时间的准备，特别是产品研发方面。岚图的定位是零焦虑的高端智慧电动汽车品牌，这是我们经过深入研究和分析后确定的，我们希望为用户提供零焦虑的产品和服务。因为我们在市场调研、用户访谈和需求分析的过程中发现，用户在使用电动汽车时会产生各种焦虑，例如里程焦虑、服务焦虑、二手车残值焦虑、电池焦虑等。用户心中存在的焦虑就是最重要的痛点，而岚图的目标就是通过努力，用我们的产品和服务真正解决这些用户痛点。

当然我们深知，这样的定位给岚图提出了很高的要求。一方面在产品上，怎样通过技术来支撑产品实现零焦虑？另一方面在服务上，如何解决用户在用车过程中的各种焦虑问题？又如何在车辆全生命周期内为用户提供服务？这些都是我们需要思考和解决的问题，希望在不久的将来，通过我们的努力，岚图能真正为用户提供零焦虑的产品和服务。

目前，岚图的第一款车型正在紧锣密鼓的研发过程中，作为新能源汽车品牌下的首款产品，这款车采用了全新的电动汽车平台，前段时间已经开始在各地路测，现在已经接近量产，预计在很短的时间里我们就能把新车提供给广大消费者。

赵福全： 岚图是东风集团为拥抱"汽车新四化"，尤其是面向电动化和智能化转型而打造的全新品牌，也体现出中国车企品牌向上，实现高端化突破的愿景。这个品牌的诞生一方面是基于东风集团自身转型升级的战略考量，另一方面是面向产业全面重构的前景，东风认为也需要以一张白纸的心态，通过新品牌、新产品、新理念来参与日益激烈的市场竞争。

您刚刚谈到岚图要做高端电动汽车，现在市场上高、中、低端电动汽车产品都有，为什么岚图一定要做高端产品？这是集团给岚图的品牌定位，还是您认为做电动汽车就应该走高端路线？

卢　放： 对东风来说，这个品牌的推出主要是考虑到当前市场的消费升级趋势，我们希望能满足用户更高的需求，因此岚图品牌定位在高端，我们的目标用户人群是新中坚力量。何谓新中坚力量群体？我们在岚图的品牌发布会上进行了诠释：我们观察到社会上存在这样一个群体，他们可能是医生，例如抗疫英雄，可能是科研人员，也可能是城市的建设者，或者国家的守护者，他们是这个时代的新中坚，在各行各业支撑着中国的不断发展以及社会的不断进步。与此同时，他们的生活水平和消费需求也在不断升级，开始追求更有品质的汽车生活。而岚图就是要满足这个群体的需要，提供与他们需求匹配的产品和服务。

当然，我们并不认为车企做新能源汽车就一定要做高端产品。新能源汽车有高端产品，也有低端产品，各自满足不同的消费群体。具体做何种产品取决于企业的发展战略，不同的企业可以有不同的选择。而岚图选择了走高端路线。

赵福全：为顺应产业向电动化、智能化方向发展的大趋势，东风决定推出岚图品牌。同时，任何市场都有高、中、低不同收入的消费群体，而岚图选择了瞄准高端市场。应该说，近年来随着中国经济的快速增长，汽车市场不断发展壮大，而且汽车消费整体上也在不断升级。记得十几年前我刚回国的时候，当时讲10万元是自主品牌产品价格的天花板，而现在自主品牌早已突破了这个价位，开始在中高端市场发力。现在岚图品牌也加入进来，重点进攻高端市场。

既然定位于高端市场，那么岚图的第一款车将处在什么价位？请为网友们介绍一下岚图首款产品的情况，这是一款什么车型？是SUV还是轿车？又是一款什么级别的车型？

卢　放：您说得对，岚图瞄准的是高端市场。岚图既然要走高端路线，产品就要与高端细分市场相匹配。如果产品尺寸比较小，是很难称得上高端的。以前经常有人讲，大家对汽车的要求总是越来越大，这看似玩笑，实际上也侧面反映了人们的消费倾向。因此，我们的第一款车是中大型SUV，希望以这款车来满足新中坚群体的出行及生活需求。

至于价位，我们仍在调研和讨论中，目前还没有确定。当然，我们希望能在同等条件下尽可能低一些，虽然产品是高端的，但价位在高端产品里要相对便宜，让用户感到物有所值。从品牌向上的诉求出发，现在我们不再提性价比的概念了，而是希望做到让用户购而无悔，在产品全生命周期里都能享受到良好体验。这是我们为之努力的目标，产品的价格必须与这个目标保持一致。虽然还未最终确定，但我想价格肯定不会过高，毕竟岚图要为大家提供生活上的便利，因此定价一定会考虑绝大多数目标用户能承受的水平。一款高高在上的产品，即使做得很高端，大家买不起、用不起也没有任何意义。我们期待有更多人能使用岚图汽车，能享受岚图汽车带来的生活便利，这是我们的初衷。

赵福全：谈到品牌定位，既有客户的选择，也有价格的确定，而最终还是要落到产品上，产品又依靠技术提供支撑。因此产品创新既涉及品牌创新，又涉及技术创新，还涉及包括品牌建设、产品打造、技术落地等在内的整个管理体系的创新。

同时，高端产品也有价位的区别。过去自主品牌车企总强调性价比，追求所谓物超所值。而刚刚卢总说，岚图的价位目标是物有所值。我非常认同这个提法，这本身就是一种清晰的产品定位。其实不只是打造高端品牌，在所有中国自主品牌向上的征程中，我觉得都不应该再抱着性价比这个老黄历不放了，因为性价比本质上就是做相同的产品而价格比别人更便宜，但未来消费者不会再为同质化的产品买单了。我们更应该打造差异化的产品，让消费者购买之后觉得物有所值。

下一个问题，我想了解一下岚图为目标用户群体准备了哪些品牌传播的关键词？这其实也是岚图的品牌特征。例如豪华品牌可以讲尊贵，科技品牌可以讲炫酷，服务品牌可以讲让用户暖心。那么，岚图作为高端品牌，要用什么关键词来描述自己？刚才谈到电动汽车现在面临的问题可以归纳为各种焦虑。这些焦虑可能源自电池技术还不够理想，也可能源自充电基础设施还没有跟上，其中很多焦虑可能只是暂时的。那么，您认为焦虑是电动汽车的永久性问题还是阶段性问题？如果只是阶段性问题，岚图以"零焦虑"作为品牌支撑，是不是会有局限呢？

卢　放：我们说的"零焦虑"，不仅是要解决目前充电难，即里程焦虑的问题，这只是用户使用电动汽车时面临的众多焦虑之一，还要解决用户的其他焦虑，包括车辆服务焦虑、产品质量焦虑、二手车残值焦虑等。由于电动汽车是新兴产品，用户的焦虑是很多的，而且未来肯定还会产生新的焦虑，因此我们必须不断发现和解决让用户焦虑的问题。从这个意义上讲，追求"零焦虑"的工作永无止境。岚图之所以要提供"产品+服务"，就是因为我们希望能在整个产品生命周期内，不断解决用户在用车过程中产生的各种焦虑。至于里程焦虑，我也同意您刚才的观点，这应该只是暂时的问题。

从企业转型升级的角度出发，未来也不能只把产品卖给用户就万事大吉了。过去传统车企把新车交付给用户后，与用户的联系就只剩下维修保养，而维修保养也是间接的，因为中间还隔着4S店。但今后岚图把新车交付给用户后，我们与用户的关系才刚刚开始。后续我们要持续观察用户在用车过程中产生了哪些问题，然后全力帮助用户解决问题，向着"零焦虑"的目标不断前进。

赵福全：里程焦虑属于阶段性的焦虑，通过技术突破和加强基础设施建设是可以解决的。实际上，传统燃油汽车发展初期也遇到过"里程焦虑"问题。我记得小时候，有车的单位还要在车库里存放一些汽油备用，因为当时加油站很少，可能整座城市也就几个，加油非常不方便。后来加油站越来越多，距离越来越近，甚至彼此之间都展开了价格和服务竞争，人们也就不再担心加不到油了。

卢　放：是的，类似的还有手机，之前每个人都会备上几块手机电池，现在已经无需这样了，因为一块电池的容量已经足够用了，而且充电也很方便。未来电动汽车也一样，随着动力电池技术的进步和充电设施的普及，里程焦虑终有一天会成为历史。而岚图的目标是持续解决引发用户焦虑的所有问题，例如电池监控、用车服务、修理养护、预防性维修等。在这个过程中，我们会不断采集和分析数据，不断发现和解决问题。

赵福全：这就是这个深度对话栏目的好处。刚刚卢总把"零焦虑"的内涵讲得非常清楚，否则大家可能会认为岚图主要是要解决电动汽车的里程焦虑问题，而那其实只是产业转型期的阶段性问题，原因在于技术还没有完全成熟，基础设施也没有完全跟上。实际上，您所说的"零焦虑"追求的是让用户彻底无忧，为此要解决包括产品、服务、技术、质量、残值等在内的各种问题，让用户在使用电动汽车的全过程中都没有焦虑，这样消费者购买了岚图汽车后就会感觉一路顺畅，尽享高端品牌的尊贵感与体贴感。

那么，除了"零焦虑"之外，岚图汽车还有哪些关键词？

卢　放：在策划岚图品牌的过程中，我们考虑了很多关键词。例如我们提出"淡、静、雅"，它们代表着岚图汽车的设计语言。如前所述，我们的目标用户是新中坚力量，他们都是很有品位的人。我们希望通过岚图的产品和服务，与用户建立起心理上的联系。让用户能感受到我们的产品是有温度的，感受到在岚图汽车上是有安全感的、是被尊重的。通过深入观察和研究，我们对新中坚力量这个群体的品位特征和价值取向做了描述，那就是"淡泊明志，宁静致远"，而我们的设计语言就要与此匹配。

同时，我们的产品应用了很多"有温度的科技"，希望通过这些科技实现汽车与人之间的情感互动。为此，我们在车内设计中非常重视用户感觉，努力向用户呈现豪华感、尊贵感、安全感、品位感等。感觉其实是一种综合性的体验，而岚图的目标是通过自己的科技，让产品给用户带去温暖的感觉。

赵福全：过去，汽车产品追求的主要是功能和性能，例如从动力性角度，消费者会关注发动机有几缸、零到百公里加速度能达到多少秒等。今后，电动汽车产品的性能相对更接近，例如动力性能可能差别并不大，毕竟很多车企的电池供应商都是相同的，同时"软件定义汽车"又给汽车产品带来了很多新的元素。因此，用户更加关注的将是产品体验。体验实际上是用户在使用汽车产品时的综合感受，它当然需要通过很多"硬"科技来支撑，但同时又具有很强的主观性，例如尊贵、大气、奢华、宁静等感觉，都不是依赖某一项科技就能营造出来的。我想，岚图汽车要让用户感受到温暖也绝不是定义某个参数就能实现的。此外，温暖可以有多种体现方式，像家里的朴实也是一种温暖。那么，就岚图而言，您觉得汽车产品的温暖是什么，又应该如何体现呢？

卢　放：产品给用户的感觉最终还是要用技术来表达。例如，尊贵感应该怎样体现？我认为在用户使用汽车时，一定要在两者之间进行充分的交互以体现产品对用户的尊重，而这背后传递的就是企业对用户的尊重。具体来说，汽车产品可以这样与用户交互：例如当用户走近汽车时，车灯就会点亮，车门就会打开，座椅就会移动到合适位置，车载系统的屏幕就会启动，所有这些都必须根据场景与用户进行相应的交互。又如岚图的目标用户群体是新中坚力量，他们上班都很辛苦，下班后肯定希望能比较放松，这时车内就要营造出轻松的环境，包括氛围灯、音乐以及气味控制等都可以进行相应的调节，这些都是基于我们车内系统的识别和判断而自动进行的。接下来，汽车还能帮助用户规划好下一步的行程，包括去接孩子或去购物等。由此，用户就会获得良好的体验。

而这些体验都是在用户使用汽车的过程中，以技术为支撑，通过汽车与用户之间的各种交互来实现的。

也就是说，我们希望通过人工智能等各种技术手段，让岚图产品能有效识别用户的需求和意愿，然后尽最大可能予以响应和满足。要完全实现这样的目标当然很不容易，但我们现在正在努力尝试，今后也会一直坚持做下去。

赵福全：这样汽车就可以由冰冷的机械变成温暖的伙伴，而更人性化的汽车将越来越能帮助人、解放人，并不断地去理解人。

卢总，您在传统车企工作过多年，在产业巨变、风起云涌之际，又接手了岚图这个代表东风集团对未来期待的新品牌的打造工作。对您而言，承担这个使命也是一次从零开始的新征程。作为执掌新品牌的老汽车人，我相信这段时间您一定经历了不少理念碰撞，那么，您认为传统车企的哪些做法应该继承，又有哪些做法应该摒弃呢？

应该说，无论汽车产品如何电动化、智能化，其车身、底盘等系统，包括制动、转向等功能始终是非常重要的，这是实现汽车新四化的基础。不过，今后只有这些要素已经不够了，这样的汽车产品对消费者来说太过冰冷、缺乏温度。如何在原有基础上，进一步赋予汽车产品新的体验，使其更具生命力，这是所有车企都高度关注的焦点问题。从大方向上讲，答案当然是面向"汽车新四化"不断实践。但这又引出了一个新的问题，现在大家都在谈"新四化"，反而让人感到汽车产品越来越同质化了，就像您刚才谈到的提升用户体验的策略，事实上，无论新造车企业还是传统车企，大家都在做类似的思考和尝试。我很想了解，在这个过程中岚图要怎样做出具有自身特色的差异化，从而在新旧车企中脱颖而出呢？

我之前讲过，智能汽车首先要做到帮助人，这一点之前已经部分实现了，例如 ADAS（高级驾驶辅助系统）、ABS（制动防抱死系统）、ESP（电子稳定系统）等都是在帮助人。然后要做到解放人，最主要的就是自动驾驶。最后要做到理解人，就像您刚才谈到的，让汽车能像伙伴一样与用户互动，这是智能汽车的最高境界。但仅仅实现了帮助人、解放人和理解人可能还不够，如果车企在这些方面没有做出差异化，就不足以支撑品牌。岚图是一个全新的品牌，但最终产品的大部分技术和配置会不会与东风的其他产品类似，同时与其他车企的智能电动汽车相比也没有太大差别呢？这些问题您是如何思考的？

卢　放：首先，东风集团打造岚图品牌并不是零基础起步的。此前，东风在新能源汽车方面，特别是"三电"技术上，已经进行了十几年的研究和积累。实际上，东风内部有一个新五化技术的提法，就是在电动化、智能化、网联化和共享化这"四化"之外，再加上轻量化，对于这些技术，我们都有相当的储备。岚图一定要把东风的最新技术都充分应用起来，呈现给我们的用户，这是我们打造全新品牌和产品的重要基础。

其次，东风在传统汽车制造领域有着深厚积淀，包括品质控制和生产管理等方面的经验，也包括供应商的资源和管控体系等。这些都是岚图向用户提供优质产品的宝贵支撑。

最后，如您所言，未来机械产品的差异会越来越小，可能只有在造型设计及对机械的某些理解方面会有一些差别。而我们要打造的新一代汽车，其产品形态将发生巨大变化，核心是由原来的机械或机电产品，演变成未来的电动化、智能化加服务的产品，这意味着服务将成为产品的重要组成部分。那么，服务的基础又是什么？我想一定是基于车辆本身，即面向用户在用车过程中所产生的各种不同需求来提供服务。为此，我们必须利用各种技术识别和满足用户需求。目前，东风已经搭建起数字化平台，就是要利用数字化手段捕捉用户数据，描绘用车场景，不断加深对用户需求的理解。在此基础上，我们再通过场景切片，完成需求分类，以实现快速精准响应。这样就可以形成一个完整的闭环：从用户端得到需求，到研发端快速迭代，形成定制化服务方案，再将其提供给用户，然后接收用户的使用反馈，进入到下一轮的闭环过程。我认为，这种能力就是未来产品实现差异化的关键。

总之，无论传统车企，还是造车新势力，抑或像岚图这类企业，我们自己称为传统车企与新势力思维方式相结合的造车"新实力"，都将走上"产品+服务"这条路。而相较于产品，我认为未来车企之间更大的差异可能是在服务上，必须通过服务实现"千人千面"和"千车千面"。

一方面，不同企业的用户群体不一样，所产生的需求就不一样，车企提供的服务当然也不一样。另一方面，更重要的是，不同车企对用户需求的理解和满足能力，包括获取和处理数据的方法、提供服务的方式等都存在差异，即使面对近似的用户群体，提供的服务也将是不一样的。因此对车企来说，最大的挑战是如何转变过去那种单纯的"产品"思维，努力把"产品＋服务"做到极致。

也就是说，未来企业要通过提供服务来有效满足用户不断变化的需求，以体现差异化。要做到这一点并不容易，这绝不只是服务本身的问题，而是要对研发流程、运营管理乃至整个组织架构进行变革，以适应"产品＋服务"的发展趋势。在这个过程中，服务的差异化是外在的，而组织的差异化是内在的。我们必须围绕如何快速满足用户需求，持续迭代优化服务，来构建企业的新型组织架构和运行体系，从而不断为用户带来更好的体验。在这方面，岚图将做更多的思考和实践。

赵福全： 面向未来汽车产业的差异化竞争，您认为产品硬件依然非常重要，在这方面东风有多年积累。但未来只有好的硬件已经不够了，还需要通过软件提供智能化、个性化的服务来提升用户体验，实现差异化。就像卢总刚刚强调的，最终要让每个用户都感受到车企为自己提供了不同的服务，而且恰恰是自己需要的服务。那么具体来说，岚图准备怎样向用户提供个性化服务？或者说岚图产品要如何体现出服务的差异性呢？

卢　放： 我们现在重点在做两件事。第一件事聚焦于产品本身，我们内部叫"场景定义汽车"。一段时间以来，业界一直在讨论，未来汽车到底是由什么来定义的？最流行的说法就是"软件定义汽车"，而岚图提出的理念是，汽车产品应该根据用户的使用场景来定义。当然，在本质上，这是大同小异的两个概念。有了基于场景的定义，我们就可以清楚产品开发的努力方向。当前，我们正在开展软硬分离和软硬解耦的工作，这涉及整个汽车架构，包括各个系统及相关技术的一系列重大改变。

在此基础上，第二件事是要建立面向未来的数字化生态系统。数字化生态不是传统营销体系的改良，而是要构建一个全新的运营服务体系。

这一体系充分融入人工智能技术，基于大数据分析，追踪、识别和响应用户的需求。岚图正在这方面加紧推进，目前，数字化生态系统已经初步建成，我们希望能以此为支撑，为用户提供真正的智能化服务。

按照我们的构想，未来岚图汽车产品将成为我们为用户提供服务的载体，为此必须在车端做一些硬件预留，例如芯片算力等。就像手机一样，要能满足未来软件升级的需求，我们准备至少按照三到五年，甚至更长的时间来预留后续的升级空间。此外，在我们的理解中，汽车应该是耐用性强电子产品，而不是消费类电子产品。因为消费类电子产品寿命比较短，而汽车并非如此，用户不可能像换手机那样频繁换车。因此，我们要把汽车打造成耐用的智能终端，使其真正成为会移动的智能机器人、面向未来的"新物种"。刚才说的软硬分离和软硬解耦，目的也正在于此。

未来汽车产品本身只是基础，或者说是企业为用户提供服务、与用户交流的工具和平台。在产品背后，企业还要通过对用户及其用车数据进行分析，为用户提供个性化的用车服务。而在服务背后，为提供有效支撑，企业还要对组织架构、运营体系和产品开发流程等进行相应变革。这其中，最重要的是企业要进行全面的数字化变革，未来要让整个企业都运行在数字化平台上，真正成为研发、生产、销售、服务、运营全数字化的企业。要达成这个目标非常困难，但我们觉得势在必行，因为如果不做，我们就无法为用户提供常态化的智能服务。

赵福全： 就是说，您认为企业要提供差异化的服务，就一定要实施数字化变革。这不是指简单的数字化营销，而是指在整个产业链条的各个环节上，实现企业内部和外部所有资源之间的数字化贯通，最终通过数据的快速采集和深度利用，识别并满足用户千差万别的需求，实现"千人千面"和"千车千面"。与此同时，您还提到产品硬件要做好预留，以适应未来软件服务不断升级的需要。目前，岚图正是基于这样的认识来开展工作的，包括组织架构和研发布局等，都在朝着这个目标努力，您认为这将是岚图未来区别于其他车企，真正实现差异化的关键所在。

在您看来，未来在这方面率先形成能力的企业，就能在日益激烈的市场竞争中占据优势。而岚图要做的是，把理念领先尽可能快地转变为能力领先。那么，您能否和大家分享一下，岚图目前做到了什么程度？您在传统车企干了二十年，对汽车产品有很深的理解。您觉得与传统汽车产品相比，明年岚图第一款产品上市时究竟能给消费者带来哪些不同的亮点？从而让消费者购而无悔呢？

卢　放：亮点会有很多，我们现在也在进行梳理。总体而言，正如我们一直在讲的，岚图要为用户提供零焦虑的产品和良好的用车体验。为了战胜竞争对手，未来用车服务一定是我们最应该倾注全力做好的。当然，我说的服务不是普通的服务，而是基于数据的服务。实际上，在未来"产品+服务"的新形态下，服务对企业来说可能是最重要的事情，我们一定要把用户充分服务好，让他们没有焦虑、非常舒心地用车。而通过产品和服务为用户提供最佳体验，就是岚图最大的亮点之一。同时，对于产品本身，我们也要做得过硬。因为汽车的本质仍然是满足出行需求的机械，这一点并未改变。

赵福全：未来汽车产品首先必须是一个合格的机器，然后才能成为智能的机器，最后才能进一步升华，成为通人性的智能机器人。实际上，岚图的竞争对手还不只是传统车企，像特斯拉、蔚来等也会与岚图竞争。那么，如果与市场上的其他电动汽车产品相比，您觉得岚图产品有哪些特有的属性？

卢　放：是的，岚图要与市场上所有的电动汽车产品竞争。为此，我们必须努力为岚图汽车打造一些其他汽车产品没有的特殊属性。例如我刚才提到的里程焦虑问题，尽管这是一个阶段性的问题，却是短期内消费者最为关注的问题，我们的产品和服务必须消除用户这方面的焦虑。

又如人车交互的体验也非常重要，包括在交互过程中可能产生的一些问题，我们都需要提前应对、有效解决。等大家看到我们的产品时，就会发现我们为用户提供了更多种交互选择，而不是仅限于单一方式。像用户在开车或不开车的时候，就应该有不同的交互方式，以确保人车交互能更便捷、也更安全。

赵福全：我知道产品的亮点有很多时候是不能用一个词或一项技术

来描述的，同时，在产品正式上市前，可能您现在也不便讲太多细节。不过我觉得，您已经把岚图产品的核心理念阐述得非常清楚了。我们原来讲的用户体验，主要是指加速性、NVH（噪声、振动及声振粗糙度）性能等"硬"属性，这些属性仍然非常重要，但只是必要条件了，今后"软"属性的服务将逐渐成为充分条件。未来，用户体验一定是"产品+服务"的综合值，而卢总认为，服务可能更是企业实现差异化竞争的核心，岚图就是要通过服务让用户都能无焦虑地使用自己的产品。在这个过程中，汽车要与用户进行有效互动，最终像朋友和伙伴一样读懂用户，从而真正成为智能的机器。为此，岚图在相关科技上进行了大量投入，特别是在大数据和人工智能等方面。因为你们认识到，只有对用户使用汽车的数据进行有效采集和分析，才能越来越了解用户的个性化需求，甚至像"老夫老妻"那样形成人车默契。

卢总还谈到，产品创新背后需要科技创新的支撑，而科技创新的背后又需要管理创新的支撑，包括企业的组织架构、运营体系，都要进行相应的调整。对此，我有一个判断，本轮产业变革是由科技革命，即新的生产力驱动的，而新的生产力一定需要新的生产关系与之匹配。不过这也引出了下一个问题，这种生产关系的变革在传统车企里面就不该做或做不了吗？为什么需要成立岚图这样的新公司来做呢？您刚刚谈到了组织架构调整，包括研产供销服各环节之间都要打通并优化。那么，岚图和您曾经服务多年的一汽以及现在服务的东风汽车相比，在这方面究竟有哪些不同？你们在新公司都做了什么创新尝试？为什么要这样做？我相信当前所有车企肯定都在探索拥抱产业变革的适宜路径，而目前并没有一条现成的路径可供参考。尤其对岚图来说，沿用东风、一汽等传统车企的打法肯定不合适，否则也就不必成立新品牌了，但借鉴特斯拉、蔚来等的打法也不一定就适合。必须既有所继承，又有所改变。请您谈谈，围绕支撑"产品+服务"创新的所谓生产关系，诸如思维方式、组织架构、流程标准等，岚图都做了哪些调整和改变？

卢　放：就岚图来说，自创立之初我们就是一家全价值链的汽车企业。全价值链是什么意思呢？就是研产供销服一条龙的全价值链，均由岚图自己负责。在企业管理中，最重要的一点就是明确责任。对于岚图这样源自传统大国企的新品牌，我们必须从一开始就划清责任，以免后续扯皮。因此岚图的定位很清晰，我们就是一家新创企业，要对自己的研产供销服全面负责。既然我们没有退路，就一定要自己掌控全价值链，这样才能按照自己的想法快速做出相关决策。实际上，不只是研产供销服等基本环节，也包括整个企业的组织架构和外部边界确定，我们都可以自己决定怎样去做，这是非常重要的。

我在传统车企干了很多年，也做了很多事，我觉得传统车企有一个很大的问题，就是金字塔结构的部门制。每个部门都有自己的KPI（关键绩效指标）考核，很容易形成彼此之间的壁垒，导致沟通效率和质量降低，甚至出现推诿、扯皮等问题。当然，企业可以采取各种手段来解决这些问题，但最好是没有沟通壁垒，否则即使以强有力的手段破除了壁垒，相关部门也不一定是在心甘情愿地合作。我们希望能在岚图建成无边界组织，因此成立之初，我们就提出了"跨部门"的理念。到目前为止，岚图内部还没有部门，我们鼓励员工进行跨领域合作，例如研发和工艺、研发和营销、研发和采购等。

同时，为了让跨领域和跨专业的团队快速形成合力，向着一个目标共同努力，也为了让团队自主决策、快速决策，我们采用了扁平化的组织结构。因为要提高决策效率和质量，最好是让最前线的人或者说最接近用户的人来做决定。应该说，我们在组织架构方面做了大量创新尝试，重点强调打破边界，强调组织扁平化。现在，岚图内部从员工到高管基本上最多就是两到三级，包括COO、CFO、CTO、CBO等都是如此。这样的组织才能支撑技术的快速迭代和产品的敏捷开发，这对我们来说是极为关键的。

赵福全：确实，扁平化的组织架构可以减少沟通成本，否则即使大家最终能达成共识，逐级汇报互动的过程本身也会浪费时间。组织层级越少，决策速度就越快。

卢　放：是的，从岚图创立之初，我们就在思考如何更快速地做出正确决策，如何打造更高效的企业运转流程，组织扁平化就是我们的策略之一。

此外，我们在内部还特别强调价值观，强调企业文化。虽然目前岚图的企业文化还处于塑造过程中，但有一点是明确的，就是我们一定要找志同道合的人来做这件事，因为我们相信只有这样才能把事情做成。为此，在企业的价值观和行为公约等方面，我们做了很多探索。在创建团队时，我们从五湖四海招纳了很多人，标准之一就是大家有共同的理想，有创新的渴望，都想参与创立一个新品牌、创造一套新模式的过程。有了一致的目标，我们就能快速形成有战斗力的团队和有共识的行为公约。大家认为什么事情是正确的，我们就一起努力尝试。大家认为什么事情是错误的，我们就一起努力规避，大家认为正确的事情，最终应该取得什么样的结果，我们也会先在内部达成基本共识。

赵福全：面对未来的严峻挑战，转变管理理念、创新管理方法应该是企业最根本的应对策略之一。汽车产业传统的金字塔式组织架构，层级和部门众多，专业分工高度细化，在一定程度上确实导致各业务部门之间容易相互割裂，降低了企业的运行效率。甚至有时为解决一个局部问题，牺牲了整体利益。结果是各个部门的KPI似乎都不差，但公司的总体目标却未达成。

不过，汽车产业采取金字塔式的组织架构也是有原因的，其中最主要的一点就是产业高度复杂，涉及很多不同的专业领域。从这个角度看，强调团队整体上的高效协同无疑是正确的，其实传统车企也在这样做，但在专业性极强的各个领域之间进行分工恐怕也是不可避免的。例如研发车身和底盘的员工，还是要有所分工的，不可能去做对方的工作。这样一来，岚图不明确划分出独立部门，就不会出现类似部门墙的沟通障碍吗？如果在一个部门里，一部分人做底盘，另一部分人做车身，各自专业不同、分工不同，到头来会不会又难以协调了呢？您是从传统汽车企业一路打拼过来的，对这个问题肯定有很深的理解，您觉得应该如何解决？

卢　放：这个问题确实是存在的。岚图为了实现快速迭代，只划分了研发、工艺等大领域，但在领域内部，还是要有分工的。为解决协作问题，我们在各个领域内部采用了 OKR（目标与关键成果）的管理模式。在这种模式下，大家都向着同一个目标努力，例如开发好一款产品，或开发好一个功能。为实现这个目标，大家对各自应该做什么、要取得什么关键成果一清二楚，之后在工作中就可以很容易地彼此沟通。而管理层只要确保各领域之间的 OKR 相互匹配、互不影响，就可以实现企业的整体目标。也就是说，通过 OKR 管理，即面向目标以及相应关键结果的管理模式，企业内部就能自然地形成健康的日常沟通机制，确保快速解决问题。当然，还是会有单一领域解决不了的问题，这些问题会很快提交到高管层做出决策，协调其他领域共同解决。面对大部分问题，大家都会按 OKR 自行协调解决，因为大家有共同的目标，并要一起努力实现这个目标。

赵福全：应该说，OKR 模式是岚图把互联网高科技公司的管理理念导入传统汽车企业的探索实践。虽然岚图自我定位为新创公司，但毕竟脱胎于传统大型国企东风，而你们能针对传统汽车产业的一些弊端，在公司整体管理理念和模式层面上坚决进行创新尝试，这是难能可贵的。您刚才谈到岚图的员工来自五湖四海，涵盖不同领域，不知道目前岚图的团队规模有多大，这其中来自传统汽车产业和来自相关跨界产业的人员比例是怎样的？

卢　放：我们现在有近 800 人。客观来讲，纯粹汽车产业之外的人员并不是太多，大约在 10% 左右，其余 90% 还是来自汽车产业。不过，有不少人是从新造车企业，包括国内头部的新造车企业过来的，这些人确实给我们带来了很多新观念，甚至是思想上的冲击。我觉得我们也需要这样的"洗脑"过程，这对岚图上上下下转变理念和思维方式是有利的。

赵福全：理念是我很想与您交流的一个话题。我们都知道"不换理念就换人"这句话，很多人没有把事情做成不是因为能力不足，而是因为理念落后，这样即使有能力也难以发挥。对企业来说同样如此，没有新理念就无法形成新能力。在"老路"上使用新方法毫无意义，只有在"新路"上使用新方法，才可能形成新能力，最终产生新结果。

卢总过去二十几年的职业生涯都是在传统车企，我想正是因为您此前做得很成功，所以东风集团才会赋予您做好岚图的重要使命。可是以前的成功只能说明您对如何做好传统车企很有体会，却不代表您对如何做好新创车企有正确的理念。在执掌岚图的过程中，您自己有过新旧理念的碰撞吗？同时，如何确保您自己的理念是先进的？是您个人来判断，还是由集团领导来判断？毕竟岚图的产品现在还没有落地，没有办法以成败论英雄。另外还有一个问题，在带领岚图发展的过程中，您与集团领导的理念一致吗？会不会出现错位？以至于您想超前做一些事情，却无法得到集团的持续支持？我觉得，这些问题可能正是传统车企变革艰难的原因所在。实际上，并不限于汽车产业，像柯达、诺基亚这样的行业巨头当年之所以失败，也不是输在能力上，而是输在了理念上。

当前，汽车产业正在经历全面重构，这也为后来者提供了进入汽车产业的良机。像特斯拉这样的企业就是抓住了这个机会，通过产品创新逐步证明了自身的竞争力。我想，这也是岚图得以诞生的根本原因。当然，如您所说，岚图不是一般意义上的造车新势力，而是造车"新实力"。这个实力既来自母公司的资本，也来自母公司多年积累形成的产业实力，包含研发能力与核心技术的积累，以及人才资源的积累，可以随时抽调像您这样懂车的人才来执掌岚图。不过，这种实力在一定程度上也是企业转型的沉没成本，或者改革创新的固有障碍。为此，您既需要克服自身思维的惯性，也需要有效确保您与上下级之间理念的协调，还需要与时俱进地判断当前的决策是否正确。在这方面，您是怎样做的呢？

卢　放：这个问题非常好，老实说也非常尖锐。我在汽车行业工作了二十多年，到现在承担全新的使命，我觉得并不是昔日的经验把我带到今天的位置上，而是因为我在过去二十几年中不断在做创新尝试，我想这才是集团真正看重的。反之，如果我还是沿袭传统的思维，采用传统的方法去做事，注定是不会成功的。

就像您刚才说的，"穿新鞋走老路"是没有用的。因此我们必须不断挑战自己，不断否定自己，要批判地借鉴以前的经验。我前两天在企业内部群中写道："自我否定是改变，被市场否定是被革命，如果我们不希望被革命，那就只能不断地改变。"当然，我说的"否定"并不是要抛弃过去的一切，而是强调要批判性地看待我们的经验，先想想是不是该尝试改变，再考虑能不能继续沿用。

我个人也在不断学习新思想、新知识，因为产业在变化、产品在变化、技术也在变化，容不得我有半点松懈。同时，我常在公司内部讲，汽车行业本身比较封闭，汽车人也容易把自己封闭在固定的标准、体系和圈子里，自己去看自己的产品，总觉得挺好，这其实无异于坐井观天。因此，我们一定要放眼去看外面的世界，随时关注汽车以及其他相关行业正在发生的巨大改变，例如互联网行业、消费电子行业以及快消行业等的发展变化，寻找它们的发展轨迹中可以为我们所借鉴的打法。想想看，中国在互联网、手机、家电等行业目前都有世界领先的产品，为什么汽车行业还没有呢？这是值得我们反思的。

赵福全：您回答了一个非常重要的问题：您不是因为曾经的成绩，而是由于不断学习和进步才一步步走到了今天这个岗位上，集团看重的是您与时俱进、持续学习和自我提升的能力。这就像智能汽车一样，业界对其定义一直存在争议，而我认为智能汽车的本质并不在于汽车产品本身有多聪明，而在于其是否具有自我学习和自我进化的能力，这样才能基于数据迭代越来越好地服务于人，真正成为用户的伙伴。听了卢总刚才的分享，我又有一点启发，就是未来打造智能汽车的人首先要具备智能汽车的基因，能不断学习、不断进步，这样才能打造出真正的智能汽车。

您刚才强调，传统汽车行业是一个巨大的产业，涉及领域众多。但站在产业外看，就会发现传统汽车产业其实是非常封闭的。而本轮产业重构要求我们必须打破这种封闭，因为很多问题只靠汽车行业自身力量是无法解决的，例如新能源汽车需要充电、加氢，还需要不断优化能源结构与之匹配。又如智能汽车必须跑在智能的道路上，未来需要与智能交通、智慧城市以及智慧能源网协同发展。显然，这些元素都将成为未来汽车产业生态的重要组成部分，因此我们必须在更大范围内充分开放、融合创新。正如前面提到的，新的生产力必然要求有新的生产关系与之匹配，如果汽车企业还沿用原有的打法，即使能把每一个零部件都打造得很精良，也不足以赢得未来的竞争。

听了卢总的回答，我感觉您对未来产业发展的理解是到位的，或者说您是一位能自我学习、不断进步的领军人。不过，您的上级和下属也都具备这样的能力吗？如果上级领导理念落后没有给予足够支持，又或者下属理解不深未能进行有效执行，那又该怎么办呢？

卢　放：对于岚图内部员工，可以通过刚才所讲的新型管理模式来进行有效引领，还可以通过企业文化和价值观来培育创新思维。实际上，在招聘过程中，管理者就要考查应聘者的价值观、思维方式和行为习惯等是否与公司的需求匹配。更重要的是，我们会有意识地引入一批互联网、快消品、家电等跨界行业的新员工，以他们的思想冲击传统汽车产业的固有理念。为此，公司还会专门组织复盘研讨等活动，从各个层面鼓励进行思想交流与碰撞。

目前，岚图内部已经形成了这种交流沟通的习惯，并且正是基于这些交流和沟通，公司内部才不断产生着打破边界的创新想法。前段时间，我偶然听到一首歌叫《No Limit》，我觉得其意境与岚图目前的状态很相似。今后，我们会不断提醒自己：要敢于否定传统，敢于打破边界，不断开拓创新，不断挑战极限。

就上级而言，我感觉东风高层领导团队的理念是非常前瞻的，也希望赵教授有机会与我们集团高层进行深入交流。我想您肯定会发现，他们的眼光很远大，心态也很开放。实际上，现在很多时候，集团领导所提出的要求更高，因为他们对产业重构的理解更深刻，对企业发展的目标更明确，也对传统车企需要适应时代做出的改变更坚定。岚图的诞生本身就代表着集团领导对东风未来前进方向的判断和决策，而我和团队必须加倍努力，尽可能快速、优质地达成集团赋予我们的重要使命。

赵福全：您认为员工的开放思维和创新精神是可以培养和引导的，包括从不同行业、领域引入新员工，有意识地强化思想交流和理念改变，并使之成为企业的文化和价值观，就是可行的手段之一。同时，您认为东风高层领导，像竺总、李总、尤总等的思想都是很超前的，他们不仅不会影响岚图的创新发展，还高瞻远瞩地推进着岚图品牌的成长，以至于你们需要加紧努力才能满足集团的要求。

不过，在具体操盘过程中，您如何判断岚图目前的开放度是否足以保证产品具有竞争力呢？另一方面，汽车企业真的需要那么开放吗？事实上，产业重构和产品进化都不可能一蹴而就，路还是要一步一步地走。现在，我们总是说汽车产业太封闭、太保守，一定要加紧转型、加快创新，这在大方向上无疑是正确的，但传统汽车产业就如此落后，以至于所有环节和领域都要彻底变革吗？

同时，是不是跨界行业的从业者就一定比传统汽车行业的从业者理念更先进、更开放？例如创新思维，是不是在互联网产业的人就一定优于汽车产业的人呢？又如服务意识，是不是家电行业的人就一定强过汽车行业的人呢？我觉得也未必，可能劳斯莱斯公司的员工服务意识是最强的。对此，您怎么看呢？

卢　放： 您说得很对，并不是说互联网或家电行业的从业者来到岚图，我们就完全按照他们的想法去造车了，而是说他们会给我们提供不同的视角重新审视汽车产业。我们一直都认为，汽车产业有自身的规律，即使未来汽车成为更加智能的产品，并且包含了更多服务内涵，其本质还是汽车，还是要实现安全运载的基本功能。也就是说，人们对汽车的基本诉求并不会发生变化。

但与此同时，我们必须以更开放的视角来看待汽车产业，所谓兼听则明，我们需要从外部的视角来反思我们到底有哪些事情做得对，又有哪些事情做得不对。"不识庐山真面目，只缘身在此山中"，很多时候只是自己进行思考和判断是不够的，借鉴外部的理念和思维方式才能让我们更容易发现问题。因此，岚图希望能吸纳更多领域的不同思想，以帮助自己更好发展，包括内部引进跨界员工，也包括外部加强深度交流，都是我们采取的举措。

实际上，这还不仅仅是以外部视角审视传统汽车产业的问题，而是未来汽车产业作为一个更加开放的平台，必须引入外部力量来共同发展。例如汽车产品与服务的结合，需要实现自动驾驶、V2X、智能座舱等功能，这样才能提供相应的服务。这显然不是只靠汽车产品创新就能实现的，还需要与道路、其他车辆、外部环境等互相关联、融合发展。因此，我们要努力把岚图打造成一个更大的平台，让各方参与者都愿意汇聚到这里来，获得为用户服务的机会和收益。

在我的设想中，未来岚图将成为一家开放的平台型公司：我们的用户能在岚图的平台上得到想要的服务；我们的员工能在岚图的平台上创造价值；我们的合作伙伴，包括供应商、经销商等，都能在岚图的平台上合作共赢，大家一起为用户提供更多、更好的服务。为此，未来岚图公司的具体形态不会是一成不变的，我们将继续探索、不断迭代。总体而言，我认为岚图不应该成为封闭的组织，也不应该成为有边界的组织，而应该成为一个能汇聚越来越多力量为用户服务的开放平台。虽然做起来会很困难，但我们一定要朝着这个方向去思考、努力和实践。

赵福全： 卢总说到了非常重要的一点，岚图在产业全面重构的关键时期诞生，不是为了延续历史，而是为了拥抱未来。因此必须摒弃历史沉淀的包袱，以创新者的姿态不断前进。尽管未来存在很大不确定性，很多新事物的发展路径和节奏都难以准确预判，但有一点毋庸置疑，就是企业一定要充分开放、海纳百川、求新求变。

因此，企业必须不断了解和借鉴外部的新思想、新观念和新举措。一方面，这需要企业建立积极倾听、认真思考、鼓励尝试的价值观；另一方面，也需要企业把创新探索与现实基础有效结合起来，确保所做的事情既能落地，又能与未来打通。如果做不到这一点，企业要么会与传统车企没有什么区别，要么会在创新中迷失方向，以致于更快地走向失败。

我很认同您刚刚讲到的一个观点。不同领域、不同经历的人会带来不同的思考，这将为我们开拓思路并提供宝贵的镜子，使我们能更好地反思自己选择的道路和走法是对是错。我们都知道"做正确的事"比"正确地做事"更重要，因为如果是在正确地做错误的事，只会错得更多。

而判断正确与否无疑是企业领军人的职责，从这个意义上讲，判断力是领导力中最重要的一部分。不过判断力不会从天而降，领军人如果对不同的声音没有倾听、没有思考、没有借鉴，总是在封闭状态下自以为是地进行判断，是不可能做出正确决策的。因此，卢总特别提到自己一定要与时俱进，不断碰撞思想，不断挑战自我，不断提升自我。我觉得这也正是我们这个栏目的价值所在，即通过我们的交流向广大网友传递思想，让大家都可以从各自的角度来思考和借鉴。

下面我们再回到产品创新的话题上来，岚图致力于打造基于电动化的智能汽车，而这个智能是通过满足用户个性化需求的服务来体现的。就像您刚刚谈到的，岚图要将"软"的方面做到极致。那么具体而言，"软"的方面都体现在哪里呢？是数据，还是软件，抑或是企业软实力？有一点可以肯定，在"软件定义汽车"的前景下，数据的产生、搜集、整理和利用，是汽车不断更新进化的基础，而这一系列过程都离不开软件的支撑。

但这是否意味着汽车企业都应该自己去做软件？如果车企也做软件，那又与IT公司有什么区别？一直以来，整车企业掌握着汽车品牌和产品的定义权，如果未来车企需要专注于做软件，那是不是IT公司会更有优势，以致逐步掌握汽车产业的主导权呢？但如果车企不做软件，又如何掌控未来提供智能产品和服务的核心能力呢？

您认为，在基于软件和数据构建企业核心竞争力的新时代，整车企业究竟需要掌握哪些软件？是系统级软件，是部件级软件，还是算法软件？或者说，对未来希望继续拥有品牌和产品定义权的整车企业来说，哪些软件必须自己掌握？哪些软件需要通过与别人合作来掌握？又有哪些软件可以完全交给合作方负责？在此过程中，具体的合作模式又该是怎样的？岚图在这方面有哪些思考和行动？

卢　放：在讲软件之前，我想强调一点，岚图汽车在硬件方面也一定会为用户交上一份满意的答卷。因为用户体验首先还是体现在汽车产品的基本性能上，例如加速性、操纵稳定性等。在这方面，我们有东风技术积累的支撑。此外，作为全新的高端品牌，岚图的目标是要挑战同级别的豪华品牌，因此我们必须把产品硬件做得非常好。从目前的测试结果看，产品性能还是很不错的，这也是做好产品软件的基础。

软件是岚图汽车能为用户提供更好体验的关键所在，正如赵教授所说，未来汽车一定要基于数据为用户提供"千人千面"和"千车千面"的个性化服务。在这个过程中，软件将与相关服务直接对应，从而发挥极其重要的作用。以岚图首款产品为例，软件架构究竟应该怎样设计，哪些方面的软件及服务必须掌握在企业自己手中，又有哪些方面的软件及服务不需要自己掌控，这是近期我们内部正在集中思考、研讨和分析的重点议题之一。

按照我们的理解，未来整车企业首先必须掌控的是自动驾驶相关服务。我认为，至少未来几年内，用户在用车过程中最关注的体验仍然是驾驶体验。而且从自动驾驶出发，车企可以在很多方面为用户提供更好的服务，包括帮助用户更加安全地驾车，减少事故风险；帮助用户更加智能地驾车，例如规避拥堵等；帮助用户更方便地驾车，例如自动泊车等。实际上，围绕着自动驾驶不断进步的技术水平，以及与技术水平相匹配的不同应用场景，如何让用户感受到最佳体验有太多的工作可以做，也应该做。这些都是岚图正在努力探索和尝试的。同时，我们也在与集团内部及外部伙伴的资源进行协同对接，以支撑我们顺利达成目标。作为新创企业，目前我们主要是以技术合作的形式实现技术层面的自主掌控能力。

赵福全：最近我提出，与汽车硬件的原有概念类似，汽车软件也可以划分为黑匣子、灰匣子和白匣子，分别对应不同的掌控程度与合作方式。对于黑匣子软件，车企给出性能需求后应完全交给合作伙伴打造，之后拿来直接使用即可；对于灰匣子软件，车企应有能力进行定义，并与合作伙伴共同打造；对于白匣子软件，车企应完全自行打造。不知道岚图的软件策略是怎样的？我们知道，去年是东风成立五十周年，而岚图承载着东风汽车今后五十年的发展大计。展望未来，您认为岚图应该如何打造核心竞争力？特别是在软件和数据方面，有哪些能力是岚图必须掌握的？是操作系统，是人工智能算法，还是车载芯片？

卢　放：我们欣赏像特斯拉那种把上下游产业链打通，自主研发及生产核心零部件，包括自行开发芯片的企业精神。不过，芯片的开发难度很大，也不是汽车企业的强项，充分的分工才能带来效率的提升。未来，国内肯定也会出现优秀的芯片企业，从效率角度讲，我们认为从外部采购芯片也是一个不错的选择。虽然大家一直在讲自主掌控，但我觉得开放合作可能才是未来汽车产业的主旋律。或者说，企业应该在慎重考虑后确定需要自主掌控的核心领域，并为此倾注全力，而在其他方面，则应通过开放合作来实现为我所用，否则就会陷入资源分散、无法聚焦的困境。

在真正需要自主掌控的核心领域，即使企业暂时还不具备能力，也要先通过合作进行参与，同时不断努力，逐步扩大自主掌控的范围和程度。以自动驾驶为例，包括高级驾驶辅助技术到L3级、L4级的自动驾驶，都是车企应该自主掌控的。我认为，未来整车企业需要自主掌控的不仅有域控制器，也包括核心算法，还有更为重要的应用场景。企业需要通过数据识别用户用车的不同场景，再根据场景的不同情况设计车辆所需的逻辑和功能，并开发相应的关键系统及部件等，以满足用户的不同需求。更进一步，车企还需要把车辆的逻辑和功能转换成应用层软件，并逐步实现自主掌控。因为车企只有掌控了应用层软件，才能为用户提供"千人千面"和"千车千面"的服务。因此在我看来，整车企业最终需要打通从控制系统到核心算法，再到应用层软件的完整链条，这样才能形成自己掌控的核心闭环。

当然这是一个终极目标，需要不断摸索、逐步实现。在这个过程中，我们要与各方伙伴一起探讨、共同合作，这些伙伴既包括集团内部的，也包括集团外部的。同时，我们现在正在思考和尝试，岚图究竟应该基于什么样的合作模式，逐步把更多的软件从黑匣子变成灰匣子，再变成白匣子。我相信，这也是车企未来都必须要走的一条路。如前所述，对整车企业来说，最理想的情况是把事关个性化服务的环节全部打通，并实现自主掌控。例如，我们希望将来可以有自己的操作系统。操作系统是非常复杂的，目前我们还在思考具体的实现方式：是自建、还是与合作伙伴共建？又或者直接采用现成的系统，但要进行定制化的改造。

赵福全：卢总认为企业首先应该从用户体验着眼，从应用层软件开始，像剥洋葱一样逐层向下分解，渐近掌控越来越多的核心能力。在这个过程中，至少您现在的基本判断是，芯片应该不需要整车企业掌控，虽然特斯拉正在尝试，而操作系统是应该设法掌控的。

当前，"软件定义汽车"正逐渐成为行业共识，因此无论是像岚图这样的新创公司，还是传统汽车巨头们，都希望在软件方面尽可能多地掌控，因为这是未来汽车基于数据满足用户个性化需求的关键。核心问题在于企业应该从哪儿起步？投入多少？在什么时间掌控到什么程度？这听起来好像是战略，但到现在这个阶段其实已经变成战术了，这将决定各家企业最终的竞争力。那么在您看来，将来汽车操作系统会是诸侯割据的局面？还是会形成类似安卓那样大家共用的开放系统？

卢　放：这个问题现在还很难回答，其实对车企来说也比较矛盾。我们一直在思考，如果最后整个汽车行业形成一个共同的操作系统，类似于手机的安卓平台，这对车企来说到底是好事还是坏事。从目前产业发展现状出发，我觉得应该有一套共用的操作系统，这将帮助汽车产品更快地实现软硬分离，更好地提供各种服务。但同时我也有所担忧，一旦汽车产品都被限定在一个统一的操作系统内，虽然也能在其中开发一些功能，但再往上做，各家车企会不会逐渐趋同而失去自我？在这种情况下，整车企业将难以赢得市场竞争，因为用户需要的是差异化。

赵福全：这已经不是在讨论岚图的问题了，而是在回应整个产业的关切。卢总从整车企业的角度出发进行了思考：为了形成竞争力，车企需要适当的封闭，产品需要差异化，技术需要有一定的门槛，这样才能给品牌提供有特色的支撑。所有车企都会担心，如果未来汽车的硬件和基础软件都充分标准化了，以至于IT公司通过软件下达一个指令，任何汽车都能按照要求行驶起来，那么车企恐怕就会失去产业的主导权。不过，从整个产业发展的角度看，这样的前景会不会更有利于实现安全、高效、便捷和低成本的汽车出行解决方案呢？

卢　放：确实如此，因此我刚才讲车企对此的想法是矛盾的。现在我们也在思考，岚图是应该把外部生态加入到自己的产品上，还是应该建设一个生态把自己的产品接入其中，这是有本质区别的。如果按照车企的思维，我们肯定应该选择前者。但这样一来加入的软件及服务商是不受我们控制的，而且会向我们收费。如果按照互联网公司的思维，我们似乎应选择后者，自己搭建一个平台，让软件和服务商通过我们的平台来触及用户，这样或许我们还可以收费。当前，岚图无疑是一家汽车公司，而未来我们希望成为一家平台公司，因此这个问题现在还没有定论，我们还需要继续探索答案。

赵福全：应该说，经历了五十年风雨历程的东风汽车，在产业变革之际下定决心，投入巨大的人力、物力、财力，另起炉灶、从头打造一个全新品牌，无疑是为了引领企业未来五十年的转型发展。再过五十年，东风汽车将成为一家百年老店。从这个意义上讲，作为在传统车企征战多年的老兵，您今天接受领导岚图品牌前进的重担，可谓使命伟大、任务艰巨。

为此，您既要继承原来的经验，又要挑战既有的路径，在各个领域思考如何创新。因为如果没有创新，岚图就不可能成为一个具有全新内涵的品牌。在这个过程中，很多现实的困惑都成了您必须不断思考、探索和解决的问题。而您提出，未来要把岚图打造成一个没有边界的开放平台，我相信这是经过深思熟虑的。

下面一个问题，汽车产业发展到今天已经有一百多年，确实到了彻底改变的时候。我把这种改变归结为三个本质变化：一是车辆所有权不再是必需。应该说今天汽车产业的一切模式都是基于所有权交易形成的，例如汽车品牌有豪华、尊贵或青春、动感的区别，可如果大家不是买车而只是用车，谁还会在意这些？我记得第一次到德国时，发现很多出租车是奔驰或宝马，当时我就想能不能找辆其他品牌的出租车，以免车费太贵。因此，当人们不追求汽车所有权时，对汽车产品的需求将完全不同。二是车辆使用权逐渐成为核心。未来汽车所有权和使用权将发生分离，汽车共享会变得越来越普遍，这样人就从购车的客户变成了用车的用户，使用的不再是自己拥有的汽车。三是车辆驾驶权不再由人掌控。自动驾驶将使汽车的使用和驾驶分离，人不再开车，而只是坐车。这同样将引发产业格局的重大变化。

在这样的前景下，您觉得岚图未来发展的方向是什么？岚图应该打造成汽车产品品牌，还是出行服务品牌？如果最终要成为一家平台服务公司，那岚图现在应该做什么准备呢？

卢　放：这个问题比较长远。就当前来说，岚图还是立足于打造产品品牌，也就是零焦虑的高端智能电动汽车品牌。岚图汽车要先打造出优质的机械电子产品，同时再加入优质的使用服务。虽然我们也关注汽车的共享化，但目前我们主要还是面向购车群体，致力于真正满足这个群体在物理和心理上的需求。

未来，岚图希望成为一家平台公司，也仍然要通过汽车产品为用户提供服务来实现。因此我们要做的一定是2C的产品，即面向C端的用户，为那些拥有岚图汽车的用户提供最好的产品和服务。如果看得更远一点，我们希望能把自己的服务与相应的场景结合起来，以便让C端用户享受到更好的出行体验。这就是岚图的初衷。

实际上，我认为拥车群体及其需求在一段时间内并不会减少。因为每个人都会期望拥有自己的汽车，就像房子一样，其实单从使用的角度讲，租房是很划算的，但人们还是希望能拥有自己的房子。因此，我并不担心岚图未来的发展空间。

赵福全：最后一个问题，请您展望一下未来。所谓十年育树、百年育人，我一直觉得培育品牌如同育人，绝不是一朝一夕的事，而是必须持续努力，一点一滴地做对每一件事，这样才能逐渐赢得消费者的关注、青睐和信任。就像人们一提到奔驰、宝马就会产生一种情感上的共鸣，觉得它们是豪华车，多花点钱是应该的，这就是品牌的价值。很多人觉得做品牌太虚，其实不然。看似"虚"的品牌还是要靠"实"的产品和技术来支撑，从这个角度看，每个员工做的每件事，都可能会为品牌添砖加瓦，也可能会让品牌受伤，而最终品牌的培育结果还是要靠产品的市场表现来证明。

明年岚图的第一款产品就将投放市场了，请问卢总，五年之后岚图产品计划达到怎样的销量规模？您方便透露岚图到2025年的销量目标吗？同时，岚图品牌又将在消费者心中形成怎样的形象？展望未来五到十年，请您为岚图描绘一下发展蓝图。

卢　放：未来五到十年内，岚图希望成为中国的高端新能源汽车领导者，而不是一个普通的品牌，这就是我们对自己的要求和定位，也是我们不变的目标和愿景。为此，我们制订了清晰的发展路线图，包括技术上怎么做，管理上怎么做，营销服务上怎么做，现在我们正按照既定规划有序推进。

首先，岚图的产品一定要实现领先。未来几年，岚图汽车上将搭载超越同级的技术，在产品品质上也要超越同类产品。其次，岚图的服务一定要实现领先。相对来说，服务是我们更加关注的，实际上，现在公司的一切经营活动都是围绕为用户持续提供更多、更好的服务展开的，因为我们认为达成了这个目标，公司的经营就一定是健康的。面向服务，我们在经营指标上设定了很高的目标，并将其细化分解成可落地执行的具体任务，就是要确保服务好我们的用户。在此基础上，我们希望未来能为全世界的用户提供服务。最后，我坚信有了产品和服务的支撑，岚图品牌就一定会蒸蒸日上。作为东风汽车乃至全体中国自主品牌的一员，岚图希望通过自身努力，为世界贡献一个优质的中国汽车品牌，我们将为此加倍努力。

至于说具体的销量目标，岚图虽然只是新创企业，但我们希望通过未来几年的努力，能在中国市场做到销量前三。

赵福全：谢谢卢总。我们处在一个大变革的时代，汽车产业未来究竟应该如何前进，目前还没有一个成熟的模式可以参照。应该说，新一轮科技革命带来的诸多变革几乎都与汽车产业息息相关。受此影响，未来汽车将不是一个简单的产品，也不是一个单一的产业，而是多个产业融合创新、协同发展的大载体，其影响最终将波及整个交通、城市和能源系统。在此过程中，汽车产品作为可以自由移动的智能终端，将给人类社会带来巨大变化。这种变化是科技发展的必然结果，不会因汽车产业从业者的意愿而改变或停止。为此，整个汽车产业都必须积极拥抱本轮变革，让汽车更好地服务于人类。实际上，在汽车产业一百多年发展历程中形成的核心技术、产品特点、品牌内涵、组织架构、商业模式与合作伙伴关系等，都将因本轮产业重构而受到挑战，从而为后来者提供千载难逢的历史机遇。如果把新一轮科技革命视为新的生产力，现在汽车产业就必须建立新的生产关系，才能适应生产力的发展需要。

岚图正是在这一大背景下应运而生的，东风集团基于五十年的发展积累和对产业未来的战略判断，下决心打造一个全新品牌，利用"一张白纸好作画"的优势，在汽车变革的方向上实现转型突破。毫无疑问，卢总肩负重任，我相信这其中既有使命感，也有巨大的压力，同时还寄托着很多人的期待。

今天，我们讨论了很多比较尖锐的问题，例如您不是跨界而来，如何确保能带领岚图实现创新发展。因为大家总担心传统汽车人思想不够开放，担心原来的经验反而会成为未来转型的障碍。而在交流过程中，我能感受到卢总已经进行了很多深度思考，包括岚图今后的发展方向，也包括对自己的新要求，还包括对未来挑战的深刻认识。

就岚图而言，你们的目标很清晰，就是要做高端的智能电动产品，不是在大众品牌基础上的向上拓展，而是直接定位于高端用户群体，根据他们的需要提供相应的产品和服务，并布局研产供销服全链条的各个环节。在这个过程中，你们对各个领域、各个要素、各个团队，都要求既要借鉴以往经验，更要创新挑战，必须自我审视该不该变革，有没有做到。而卢总自己也以非常积极的态度来面对思想碰撞，认真倾听、不断思考，然后做出自己的决策，并领导团队努力探索和大胆实践。例如您认为，未来岚图要打造的是产品品牌，定位于满足 C 端用户群体的需求，为他们提供没有焦虑的服务。又如您谈到，岚图在组织架构、管理模式、软硬件重点布局等方面都做了很多创新尝试。再如对于车企必须掌控的核心竞争力，您也有自己的判断，而且特别强调要"有所为有所不为"，包括不会涉足芯片制造。我觉得每家企业的情况都有一定差异，面向未来的打法本来就没有绝对的对错之分，关键在于，企业的决策一定要是结合自身情况、基于深思熟虑的结果。传统车企有不同的打法，造车新势力也有不同的打法，而岚图作为造车"新实力"，当然也要有自己的打法。"新实力"意味着岚图既可以在东风集团多年积累的基础上继往开来，又可以像其他新创企业一样重新启航。

应该说，站在产业重构的风口上，岚图迎来了发展良机，你们既可以像其他新创企业那样重新设计公司的一切，又可以依托东风这个大平台，不必过分担心生存问题。当然，岚图的任务仍然非常艰巨。从企业经营的角度讲，岚图最终一定要产生价值，让消费者愿意购买你们的产品、享受你们的服务，直至实现盈利，可以独立发展，才能不负集团的期望，向着未来的目标大步前进。祝愿岚图能越走越好。谢谢！

05 对话张晓亮
——不能用旧路书跑新赛道

赵福全：凤凰网的各位网友，大家好！欢迎来到凤凰汽车"赵福全研究院"高端对话栏目，我是本栏目主持人、清华大学汽车产业与技术战略研究院的赵福全。今天非常高兴请到 So. Car 产品战略咨询公司创始人兼 CEO 张晓亮，参加本栏目的第 61 场对话，欢迎张总！

张晓亮：大家好！我是 So. Car 产品战略咨询的张晓亮。我们公司一直致力于帮助车企制订产品开发目标。最初，我们主要研究单款车型的开发目标，后来随着车企的产品组合越来越庞大且复杂，我们也开始思考企业整体的产品战略，包括产品组合、不同车型之间的关系等。

赵福全：张总创办了产品战略咨询公司，最近还出版了一本书，专门谈到了本轮产业变革将给汽车产品带来哪些革命性的改变，读后令人颇受启发。今年我们栏目的主题是"汽车产品创新"，这是广大行业同仁特别关注的话题，可以说也正是张总的专业领域。我的第一个问题是，最近五年业界都在讲"汽车新四化"，都在围绕着电动化、智能化和网联化来进行产品创新，那么，当前的产品创新与之前的产品创新相比，究竟有什么区别？您认为今后汽车产品创新将有哪些本质上的变化？

张晓亮：我想首先谈谈汽车创新的发展历程。汽车产业发展至今已经有 130 多年了，在汽车发明的早期，大约用了五六十年的时间完成了基础技术和基本模式的探索，其中包括 1908 年福特发明的流水线生产方式等。这一阶段充满创新精神，奠定了今天汽车产业的格局。

此后，汽车产业进入了进一步提升规模和效率的创新阶段。其实，流水线生产方式也是为了提升规模和效率，而在新的发展阶段里，不只是生产环节，研发等环节也建立了类似流水线的组织，各个部门在统一的目标下明确分工、各司其职，努力完成并提高各自负责的指标。也就是说，汽车产业逐步形成了一种泾渭分明、高度集中的分工协作模式。例如汽车座椅，全世界的主要供应商就只有那几家企业，汽车其他主要总成的情况也与此类似。

在这种情况下，车企的每个部门以及每家供应商都是沿着各自特定的赛道在进行创新，无论速度快慢。这样的好处是容易在单个领域里实现更大的规模和更高的效率，或者说容易把产品的某个部分做得更好，而坏处则是高度去中心化，组织之间缺乏协同，导致大家很少会做全局性思考，例如汽车是否需要被重新发明？产品整体上还需要哪些创新？我认为，这已经成为汽车产业的一种惯性思维，在一款车型不断推出下一代新产品的过程中，虽然每一代产品都比上一代有指标上的提升，但这些创新都是改良性的，或者说是沿着既有的指标体系在向前推进，没有根本性的改变。

而今天的产品创新正在发生巨变。因为"新四化"给汽车产业开辟了新赛道，创造了新的价值空间。这样一来，此前描述汽车产品的指标就不够了，或者说很难用原有的指标体系来描述现在的汽车产品。例如，十几年前汽车有一项指标叫作信息与通信，当时只是汽车仪表板上的一类简单功能；后来这个功能越来越重要，就开始出现"信息和移动互联性"的概念；而到了三四年前，我发现有些车企把这项指标改成了"AI和数字化体验"。这个新指标就体现出了汽车产品创新的新内涵。而"新四化"在很多维度上都给汽车产品带来了类似的变化。此时，我们迫切需要适合新赛道的创新理念、模式和组织，这就与此前旧赛道的改良式创新产生了冲突。我认为，这是产品创新层面上的第一个重要不同。

第二个不同在于，汽车已经不再是单纯的交通工具，其内涵远比之前丰富。汽车不仅是把人从 A 点运送到 B 点的载体，更是住所和办公室之外的第三空间，人们今后在车上停留的时间可能会更长。把汽车当作第三空间来打造，就会创造出一种全新的发展可能性，或者说就会使汽车产品的本质发生变化，从而激发出更大的创新价值。现在，一些车企在这方面已经做了不少探索，但总体来看还远远不够，这将是今后汽车产品创新非常重要的赛道。

赵福全：对于汽车产业的发展历程，我也做过系统思考。我将其概括为三个阶段：在汽车诞生之初的1.0时代，是一个企业或者说工厂在独自打造汽车；在福特流水线生产方式出现之后的2.0时代，是一个产业在打造汽车，这个阶段出现了产业分工，形成了包括整车企业、配套供应商以及汽车销售服务商在内的完整产业链，并一直延续至今；而在即将到来的3.0时代，线型垂直的汽车产业链将演进为交叉网状的出行生态系统，从而催生出多个产业融合创新、共同打造汽车出行生态的新局面。

应该说，由流水线生产引发的产业高度分工的创新模式是成功的，不仅显著提高了效率，而且大幅降低了成本，也让汽车真正走进了千家万户。不过这个模式已经持续了很多年，为什么在这个过程中一直没有出现革命性的改变呢？您觉得是汽车行业不愿意进行改变，还是因为不具备改变的条件？例如没有互联网，就没有数据，没有数据，也就谈不上智能，因此以前不追求智能化似乎不应归咎于汽车人保守。我认为有必要先把这个问题讲清楚，以免误导大家。

张晓亮：坦率地说，我认为两个层面的原因应该都有。一方面，汽车行业实在太大了，只有在产业分工高度细化的状态下才能良好运作。另一方面，汽车行业虽然不是垄断行业，但毕竟已经有一百多年的沉淀，无论整车还是零部件都形成了不少强势企业，其中一些甚至是"百年老店"式的超大企业。这种格局导致汽车行业在此前很长时间里一直缺乏创业者，行业缺乏创业者，重新发明汽车的思想和勇气就很难被挖掘出来。同时，这种格局也导致企业高层不敢也不愿意轻易改变现状。实际上，对职业经理人来说，他们往往更关注如何做好眼前既定的工作，不愿去冒创新的风险。

赵福全：其实像李书福、王传福、魏建军这样的企业家，他们就是创业者，而非职业经理人。我觉得传统车企没有更早启动"汽车新四化"的创新，主要还是因为当时的条件不够成熟。只有当新一轮科技革命发展到一定程度时，汽车产业全面变革才真正成为可能。例如埃隆·马斯克现在之所以能参与汽车产业竞争，是因为电动化使汽车动力的门槛相对降低了，而此前发动机和变速器的技术门槛太高，业外力量是很难进入的。当然，变革机会来临时也不是谁都能把握得住的，关键还要看企业家的战略眼光和胆识。

同时，您刚才讲到的一点也非常关键。汽车产业的分工高度细化，几乎每个领域都形成了相应的巨头企业，要想打破原有格局、实现重大变革确实太难了。实际上，如果不是外部力量推动，汽车产业自身是很难形成变革动力的。例如能源消耗和环境污染问题日趋严重，导致电动化成为大势所趋。又如信息通信和人工智能技术不断发展，导致消费者对汽车产品的智能化、网联化产生了强烈需求。在这一前景下，发动机和变速器不再是传统车企的"护城河"，智能网联技术也并不是传统车企的强项，如果在理念上依然按部就班、因循守旧，恐怕传统车企就很容易陷入创新滞后的困境。

张晓亮： 我觉得可以把传统汽车企业分为两类：一类是欧美日等发达国家或地区的车企，它们大多是跨国巨头，历史悠久，实力雄厚；另一类是中国等新兴国家的车企。正如赵老师所说，中国车企的领军人中不乏年富力强的创业者，如李书福、王传福、魏建军等。不过一方面这些企业创业之初所处的环境尚不足以支撑变革性创新，因为移动互联网、信息化等技术都还不够成熟。另一方面，这些企业的起点相对较低，当时中国汽车产业还处于不太会造车的阶段，只能逐步积累、慢慢提升。实际上，这一阶段的积淀对中国汽车产业来说是非常重要的，否则也就不会有今天蔚来、理想和小鹏汽车等新造车企业发展的土壤。

赵福全： 今天确实和过去大不一样，汽车行业的外部环境、技术支撑能力和消费者需求都完全不同了。而消费者需求的变化，是驱动汽车产品创新的决定性因素。张总可以说是行业中的少壮派，对汽车产业之前的情况非常熟悉，现在又投身于"汽车新四化"的创新实践，时刻关注产品和市场的相关问题，并从中寻觅商机经营自己的企业。那么，您觉得与十年前相比，当前消费者对产品的理解和诉求到底有什么不同？

张晓亮： 这是一个非常核心的问题。我认为最根本的区别在于，汽车企业面对的消费者已经不同了。过去20年，中国汽车产业始终是以一代人为目标客户群的,那就是 1970 年到 1990 年出生的这代人。自 2001 年中国加入世界贸易组织(WTO)后,汽车开始进入普通家庭,汽车市场也从一二线城市逐渐向五六线城市下沉。一二线城市在 2008 年左右第一次出现换车潮,五六线城市现在也开始进入换车期,虽然有时间差,但消费者还是同一代人。

从消费者认知的角度分析,这一代消费者经历了从无车到有车、从不了解车到了解车、从模糊认知品牌到具象认知品牌的过程。他们在第一次购车的时候,因为预算不足而做了很多妥协,所以在第二次购车时就往往会出现报复性消费。之前我们做过调研,在一二三线城市,消费者第二次购车的预算大约会比第一次增加 6 万元左右,这是一个很大的数字。同时,消费者对汽车尺寸、配置和性能等的选择也不是完全理性的,往往超出实际需要。事实上,他们在第一次购车时也是非理性的,但那时是对汽车了解太少造成的。而到第三次乃至第四次购车时,相信消费者对汽车品牌、功能和性能的要求会变得越来越理性,由此,中国市场就将进入理性购车的新阶段。也就是说,之前一代消费者正变得越来越成熟。

与此同时,1990 年后出生、被称为 Z 世代的年轻一代,正逐渐成为汽车消费的主力。他们不少人出生、成长在有车家庭,从小到大过的都是汽车生活,因此天然与之前一代消费者存在差异,变得越来越与欧美消费者接近。当然,欧美市场还是要比中国市场成熟得多,毕竟欧美消费者已经经历了几轮甚至十几轮换购,这与中国消费者是不一样的。双方的市场就像是时空错位,虽然消费者都是同一个年代的人群,但对汽车的认知和要求,包括整个消费行为都是完全不同的。

赵福全: 我想未来中国还是会有很大数量的第一次购车者,包括"90 后"、Z 世代也不都是生活在有车家庭,或许在大城市里有车家庭比较普遍,但在中小城市和农村就不是这样了。因此同样是"90 后"、Z 世代,购车需求的差异也会非常大。基于我的研究和思考,我认为可以把中国汽车市场分成两个部分,即 4 亿人的市场和 10 亿人的市场。4 亿人的市场已经相对饱和,未来将以换购为主,这部分消费者都是有车族,相对富裕，购买力也比较强。而 10 亿人的市场还有很大发展空间，这部分消费者购买力相对较弱，都来自无车家庭，今后随着收入的增长会不断释放出购置新车的需求。

以 Z 世代为例，他们有些来自 4 亿人的有车家庭，也有些来自 10 亿人的无车家庭。虽然在我们看来都属于年轻一代，但与父辈不同的是，Z 世代之间也有所谓的"代沟"和"族群"，彼此消费观念并不一样，甚至可以说是大相径庭。因此中国汽车市场是高度复杂的，即使是一二线城市较为成熟的市场，恐怕也不能简单类比于欧美市场。在今后相当长的一段时间内，中国都会有第一次购车的人群，并且这部分人群既有 Z 世代，也有"80 后""70 后"，甚至还会有"60 后"。在此情况下，厘清 Z 世代和以前一代消费者在消费观念上究竟有何不同是最关键的。张总一直在研究市场，也给很多车企做过市场发展趋势预测，请您分析一下，Z 世代人群的消费观念有什么特点？

张晓亮：我觉得对市场结构可以有多种划分方式，不过最重要的还是要看有哪些趋势会成为影响未来产品需求的主要变量。在我看来，首先，二次购车会逐渐成为重要的变量之一。其次，Z 世代消费者的变量也会叠加进来。最后，第三个非连续性的关键变量就是产业全面变革，这将使汽车产品出现本质性变化成为可能。而在这些变量背后，更重要的一点是，过去 30 年中国经济的发展可谓突飞猛进，人民群众的财富也以极快的速度增长，正因如此，中国消费者对汽车产品的需求正在发生跳跃式的提升。从这个意义上讲，中国消费者其实比欧美消费者更前卫，或者说要求更高，这也是为什么中国市场率先推出了如此多的智能汽车产品。

赵福全：张总熟知汽车产业近年来的发展历程，您的职业生涯恰好与近 20 年中国汽车市场的发展同步，同时您属于承前启后的一代人，相比 Z 世代是"老人"，而对我们这些"60 后"来说，无疑又是年轻人。刚才您谈到了很重要的一点，中国市场相对来说仍不太成熟，很多人第一次购车只是实现了从无到有的"汽车梦"，但当时限于经济条件并没有买到真正心仪的产品，因此一旦有机会换车就有报复性升级的冲动。同时，中国文化也有自身的特点，很多消费者终于有钱换购更好的汽车产品时，往往会追求"面子"，而不只是满足自己的需要，甚至可能"秀"给别人看要比满足自己更重要，这又进一步强化了换车时的报复性升级。对此，很多外资车企是难以理解的，毕竟欧美日韩车企之前都是在几代人都拥有汽车的成熟市场上打拼过来的。

另外您提到，Z世代正逐渐成为汽车消费的主力军。当然按我的划分，他们在相对成熟的4亿人市场和相对不成熟的10亿人市场里都有分布，其购车次数和产品需求并不相同。而张总强调的是，无论属于哪个消费群体，Z世代都有越来越强的消费意愿和购买力。那么，在拥抱"汽车新四化"方面，Z世代这个群体都有哪些新的特点，在其内部又有什么区别呢？

张晓亮：如果具体到产品功能层面，我觉得消费者的需求是相似的。就像智能手机一样，大家都会追求类似的功能，无非是相对富裕的人群会去买更贵的大品牌产品，而购买力相对较低的人群会去买便宜一些的产品罢了。不过在产品品质和体验上，还是会有不一样的要求，就像手机产品的品质肯定是有区别的。

回到汽车产品上，您刚刚提到4亿人和10亿人市场的不同。我想在4亿人市场的Z世代人群，因为父母有车，自己早就有过汽车生活体验，同时父母现在的经济实力也更强了，所以他们对自己第一辆车的选择，一是会更加理性，不再盲目要求汽车有多大空间或多少个座位；二是会更加个性化，买车一定是自己真正想要的感觉，这就是他们对汽车产品的消费倾向。而在10亿人市场的Z世代人群，主要还是解决基本的使用问题，他们对座位数量、空间大小，包括价格等因素还是会有所要求。而我想强调的是，这两个群体对智能化功能的需求是类似的。实际上，很多智能化功能是靠软件实现的，这部分成本并不一定带来车端价格的显著差异，因此我认为这是车企有机会而且必须真正做好的事情，唯有如此才能更好地满足消费者的需要。

赵福全：张总的这个观点非常重要。Z世代作为一个庞大的人群，肯定拥有年轻人的很多共性特点和需求，例如对高科技更感兴趣，更喜欢好玩、炫酷的产品,他们都是互联网的"原住民",对智能化、网联化功能的青睐可谓与生俱来。不过另一方面,由于家庭条件和成长环境不同,他们对汽车产品的要求也必然有所不同,毕竟汽车是大宗的民生消费品,最终选择什么样的车型还是取决于个人的经济实力和价值观。正如张总所说,来自4亿人成熟市场的Z世代可能会更加理性,他们没有过分炫耀的需求,且很多人原本就经常接触汽车,清楚自己想要什么样的车型;而10亿人市场的Z世代就不同了,这个群体是未来中国汽车市场潜在的增量所在,他们还会带有上一代消费者首次购车时的一些特点。我认为这个总结很精辟。

张晓亮:另外还有一点,最近我也在和朋友交流这个问题——汽车还是不是身份的象征?在移动互联网或者说社交媒体发达之前,大家更多的是面对面交流,这时候开什么车过来是很好的身份标签。但今天更多的交流是在朋友圈里,是在线上进行的,这种情况下,汽车在社交中展示的机会越来越少。就像您刚刚说的问题,未来消费者到底是会追求超出实际需求、只为突出身份外在体现的汽车产品,还是会追求实现自身体验个性化、极致化的汽车产品呢?我觉得今后这种平衡会越来越向后者倾斜。就现在来说,汽车作为身份象征的作用仍然是非常重要的,但从发展趋势来看,这种重要性无疑将不断下降。

赵福全:客观地讲,汽车确实具有彰显身份和地位的效果,毕竟是大宗实体消费品。而且之前通常必须获得汽车的所有权,才能拥有汽车的使用权,能买得起什么样的汽车,就说明有相应的经济实力。这种展示作用并不只是针对熟悉的人,哪怕对不认识的人,也可以通过汽车彰显自己的身份和地位。然而,汽车的这种作用未来会不断下降,这既源于消费者总体上更加理性成熟,也源于人们的社交及生活方式正在发生显著变化。相信这些大趋势分析对汽车企业的同仁们会有很多启发。

下一个问题,现在企业都特别强调用户体验,但我认为简单说重视体验是比较"虚"的。体验就是感觉好,这其实是一个很主观的指标。例如有的人买了豪华车就觉得好,究竟好在哪里自己也不知道。又如汽车上有很多配置的使用率非常低,用户基本上不会用到,因此也有观点认为这些配置是一种浪费，消费者完全没有收获预期的体验，可消费者还是愿意花钱买这些配置。在您的书中也专门讲到了体验，请您具体谈谈产品体验的核心要点是什么？汽车产品以前难道就没有体验吗？现在的产品体验又有什么不同？

张晓亮：以前，消费者对汽车产品的感受也是体验，只是那时大家没有使用这个词罢了。实际上，在一百多年的发展历程中，汽车产业已经建立了一套把体验分解成具体指标的完整体系，例如安全性、舒适性、动力性和操控稳定性等。今天之所以又说起体验这个词，是因为其内涵更新了，价值空间变大了，再用原有的指标体系已经无法清晰描述。此外，还有很多场景化的元素加入进来，恐怕很难只用车端的指标来描述。因此，我们需要把体验放回到汽车产业的中心，重新思考、审视一下未来汽车产品的体验究竟是什么。

按照我的理解，体验对汽车产品来说，应该是功能、性能以及带给人的感受的综合体。具体的度量方法应该是：看什么人在什么场合去使用什么汽车，帮助自己解决了什么问题，同时带来了什么感受。这句话其实把体验分成了三个层级：第一个层级是汽车有什么功能或者说功用，可以在某种场合下帮助用户解决某种问题；第二个层级是人与车的交互以及在交互中的感受，例如不同的汽车产品在功能上可能是相近的，但带给用户的感受可能完全不同；第三个层级是情感价值，也可以说是汽车产品带给用户的满足感。像您刚刚提到的，一个人在路上开豪华车，即使别人不认识他，也会觉得他的经济实力比较强，而如果开的是比较低端的车，就不会有这样的效果。这其实就是一种满足感，至于今后消费者还会不会追求这种满足感，那是另一回事。

赵福全：谈到产品体验，张总认为其实就是功能、性能再加上感受。功能和性能是可量化的，包括一些相对不容易量化的功能和性能，也可以使用科学的方法转化为定量的描述。现在我们团队做的是软科学研究，可以通过构建多指标体系来分析一些复杂问题，其中就包括汽车产品力的评价。而感受相对来说就比较主观，似乎难以准确衡量。其实，汽车产业以前之所以不提体验，是因为当时的感受大都是与硬件直接对应的，例如用户关注汽车产品搭载的是什么发动机，或者有没有真皮座椅等配置，这些硬件的功能和性能就决定了用户的感受。但未来将是"软件定义汽车"的时代，有很多功能感受找不到直接对应的硬件，因此我们才不得不重提体验的重要性。那么，你们团队是怎样评价汽车产品体验的呢？特别是在感受方面要如何量化？

张晓亮：我们将汽车产品的体验评价分解为四个步骤：第一是看用户接触汽车的方式，这是核心的一点。在不同的场合和不同的接触点，用户与汽车的接触行为是不一样的。而在接触汽车之前，每个人都会对汽车有所预期，这个预期本身是可以进行衡量的。这方面主要是分析个人的客观属性，例如他的身份和年龄，他希望用汽车做什么，他要在什么场合使用汽车等，也包括他之前的用车经验。以前开夏利和开奔驰的人，对汽车的要求肯定不同，对汽车的判断逻辑也肯定不同。这样就可以构建起一个相对客观的用户预期。

第二是看车企给用户建立了怎样的预期。例如奔驰给用户建立的预期是高端和优雅，而宝马建立的预期则是良好的驾驶乐趣，这是车企多年来在消费者心中形成的品牌形象。

第三是看产品能实际满足哪些用户预期。例如用户在这个场合下使用汽车时，是否基于汽车的功能和性能圆满地解决了自己的问题，或者达成了自己的目的，即用户预期得到满足程度的感受。如果从功能和性能的角度分析，就只是孤立的一个点。而如果从满足预期的感受来分析，则可以得到一条线，因为感受是多元的，而且可以不断增加或减少。

第四是看本次使用结束后产品能给用户留下什么样的回忆，我觉得未来这一点可能是最重要的。如果回忆和预期无法匹配，就要分析车企对使用场景的理解是否有问题，或者给用户传递的预期有问题，又或者产品设计的功能和性能有问题。如果回忆和预期匹配一致，就构成了一个良性闭环，会促使用户产生与产品下一次接触的兴趣。当然，如果回忆能超越预期就更好了，这样用户就会体验到物超所值。

赵福全：现在有些新造车企业的电动汽车产品并没有成熟的品牌支撑，但卖得很不错；而一些传统大品牌车企，虽然在电动汽车上也做了很多投入，并且有高端品牌及服务支撑，但销量却不太理想。说起来，传统车企的品牌影响力并没有下降，其产品应该也在进步，那为什么在电动化和智能化的新产品上并没有取得优势呢？当然，不同品牌的目标消费群体肯定不一样，不过现在一些新造车企业的产品价位也并不低，可以说已经与高端品牌有所重合了。在我看来，两者的产品在功能上并没有什么差别，在性能上也未必有很大差别，那为什么市场终端的反应会出现比较大的差别呢？这是不是就是您讲的，用户感受不同导致体验不同？

张晓亮：这就涉及一个核心问题。现在，各家汽车企业都在打造电动汽车和智能汽车，但出发点是不同的。对于新造车企业，包括特斯拉，也包括刚刚上市的蔚来、理想和小鹏汽车等，我感觉它们确实有归零思维，是从什么样的电动汽车最符合用户需求的角度来思考的。

在我看来，新造车企业一定要做传统车企没有做到的事情，才有机会赢得市场，而不是单纯从节能减排的角度来比拼。过去，中国传统车企都是从低端市场起步，逐渐往上走，而现在一些新造车企业选择从中高端市场往下走，从目前的销量表现看，这样可能就会有更大的成功机会。反过来，像宝骏这样仍然聚焦于低端市场的电动汽车产品也取得了不错的业绩，原因同样在于它正在做原来燃油汽车没有做到的事情，即作为用户家里的第二辆车，提供绿色便捷的代步工具。从这个角度看，汽车产品的价值首先还是要在功能定位上体现差异，在此基础上，再打造体验上的差异。例如特斯拉的差异性包括：在功能上为用户提供自动驾驶功能，降低了驾驶负担，同时"三电"系统性能比较稳定；而在体验上，很突出的一点就是努力消除用户的焦虑感。前两天我也和一些朋友讨论过，为什么特斯拉卖得这么好？说起来，特斯拉的续驶里程也不算长，但它投资建设了很多超级充电站，目的就是要让用户没有里程焦虑。

里程焦虑主要不在于续驶里程的长短，而在于补充能量的不确定性。实际上，燃油汽车也有里程焦虑的问题，之所以平时感受不到，是因为大多数情况下，我们都非常确定能很容易地找到一个加油站。而如果是驾车去野外，我们也会担心找不到加油站，因此有时要在车上额外装两桶油。现在电动汽车的问题就是如此，如果没有良好的充电体系，是难以彻底消除里程焦虑的。今天很多传统车企做电动汽车时，根本没有考虑建设充电桩的问题，觉得这不是企业的事情。而在实际使用中，很多用户没有条件安装私人充电桩，而且即使安装了私人充电桩也只能解决一个地点的充电问题，周围到底有多少充电站，自己开车过去时有没有空余充电位，这些都是不确定的，这样就难免会有里程焦虑。而像特斯拉、蔚来、理想汽车的用户们，可能就没有这样的顾虑，因为这些企业在用各种办法来消除用户的里程焦虑。这个例子看似简单，却指出了一个根本性问题：究竟应该围绕性能，还是围绕体验来打造产品？我认为答案应该是后者。如果单纯追求续驶里程，即使做到了500、600公里，也无法完全解决里程焦虑问题。

赵福全： 张总觉得新造车企业与传统车企相比，在产品的功能和性能上没有太大差别，但在使用体验上差别较大，而消费者最终会选择能真正解决焦虑和痛点的产品。而且这种痛点大多不是锦上添花，而是属于燃眉之急，因为电动汽车本来就是"新生事物"，消费者有不少担心，如果不解决核心痛点是很难赢得青睐的，例如充电难的问题，还有成本高的问题。现在，关键是看哪家企业能相对更好地解决这些问题。

不过如果这些痛点最终都得到了解决，那么传统车企在电动汽车产品体验上不是又和新造车企业站在同一条起跑线上了吗？而在造车底蕴方面，传统车企显然储备更多、实力更强。这样说来，传统车企会不会有一种有恃无恐的心态，觉得自己肯定会笑到最后？

张晓亮： 其实也不尽然，因为很多体验涉及的并不是技术而是理念问题。我们看到，很多传统车企即使打造的是电动汽车，也依旧是因循打造燃油汽车的思路，这样自然会出现体验上的细节差异。例如，多数传统车企的高端电动汽车，一定是人启动车之后屏幕才会亮，有些还会有三四秒的迎宾画面，看上去好像很炫，但每次上车都看到这些，用户就会觉得很烦。另外，一些车型启动车机要等30秒，这个时间段内没有倒车影像，网络也不能联通。而一些新造车企业的产品，人只要接近车，屏幕就开始启动，等人上车时屏幕已启动完毕。同时，车上没有起动按钮，用户直接挂档后就可以出发，所有动作都非常简单。这是非常典型的案例。

也就是说，一些新造车企业围绕电动汽车的特点，重新思考和优化了功能的应用及用户的操作，而没有局限于汽车产业一百多年形成的标准或"惯例"。汽车标准体系历史悠久、高度细化，有政府、有行业，也有企业的标准，对高效、可靠地开发汽车产品有很大支撑作用。不过，这些标准大都针对传统燃油汽车，在今天打造电动化、智能化汽车产品时并不完全适用，甚至有些标准反而成了产品创新的阻力。当然，这其中也有很多标准涉及安全问题，如果忽略会导致严重后果。

赵福全：在安全方面，我们确实能感受到一些新造车企业与传统车企的不同。这其中可能既有新造车企业理解不到位或做得不到位的原因，也有新造车企业愿意为创新而冒更大风险的原因。例如特斯拉出现了一些安全事故，传统车企会认为怎么能允许这种事情发生？而特斯拉可能认为不去创新尝试又怎么能把新技术快速导入市场？在这一过程中，安全事故带给企业的负面影响和技术创新带给企业的正面影响相比，究竟哪个更大，这恐怕没办法量化。而实际情况是，大部分消费者认同特斯拉是一家创新型企业，也是一家引领型企业，它在尝试很多先进技术，因此付出的代价也是创新的一部分。

回到新旧车企产品差异的话题，我认为造成差异的根本原因是传统车企并没有把体验作为开发重点，这主要不是技术能力的问题，而是理念和思维方式的问题。实际上，很多提升用户体验的做法，并不需要复杂技术的支撑，或者说其技术门槛是很低的。就我个人长期领导汽车产品开发的经验而言，我一直认为企业不怕没能力，就怕没想法。因为如果有想法，即使暂时不具备能力，也会想尽办法去形成能力；而如果没想法，即使有能力也无法有效使用。

这就引出了下一个问题：如果未来汽车产品创新主要强调体验，那是不是比较容易被复制和追赶，毕竟很多体验的技术门槛很低，而商业模式方面的一些创新也容易被复制。因此有人认为，虽然体验非常重要，但只有基于Know-how（技术诀窍）的创新才能成为强大的壁垒，您怎么看待这个观点？

张晓亮： 其实要复制体验是很难的，因为不同企业对产品核心竞争力的理解存在本质不同。智能汽车的时代正在到来，不过传统车企的一些做法还是围绕着功能和性能展开。例如在产品上配置一些驾驶辅助功能，像自适应巡航系统、车道保持系统等，但汽车卖出去后，这些功能用得怎么样，基本是不管的。又如在自动驾驶系统启动后会给用户很多提示，包括声音和图像符号等，这固然体现出传统车企对安全的重视，但也有不太想让用户使用自动驾驶功能的因素存在，总觉得尽管我已经提供了这个配置，增加了产品卖点，但用户最好还是自己驾驶，以免出现安全事故。

然而，自动驾驶系统不用起来是不可能完善的，因为必须不断积累使用数据才能实现技术优化。同时，人对汽车自动驾驶也要经历一个逐步了解、尝试、信任，直到形成依赖的过程，甚至最后还会推荐给别人使用。事实上，特斯拉现在做的很多事情就是在引导用户怎样使用自己的产品，逐步培育用户的用车习惯。

相比之下，传统车企产品上的很多智能功能使用率极低，或只是作为高配车型上才有的选装包，这样消费者根本感受不到智能体验，也严重影响智能功能的迭代提升速度。而特斯拉为什么进步速度这么快？就是因为它在不断鼓励用户使用智能功能，然后采集数据、持续优化。如果某个功能用户第一次使用感觉不好，那么OTA（空中升级）后下一次使用就可能得到改善，这样就慢慢形成了完整的数据闭环。因此，特斯拉的产品越用越好，表面上是技术问题，实际上是组织问题，必须建立强大的组织在后台支撑数据的闭环，才能实现技术本身的快速迭代进步。

赵福全： 这就是我最近一直在讲的，当前汽车产业出现了新生产力，必须要有新的生产关系与之匹配，才能适应产业发展的需要。就像张总刚刚讲到的，为了做好智能功能，车企必须构建起适宜的组织和相应的团队。如果还是沿用之前的理念，把这些智能功能视为一个总成系统交给供应商来完成，自己并不主导，那肯定是不行的。因为即使有顶级的供应商能帮助车企把 L4 级自动驾驶系统开发出来，也难以进行后续的 OTA 升级，无法实现持续的迭代优化，这意味着交付使用后很快就会落后。因此，我认为今后不应该再讲 SOP（投产开始）了，而应该讲 SOP-X，即在产品全生命周期内会有 X 次"投产"。或者将传统的量产 SOP 改称为 SOD（交付开始），因为后续通过 OTA 还会实现更多的交付。在此过程中，开发工作一直在持续，以支撑产品的不断优化，这和以前 SOP 之后产品开发就基本结束是完全不同的。正是通过这种不断的 SOP，才能实现产品常用常新、体验越来越好。

张晓亮：很多传统车企的自动驾驶功能是作为配置买来的，例如把博世的解决方案安装在自己的车型上，可能在这个过程中还要赚个差价。而从传统车企工程师的角度看，可能用户最好不要用这个功能，这样就不会有安全责任，反正产品已经卖出去了。但如果车企不鼓励用户使用自动驾驶功能，又如何获得相关数据直至形成数据闭环呢？这样自动驾驶技术是无法实现快速进步的，这可能是传统车企存在的最大问题。

赵福全：张总讲的这点很重要。当前，传统车企更多的还是把智能作为功能配置来开发，觉得有这个功能就有了卖点，有了卖点就可以卖更高的价格，至于消费者用不用这个功能并不重要，这种思维在本质上还是站在了卖车的角度上。但今后情况将会发生根本性的变化。以前，消费者是以购买汽车来实现使用汽车的，同时选择也不多，因此配置宁多勿少，有些配置即使不用也无所谓，例如很多人就是觉得有天窗的车型比没天窗的好，即使从来也不用天窗。而未来，一方面，智能制造将使定制化生产成为可能，消费者可以有更大的自由度来选择产品配置；另一方面，汽车共享将使消费者不再购买就可以使用汽车，这样用户对产品功能的需求会变得高度实用化。例如，我今天不用天窗，为什么要选择相对更贵的有天窗车型呢？也就是说，未来汽车产品必须基于应用场景"量身打造"，才能适应汽车所有权与使用权逐渐分离的发展趋势。

另外，有一点我想澄清一下：传统车企的工程师们也不是不想让消费者使用某些功能，只是他们主要是从技术实现的角度来考虑问题，而没有想明白用户究竟为什么要买带有这个功能的汽车产品。我觉得这是市场需求与产品及技术相互割裂的主要原因。要知道，此前不是车企而是4S店在直接接触消费者，4S店主要关注销售提成，不可能也没有能力考虑某个功能对用户体验以及汽车品牌会有什么影响。而未来情况就不同了，因为这家车企不关注用户体验，那家车企就会去关注，最终消费者会用自己的钱包做出选择。

有些车企的老总就和我讲过，企业付出高昂的代价开发出自动驾驶系统，最后产品到了消费者手里之后，直接就把这个功能关掉了，甚至有些消费者要求更换没有配置自动驾驶系统的车型。说到底，这还是因为消费者花费了额外的钱，却没有得到相应的体验。企业拼命向消费者讲自动驾驶技术有多先进或传感器装了多少个，其实这些技术细节大多数消费者都不在意，他们在意的是自动驾驶有没有让我更轻松、更安全、更快乐地驾车出行。这正是体验的重要性。

张总认为如果想让消费者得到更好的体验，未来汽车一定要成为智能汽车。而我一直讲，智能汽车要懂得人的需求，能帮助人、解放人乃至理解人，真正成为人的伙伴和朋友。那么，在您看来，什么样的汽车才是智能汽车？或者说智能汽车要具备什么样的能力？

张晓亮：我给智能汽车下过一个定义，就是智能汽车必须具备三种能力：第一，智能汽车必须具备对路况、车况以及整个场景关键变量的感知能力；第二，智能汽车必须具备判断和理解用户意图及需求的能力；第三，智能汽车必须具备执行能力。这实际上就是业内常说的感知、决策和执行，这三种能力需要在使用过程中不断进化，这样智能汽车的能力才能不断提升。

至于说如何评价智能汽车的能力达到了什么程度，最近我在考虑推出一个智能化指数来进行系统分析。从感知能力开始，我们可以建立一个完整的感知架构，包括ADAS（高级驾驶辅助系统）、车内摄像头等，以此分析智能汽车的新变化以及由此产生的新能力。像摄像头对汽车原来的硬件架构来说就是一种新变化，值得我们重新进行产品创新方面的探索。从感知架构的角度看，增加了摄像头这样一个新传感器，就将识别某个变量（视觉）的基本功能提供给了车辆。而我们应该进一步思考，车内安装了摄像头后，都能解决哪些问题？首先能解决 Face ID（人脸认证）的问题，这样车辆就可以识别并记住每一个上车的用户，然后存储或调用用户的相关信息。不仅如此，摄像头还能判断车上的人数，以及他们各坐在哪个座位上，并结合 Face ID 识别这些人之间的关系。

此外，摄像头还有很多作用：例如可以直接观察用户是否系了安全带，这样原来判断安全带状态的传感器就可以省去，车内五个座位的传感器都不用装了，仅靠摄像头就能一目了然；又如可以看到每个座位上乘客的大致年龄及状况，并进行车内功能的相应设置。如果监测到后排座位上是一位老人，就减少后排空调的出风量并避免直吹；如果监测到后排座位上的小孩在睡觉或醒来了，就提供不同的车内氛围，包括音响、灯光和空调策略等，因为小孩醒着的时候需要安抚，而睡着的时候需要把音响音量、空调风量等调低。这些都属于车辆对用户需求的理解能力，关键不在于车企有没有能力做到，而在于车企有没有认识到并切实去做。

也就是说，理解的前提在于感知系统识别出车辆到底处于什么场景，而场景是可以由一组特殊的变量组合来定义的。例如汽车进入隧道，外面变暗了，车灯就会自动打开，这就是对外部环境的感知。类似这种感知都可以建立标准架构，最终全部实现数据化。所谓数据化就是赋予每个数据固定编号，这样就可以由一系列变量的数据组合来表征某个场景。当然，实际上我们很难穷尽所有汽车使用场景，但我们可以从主要场景做起，不断积累，这样能定义的场景就会越来越多。

当场景切换时，就要考虑用户的意图或需求是否由此发生了改变。像前面提到的汽车进入隧道，就是一种场景切换，其对应的用户需求之一就是打开车灯。因此，感知系统的核心作用就是判断用户的意图和需求。至于判断的准确度，则要通过在实际应用过程中学习用户的直接干预来不断提升。例如刚才说的老人坐在后排座位时，系统根据"常识"初步判断应该调低空调的风量，可是发现老人上车后自己调大了风量，于是系统就知道了这位老人的喜好，并记录到用户信息中，今后按此进行相应调节。

目前，这种感知结构及其与功能的对应关系在汽车上正日渐清晰，我认为，后续面向"软件定义汽车"进行产品开发的相关标准会由此决定。因为在这样的感知架构下，一旦场景标准化了，功能也就随之标准化了。即在感知架构的基础上，通过数据循环迭代不断提升车辆判断理解用户意图和需求的能力，之后再实施相应的执行，这就是智能汽车的发展方向。

我们再反过来审视一下智能汽车这三个层级的能力。在感知层上，一个产品具备什么感知能力主要是由企业的产品战略决定的，需要感知什么变量就要安装相应的传感器，当然还要考虑冗余；在决策层上，决策能力实际主要是对用户意图和需求的响应能力，这部分能力对应着车企的整个组织及其对数据的处理能力，新型组织在这方面会更有优势；在执行层上，执行能力主要与车型的"硬"属性相关，例如细分市场定位、汽车的规格，包括空间和配置等。从这样的视角看，我认为现在智能汽车的内部结构已经比较清晰了。

还有一点我想特别强调，随着智能汽车的发展，汽车产品开发模式和流程也必须进行相应调整。例如在传统开发模式下，车企想要开发一款能在下雨时自动关闭的天窗，需要去找天窗供应商和感应刮水器的供应商，建立天窗与感应刮水器传感器之间的通信。最终由车企、天窗供应商和刮水器供应商三者协作完成开发工作。这一过程极其繁琐，协作关系非常复杂。而未来智能汽车需要实现的功能以及涉及的系统会越来越多，仍然按这种分工高度细化的去中心化开发模式，实施难度将越来越大。

赵福全：我也给出过智能汽车的定义，那就是能自我进化的汽车。如果不能通过持续迭代不断提升能力，汽车就不能说是真正智能的机器。在大方向上，我们两个人的看法是一致的，差别在于我讲的是最终目标和判断依据，而张总强调的是实现目标的手段和努力方向，即汽车要具有感知、判断和执行能力，而这些能力将使汽车不断进化和升级。

我认为，如果智能汽车不能自我进化，就与现在的汽车没有本质区别了，因为现在的车也能收集信息并进行判断及执行。像刚才提到的汽车进入隧道后车灯自动打开，这种问题早就已经解决了，汽车可以根据光线的强弱来实现车灯开关。然而，这是预先设定好的，并不是系统自行判断的，更没有对用户喜好、环境变化等数据进行收集和应用，以优化相关设定。也就是说，没有基于大数据的人工智能对车辆运行进行迭代优化。因此，车辆无法实现持续进化，也就不是真正的智能。

我之所以提出智能汽车的上述定义，也是针对业界当前的一个争论焦点：究竟是软件定义汽车，还是架构定义汽车？在我看来，智能汽车最核心的要素应该是数据，因为自我进化能力一定是基于数据实现的。智能汽车如果没有数据，就如同电线里没有了电流、血管里没有了血液，将失去持续进化的生命力。而软件是收集、处理和利用数据的关键手段，从这个意义上讲，说"软件定义汽车"也没有错，尤其是这种表述更能表明智能汽车与硬件为主的传统汽车的差异。但与此同时，我们一定要清楚，软件如果不能服务于数据，那对智能汽车来说就没有意义。

实际上，现在汽车上也有软件，能控制某个硬件，只不过现有软件大多是嵌入式的，不能收集数据，并且主要由供应商帮助车企开发。例如，车企直接采用供应商的解决方案，也可以把自动驾驶做到 L3 级甚至 L4 级水平，但在这种模式下，无论整车企业还是供应商，都很难获得数据，也就无法使用数据进行后续的优化升级。因此，我认为对智能汽车来说，这种嵌入式软件没有前途，甚至是当前存在的最大问题之一。当然，只有软件还不够，硬件也必须支撑软件高效地收集和处理数据，包括电子电气架构、计算与通信架构等，这背后涉及计算能力、通信能力以及系统复杂度、成本和效率。

最终，智能汽车必须基于数据形成自我进化能力，这样即使刚开始时不太聪明，也会变得越来越聪明，从而更好地帮助人、解放人和理解人。当然，如果一开始就很聪明，还能不断自我进化，那就是智能汽车的更高境界了。就像我经常举的例子，一个人非常聪明，同时不断学习、不断进步，那他的能力就一定会越来越强，能在社会上不断应对更多的挑战、取得更好的业绩。人是如此，智能机器也是如此。智能汽车具备了自我进化的能力，就可以常用常新，让每个用户都能感受到个性化的完美体验。

我们刚才谈了很多产品体验，实际上，在产品体验背后提供支撑的还是技术，技术创新的重要性并没有丝毫降低。只不过，原来技术能通过一些配置体现出来，而今后简单的配置已经不足以打动消费者了。那么，企业要如何平衡好技术进步与产品体验之间的关系呢？您觉得未来企业应该如何从技术创新的角度支撑产品创新？例如您怎么看L3级自动驾驶？如果L3级给用户的体验不佳，那企业还要研究L3级技术吗？如果要研究L3级技术，那其中的技术创新又怎样提升产品体验呢？这个问题的核心是，企业究竟如何根据用户需求判断和选择技术创新方向？之前车企有所谓的VOC（Voice Of Customer，客户声音）调研，那么未来要怎样更准确地获得VOC呢？通过车辆收集数据可以不断优化后续产品的定义，但对首次投放的智能产品又该如何定义呢？此外，如何基于市场和用户反馈信息，综合考虑产品创新和技术创新，以选择技术路线和解决方案呢？

张晓亮：这是一个非常大的话题。如果追根溯源，就涉及汽车品牌如何塑造的问题，我觉得这是第一步。从品牌塑造上看，至少到目前为止，特斯拉是比较成功的。那么，为什么特斯拉能很好地建立起自己的品牌呢？首先，特斯拉的创始人马斯克定义了一个宏伟的愿景，或者说是伟大的梦想，这个梦想把很多用户变成了粉丝，让用户感觉是在参与特斯拉的事业，一起去实现共同的愿景。这个愿景就像我们刚才说到的自我进化一样，是在不断迭代升级的，可以一步一个台阶地不断前进。而特斯拉给用户带来的体验及其核心技术的开发，都是围绕着实现品牌愿景展开的。在具体推进的过程中，我认为特斯拉较好地处理了四个一致的问题，这非常值得其他车企思考和借鉴。

一是目标与手段的一致。实际上，技术就是实现目标的重要手段之一，因此车企必须确保自己掌握与目标强相关的技术。例如，以前我们往往以为整车企业做系统集成就够了，但特斯拉连汽车座椅都自己生产，因为他们找不到符合自己目标的座椅供应商。由此，就打破了传统汽车产业链原有的分工和界限。

二是品牌与产品的一致。要建立一个能更好地服务于用户的品牌，就必须按用户的需求重新定义汽车，真正提供不一样的产品，并努力使用户形成新的使用习惯，进而认同企业品牌。例如我们可以看到，目前特斯拉及其他几家新造车企业的自动驾驶体验确实做得比较好，正在逐步改变用户的使用习惯。另外，特斯拉的一些周边产品，例如方向盘配重环，确实让用户敢于脱手了，增强了用户信任，而一旦用户形成了这样的用车习惯就不会再改回去了。

三是购买与使用的一致。以前，车企在产品上设计了很多功能，用以刺激用户购买，但在使用过程中不少功能是用不上的，这是传统汽车产品普遍存在的共性问题。其本质是过于强调浅层体验，而没有把深度体验挖掘和策划好。今后，车企应该围绕目标用户群的实际用车习惯，去建立产品功能配置的新逻辑，让用户购买到的产品功能都是确实要使用的。

四是企业组织与内外部环境的一致。特斯拉的组织与传统车企有很多不同，且仍在不断调整中。这四个一致决定了企业实现愿景的能力，也指明了核心技术的创新方向，即选择哪些核心技术取决于企业要实现什么样的愿景，战术要服务于战略。例如以做好电动汽车为愿景，动力电池肯定是非常核心的技术，车企在这方面就要形成自己的核心能力，即使不垂直做到底层，至少也要参与重点环节，形成足够的掌控能力。

赵福全：我非常认同张总的这些观点。如何用技术创新来支撑产品创新，以及如何用市场信息来指引技术创新，这其中最关键的因素在于企业要打造什么样的品牌，以及需要什么样的产品来支撑品牌的落地，这是最根本的目标，而技术只是实现目标、让用户满意的手段。对企业来说，确保品牌愿景、产品创新与技术支撑的一致是至关重要的，即必须做到表里如一。现在，有些企业说的是一回事，做的却是另一回事。例如所有企业都在讲"质量第一"，可当市场销量下滑时，有的企业就开始以牺牲质量为代价来降低产品售价，包括一味选择更便宜的供应商等，这样短期或许能获得提振销量的作用，但长期必然对品牌造成伤害，这就是企业的言行不一。在这方面，总体而言中国本土企业与国际大牌企业相比还有明显差距。不少本土企业虽然也有自己的愿景，并且听起来认识也很到位，但其实并没有渗透到骨子里，达到真正相信的程度，结果做起来就经常"走样"，甚至南辕北辙。

另外，原来车企的盈利模式就是销售汽车，之所以不断在产品上追加配置，目的也是为了能卖出更好的价格，这在本质上是一种面向拥有者的客户思维。实际上，客户开始使用汽车之后就变成了用户，而基于客户思维的产品设计及营销必然会带来用户使用时的种种不满或失望。现在很多时候都会出现这样的情况，客户购车之后发现很多功能并不实用，根本没有达到自己作为用户的预期，这样就会感觉产品名不副实，更不会产生向别人推荐的欲望。客户与用户的差异，就是张总所说的购买与使用的一致性问题，其实这些问题以前就一直存在，而现在由于产业和市场都在快速变化，用户需求将大不相同，这就使问题变得更加突出和重要了。反过来讲，企业如果能实现产品购买与使用的一致，其价值也要比之前高得多。这是因为，一方面，原来我们处于信息相对封闭的环境，消费者不太容易了解别人买了什么车、有什么感受；另一方面，很多人买车特别重"面子"，因此即使体验不好也不一定会说出来，就是所谓"打肿脸充胖子"，这样就很容易形成盲目追求高端和高配车型的倾向。然而，未来这两个因素都将发生改变，特别是在充分互联的条件下，口碑传播将变得非常容易且快速。显然，只有为用户提供真正需要的产品，使其得到满意的体验，用户才会把产品推荐给别人。

这也带来了另一个思考。我们看特斯拉的例子，如张总所说，创始人马斯克相信一定要用高科技给世界带来改变，并且坚定不移地积极实践，因此在技术创新方面应该说特斯拉是比较激进的。事实上，特斯拉的自动驾驶系统相继出现了一系列事故，如果是传统车企遇到同样的情况，恐怕早就叫停了，因为觉得再这样下去会对公司造成巨大伤害。但特斯拉却一直选择坚持，并在实践中持续完善自己的产品，一代一代地不断升级。我想，这是因为特斯拉在骨子里相信科技创新是企业的未来。时至今日，特斯拉仍然被一些人诟病，但我觉得特斯拉确实给汽车产业带来了很多不同的思维和巨大的改变，这恰恰是传统汽车企业都应该认真反思的。透过特斯拉，我们不仅要认识到创新的重要性，也要认识到创新是有代价的，既需要投入，又需要坚持。说到底，企业到底愿意付出多大代价坚持创新，还是取决于企业对创新的信心和决心。

另外，张总也提到，为真正实现自己的目标，特斯拉连座椅都要自己打造。这个"战略决定战术"的理念说起来简单，但真正做起来必须克服固有思维和能力的诸多局限。例如，最近我与不少企业的老总都交流过，未来智能化是战略制高点，因此决定算力、承载算法的芯片将变得极其重要，那么车企要不要做芯片呢？现在看来，没有几家车企选择做芯片，包括很多大企业在内都认为不具备这方面的能力，让专业供应商来做会更好，但我们看到特斯拉就在自己做芯片。在这里，我们不讨论车企该不该做芯片，选择做或不做都有很合理的理由，但这只是战术问题。我想强调的是，企业必须从战略出发，确保自己的目标受控。就像电池一样，车企如果认识到电池在电动化时代的重要性，就必须进行投入、有所参与，以获得必要的话语权，直至形成确保自身竞争优势的技术门槛。至于是通过自行研发、主导开发，还是资本控股、商业合作来实现这个目标，都是战术手段而已。

下面继续和张总探讨两个问题。未来产品创新既涉及硬件，也涉及软件，而从产业发展走向来看，整车企业似乎更应该聚焦于后者，如果自己来做很多硬件，虽然受控程度高，但负担也重。因此我的第一个问题是，像特斯拉这样觉得现有供应商的座椅满足不了需求就选择自己生产的做法，您认为正确吗？按照这样的逻辑，未来整车企业的边界在哪里呢？

第二个问题，未来围绕着智能汽车会形成一个多方协同的产业大生态，这其中既包括硬件，也包括软件，既涉及平台架构，又涉及操作系统，既需要单个领域的核心部件，又需要有效集成的关键技术。例如芯片，必须有人定义、有人开发、有人使用。因此，未来汽车产业需要的人才范围将极大扩展，架构设计、数据处理、算法开发、软件编程、测试验证和标定匹配等各方面人才缺一不可。应该说，此前整车企业和供应商分工比较明确，例如标定匹配，整车企业也有少量工程师，不过主要任务还是由相应的供应商来完成。然而，今后为适应消费者的个性化需求，实现产品创新的快速迭代，整车企业似乎需要掌控更多才行。那么，车企究竟应该如何获取并组织人力资源达成自己产品创新的目标呢？

张晓亮：每家车企还是要把自己的长期定位考虑清楚，确定自己在未来产业生态中的角色，例如是成为平台型公司，还是成为触点型公司，又或是成为平台型与触点型之间的公司。在不同的战略定位下，企业的战术路径肯定是不一样的。

如果想做平台型公司，当然会非常困难，可能未来产业内这类公司不会超过三五家，但确实有这种实力的公司也责无旁贷。例如华为的鸿蒙系统，未来就可能发展成为一个跨越多种智能产品的平台。而包括很多整车企业在内的多数企业，是没有能力构建平台的，因此要想办法融入平台中，强化与消费者之间的联系。这其实还是刚才讲到的，确立合适的愿景并真正予以实现的问题。

在产业全面重构的今天，要定义一个合适的愿景，车企领军人一定要成为预言家或未来学家。因为首先要能看清未来是什么样子，才有可能把未来的图景勾画出来。就像当年亨利·福特开创了汽车行业的流水线式生产方式，就是因为他坚信汽车走进普通家庭的愿景一定可以实现，为此他特别定义了一个标准，即福特汽车流水线上工人的工资要能买得起T型车。可见，伟大的企业家都是既看到了未来，又把未来变成了现实。

对每家汽车企业来说，都要在未来的愿景中选择一个最适合自己的角色，然后采取一切行动努力胜任这个角色。同时，不同企业之间的分工也要基于未来的愿景来确定。例如一家资源禀赋有限的公司，可能就应该选择成为触点型公司，并在相关领域内逐步形成自己不可替代的独特优势。显然，触点型公司必须连接到整个生态中，而汽车生态的中心应该还是由一些整车企业占据，这些车企负责定义在车上应该搭载哪些硬件和软件。

当然，车企对产品定义的能力也需要一个渐进的提升过程。例如，之前一些车企选择直接以手机或iPad充当车机，为了在车内装上手机或iPad并确保屏幕可以旋转，还专门修改了一些设计，解决了空调出风口干涉、支架可靠性等问题。如此一来，就可以把智能手机的应用生态原封不动地转移到车机上。然而，这种车机的局限性很大，因为相关软件都没有根据汽车使用场景进行适应性开发和匹配，虽然用户好像一下子就可以在车上使用很多软件，但实际上多数软件并不好用，甚至根本用不了。长期来看，这样的做法肯定是不可行的。因此，在经过一番探索后，现在更多的车企选择重新开发车机，以及相应的应用层软件。

另外，未来一些整车企业也可能成为产业生态中的代工者，作为代工者也是一种生存方式，或许还比现在的生存条件更好。实际上，今天多数本土车企依靠的还是成本控制力，并没有真正建立起品牌，或者说品牌只是一种符号，没有溢价能力可言，这样在市场竞争中就会非常被动。而如果成了代工者，就不存在品牌溢价力问题，也不存在消费者忠诚度问题，这未尝不是一种扬长避短的选择。在此，我不是说整车企业都应该选择成为代工者，只是想强调在当前这个历史节点上，企业必须重新思考自己的定位。

赵福全：简单总结一下。按照张总的判断，现在已经到了产业转型的关键节点，未来产品创新以及产业分工的模式都将发生重大改变。之前的模式是，很多企业以整车企业为中心共同造车，这些企业之间分工高度细化。同时，这样打造的是车企自以为能满足消费者需要的产品。但未来将形成全新的产业大生态，有更多公司跨界进入汽车产业中，这样企业之间的不同定位和协作关系将变得更加复杂。此外，消费者需求将显著改变，满足消费者需求的手段也将大不相同，这就要求企业必须以更多、更新的核心技术提供支撑，以打造出真正个性化的产品。由于任何企业都无法独自掌握所需的全部技术，这又会进一步推动分工协作大生态的聚合。

正因如此，在未来产业发展的进程中，所有企业都需要重新审视自己的愿景，确定清晰的定位。要知道产业生态的形成也不可能一蹴而就，中间必然要经过较长时间的摸索和多轮迭代，而企业要想赢得最终的优势，就必须始终坚守自己的定位，不断培育相应的能力，而不能好高骛远，更不能朝三暮四。最终，没有找到自身合适定位以及没有形成特色能力的企业，将被生态拒之门外，被产业淘汰出局。这就是我一直在讲的，企业战略一定要先想清我是谁、我在哪儿、我要去哪儿这三个问题，再考虑我怎么去。也就是说，企业应该根据对未来的准确预判和自身的资源来制订发展愿景与战略目标，再由此确定实施路径，并踏踏实实地逐步形成所需的能力。

下面我们谈谈市场调研的话题。张总是市场研究专家，帮助企业规划产品的核心，也是要了解消费者到底需要什么。在新一轮产业变革下，您觉得未来通过什么方式才能更有效地获取消费者的真正需求？我感觉消费者的需求正变得越来越分散、越来越碎片化，而市场调查的数据结果最后都会呈现出高斯分布。那么，企业应该关注高斯分布中间多大比例用户群体的需求呢？是60%，还是80%？另外，原来消费者需求的高斯分布相对集中，而企业往往选择把产品的覆盖面做大，但这样做出来的产品其实是没有个性的。同时，由于各种因素都考虑到了，也都做了预留，结果每个方面都无法做到最佳，且存在严重的设计浪费。未来，汽车企业将向大规模定制化生产，即智能制造方向迈进，准确倾听消费者的真实声音会变得至关重要，为此，企业在互联网时代应该如何采集和分析消费者需求信息呢？

张晓亮：最近有这样一句话，2000万元的调研预算不如3000位粉丝，这实际上深刻体现出车企与用户之间关系的变化。企业要把用户变成自己真正的粉丝，彼此高度互动起来。在这方面，蔚来汽车就做得非常好，之前很少有哪个汽车品牌拥有如此高的用户忠诚度。像今年的NIO DAY（蔚来日）活动，很多用户粉丝都争相拍摄自己城市的视频片，在APP上相互竞争，形成了与企业之间热度极高的互动。如果企业有了这样一个高效的互动平台，想要采集用户需求就不那么困难了，而且肯定不需要再用问卷调查的方式了。

举个反面的例子，上周我接到一个4S店的回访电话。问我的第一个问题是，您对保险的推荐度是多少，让我打个分数。从中可以看出，这种回访根本不是在努力弄清消费者想要什么，而只是想得到一个数字。就整个过程而言，这次回访没有任何问题，数据也都可以统计，可是这种数据就是垃圾，统计结果根本没有意义。这就是以前市场调研方式存在的问题。

今天，企业如果把消费者变成了粉丝，就可以基于场景来设计相应的调研。例如，对于某项功能，可以在用户使用后调研其使用感受。由此，我们就可以设计一个问题，当用户使用结束后立即推送给用户，让用户可以通过表情符号等鲜活的方式很方便地给出反馈。同时，也可以通过分析用户的使用行为来完成调研。如果用户高频地使用某个功能，就说明这个功能比较好用。而如果用户用了几次就不再用了，我们就推给他一个问卷，询问有什么地方影响了他的使用体验。也就是说，未来我们可以采用很多灵活的方法来采集用户需求。而不管采用什么方法，我认为关键是要围绕自己的用户群体建立起完整的分析闭环。今后，每家车企都必须建立这种闭环。

此外，还要考虑如何调研用户之外的人群。对此也可以有三种办法：一是发展粉丝，这个粉丝群不限于用户，而是比用户范围更广的人群，要把企业自身的平台社交化，成为吸引更广泛人群的有效平台；二是继续使用其他一些市场调研手段，与用户互动调研有效结合；三是采取具体行动不断扩大触点范围，例如联合有相似品牌定位或合作关系的企业，共同构建一个更大的生态系统。大家在其中相互赋能、相互借力，这样就可以研究更多人对汽车产品的需求。我认为，消费者的喜好最终一定是越来越趋向于"千人千面"和"千车千面"。未来，为了满足用户的个性化需求，每辆车的硬件可能都有一些不同，但更重要的是，每辆车的软件肯定会体现出明显差异。今后，软件在用户体验中占据的权重会越来越大，即使基于相同的硬件，也可以通过不同的软件提供完全不同的体验。就像今天的智能手机，很多人都使用同一款手机，但由于手机上安装的APP不一样，各自得到的体验也就不一样。未来的智能汽车一定也会如此。

赵福全：张总讲得非常好，这又引出另一个问题：现在很多企业都在与用户深度互动，让粉丝们在群里互相交流，车企由此就可以得到对产品的真实反馈和需求信息，也可以获得粉丝围绕产品改进提出的建议。

但这样做之后，到底车企的信息来源是更开放了，还是更封闭了呢？这是一个很现实的问题。我们不妨分析一下，在一个粉丝群里，大家都是某个品牌产品的用户或潜在用户，这些人都很关注和认可该品牌，又有实际用车感受可以提供，这对企业来说当然是一件好事。但从另一个角度看，粉丝会带着感情色彩看待该品牌，甚至下意识地觉得其产品已经达到了理想境界，同时大家的需求也很可能是近似的，这样会不会导致企业反而变得封闭了？结果是根据粉丝的反馈，一直感觉自己的产品很不错，可有一天看到别人的产品时，一对比才发现自己的产品已经落后了。

当然，张总刚刚也谈到了如何从用户以外的群体收集信息。非用户群体由于没有体验过某款产品，可能对产品的认识是片面的、主观的，但其反馈仍然非常重要。实际上，直接体验过产品的用户群体也不见得就是客观的，这就像每个人都觉得自己的孩子最可爱，其中的主观色彩可能反倒更浓。因此，问题的关键其实是如何做好平衡。对企业来说，肯定希望自己的用户群越来越大，而不是只限于一个小圈子自娱自乐。例如现在的信息推送机制，大家可能都有体会，很多客户端是根据用户的喜好来推送信息的，其他信息则被屏蔽掉了，结果我们看到的几乎都是自己想看到的内容。有些人会觉得这样体验更好，但反过来想，这无异于一种新的封闭。表面上看，我们身处信息高度开放的时代，但实际上却无法真正全面地了解外面的世界。企业的用户调研也面临类似的问题，您怎么看这个问题呢？

张晓亮：就像刚才说到的，我觉得这个问题还是要靠企业构建一个伟大的愿景，不断吸引更多的人加入到自己的群体中来解决。还是以蔚来汽车为例，尽管目前只交付了6万多辆车，但其APP上的粉丝数已经超过150万人，这表明被蔚来品牌理念和愿景吸引的粉丝数量远远超出了实际的用户数量，他们中的很多人都可以站在非用户的角度提供信息。我认为，车企能把粉丝和用户的比例做到这个程度就可以了。反观一些传统车企，一个问题是APP不只一个，有的品牌甚至有二三十个，每个功能都对应一个APP。另一个问题是只在官网上做运营，与APP等渠道其实处于割裂状态。这样根本无法把粉丝聚在一起，自然也就无法形成粉丝文化了。我觉得在互联网对汽车产业的影响和改造中，粉丝经济或者说种子用户模式是很重要的一点，这将给整个行业带来巨大变化，像小米模式就非常值得我们借鉴。

赵福全：这就是生态经济的价值所在。今后，可能有的人只是被某家车企的体验店吸引，喜欢到那里喝咖啡，或者读书、会友，最终也并不一定会买车。但只要他认可了这家企业的理念和文化，即使自己不买车也会向别人推荐这家企业的产品。因此，在未来的生态经济模式下，企业并不一定要把每一个人都发展成为用户，只要能吸引到足够的关注量就是成功。不像现在的4S店，有时消费者去了只看车不买车，还不受欢迎。我认为曾经的营销理念真的落后了，汽车企业应该更积极地探索新模式。

最后一个问题：汽车产品创新之前确实有不少做得不到位的地方，展望未来，我们应该如何更好地进行产品创新？应该说，社会变化之快超出想象，市场竞争一定会更加惨烈。要么是我们迭代进步得更快而领先于时代，要么是时代迭代进步得更快而把我们淘汰。我认为不只是企业如此，我们个人也是如此。展望五年之后、十年之后，您觉得汽车产品创新，包括与产品相关的用户体验及产业生态，会有哪些现在还想不到的变化？又会有哪些变化发展得比我们现在的预想更快？

张晓亮：从行业格局来看，现在是合资品牌占据绝对优势，近两年自主品牌的份额还有萎缩，不过我认为这只是短期变化。长期来看，合资品牌车企在产品创新的过程中，反而更有可能落后于时代，因为其普遍多元的股权结构和总部远在国外的治理结构会制约其迭代速度。部分反应迅速的自主品牌车企会表现得越来越好。

从发展方向看，企业如果只局限于围绕电动汽车进行创新，进步速度就可能慢于预期，毕竟电池仍属于大宗硬件，有产能和成本限制。而智能汽车会有更多创新机会，包括开辟很多全新的竞争赛道。本土车企具有独立的产品决策权和敏捷的组织响应能力，可以通过智能汽车的创新发展占领更大市场份额，这是中国本土车企绝地反击的大好机会。我认为对汽车产业来说，今天可能恰好到达了合适的时间点，就像当年家电、手机产业一样，在一个合适的时机就会有一批中国企业脱颖而出。在这个过程中，可能最终赢得优势的不是传统车企，而是新出现的车企，因为后者拥有新理念、新品牌、新产品和新模式。在未来五到十年，我们就会看到结果。

从创新理念看，我们对智能汽车的认知还需要进一步深化。例如智能汽车未来到底是以私人购买还是以运营公司购买为主，说实话，我现在也看不清。不过有一点可以肯定，那就是用户需要什么，企业就要提供什么。无论车辆的产权属于谁，只要能满足用户的真实需求就是成功。至于汽车的交易和使用模式，未来也会有更多的创新解决方案。例如租电方案，借助金融支持把电池证券化，这背后蕴含着全新的商业模式。这种租电方案对用户使用而言没有任何改变，却可以解决电动汽车购买后贬值快、残值低的问题。

从使用场景看，今后我们必须创造更多有吸引力的用车场景，让大家都喜欢用车，这可能是车企最重要的工作之一。因为未来最关键的问题不是消费者买不买车，而是消费者用不用车。如果大家都选择其他出行工具了，汽车产业也就失去了发展的基础和意义。在场景创新方面，中国有着非常优越的发展土壤。一方面，互联网的影响越来越大，而全世界只有中美两国拥有超大规模的互联网公司，特别是近两年来，中国在相关领域产生了越来越多的原始创新。另一方面，中国人的生活方式也使自己的场景丰富度超过国外。像盒马鲜生这样短途快速配送的商业模式，就与中国人的居住方式息息相关，因为在北京等很多中国大城市，三公里范围内有几十万甚至上百万人口是很正常的，为此建设门店完全划得来。而其他国家，包括美国，就做不了这种模式。基于这样的创新土壤，进行更接地气的本土化创新，重新定义新的用车方式乃至生活方式，这其中蕴含着很多机会。本土汽车企业完全可以抓住这些机会，先在本土市场占据优势，再向外输出创新模式。由此，中国汽车产业将迈上更高的台阶。

赵福全：讲得非常好。这一个多小时的交流，张总和我们分享了很多真知灼见，也让我们进行了很多深度思考。我想，汽车以及相关产业的从业者们，都能从中认识到汽车产业正在发生翻天覆地的变化，无论喜不喜欢，我们都必须告别过去、拥抱未来。在这个过程中，不仅要有思维方式和战略目标上的改变，也要有行动方式和战术措施上的创新。时势不等人，现在已经到了"不换理念就换人"的时候，我们一定不能再用旧赛道的策略去参加新赛道的竞争了。

对汽车产品而言，硬件始终重要，但软件更是未来方向。因为基于软件实现数据的有效利用，才能让汽车具备自我进化的能力，可以像人一样眼观六路、耳听八方，能感知、能决策、能执行，最终比人表现得更好。从这个角度讲，汽车产品创新仍要重视产品的功能和性能，更要重视用户体验。由此出发，汽车产业将迎来空前的发展机遇。

目前，一些新造车企业取得了不错的业绩，而本来拥有更强实力的部分传统车企，在新赛道上的表现却不尽如人意。究其原因，我觉得还是骨子里的认识问题，古人讲"知行合一"，企业如果认识不到位，是不可能做到愿景与行动真正匹配的。因此，张总特别谈到要做好"四个一致"的问题。以前很多企业，特别是中国车企，都存在宣传上有愿景、行动中没落地的问题，但那时大家赛道一致，后果相对还不突出。但未来面对全新赛道，大家的跑法可能都不一样，所有企业包括世界级大企业在内，如果做不到"四个一致"，就将逐渐被边缘化直至最终被淘汰。

总体而言，企业首先要有宏伟的愿景和清晰的品牌定位，之后要通过产品、技术、组织等支撑愿景的实现和品牌的塑造，在此过程中还要持之以恒、踏实努力。若非如此，企业标榜要成为智能出行企业是没有任何意义的，相反还可能产生副作用，因为消费者没有感受到与企业愿景、品牌相一致的产品及体验，就会有被欺骗的感觉。这样消费者不可能信任企业，更不可能帮助企业进行传播，甚至会出现反感情绪。因此，无论新旧车企，面对本轮产业变革和新四化大势，都必须坚守创新方向、坚持创新行动，而且必须快马加鞭，以免时不我待。

要知道产业变革一定是一个由量变到质变的过程。就像新能源汽车，市场占比从1%到5%的过程中发展速度不会太快，甚至可能出现徘徊。

可一旦占比突破一定比例，就会引发质变，因为届时产品的功能和体验、消费者的理念和习惯、基础设施的完善程度以及整个社会的消费文化都会大不一样。而量变到质变的转换可能突如其来，且快得超乎想象，企业等到巨变发生之时再去布局就晚了，必然陷入惨遭淘汰的境地。

　　展望未来，尤其是在智能汽车方面，我们应该对中国汽车产业充满信心。因为正如张总所说，中国有市场规模优势、互联网产业优势和特色生活方式优势。实际上，我一直强调智能网联汽车将是区域主导的产品，因为需要接入外部生态，而外部生态一定是具有区域特色的。例如，未来在北京应用场景下训练出来的智能汽车，开到上海去就会出现不适应，无法开出最佳状态。其实，人类驾驶者也是一样，北京的"老司机"到了上海高架桥上也一样不知道往哪里开。智能网联汽车的这种区域属性，将为同时掌握了天时、地利、人和的中国本土企业提供巨大机遇，而外资企业想要赢得这场竞赛，就必须实施更彻底的本土化战略。

　　最后，再次感谢张总的分享。

　　张晓亮：谢谢赵老师！谢谢各位网友！

06 对话李骏
——从"汽车定义软件"到"熵减"开发理念

赵福全：凤凰网的各位网友，大家好！欢迎来到凤凰汽车"赵福全研究院"高端对话栏目。我是本栏目主持人、清华大学汽车产业与技术战略研究院的赵福全。今天非常荣幸请到了中国工程院院士、中国汽车工程学会理事长、清华大学教授李骏先生来参加我们的对话。欢迎李院士！

李　骏：大家好！很荣幸接受赵福全教授的邀请，到这里和大家交流。

赵福全：本栏目已经迈入了第七个年头，您是第63场对话的嘉宾。本季栏目主题为"汽车产品创新"。李院士，您作为中国汽车工程学会理事长，是汽车行业的领军人。同时，作为中国工程院院士和清华大学教授，又是学界的权威专家。此外，您还有很强的企业背景，在担任行业领导和来到高校之前，您博士毕业后就一直在一汽工作，有30多年企业研发的实战经验，对汽车产品创新可谓了如指掌。

当然，我们今天这个主题并不是旧话重提。实际上，相比十年前甚至五年前，今天的汽车产品创新已经发生了翻天覆地的变化。原来汽车产品创新的目标是把车辆的功能和性能做好，而现在汽车产品创新更多关注的是体验和服务，特别是智能化、网联化等一些"看不见又摸不着"的内容，再加上汽车动力系统也正在发生根本性改变，这就使本轮汽车产品创新具有了全新的内涵。

李院士，您过去长期在企业一线领导产品开发，近几年来又站在行业高度目睹了很多企业在新形势下的产品创新。在您看来，与十年前相比，今天的汽车产品创新究竟发生了哪些本质变化？

李　骏：这个问题很大，我先说结论，中国汽车产品创新确实出现了本质上的改变。

我在一汽工作了 30 年，从 2005 年起主持一汽的产品研发。一汽是中国汽车工业的摇篮，也是中国汽车工业的一个缩影。我们不妨从一汽切入，简单回顾一下中国汽车产品创新的发展历程。中国汽车工业始于 1953 年一汽奠基，三年后第一辆解放牌卡车下线。之后就是所谓"30 年一贯制"，在当时的计划经济体制下，所有汽车都是按照国家计划组织生产的，下线后上缴国库并由国家物资局统一分配。也就是说，在解放牌卡车诞生后的 30 年里，企业没有经营自主权，利润全部上缴，加上那时政府财政也很紧张，无法为一汽提供开发新产品的资金，因此"老解放"一生产就是 30 年，这就是"30 年一贯制"的由来。那个时候虽然在产品上也有一些革新，但严格来说还不能叫创新，只能称为改良。

1986 年，时任一汽厂长的耿昭杰率领团队打破了"30 年一贯制"，研发出第二代解放牌卡车 CA141。这款产品按当时的标准属于自主研发，不过基本上还是以模仿为主，不能用今天的创新尺度来衡量。事实上，在那个年代，我们在技术、工艺、装备和经验等方面都存在很大不足，产品经常出现发动机拉缸、烧缸等让人头疼的质量问题，因此创新还不是我们关注的重点，这也是可以理解的。

进入 20 世纪 90 年代，中国汽车产业开始有了新变化，主要是中国车企陆续与国外车企成立了合资公司。当时，对合资公司有这样一个说法，即"引进、消化吸收、再创新"。其中，"引进"我们做到了，大量优秀车型进入中国市场；"消化吸收"也做得不错，很多产品的国产化率都达到了 80% 以上；至于"再创新"，我觉得总体上做得不够理想。

实际上，中国汽车产业真正开始自主创新是在 2000 年之后，从自主研发的第一代产品开始。以一汽为例，当时我们做发动机研发，基于多年的积累，开始自己提出一些新概念。我一直认为，概念创新才是最大的创新。同时，针对燃烧、电控等棘手问题，我们实施了"斩首行动"，进行重点攻关。这其中，解决电控问题尤为重要，能自主研发电控系统是非常关键的创新突破。时至今日，国内也没有几家企业全面掌握了整车、发动机、变速器以及后处理等的电控技术。由此也可以看出，汽车产品创新是渐进式的，如果没有足够的积累，是不可能达到高水平的。因此，企业应该时刻坚持进行创新积累。

现在，很多企业对自身的创新总是喜欢强调原创，其实所谓原创也都是在前人创新工作的基础上产生的，我觉得这并不是问题的关键。关键是企业一定要依靠创新发展，而不是只拿创新作为点缀。这也是当前汽车产品创新与从前的本质区别。

十九届五中全会明确提出，到2035年，中国要进入创新型国家前列。而"十四五"期间，即2021—2025年，无疑是中国建设创新型国家的关键时期。创新型国家必须要有创新型企业作为支撑，特别是像汽车这类战略性支柱产业的企业更是责无旁贷。也就是说，今后中国汽车企业必须全方位依靠创新发展，而不是寄希望于搞出几项"黑科技"来作为点缀。无论是战略规划、组织架构、经营模式，还是产品内涵、核心技术，都要通过创新来实现发展、取得突破，而不是跟在别的企业后面亦步亦趋。可喜的是，我们看到现在中国已经有一些车企真正把创新作为自己的发展动力和品牌内涵，踏踏实实认真践行着创新发展。

赵福全：李院士从中国汽车产业的发展历程出发，谈了自己对当前汽车产品创新发生本质变化的认识。在您看来，中国汽车产业的产品创新可以分为四个阶段：第一，在中国汽车产业发展初期，我们主要是针对产品质量问题进行一些改良性工作，或者说，是在产品基本层面上进行创新积累。

第二，进入合资时代后，我们引进了很多国外车型，进行了消化吸收，并希望在此基础上实现"再创新"的突破。不过，当时中国车企的产品创新还处于学习阶段，基本上停留在"照猫画虎"的水平。

第三，2000年后，中国车企开始真正自主研发产品。此时还谈不上全方位创新，主要通过跟随式创新来提升产品竞争力，并在某些瓶颈问题上寻求突破。同时，企业也开始重视创新方面的宣传。显然，这一阶段的创新没有涉及汽车产品在本质上的改变。

第四，当前国内外政治经济环境发生了重大变化，同时，产业本身也正在经历前所未有的重构，中国汽车产业由此进入了全面创新的新时期。未来，要想赢得日趋激烈的市场竞争，仅靠某一方面的创新已经不够了，企业必须进行全方位、全要素的全体系创新，这就使创新的内涵和要求与从前完全不同。原来，企业主要靠创新解决单一方面的问题，属于锦上添花。未来，企业要靠创新获得核心竞争力，实现长治久安和可持续发展。同时，技术创新固然重要，但也只是一个方面，未来企业除了做好技术创新外，还要做好运营管理、组织架构设计、人力资源管理和品牌建设等方面的全体系创新。这些创新缺一不可，否则就无法支撑企业的可持续发展。这方面的实例比比皆是，例如有的企业技术非常先进，可并没有在市场上赢得认可。有的企业在技术上并不是顶尖水平，但其他方面都做得不错，最后发展得就非常好。

您结合自己多年在企业工作的经历，现在又站在国家创新发展的战略高度，对中国汽车产品创新的发展历程和本质变化进行了高度凝练的系统梳理，这是非常难得的。

接下来想与李院士交流的是，在产品创新层面，您认为企业应如何在发展战略、品牌定位、运营管理与核心技术等方面进行创新并形成合力？各个领域的创新与全体系创新之间的逻辑关系是怎样的？哪些方面属于产品创新的核心部分？又有哪些方面属于外延部分？

李　骏：这个问题非常复杂，涉及创新型国家及创新型企业如何打造的问题。我觉得最核心的是，今天我们不能再把创新看作"术"，即战术；而是要把创新看作"道"，即战略。

第一，企业战略一定是基于创新制订的，或者说，企业的一把手必须坚持创新，这是最重要的。企业没有把创新放在战略层面，或者说一把手没有把创新提升到战略高度，是很难成为创新型企业的。

第二，企业需要先把整体架构的创新做好。包括产品创新、管理创新、经营创新和市场服务创新等，共同构成相互关联的一个完整体系。只有把体系架构的创新做好，才能形成多方面创新的合力。就像您刚才提到的情况，有些企业技术非常好，可发展得却不太好，这并不是说技术创新没有价值，而是说技术创新在这些企业的体系中没有充分发挥应有的作用。反之，如果企业的体系架构创新做得好，技术创新就可以最大化地发挥作用。

举个例子，前段时间比亚迪推出了刀片电池，备受业界关注。这家企业的掌门人王传福在战略上一直坚持创新驱动，致力于用全方位的技术创新推动企业发展，整个企业的资源和业务也都围绕技术创新来配置和展开。我想，这是比亚迪能推出刀片电池的根本原因。更为难得的是，这家在电池技术上有较深积累的企业，并没有忽视传统动力技术的创新。近期又推出了热效率达到43%的汽油机。熟悉发动机技术的同仁们都知道，要实现43%的热效率可不简单，甚至需要颠覆此前的汽油机结构。过去，高速汽油机的缸径行程比通常只能做到1左右，因为缸径行程比过高，很难控制好活塞与缸体的间隙；而现在比亚迪的这款发动机把缸径行程比做到了1.28，这就使缸内气体膨胀更充分，发动机效率更高。

因此，企业只有把自身的战略建立在创新发展上，并进行系统性的创新布局，才能不断完成深度创新，最终产生颠覆性的创新成果。而颠覆性的创新成果作用于产品、营销和服务上，又是对品牌的最好诠释和提升。在很大程度上，品牌的知名度和美誉度必须依靠实实在在的创新成果来支撑，即一定要让创新扎根、结果，而不是包装几个亮点、开几个发布会就可以的。

十九届五中全会后，我国建设创新型国家正进入新阶段，而创新型国家需要创新型企业。试想，如果中国有10个华为会是什么情况？如果汽车行业有10个比亚迪又会是什么情况？因此我认为，企业的体系创新非常值得重视和研究，现在很多企业还没有做到这一点。

赵福全：国家有创新发展的总体战略，各个企业也应该有自己的创新子战略。李院士分析得非常到位，现在已经到了企业唯有依靠创新才能不断发展的时候，必须把创新打造成整个企业的根基，使之成为企业的文化和基因，而不只体现在研发或销售等某个部门。

为此，企业首先要有大战略，领军人要从骨子里相信，只有创新才能驱动企业可持续发展，才能确保企业"长治久安"。也就是说，创新不是战术问题，而是战略问题。其次要进行全体系创新，一方面把已有积累的创新要素做大、做强、做深，另一方面把尚有不足的创新要素填平补齐。最后要形成坚持创新的内生力量，要让创新成为企业固化的价值观，形成创新的文化和基因。这样面对各种困难和挑战时，企业才能毫不动摇，坚持创新。

以比亚迪为例，王传福之所以倾力发展电池技术，是因为他相信这是未来产业发展的大方向。有了这样的战略定位，企业就会坚定创新方向，全方位地调配资源为之努力。而如果企业没有明确的战略定位，只是"一时兴起"想试一试，或只是某个部门觉得应该做，那最终是很难做成的。因此，企业的创新大战略至关重要，有了大战略才能拉动各个部门共同进行全方位的创新并一直坚持下去，而企业的创新文化和基因也只有在长期坚持创新实践的过程中才能逐步形成。

显然，比亚迪能推出刀片电池，不只是研发部门创新设计出新型电池结构的问题，而是企业全方位创新的成果，包括工艺、装备、资本以及市场等多方面的创新努力。例如在资本方面，如果企业领军人没有决心，是不会在这一方向上持续投入的。大家都知道发动机行业是重资产，其实电池行业更是重资产。最后，企业做出的创新产品，只有销售出去，才能真正获得行业和社会的认可，因此市场方面的创新也不可或缺。

此外，谈到体系创新，实际上体系也有大小之分。在企业层面，相对总体战略而言，研发只是战术之一。而在业务领域层面，研发本身也有自己的战略，各项研发内容则是其中的战术。这样，在企业大战略的指引下，逐级分解落实，就可以有效凝聚创新力。

您刚才还提到了一个核心观点，未来中国只靠一两家创新企业或一两个创新产业是不可能成为创新型国家的。也就是说，从国家层面看，也要坚持全方位创新，正所谓"一花独放不是春，百花齐放春满园"。大量创新型企业，将为中国成为创新型国家提供根本支撑。

我们回到产品创新的主题。产品最终要交付给消费者，那么企业怎样知道消费者到底需要什么呢？过去企业主要依靠调研公司来获取信息，进行所谓 VOC，即客户之声的调查。另外，4S 店也可以收集一些数据，而企业有时也会自己做一些市场调研，多年来一直如此。可这些调研结果存在很大偏差。今后，产品的体验和服务将越来越重要。您认为在新形势下，企业怎样才能了解客户的真实需求？尤其是体验方面的真实感受，这里面还有一个产品迭代优化的问题，产品没有交付给客户就没有体验，没有体验就没有客户反馈，没有反馈又如何准确指引产品创新呢？

李　骏：从汽车产业过去的经验来看，由于产品必须满足客户需求，在很大程度上可以说是客户需求定义了产品。未来是否还会如此？我个人认为会有很大变化。

VOC 确实能反映客户的需求，严格来说是一部分客户的需求，这是其第一个特性。客户需求始终是产品开发的前提，如果企业开发的产品不能满足客户需求，就根本不可能在市场竞争中胜出。但只是满足客户需求，并不足以确保胜出。例如，如果产品趋于同质化，与其他企业的产品相比就不会有竞争优势。

VOC 的第二个特性是模糊性，客户的反馈往往是不确切的，可以有不同的解读。不同的解读就会产生不同的结果，甚至可能导致企业开发的产品背离客户初衷。

VOC 的第三个特性是时效性，它所调查的只是现在或过去一定时段内的客户反馈。企业开发的产品往往三年之后才能投放市场，但 VOC 反映不出三年之后的客户需求。事实上，VOC 的基础是统计学，而采用当前的统计分析结果推演预测未来的情况是有很大风险的。因此，VOC 只适用于定义产品最基本的属性，而不宜用于定义产品的创新功能和性能。

为避免同质化，形成特色竞争力，必须做好汽车产品的必备属性、竞争属性、魅力属性。通常，竞争属性和魅力属性只有依靠创新才能真正做好。同时，对企业来说，产品创新还必须解决成本问题，即产品价格不能超出目标客户能接受的范围，这对品牌溢价力较低的中国车企挑战更大。而解决成本问题也需要创新。例如比亚迪的刀片电池，据企业介绍，成本能做到 0.3 元/瓦·时，这样就能大幅降低电动汽车产品的成本。这一系列创新都需要企业认真分析，准确识别哪些创新需求能从 VOC 中提炼出来，哪些不能。

我们刚才谈到了创新型国家和创新型企业，实际上，如果总是基于

VOC 来定义产品，就只能做一个跟随者，无法成为引领者。而真正的创新型企业一定是引领者，例如华为，就是已经走进"无人区"的企业，其创新已经没有前人的经验可以参照了。苹果公司的联合创始人乔布斯说过："我从来不相信 VOC，因为我是引领者。"因此，产品创新不能不依靠 VOC，也不能只依靠 VOC。

未来，一家成熟的企业在很大程度上应该自己定义 VOC，自己设定客户群。特别是在开发创新产品时，应该定义新 VOC，开发新客户群。当前，"90 后""00 后"年轻消费者有不同的需求取向，这些恰是我们在产品创新中应该关注的重点，而不是机械地遵从 VOC。

赵福全：如您所说，VOC 更多的是基于客户对现有产品的所见、所闻、所感而提炼出的产品需求。这个需求其实是基于局部的、过去的客户反馈，企业可以将其作为产品基本特征的参考，但如果完全依靠 VOC 来定义产品，是很难在市场上实现引领的。也就是说，过多依赖 VOC 的企业只能是跟随者，产品竞争力有限，且很容易同质化。我非常认同这一点。

这就引出了一个新问题，也是所有车企都难以回避的问题，就是对汽车这样一个有着一百多年历史的传统大产业，今天我们究竟还有多少创新的机会？又该如何把握？当前汽车产业正在发生深刻变革，这给我们带来比以往更大的创新机会，可有多少企业能在变革中看得远、看得清、看得准呢？同时，在产业变革的进程中，创新的空间会不会逐渐缩小？例如苹果公司曾引领智能手机的潮流，但随着智能手机的普及和其他公司的进步，他们现在也面临产品创新不足的诟病，至少与其他产品相比，其领先程度已经越来越小了。可能有一天苹果的产品也会同质化，从而使企业的竞争力显著下降。对汽车产业来说，在新形势下，企业最理想的情况莫过于出现一位天才，能超越消费者和同行进行高瞻远瞩的创新判断与实践。但即使如此，仍有一些现实问题无法逾越，包括这种开拓性创新在技术上能否得到足够支撑？在成本上又能否处于消费者可接受的空间？

对此，技术决策者在新形势下有没有更好的手段来识别产品创新方向？只寄望于天才肯定不行，只靠想象力肯定也不够。您刚才谈到，概念创新最重要，确实如此。当前，汽车产品创新面临的最大问题不是做不出，而是想不到。那么，怎样才能让消费者一看到产品就下意识地发出赞叹，即打造出让消费者感到惊喜的创新产品呢？请您谈谈自己的看法。

李　骏：这就涉及领导者的智慧问题。过去，产品决策往往只能靠领导者自己"拍脑袋"，或者说是靠多年历练出来的"第六感"。而现在，互联网产生的大数据能帮助人们提升智慧，这样就可以从大数据中更准确地挖掘出产品创新的方向。不过，大数据分析也只是一种手段，并不能解决传统 VOC 存在的所有问题。

就这一点来说，如果沿着固有的赛道前进，创新是有局限性的，很难做到无限创新。例如还是按 VOC 的思路，即使用上了大数据，也难以取得革命性的突破。为实现突破，就要换道，用全新的思路来考虑创新。这就是所谓"换道超车"的含义，前提是你先要有在新赛道上驾车的本领。当前，汽车产品创新就面临这样的局面，已经到了必须换道、跨界的时候。未来汽车产品创新一定要"眼观六路、耳听八方"，不断拓宽视野和思路。只有转换赛道，才有可能找到或开辟出红海市场中的蓝海。我如果现在还担任企业的 CTO（首席技术官），要做的一定是转换赛道的工作。实际上，我在 2016 年就建立了中国第一个汽车 AI（人工智能）实验室，设在电子科技大学，因为那时我就已经认识到人工智能对未来汽车发展的重要性。为什么高科技公司可以拥抱 AI，而传统车企就不能拥抱 AI？在我看来，车企不能拥抱 AI 的原因主要还是把自己定义成了"传统"企业。企业领军人总是用旧思路考虑问题，就会下意识地沿着老路走，其实只要换一个赛道，就会海阔天空。未来，所谓"汽车+"，即交叉融合，将是汽车产品创新的重要方向。

赵福全：在当前产业重构的前景下，汽车企业一定要积极拥抱其他领域的技术进步，使之为我所用。切不可思维固化，一直停留在原地。唯有不断拓宽思路，尝试新赛道、转战新战场，才能把产品创新做得更好。

李　骏：是的，我一直在讲"融合一体化"创新，即在两个领域的边界上寻求创新。新时期汽车创新的范围是很宽泛的，不像过去只能关注发动机、变速器等核心技术，现在汽车企业的创新空间非常宽广。

举个例子，前段时间我给比亚迪提出一个建议，我认为他们做到现在大可不必还把自己研发的动力系统称为混合动力。混合动力的概念最早是丰田汽车提出的，而比亚迪的动力系统是把发动机做得尽可能小，同时主要依靠电池来给车辆供电，而电池也尽可能做得不太大，这其实已经与丰田提出的混动概念完全不同了。因此，比亚迪没必要称自己的成果为混合动力。

随着电动化技术的发展，电池成本已经降低了很多，发动机完全可以和更大的电池搭配应用。为此，我提出了一个"复合动力"概念，即电池和发动机的比例可以灵活调整，目前正在做相关研究。未来，在电池的配合下，发动机可以不再关注较大工况区域内的效率，而只需追求较小工况区域内的高效率，这样就可以改变发动机的结构，例如把活塞行程做得很长，甚至汽油机也可以采用压燃方式。如果汽油机采用压燃方式，就可以由定容循环转变为定压循环，热效率就会大幅提升。实际上，目前柴油机和汽油机热效率的差异主要就源于此。现在，比亚迪新研发的发动机热效率达到了43%，我觉得后续他们可以做到45%甚至更高。

赵福全：我认为，当前在混合动力系统中，过分关注了发动机的作用，而弱化甚至忽视了电池的作用。原来电池受限于自身问题，只能担当替补队员的角色。而现在电池技术已经取得了巨大进步，完全可以与发动机同等看待了。正是从发动机和电池互动的角度出发，您才提出了"复合动力"的概念。

李　骏：因此，我给比亚迪的建议是，其动力系统应该称为"电混"或"复合电混"，而不是混动，混动还是以发动机为主。随着电池技术的不断进步，发动机最后的作用无非是在车载状态下发电。我想，这个例子就是今后汽车产品换道创新和融合创新的具体体现。至于电动汽车接入电网充电和发动机车载充电两种方式，究竟哪一种在车辆全生命周期内的碳排放量更低，或者说更环保，还需要进一步研究。毕竟，在中国的电网中，目前煤电占比还比较大，同时电能在传输过程中也有损耗。

赵福全：我总结一下刚才讨论的内容。对于客户之声，即VOC，原来主要依靠市场调研，也能满足基本需求。而现在有了大数据，相当于得到了更多输入，这样我们对未来产品需求的预测就可以更准确。

不过在VOC模式下，即使应用了大数据分析，也还是存在局限性。第一，大数据依然是对既有数据的统计。第二，大数据没有排他性，理论上一家企业能拿到的数据，其他企业也能拿到。也就是说，并不是VOC数据多了，企业产品创新的能力就强了。说到底，大数据只是一种工具或者说手段，做出正确的判断还是要靠企业领军人的智慧。虽然做好产品创新不能指望天才，但确实需要企业领军人具有颠覆性的思维，能对市场需求有前瞻性的把握。

同时，在产业全面重构的新形势下，为打造出让消费者惊喜的产品，车企必须考虑更多的创新要素。就是说，新时期汽车产品创新必须转换赛道。打个比方，我们不能只盯着眼前的一口井，如果大家都靠这口井喝水，最后很可能无水可喝。相反，我们要放宽眼界，看到井的后面还有河，河的后面还有海。这样跳出旧思路、进入新赛道后，很可能就海阔天空了。不同于"弯道超车"，所谓"换道超车"意味着要有新赛道，进入一个全新的世界。不过，这并不意味着要完全摒弃旧赛道，毕竟汽车还是汽车，其基本要求不会有丝毫降低。但未来汽车一定要有新能力，插上"新翅膀"。

关于换道思维，您还举了一个具体例子。在传统的混合动力概念中，发动机和电池的组合是以发动机为主，致力于把发动机的性能用足，同时以电池为辅，因为此前电池的成本较高。而现在情况有了很大变化，电池的成本已经大幅降低，可以由配角转变成主角了，相应的，发动机的作用也将随之发生质变，逐渐以发电为主要作用。这时就应该重新评估和定义混合动力的概念，因为发动机和电池的比重和角色正在发生变化。

李　骏：因此，我在2016年就提出，混动系统中发动机应该做减法。

因为动力组合中增加了电池和电机,而客户对成本的接受度是有限的,对发动机和电池、电机都做加法肯定不行,发动机必须做减法。在保障性能的前提下,谁的减法做得好,谁的动力系统成本控制就能做得更好。

赵福全:的确如此,未来创新不能只盯着自己手里有限的资源,而是必须做好"跨界"资源的组合和整合。在本质上,发动机之所以能做减法,是借助了"外部资源"电池电机的优势。万物互联之后,一切资源都可以"为我所用"。各方参与者要有效分工、协同合作,并在此过程中各取所需,获得自己需要的收益。缺少任何一方的资源,其他参与者都很难完成创新,因此组合创新将成为常态。而达到融合创新的高度时,就会产生更大的价值。从这个意义上讲,今天企业不能总想着关起门来"偷偷"把自己的产品做好。实际上,其他企业具备的资源及能力在产品创新中是必不可少的,唯有组合创新乃至融合创新,才能产生价值倍增的效果。

李 骏:我们都是做发动机出身的,不妨再举一个这方面的例子。很多企业多年前就在研究HCCI(均质压燃)技术,但HCCI技术一直没能在汽油机上普及,因为汽油机独自驱动车辆时,必须满足多种复杂工况的输出需求,而在HCCI模式下要做到这一点非常困难,或者说只靠汽油机自身创新几乎没有解决问题的可能。而现在我们把汽油机与电池、电机组合起来,情况就不同了。主要用于发电的汽油机工况区域大大收窄,这样HCCI技术就有了大显身手的可能,从而显著提升汽油机的热效率。可见多领域交叉、组合式的融合创新至关重要,不仅可以开辟产品创新的新赛道,还可以拓宽旧赛道,让原本找不到答案的难题获得新的解决方法。

赵福全:您讲到多领域交叉、组合式的融合创新,让我想到了一个新问题,就是怎样才能做好多种资源组合的创新?过去的创新方式,企业可能觉得更受控,只要基于自身的资源努力做到更好即可。而未来组合式的融合创新,必须用到其他企业的资源。

对此,很多企业都有困惑和担忧。包括究竟怎样才能把别人的资源拿来为我所用?怎样通过组合各种资源形成自己的核心竞争力?在这个过程中，应该怎样进行商业模式创新？与其他企业合作，自己的核心技术会不会被拿走？自己会不会变成给合作方打工？如果合作方转去和自己的竞争对手合作，又该怎么办？归结起来，主要有两大问题：一是自己能掌控多少资源？二是怎样确保比对手更有竞争力？对这些问题，您是怎样看的？

李　骏：对企业领军人来说，这的确是让人非常焦虑的问题。当前，人类社会正处于知识和技术爆炸的时代，汽车企业需要在很多方面进行换道或者说转型，然而在新领域内，企业自身往往没有足够的知识和技术储备。对此，企业可以选择自己开发技术，或者直接购买技术，可当前汽车产业涉及的技术领域越来越多，一定有一些技术是自己做不了又买不到的。因此企业必须选择第三条路，就是合作，这是一种战略上的必然。而要开展合作，就不得不面对您刚才提到的一系列问题。需要说明的是，整车企业在自主开发技术时，也涉及与供应商分担支出、共享收益的问题，并且在新形势下，整供双方的关系正在发生变化，这其实也是一种合作模式，同样需要创新。

在我看来，不管采用哪种方式获得技术，企业都应参照以下三个基本原则：第一，必须守住"红线"，即确保企业安全。如果自己提供的相关技术被别人掌握，企业会变得不安全，那这种合作就毫无意义。试想，生存都失去了保障，还谈什么发展？第二，必须自己牢牢掌控核心技术，以免被别人"卡脖子"。当前，世界政治经济形势面临百年不遇之大变局，后续"卡脖子"的情况恐怕会愈发严重，企业要高度关注。第三，必须基于自身的战略需求和思考进行系统布局。领军人尤其要想清楚，企业行动的目标究竟是短期、中期还是长期的？是为了眼前两三年的生存，还是为了未来十年乃至更长时间的可持续发展？这将直接影响企业的布局策略。

至于具体应该在自主研发、外部采购和合作获取中选择哪种方式，我觉得只能是因企业而异、因技术而异，不能一概而论。现在不少企业今天想着自研外购，明天又觉得应该进行合作。或者今天找这家企业合作，明天又去找另一家企业合作，这些都是自己没有先想清楚造成的困惑。

赵福全：的确，现在不少企业家都处在焦虑之中。如果不与其他公司合作，就感觉自身实力不足以应对产业的新变化。可与其他公司合作又担心被"绑架"，失去主导权和话语权。这样左右摇摆，前后纠结，始终没有清晰的思路。

李　骏：这是企业在未来发展战略中必须明确的首要问题。企业情况各不相同，并没有统一的答案可循，不过都可以按照前面所说的三个原则自行思考、自开药方。

我想强调一点，如果企业完全没有自己的核心技术能力，就不可能打造出有竞争力的产品，也不可能树立起优秀的品牌。这样的企业无以立足，根本没有资格参与合作。因此，企业领军人必须时刻自问——对产品涉及的核心技术，自身究竟掌控了多少？面向未来的下一代产品，又涉及哪些必须自己掌控的核心技术？这些事关企业生存基础的所谓"硬核技术"，就像饭碗一样，必须牢牢抓在自己手里。

实际上，国际一流车企无一例外，都是自己掌控汽车核心技术的。过去，汽车的核心技术是发动机、变速器等，现在汽车的核心技术增加了电池、电机等，后续包括芯片等都可能成为汽车产品必不可少的核心技术。这是产业重构的新时代带给我们的挑战，同时也是新时代带给我们的机遇，企业对此必须高度关注。

赵福全：我想关键还是企业怎样定义自身核心竞争力的问题，这个定义与企业的规模和能力有很大关系，并不是静态的，而应随着企业的发展逐步有序扩展。当然，我们必须认识到，一家企业未来无论规模多大、能力多强，也不可能拥有所需的全部资源，因此必须通过合作借助其他企业的资源来提升自身产品的竞争力。在这个过程中，企业必须基于对自身核心竞争力的清晰定义，确保自己牢牢掌控一部分关键资源，同时与其他企业合作，以换取另一部分关键资源，这样才能实现合作共赢。现在，有的企业没有想清楚这一点，就在纠结中到处寻求合作，又和谁都不愿深度合作，这样企业的资源将一点点被稀释，最终无法形成自己的核心竞争力。

李院士刚才谈到了非常重要的一点：创新的目的是实现企业的可持续发展，而企业的可持续发展必须依靠核心技术。对于必须掌控的核心技术，企业可以自行开发，也可以外部购买。但买来之后一定要努力消化吸收，使之成为自己的技术，甚至能在原来的基础上做得更好。还有的核心技术无从购买，就需要先通过合作获得。同时，企业必须加紧努力，逐步掌控这部分核心技术。而对那些非必须掌控的技术，或者掌控成本过高的技术，企业应始终通过购买或合作的方式获得。

未来，随着产业向新四化方向不断发展，汽车核心技术将变得更重要、更广泛、更多元、更交织，所有企业都必须与其他企业进行合作才能获得所需的但自己并不拥有的相关技术。对此，我们必须认识到：第一，企业拥有自己的核心技术是参与分工协作、融合创新的前提，否则将毫无主动权可言，也不可能保证合作的可持续性；第二，在合作过程中，企业一定要坚守自身的安全底线。如果为解决眼前生存问题而放弃底线，就如同饮鸩止渴，企业最终肯定还是会被市场淘汰；第三，企业应结合自身发展战略选择合作的时间期限和模式。一般来说，短期合作是为解燃眉之急，在合作的同时，企业应尽快掌控相关核心技术。而对企业不应或不能掌控的核心技术，则应设法建立长期合作关系，以支撑企业的可持续发展。

下面，我们来谈谈汽车产业的发展方向。未来汽车一定是智能化、网联化的，由此也产生了"软件定义汽车"的概念。实际上，这个说法在业内一直存在争议，大家对其内涵也有不同认识。那么，我们究竟应该怎样理解"软件定义汽车"？难道未来汽车硬件就不重要了吗？像芯片等硬件又会起什么作用？另外，"软件定义汽车"对传统车企确实构成了挑战，因为软件方面的能力是其不具备的，但新造车企业就一定具备软件能力吗？即使是拥有IT背景的新造车企业，恐怕也不能说已经具备了汽车所需的软件能力。当然，相对而言，这些企业对软件的理解可能会更深刻些。近期，您曾在一个行业会议上提出"软件定义汽车，数据设计汽车，芯片制造汽车"。请您为大家解读一下"软件定义汽车"，尤其是软件与数据、芯片之间的关系。

李　骏：第一个观点，我想纠正一下"软件定义汽车"这个概念，我认为正确的表述应该是"汽车定义软件"。否则，做软件的企业都可以做汽车了，这与事实不符。

我应该可以算是汽车业内最早在国家层面上做软件的人之一。记得十几年前工信部组织了一个名为"核高基"的大工程，即核心电子器件、高端通用芯片和基础软件产品，当时我们团队承担的是发动机软件任务，做出了国内第一套专门研发发动机的计算机软件。因此，对软件开发，我还是比较了解的。

软件开发首先要确定需求。如果没有需求，就建立不了模型；而没有模型，就写不出算法。从这个意义上讲，"软件定义汽车"只是表象，汽车人对此不必太过焦虑。汽车本身是一种复杂的运动机械，而且产品细分种类众多、使用场景各异，各有不同的需求。所有这些需求都要基于汽车的功能来满足，尽管未来很多功能是由软件实现的，但软件本身是由产品需求决定的。因此，从事物的本质看，并非"软件定义汽车"，而是"汽车定义软件"。或者说，从设计的角度看，是"软件定义汽车"；而从应用的角度看，是"汽车定义软件"。当然，无论概念如何界定，有一点毋庸置疑，就是在未来汽车上，软件的比例一定会越来越大。

赵福全：此前，汽车是以硬件为主的机械产品，其中也有少量嵌入式软件，但软件所占的比例很小。而未来，汽车将是以软件为主的机电产品，软件的占比会越来越大，从而使汽车的属性发生根本改变。同时，硬件和软件的开发要基于完全不同的逻辑和方法：硬件必须换代升级才能实现技术进步，而软件则可以通过迭代开发及OTA技术进行在线升级，以实现产品的不断完善和技术的持续优化，满足用户日益提升的体验需求。我认为，未来最好的汽车一定是软硬件能力都得到充分发挥，并且结合得最好的产品。为此，我们还要把制造业思维与互联网思维有效结合起来。

李　骏：我们必须清楚，并不是说软件的占比越来越大，汽车就不再需要底盘、车身和轮胎等硬件了。这些硬件仍然是必需的，将会继续存在，只是汽车仅有这些硬件已经不够了。虽然硬件的技术也在发展进步,但很大程度上,汽车硬件将逐渐成为车企的基本功。相反,汽车软件的较量才刚刚开始,后续会越来越重要。也就是说,未来汽车设计开发人员要把更多的时间和精力倾注到软件方面,尤其是要做好软件与硬件的有效结合,这样才能更好地实现未来汽车所需的功能,避免出现目前一些穿戴式智能产品功能华而不实、平白增加成本的问题。同时,这也是确保未来汽车产品在安全方面万无一失的需要。

赵福全:您的这个观点非常重要。"软件定义汽车"可能是行业内外当前争论最多的焦点问题之一。一些来自"业外"的参与者认为,汽车硬件将不再重要。而汽车人则反驳说,汽车硬件怎么可能不重要?如果没有硬件,软件控制什么?实际上,未来硬件仍然重要,但只是汽车的躯壳,而软件将赋予汽车灵魂。如果说此前汽车硬件既是必要也是充分条件,那么未来汽车硬件只是必要条件了,软件才是充分条件。

此外,尽管软件在汽车上一定会越来越重要,但软件仍然是由汽车本身的功能需求来定义的。因此从本质上看,与其说"软件定义汽车",不如说"汽车定义软件"更符合逻辑。从这个角度看,汽车软件的作用实际上是把汽车硬件的能力发挥到极致。

李 骏:下面谈谈我的第二个观点,即"数据开发汽车"。其实,过去我们也是利用数据开发汽车的,在产品开发前和开发过程中要参考、使用和产生大量数据,包括通过整车和零部件试验及仿真分析来完成辅助设计和设计验证,例如计算机辅助工程中的静态、动态等分析,以及试验场上的搓板路、水泥路等测试,实际上都是利用数据来开发汽车。

而现在开发智能网联汽车更依赖于场景数据,一方面场景数据量非常大,过去我们所用的载荷谱数据量完全不能与之相提并论。如果不掌握应用场景的主要信息,就无法进行未来汽车产品的开发。另一方面,现在汽车上用到的软件越来越多,软件不仅产生大量数据,还需要基于大量数据来迭代优化。因此,未来"数据开发汽车"是必然趋势。

由此,我们也可以理解特斯拉市值高涨的原因。因为特斯拉通过产品自动驾驶系统中的影子模式功能,搜集了大量车主真实运行环境信息,拥有了目前全世界绝大部分应用场景数据。我认为,这些数据是特斯拉高市值的重要支撑。为此，我建议传统汽车企业提高对数据资产的重视程度，并尽快采取相应行动。

我的第三观点是"芯片制造汽车"。为什么特别强调芯片？并不是说未来制造汽车不需要钢铁、橡胶、塑料和玻璃等材料了，只不过相比于这些常规的必备材料，芯片将成为制造汽车产品时更核心的"卡脖子"环节。汽车企业必须充分认识芯片在汽车产品上的价值，尤其要关注芯片在汽车产品PLM（产品生命周期管理）中的匹配问题。

因为芯片的生命周期与汽车的生命周期是不一样的，如果更换芯片，就会对汽车产品产生很大影响，这一点我深有体会。过去，开发发动机电控系统时，我就曾与芯片供应商讨论过这个问题。作为车企，我们必须知道芯片的生命周期是多少年，下一代芯片的结构和性能是怎样的，大致什么时候推出。否则，如果芯片突然从单核变成三核，那整车上各种软件功能就都要重新配置和设计，产品开发没有提前准备怎么行？因此，芯片对未来汽车产品是非常重要的。

还有一点值得重视，前几天我在中国工程院"交通治理智能化"项目研讨会上指出，智能汽车将装备很多传感器和计算单元，而传感器和计算单元的核心都是芯片。今天谈到这里我不禁想到，如何制造这样满载芯片的智能汽车将成为一个新的问题。未来制造业向智能制造的转型升级，落在汽车产业上就是要做好智能汽车的智能制造。汽车智能制造中很关键的一部分就是芯片制造。车企越早看到这个趋势，越早布局，就越有可能赢得先机。这可以说是我们对话交流碰撞出的思想火花。

赵福全：我愈发感到，这个对话栏目有一种奇妙的效果，就是在思想与思想的碰撞中，会在不经意间迸发出新思想的火花。刚才您的分享非常精彩，相信会给大家带来不少启示，甚至可能一句话就能点醒处在困惑中的企业领军人。

从应用角度看，不同种类的汽车有不同的应用需求，而相关软件可以让各种汽车都变得更智能，直至让汽车拥有不断自我进化的能力。因此，软件的作用至关重要。但同时您特别强调，汽车产品开发的核心是数据。实际上，软件最重要的价值就体现在产生和回收数据上。此前，汽车上使用的嵌入式软件不能产生数据，更不能实现数据回传，只能起到一定的功能控制和性能优化作用。由于数据量少，而且没有场景数据，数据带给汽车产品的提升极其有限，这样的产品未来是没有竞争力的。反过来讲，如果在产品投产之前就有大量数据可用于设计优化，在产品投产之后还能不断收集数据进行持续优化，汽车产品就可以真正形成自我进化的能力。

此外，芯片也将在智能汽车中发挥关键作用，因为芯片承载着数据的处理能力以及软件的运行能力，没有芯片自动驾驶等功能都无从实现，再优秀的汽车硬件也发挥不了太大作用。也就是说，芯片作为智能汽车的大脑，将成为未来汽车产品的核心。同时，芯片还将成为汽车智能制造中的关键环节。

刚刚谈到，从应用的角度，汽车定义了软件；从设计的角度，软件又定义了汽车。这就引出下一个问题：在软件主导的新时代，您认为整车企业的核心竞争力是什么？如果是软件能力，又该是哪些软件？是应用软件、操作系统，还是基础架构平台？您能否分享一下，整车企业的软件"红线"在哪里？就是说，有哪些软件即使眼前还无法掌握，五年之后也必须掌握，否则就会影响企业生存？企业又该为此做好哪些储备工作？

李　骏：对车企来说，我认为主要还是应该从深度挖掘汽车的作用入手。我们知道，新能源汽车是动力系统的革命，智能网联汽车则是方向盘的革命。那么，动力革命的深度创新需求是什么？方向盘革命的深度创新需求又是什么？这些才是我们思考问题的根本出发点。至于说软件、芯片等，都只是手段。如果一家车企对汽车的理解不够深刻，或者说没有超越其他车企，就不可能定义并开发出有竞争力的软件。

举个例子，当年我们在开发发动机电控系统时，与一家世界顶级的零部件供应商商谈过合作。当时，我们想买一套高压共轨系统的机械部分，然后自己做电子部分。可对方不同意，理由是他们作为系统供应商，只提供完整的解决方案。我们退而求其次，提出能否请他们按照我们的需求定义专门开发一套电控程序，对方也不同意，理由是产品采购量不足。这样我们就只能用他们固定的解决方案。但他们可以给我们提供解决方案，也可以给其他很多车企提供相同的解决方案，这样就造成了同质化。那么，对汽车产品的需求，是车企更清楚，还是零部件供应商更清楚呢？我相信一定是车企更清楚，因为汽车产品就像是车企自己的孩子一样。我们当然最清楚如何让解放牌卡车更好地满足用户需求，不过那个时候我们没办法充分落实自己的想法。

从这个角度看，以软件、数据、芯片等为核心的新时代，给整车企业带来了更大的机会。关键是我们一定要找准自己的定位，即牢牢把握汽车动力和方向盘的革命。汽车的动力性、经济性等与动力系统相关，转向、操控、平顺等性能与方向盘相关，而对这两者的理解，当然是整车企业最擅长。因此，车企只要抓住汽车产品定位的关键点，不断扩大和增强自己的能力，就一定能在竞争中赢得优势。而软件也好，数据也罢，都只是实现目标的一种能力。芯片固然重要，但是不是所有车企都要自己去做芯片？我并不这样认为。只要车企有稳定的资源，能找到适合自己的芯片，也可以有效支撑产品创新。或者说，在当下这个多元化的时代，对产品需求前瞻性的洞察力将是车企制胜的关键。

赵福全： 我完全认同您的观点。消费者对汽车的基本体验，大都是通过动力和操控性能等实现的，这些性能一直是汽车产品的核心指标，而整车企业无疑对此理解得最透彻。这种理解是基于车企在产品开发过程中的不断积累，并最终按产品价位和目标客户群需求校验过的。整车企业应该对这种深刻的理解能力充满自信，保持定力。当然，在新形势下，如果整车企业固守过去的理解，没有及时捕捉市场需求的变化，没有持续进行产品创新优化，就也会变得落后。这就好比顶尖高校的学生，如果毕业之后不再继续学习和进步，也无法成为与时俱进的优秀人才。

此前，汽车产品的基础是硬件，产品开发也主要围绕硬件展开，而硬件在产品全生命周期里基本是固定不变的，车企只有在下一款车型上升级硬件，才能改善产品表现。未来，汽车产品只靠硬件已经不能满足市场需求了，软件的比例会越来越高，而软件是可以动态改变的。在软件的赋能下，基于各类数据，尤其是用户使用车辆的实时数据，汽车产品即使没有更换硬件，也可以不断进化，即所谓"老树发新芽"。也就是说，未来汽车的功能和性能可以在产品全生命周期内持续提升，从而让用户感到"常用常新"。同时，随着用户用车数据的不断积累，汽车将越来越贴近用户的使用习惯，从而让用户感到"越用越好"。

我认为，未来汽车硬件与软件之间不是拼盘式的组合，而是八宝粥式的融合。要做好这种融合创新，除硬件外，车企还必须掌控软件方面的核心能力。同样的硬件，不同的软件，硬件能发挥的作用会有巨大差别。反过来，同样的软件，不同的硬件，汽车的性能表现也会有差异。因此，好的硬件＋好的软件＋好的软硬融合，才是车企努力的终极目标。

此外，车企还要关注数据及处理数据的算法。一方面，要把数据掌握在自己手中，另一方面，要加深对算法基本原理的理解。通过算法有效应用数据，基于数据不断优化算法。

可见，今后车企所需核心能力的范畴将大为扩展，这正是当前企业领军人们备感纠结的根本原因。车企拥有汽车品牌，但未来应该怎样定义产品、支撑品牌呢？原来依靠硬件即可，例如高端品牌，通过配置更好的硬件就能体现差异。而今后只靠硬件差异显然是不够的，还要求更好的软件及更好的软硬融合，并且还要求有数据作支撑，这些都是车企原本不具备的能力。对此，即使全球顶级整车企业也都深感焦虑。关键问题在于，车企对软件究竟需要掌握到什么程度？理论上，软件技术的欠缺可以靠供应商来解决。但这样一来，整车企业的命脉岂不是掌握在别人手中了？同时，供应商能把收集到的数据返还给车企吗？如果不能，又如何实现产品的持续优化？对这些问题，请李院士分享一下您的思考。

李　骏：这些与我们刚才谈到的"汽车＋"跨界、换道竞争、融合创新等都有联系。回到汽车的三个属性——必备属性、竞争属性、魅力属性来思考，现在汽车的竞争属性和魅力属性不再完全来自传统的动力、底盘和车身。实际上，汽车的机械部分已经逐渐成为必备属性。而必备属性是产品创新的及格线，或者也可以说是入场券。

目前，一些车企特别是部分中国车企，在造车基本功上仍有欠缺，其产品的必备属性还没过关。毫无疑问，这些企业必须抓紧把必备属性的课补上，切不可因为产业重构带来了新的竞争属性和魅力属性，就忽视了必备属性，那样肯定会被市场淘汰。我们讲新造车企业要对汽车心存敬畏，也是这个原因。汽车的必备属性，例如可靠性、耐久性、品质控制等，始终是优秀汽车产品必不可少的组成部分。在这方面，车企一定要有定力。

但车企仅仅把必备属性做好就行了吗？显然不行。就像您刚才说的，现在汽车产品只有硬件不够了，还要有软件和数据。那么，车企需要掌握多少软件和数据呢？我认为，并不一定是越多越好，关键要看车企把产品的竞争属性和魅力属性定位在哪里。与竞争属性和魅力属性强相关的内容，车企就不能交给别人，一定要自己掌握。

赵福全：是的，车企既要掌控产品的基础部分，也要掌控产品的升华部分。当前，并非所有车企都把汽车产品的基本功做到位了。对基础能力尚有不足的车企来说，切不可被"软件定义汽车"所迷惑，觉得硬件不再重要，自己可以"跨越"创新了。我之前讲过，硬件是躯体，软件是灵魂，没有躯体何谈灵魂？因此，车企必须先把汽车硬件做好，这是面向软件进行新一轮产品创新的前提。此前，业界曾担心新造车企业的产品交付问题，这也是同样的道理。

李　骏：新造车企业同样要以产品的必备属性为基础。我举个例子，蔚来推出了覆盖销售和售后全流程的服务体系，其实这背后是企业对产品可靠性、耐久性等建立了一套综合解决方案。就是说，无论新旧车企，首先一定要抓住汽车作为机械的必备属性，这是汽车产品创新中最前面的1，然后再做好竞争属性和魅力属性，这是1后面的0。如果没有前面的1，后面有再多的0也是枉然，产品不可能获得市场的认可。而如果把前面的1做好，0的作用就可以倍增，因为1和0放在一起就是10了。从这个意义上讲，未来汽车产品创新并不是软件与硬件的博弈较量，而是两者的有效融合。当然，随着产业的发展，特别是智慧出行时代的到来，车企肯定要把更多精力放在软件上。

赵福全：那么，整车企业究竟应该如何培育软件能力呢？例如一家优秀的整车企业，在硬件方面做得很到位，接下来必须聚焦于软件才能进一步提升产品竞争力。可在软件方面到底应该做多少？如果做多了，可能就变成ICT企业了，这在人才、资金、技术等方面都有很大挑战。即使真有能力成为ICT企业，对整车企业来说也未必合适，因为其开发的软件只能用于自身产品，而不是面向整个市场，这完全不同于软件供应商的角色。您觉得整车企业在软件方面应该从哪里入手？又应该掌握到什么程度呢？

李　骏： 关于这个问题，我是这样看的。任何车企都有自己的品牌，从品牌定位出发可以定义产品的属性，可以支撑企业的愿景，也可以标定与之竞争的对手。从这三个角度进行分析和评估，就可以确定企业究竟需要什么软件，以及在多大程度上需要这些软件。确定了需要哪些软件后，车企再来选择适宜的获取方式，实际上无外乎三种来源：自行开发、外部购买和合作取得。

对于实力强、雄心大的整车企业，自己开发的软件应该更多一些。为此，企业要下定决心进行持续积累。一方面，软件人才也需要培训和历练，不是说招聘了10个软件工程师，马上就能编写汽车产品的代码了。另一方面，软件开发与硬件开发的流程完全不同，所用的工具也不一样，因此必须建立适合软件开发的新流程和新体系，这远非一日之功。

不过，即使是实力强、雄心大的整车企业，也不能自己开发所有软件，特别是未来汽车上的软件还将继续增多，车企想要"通吃"更会力有不逮。因此，企业现在就应该把这个问题想透，把所需软件按对自身的重要度进行分类，例如分为高、中、低三等。我认为，车企应努力掌握高等重要度软件，同时关注中等重要度软件，并以此作为自身需要掌握的软件边界，适当进行一定储备。这种储备需要投入更多资源，等到真正需要时再去扩展就来不及了。正如前面讲到的，软件能力需要一点一滴积累。这就好比CAE（计算机辅助工程）分析能力，必须持续积累、不断提升，不能等到支架断裂了，才想起应该进行产品结构力学的仿真分析，这会直接影响产品创新的表现。

赵福全： 是的，创新能力的培育需要经历一个从量变到质变的过程。在产业转型之际，企业必须随之转型，采取新打法，培育新能力。而企业的目标不同、规模不同、优势不同，应该采取的新打法也就不同，不能简单地一刀切。特别是未来汽车核心技术一定是多元组合的，企业必须考虑好哪些技术必须自己开发，哪些技术可以通过合作获取。也就是说，面向合作共赢与融合创新，企业必须清楚哪些技术是"白匣子"，自己必须掌握，即使在开始时不得不依靠外部资源，也一定要加紧储备，尽快形成这方面的能力；哪些技术是"灰匣子"，企业需要足够了解并掌握定义能力，但可以交给合作方打造；又有哪些技术是"黑匣子"，企业拿来使用即可，永远都不必自己下功夫研究。

企业还要注意，汽车软件可不是手机里下载的APP（应用程序），其技术并不简单。汽车企业要做好软件开发，必须有"水滴石穿"的准备。同时，开发智能汽车不仅要有软件能力，还要有软硬结合乃至融合的能力，更要有产品上市后通过软件不断迭代优化的能力，这些都需要企业一点一滴认真储备。

当然，这也意味着汽车企业不应过分冒进，不用担心没有软件能力一夜之间就"末日"降临。但企业必须认识到，软件是未来的大方向，必须加大投入、加快发展。企业要打造出优秀的产品，软件技术就不能只在及格线上，而是要超过优秀线。软件不能勉强对付着使用，更不能只作点缀，否则汽车产品是不会有竞争力的。

现在不少企业并没有充分理解这一点，虽然也知道软件重要，却没有认识到软件究竟重要到什么程度。因为现有的产品没有太多软件，也还在正常销售，这就导致企业转型动力不足。然而，量变终将引发质变，五年之后的汽车产品一定会大不相同。等到那时再培育软件能力就来不及了，这就像"温水煮青蛙"，不早做准备的企业最终肯定会被淘汰。

下面我们来交流下一个话题。我们知道，单车智能的能力是有限的，而且必须安装大量传感器，导致成本高昂。此前，谷歌研发的自动驾驶汽车就是一个典型案例，有人评价称，谷歌在汽车上安装了卫星接收器，在数据上很强大，但车辆造价极高，消费者负担不起，这样的产品是很难市场化的。因此，未来智能汽车要想走向普及，真正成为大众消费品，就必须走协同智能的路线。

其实，车企也希望走车路协同的发展路线，这样智能汽车的开发难度和成本都可以显著降低。不过车企也有担心，毕竟目前城市中都是普通道路，除少数示范区外，其他地方还没有智能道路。在此情况下，面向协同智能的智能汽车要如何开发？产品开发出来后，如果得不到路端智能的支持，又怎样销售出去？您怎样看待车 – 路 – 云间的关系？

李　骏：我认为，首先还是理念问题。我们必须清楚，自动驾驶汽车与传统汽车相比有本质性区别。汽车发展了100多年，此前一直是基于"搭载"的理念来开发产品，即把某种功能及相应的零部件配置到车里。为争取客户的青睐，车企总是想多加配置。特别是中国车企在过去一段时间里，往往追求产品的高性价比，即依靠同等价位下更多、更高的配置来吸引客户，也取得了一定效果。但未来继续这样做就不行了：一方面，产品成本恐怕会越来越高；另一方面，"搭载"也不能从根本上解决开发自动驾驶汽车的问题。

在我看来，自动驾驶汽车就是一个"熵"系统，必须有效实现"熵减"才能使其走向成熟。之前我在申请国家自然科学基金时提出了这个观点，而最近我注意到，美国汽车工程师学会也开始使用熵的概念。由此分析，过去那种把很多技术"搭载"到汽车上的模式，只会让车辆系统愈发复杂，导致"熵增"而非"熵减"。因此，今后要想成功开发自动驾驶汽车，企业就必须采用"连接"模式。这是由未来汽车的本质决定的，不以企业的主观意志为转移。

赵福全：确实如此。过去汽车是信息孤岛，要想提高效率和满足客户需求，只能不断在车辆上加装新功能，结果导致汽车越来越复杂，成本也越来越高。在汽车只是一个独立的空间时，我们实际上也只能这样做。但未来要真正实现汽车的智能化、网联化，尤其是自动驾驶，这种做法就不适用了。因为智能的配置越加越多，系统的熵值就会越来越高，最终使汽车不堪重负，不仅影响可靠性，还会推高成本，根本无法实现推广普及。因此，按传统汽车"搭载"技术配置的模式来满足智能汽车与智慧出行的需求，是走不了太远的。

而谈到"连接"模式，我知道您提出了一个有名的"4S"理论，即智能汽车（SV）不应孤立存在，而要与智能交通（ST）、智慧城市（SC）和智慧能源（SE）紧密融合，四位一体，协同发展。因为只有确保各个智能主体都充分互联互通，才能真正实现高等级的汽车自动驾驶，才能使智能汽车的作用发挥到最大。这又引出一系列问题：智能汽车在4S中应该分担多少"智能"？智慧城市建设应该由谁来主导？智能汽车与智能交通、智慧城市之间如何打通？智慧能源又怎样与智能汽车结合？简单说，就是这几类相关主体之间应该如何进行产业分工与协作？您觉得怎样才能更好地推动智能汽车与智能交通、智慧城市、智慧能源的协同发展呢？

李 骏：在智能汽车、智能交通、智慧城市、智慧能源，即4S的协同发展进程中，单车承担多少"智能"？其他主体承担多少"智能"？相互联接如何实现？各项工作由谁主导？这些的确都是难题，需要在产业实践中逐步找到答案。关于各方具体的分工方案，恐怕现在谁都无法给出，但我想可以参照以下两点原则：

其一是系统平衡原则。4S是一个大系统，系统内各主体之间必须做到平衡，其中任何一方都不应该也不可能承担百分之百的工作、获得百分之百的收益；其二是成本最低原则。因为主体众多，解决方案也必然有多种组合，应选择综合成本最低的组合。例如实现自动驾驶可通过自身使能，也可通过外部赋能，更可以是两者结合，但最终还是要看客户在成本上能否接受。

在智能环境建设方面，我认为应按照以下三个方向着力推进：

第一，场景数据化。自动驾驶汽车是运行在场景中的，场景信息至关重要。现在有一种研发思路是无限制地拓展场景，进行大量的实车道路测试，例如路试做到1亿公里，以探索和适应每一种场景。我认为这种做法还是单车智能的思路，是不可取的。实际上，只要实现了场景信息的数据化，就可以在物联网的支持下，随时把场景状况推送给智能汽车。这样智能汽车即使是第一次进入某个场景，也能"轻车熟路"，很好地适应。不要忘记，智慧城市本来就是数字化城市。在智慧城市中，社区、学校、超市和医院等的布局信息，以及各种道路的形态信息，例如丁字路口、十字路口等，都将以数据的形式输入到出行模型中，从而支撑智能汽车的有效运行。开始时，可以先做到把场景数据准确发送给有需要的车辆。再向前发展，就可以实现场景信息的自动数据化，随时自我更新并同步共享。

第二，交通设施数字化。汽车在道路上运行的基本要求是遵守交通法规，例如按交通信号灯指示行驶。现有交通设施都是为人设计的，或者说是为生物人设计的；而未来交通设施则是为机器人设计的，因为自动驾驶汽车就是会开车的智能机器人。我最近研究的一个项目就与此相关。例如模拟行人通过斑马线路段的情景，一种开发思路是用车载摄像头识别斑马线和行人，但这还是在延续过去的思维定势。实际上，未来斑马线路段是能发射数字化信号的，包括路段位置信息，也包括对行人数量、速度和行进方向等的感知和判断信息，都可以发送给智能汽车。这就是所谓按 Intention（意图）寻找途径的开发方法。其前提是交通设施一定要充分数字化。

第三，交通工具数字化。此前，汽车 HMI（人机交互）主要指车内的 HMI，而我们正在研究车外的 HMI，即 E-HMI。例如，当汽车由机器驾驶时，如何与车外的交通参与者有效互动？包括怎样开转向灯？怎样按喇叭？怎样判断车外行人的手势？这些既需要把所有的交通参与方联接起来，也需要系统性的人机工程设计。

由此可见，实现 4S 协同发展是高度复杂、庞大的系统工程，有大量协调工作要做。当然也可以不做协调，任凭各主体自由发展，最后通过市场竞争形成一个平衡系统，但这样需要更长的产业准备和磨合时间，很可能错失战略先机。更重要的是，在 4S 协同发展的过程中，政府担负着推动和协调的责任，而对中国来说，恰恰可以"集中力量办大事"，在智能时代充分发挥我们的体制优势。

当前最关键的问题是，车企开发 L3 级和 L4 级自动驾驶车型，不能再沿着单车智能的技术路线发展，而要积极参与到智能汽车的生态建设中，按车路协同的技术路线前进。要学游泳必须先下水，否则怎么能学会游泳呢？企业发展智能汽车也是一样的道理，必须主动与智能交通和智慧城市工程结合。

同时，我建议地方政府应该为智能汽车提供开放性测试道路，而不只是封闭的结构化道路。这相当于建设一个游泳池，让车企都可以下水练习游泳。目前，上海市嘉定区已经在这样做了。国外也已经有一些开放道路允许自动驾驶汽车随意行驶，例如美国加州的一些开放道路。

从这个角度看，您刚才提到的问题可以由此找到答案。过去，传统汽车产品就是在测试中逐步成熟起来的，未来4S系统中的智能汽车产品也要靠测试手段来持续优化完善。也就是说，我们应该先建立起4S协同发展的概念，然后不断向这个概念中添加具体内容，直到最终确定合理的产业分工和协作关系。

赵福全： 您刚才谈到的内容很重要，我简单归纳一下。智能汽车要想取得突破，整个汽车的运行环境就都要改变。当汽车的驾驶主体由人变成机器时，应该努力让机器"眼观六路、耳听八方"，而不是继续像人那样去感知和决策。为此，交通设施应该全面数字化。例如，现在为人设置的交通信号灯发出的是视觉信息，未来为机器设置的交通信号灯则应发出数字信号。如果智能汽车还是仿效人的感知方式，用车载摄像头来识别交通信号灯，是不可能达成理想效果的。又如您前面举的例子，未来斑马线同样可以数字化，这样车辆接收发来的信号就能知道斑马线的情况。如果是用摄像头模仿人的能力来感知斑马线，就难免受天气和光线等因素的影响，下大雨或夜晚光线不足时难以准确识别，下雪时甚至可能使斑马线完全被遮盖。而如果斑马线是数字化的，这些影响因素就都不是问题了。因此，对智能汽车产品创新，我们不应该用新技术来适应旧主体，即人，而应该用新技术来匹配新主体，即机器，并为此构建新的交通环境。

在此前景下，未来智能汽车的能力将得到空前增强。因为人的听力和视力都有一定的范围限制，不可能太远。同时，还会受到物理障碍物的阻碍，例如建筑就会遮挡人的视线。而机器的感知能力与人完全不同，在某些方面甚至要比人强大得多，例如机器能接收到几十公里外的信号，且能绕过物理障碍物。这意味着未来智能汽车将拥有新能力，如果不为其提供新环境，就相当于锁住了这种新能力，势必阻碍智能汽车的健康发展。这个新环境就是数字化交通和城市环境，因为智能汽车主要在城市道路上行驶，与交通、城市和能源系统都密切相关。未来，智能汽车将与智能交通、智慧城市和智慧能源实现协同发展，各智能主体充分联接、彼此交互，从而使机器驾驶的汽车比人类驾驶的汽车更安全、更高效，也更节能环保。

为此，企业必须摒弃"人是汽车驾驶主体"的固有思维。只有先改变理念，才能真正改变创新的思路和策略，否则产业变革和企业转型就会有局限性。然而，要改变固有思维并不容易，就像一些石油公司，总下意识地认为充电站会像加油站一样集中建设。而实际上，充电设施完全可以安装在住宅小区里，一个充电桩只为一辆车充电。这就是需要企业转变理念的案例。

如果站在更高的层面上看，我认为智能汽车代表着新的生产力，必须有新的生产关系与之匹配，否则就会束缚生产力的发展。而城市、交通、能源系统与汽车间的有效互动就是新的生产关系。要让智能汽车更好地服务于城市，就要有智能的交通环境。反之，如果没有智能的交通环境，仅靠单车智能，受技术和成本制约，智能汽车是不可能实现大规模量产应用的。因此，只有4S协同才能适应智能汽车这个新生产力的发展。而中国在这方面具备一定体制优势，有望推进4S协同更快落地。当然，即便拥有体制优势，也要先认识到建设智能交通环境的重要性，否则还是会阻碍智能汽车及自动驾驶技术的进步。

从这个角度讲，构建"车-路-云"协同的新生产关系至关重要，具体体现在城市规划及运行的管理者、交通系统的管理者、能源体系的管理者以及智能汽车的提供者，必须四位一体、紧密合作，这将是未来智能汽车产品创新的破局关键。例如，上海嘉定等地正在积极推动智能汽车与智慧城市联动的示范运营，让智能汽车可以在开放式环境中测试，这是颇有远见的。

今天，李院士把4S理论阐述得非常透彻。对智能汽车和智能道路，总有人争论应该先发展什么，其实这类"先有鸡还是先有蛋"的问题根本无需争论，现在我们要做的就是相向而行、协同发展，否则车路两端都不可能做好。

我们来谈下一个问题。不管智能汽车如何高效，如何便捷，如果没有安全保障，一切都毫无意义，因此发展智能汽车必须首先解决安全问题。当前，业界逐渐达成了一个共识，即自动驾驶汽车必须比人类驾驶的汽车安全很多，甚至达到 10 倍、100 倍，才能得到消费者的普遍认可。如果安全水平仅仅做到与传统汽车差不多，自动驾驶汽车是很难大行其道的。

实际上，智能汽车的安全已经远远超出了传统汽车主被动安全的范畴。因为智能汽车将是一个信息物理系统，即所谓 CPS（Cyber Physical System），不仅涉及传统汽车的物理安全问题，还涉及网络安全、通信安全和数据安全等一系列信息安全问题，从而形成一个庞大的系统工程。不知您是怎样理解智能汽车安全的？

李　骏： 这是一个很重要的话题。对自动驾驶的智能汽车来说，研发目标之一就是要提高汽车的安全性能，但智能汽车又带来了很多新的不安全因素。因为除基本硬件外，智能汽车还要确保一些新硬件，例如传感器等的安全，更要确保大量相关软件的安全。这些软件既然是人设计出来的，就难免会有 bug（缺陷）。另外，智能汽车要在各种场景中自动行驶，特别是中国的交通路况极其复杂，例如机动车道上随时可能有快递三轮车一闪而过，这是我们在开发智能汽车的过程中很难完全预料到的。

无论如何，智能汽车的安全性能绝对是第一位的，不仅要把产品做得安全，还要让消费者相信产品是安全的，这样大家才会放心购买。因此，智能汽车产品的安全性就是企业的生命线。一旦智能汽车产品出现了安全问题，企业就会失去信用，品牌就会受到伤害，很可能很长一段时间内，消费者都不会考虑购买这家企业的产品了。

赵福全： 不像机油渗漏等产品质量问题，汽车安全可是人命关天的大问题。因此，安全是智能汽车的红线，如果没有安全作前提，所有智能功能都是空谈。反过来讲，如果解决了安全问题，也将成为智能汽车产品最大的卖点之一。要知道，此前交通事故大都是个案。而未来智能汽车在自动行驶时，很可能一出问题就导致整个车队都出现事故。此外，还有一个很大的问题在于交通事故的责任认定。此前，交通事故主要源于驾驶人的误操作，通常由整车企业承担的责任很少。而未来消费者购买的是自动驾驶的智能出行工具，如果出现交通事故，恐怕只能是由整车企业来承担责任了。这样一来，安全就会变成车企运营中巨大的潜在风险，必须确保车辆安全万无一失，否则后果不堪设想。

李 骏：确实如此。我想提醒整车企业的是，传统汽车售出之后出现了事故，通常默认是驾驶人的问题，与车企无关，除非能确定是产品存在制动失灵等缺陷。同时，一旦发现产品缺陷，企业还可以按批次进行召回处理，避免承担衍生责任。从目前的情况看，在交通事故后用户起诉车企的案例是很少的。而对自动驾驶汽车来说，一旦行驶中出现安全事故，就将默认是车企的责任，用户会第一时间投诉车企，毕竟汽车是车企设计制造出来的。

因此，我一直讲安全是智能汽车发展的核心和底线，而目前有功能安全、信息安全和预期功能安全三大障碍亟待突破。其中，功能安全和信息安全，大家比较容易理解。至于预期功能安全，简单说，就是一辆汽车在所有功能都没有失效的情况下，依然发生的各类驾驶安全问题。预期功能安全和交通环境密切相关，而我国人口密度大、城市布局不合理、交通混流情况严重，导致智能汽车的预期功能安全面临更大挑战。

今天，借助栏目平台，我想再次郑重呼吁：整车企业一定要尽快建立智能汽车预期功能安全的开发体系，包括研究预期安全的技术能力、组织架构和测试体系等。这是非常重要的工作，甚至可以说，是智能汽车开发中排在第一位的工作。

为应对智能汽车面临的巨大安全挑战，推进其商业化应用，2020年5月，我在中国智能网联汽车产业创新联盟专门组建了"智能网联汽车预期功能安全工作组"，由我本人担任组长。工作组成立以来，我们更清楚地看到，对智能汽车的安全问题，可以说绝大多数中国车企都还没做好充分准备，既没有足够的技术积累，也没有建立相应的组织架构和企业标准。这是非常严重的问题。

目前，国际上有 11 家企业在开展智能汽车安全的定义工作，但国内车企还没有真正意识到这个问题的重要性。记得早在 2018 年，我们两个人就共同决定，由世界汽车工程师学会联合会（FISITA）和中国汽车工程学会联合创办了"FISITA 世界汽车智能安全技术大会（ISC，Intelligent Safety Conference）"，并将会址永久落在中国，其目的就是要为中外专家学者搭建一个专注"智能汽车安全"的高端国际交流平台，提高业界对智能汽车安全技术的重视程度。

赵福全： 作为中国汽车工程学会理事长和中国工程院院士，您亲自担任"预期功能安全工作组"组长，足见这项工作的重要性和紧迫性。毫无疑问，智能汽车安全，尤其是预期功能安全，实在太重要了，也太复杂了。希望车企都能认真倾听李院士的呼吁，尽快建立起预期功能安全的开发体系，这是当务之急。

实际上，智能汽车安全的范畴远超从前，不仅涵盖原来主被动安全的内容，还增加了数据安全、网络安全以及运营平台安全等新要求，而且这些要求缺一不可，必须同时满足。即使数据是准确的，网络也是安全的，但只要车辆运营平台出了问题，给出了错误指令，就会产生非常可怕的后果。

您认为这类问题应该怎样解决？我想这需要相关参与方的有效分工，因为很多能力并不掌握在车企手中。我也和一些信息安全领域的企业家交流过，他们很清楚自己所做的事情十分重要，可去找车企合作时往往不受重视，为此也颇感无奈。车企也不是不知道信息安全的重要性，一个网络黑客就可以造成很大破坏，不过总觉得这离自家的汽车产品还很遥远。其实，黑客就在我们身边，而汽车随着智能化、网联化程度的不断加深，受其影响只是早晚的事情。那么，涉及智能汽车安全，包括车辆以及网络、数据、运营等方面安全的相关方，应该怎样做好自己的事情？又该怎样参与分工协作呢？

李 骏： 我认为对策就是四个字：标准法规。对智能汽车安全这样复杂的系统性问题，必须有完善的标准法规提供保障。这在我国汽车发展史上也有类似案例可循,例如治理汽车排放污染问题。在相当长的时间里,政府对汽车尾气排放没有任何要求,后来才出台了相关的强制性标准,目前已经从国Ⅰ发展到国Ⅵ标准。所有汽车产品都必须满足不断升级的尾气排放标准要求。为此,企业在技术上寻求各种达标方法,包括缸内净化、使用尿素和颗粒捕捉器等。这就是一个通过建立法规标准体系来促进汽车产品进步的过程。

众所周知,目前汽车上涉及安全的零部件,即安全件,都是有强制性要求的,今后对智能汽车也要确定新的安全件以及新的强制性要求。同时,黑客攻击等问题也要通过法律手段来解决,要将黑客攻击汽车网络系统定性为严重的违法行为,一旦触犯就要承担相关刑事和民事责任,不仅要坐牢,还要罚得倾家荡产。

我之所以建立预期功能安全工作组,就是要推动建立相关的安全标准法规。这个工作组主要开展三方面的工作:一是制定行业标准,二是动议国家出台相关法规,三是研究具体推进措施。毫无疑问,智能汽车安全的标准法规非常复杂,但既然这是不可或缺的,我们就必须加紧推进。未来很多车企都会开发出智能汽车产品,那么不同车型的安全性应该如何评价呢?我想,就像C-NCAP(中国新车评价规程)对车辆被动安全进行分级评价那样,我们也应该建立一套面向智能汽车安全的客观量化评估标准,让每款智能汽车都有不同的星级,星级越高代表其安全性能越好。而且这一评价还会对产品的客户吸引力以及保险公司的承保策略产生直接影响。

对车企来说,不重视智能汽车安全性能是非常危险的。目前,国外车企对新形势下汽车安全的重视程度不断提升,全世界已有11家车企每年均发表安全白皮书,以赢得消费者的信任,树立自己的安全信誉,并努力将"安全"标签打造成未来智能汽车品牌的核心基因。遗憾的是,到目前为止还没有一家中国车企发表过安全白皮书。

预期功能安全工作组的一项任务就是要在2021年推出中国汽车行业第一版《智能汽车安全白皮书》。我希望中国车企都能积极参与这项工作，与工作组一起完成这部白皮书，这将是汽车行业对消费者的郑重承诺和信誉保证。而我认为，只有每家车企都对智能汽车安全做出更高的承诺和保证，才能真正解决整个产业的产品安全问题。为此，企业对智能汽车安全领域应加大投入、加快推进，因为能力和经验都需要积累，越早投入就越早受益。等到将来智能汽车安全强制标准出台的时候，就像现在的排放标准一样，产品不满足标准要求就不能上市，企业再想投入就来不及了。

赵福全： 您认为应该通过标准法规来解决棘手的智能汽车安全问题，我完全认同。如果将来建立了智能汽车安全标准法规体系，各项工作就可以得到规范，同时我们也就可以更准确地评定智能汽车的安全级别。

在智能汽车安全方面，近期有很多企业家在与我交流时，都提到了两个问题：

一是网络可靠性问题。如果网络不稳定，就会给智能汽车带来严重的安全隐患。要知道，手机如果断网或信号不好，至多是信号从4G变为3G、2G，而汽车如果断网或信号不好，就很可能造成安全事故。但网络可靠性问题是车企解决不了的。那么，后续如果出现类似问题，应该由谁来负责呢？

二是混流车队安全问题。刚才您提到，应该针对智能汽车推出类似C-NCAP的评级方法，以衡量车辆的安全水平。不过，C-NCAP主要面向被动安全，在发生碰撞事故时，C-NCAP星级越高的车辆损毁率就越低，对车内人员的保护也越好，消费者很容易据此做出判断。而智能汽车安全评价将面临新问题，因为交通环境中有众多车辆，仅自车安全等级高，并不能确保出行安全。例如高安全等级的汽车行驶在低安全等级的汽车之间，无论在高速公路还是在城市道路上，都很可能出现被低安全等级汽车碰撞的情况。这就像经验丰富的"老司机"驾驶着车辆，行驶在"新手司机"驾驶的车辆旁边，同样有很大安全风险。也就是说，未来不够安全的汽车将给安全的汽车造成严重威胁，这将在很大程度上影响消费者对智能汽车安全评级的信任。我们应该怎样解决这个问题呢？

李　骏：我认为，智能汽车的安全应分成两类，一类是车辆自身的安全性问题，另一类是数字化网络生态的安全性问题。

对您提到的第一个问题，我们汽车人都知道一个词，即"车规级"。所有应用到汽车上的技术都必须满足车规级要求，未来支撑汽车自动驾驶的网络也必须是车规级的，而不是手机通信级的。要真正实现车网融合一体化，就必须搭建车规级网络。而车规级网络不仅体现在传输速度、时延和带宽范围上，还体现在安全性和可靠性上。这就像车规级芯片一样，必须满足汽车的使用要求。为此，我们要制定好车规级网络标准，建设好满足标准的车规级网络，这样就可以解决网络可靠性的问题。

同时，智能汽车安全也不能完全依赖于外部网络，车辆自身也要有网络出问题时的应对方案，也就是要有足够的安全冗余。此外，智能汽车安全冗余度的设定肯定不能与传统汽车一样。实际上，车企必须参照《ISO21448 预期功能安全（SOTIF）》等标准，构建一个面向智能化、网联化汽车的新型质量保证体系，而不是沿用原来的质保体系。这一点非常重要，中国车企应尽早关注、加快布局。

我们知道，开发自动驾驶技术涉及以下四个定义：DDT（动态驾驶任务）、ODD（设计运行范围）、OEDR（目标和事件探测及响应）和 DDT Fallback（动态驾驶任务后备）。自动驾驶汽车要在 ODD 内完成各种 DDT，而如果 OEDR 感知到意外情况，则必须通过 DDT Fallback 来解决。这就像人类驾驶汽车的时候，如果在一些路况下感觉自己开不过去了，肯定要安全地停下来，然后请更有经验的人来帮忙，千万不能逞强，否则很容易发生事故。将来，自动驾驶汽车也要有类似的设计，即当系统失效或遇到 ODD 之外的状况时，要控制车辆进入最低风险状态，这就是 DDT Fallback 的作用。网络出现问题也属于这种情况。

因此，当企业还不具备在很大的 ODD 内完成 DDT 的能力时，绝不可以让汽车超出能力范围进行自动驾驶。例如奥迪推出的 L3 级车型，明确规定车辆在自动驾驶状态时，最高车速不能超过 60 公里/时。也就是说，这款车是不能在高速公路上自动驾驶的。我觉得这是企业负责任的做法，实事求是地表明自己研发的车型目前达到了什么水平，如果超出这个范围，就无法保障安全。实际上，所有车企都应该有类似的明确说明。

对您提到的第二个问题，我是这样看的。自车安全级别高，却被安全级别低的车辆撞到的风险，还是要通过提升智能汽车的能力来解决。未来自动驾驶汽车必须有自己的安全识别区，遇到危险状况时，必须有能力做出临危处置。目前，我的团队正在做三个模型：一是交通路口模型，二是安全识别区域模型，三是安全大脑模型，就是要解决上述问题。驾驶人遇到危险状况时，会下意识地踩一下制动踏板，这就是安全大脑的作用。对自动驾驶汽车来说，也要有这种安全大脑技术。这样，通过安全识别区来判断可能出现的危险，通过安全大脑在遇到危险时进行紧急应对，安全等级高的智能汽车产品就无需担心被安全级别低的汽车撞到了。

赵福全：也就是说，未来自动驾驶汽车要具备危险识别和处理能力，能主动躲避具有潜在风险的其他车辆。这让我联想到，很多人都没有真正理解加速性能对汽车安全的价值，百公里加速时间短绝不只是汽车动力强劲的体现，其更重要的价值在于，加速性好的车辆在闪避危险状况时可以有更好的表现。

当车辆驾驶主体由人切换到机器时，汽车将由物理系统转变为信息物理系统，不仅要解决物理安全问题，还要解决信息安全问题，更要解决物理与信息结合的安全问题，因此智能汽车安全已经成为全行业面临的严峻挑战。今天时间有限，我们不能就此展开更多讨论了，不过您对相关重要问题都做了非常透彻的阐释，这些观点恰是确保未来智能汽车安全的关键。

最后一个问题，您作为中国汽车工程学会理事长，见证了近年来中国汽车产业取得的巨大进步，尤其是中国车企，包括一些新造车企业，正得到越来越多的认可。在当前这个时间节点上，请您展望一下，未来十年中国车企将在世界汽车产业的竞争格局中占据什么位置，届时我们的核心竞争力将体现在哪里？

李　骏：我认为未来十年汽车产业将发生三件事情：第一，中国车企势必出现整合，不可能一直有这么多家企业。实际上，近几年优胜劣汰的趋势正日趋明显，例如几十家中国新旧车企已经或正在濒临倒闭，二线合资品牌也已经被边缘化。最终哪些企业能存活下来，我想未来十年的大浪淘沙，将给我们明确的答案。目前，中国汽车千人保有量还不到200辆，我并不认为中国能像美国那样发展到千人保有800辆汽车的水平，毕竟中国人口众多，且城市中道路和停车资源都严重不足。同时，汽车共享发展起来后，汽车的利用率将大幅提高，也可能会使社会需要的汽车总量下降。但我坚信，中国汽车市场未来还有很大增长空间。只不过中国汽车市场的蛋糕再大，也终归是有限的，因此产业优化整合是必然趋势。

第二，将有一两家中国车企进入全球前十甚至前五行列。现在看来，一些自主品牌车企是有这样的潜力的。汽车强国的标准中有一条，就是要看一个国家有无世界级车企。我相信未来十年，中国车企完全有机会成为全球前列的世界级强企。

第三，汽车技术将进入转型窗口期。一方面，物联网、大数据、人工智能等技术将在汽车产业广泛应用；另一方面，低碳技术将出现重大升级。近期，中国主动提出提高国家自主贡献力度，力争2030年前二氧化碳排放量达到峰值，努力争取2060年前实现碳中和。十年后就是2030年，届时没有掌握二氧化碳减排技术的车企，肯定将被淘汰出局。

总之，未来十年非常重要，将会发生很多前所未有的变化，例如汽车新四化不断深化、高等级自动驾驶开始落地等。对中国车企来说，未来十年不仅要面对优胜劣汰、加快做强和技术转型的机遇与挑战，还必须面对诸多领域不同主体的竞争与合作。我认为，未来十年将是中国车企把握战略机遇的重要窗口期，而且这个窗口期不会很长，我们必须加紧努力。

赵福全：今天与李院士交流了近两小时，我们达成了很多共识，也碰撞出很多思想的火花。应该说，中国汽车产业正步入必须创新发展才有未来的新时期。就产品创新而言，原来大多是单点式、跟随式和改良式创新，甚至是点缀式创新，这样的创新已经不能满足当前产业的需要了。未来，我们必须从跟跑模式转换到并跑甚至领跑模式，进行系统性、引领性和开创性的创新。同时，汽车产品创新不再只限于技术，虽然技术创新依然重要，但只是产品创新的方向之一。今后，汽车企业要做的是全方位创新，以形成体系化的创新能力，并逐渐沉淀为创新文化，成为企业可持续发展的基石。

在此，我想特别提醒自主品牌车企注意以下三点：

第一，企业首先要确立合理的产品创新战略，并以决心和恒心坚持推行。而创新战略的核心，就是要"有所为，有所不为"。尽管新时期企业比以往任何时期都更需要全方位创新，即把每个环节都做对做好，但在创新方向和深度上仍然要有所选择。而掌握确保企业可持续发展的关键技术，是创新的底线，绝不能有丝毫放松。即使一开始不得不通过购买技术起步，也要为自己最终掌握技术而不断努力。

第二，新时期产品创新要注重跨界合作，实现资源组合。这一点在技术方面尤为重要。随着产业重构日趋深化，产业边界正变得越来越模糊，物联网、大数据、云计算、人工智能等新技术在汽车产业的应用日益深入，汽车核心技术正变得更广泛、更多元、更交织。整车企业不可能拥有汽车产品所需的全部技术，更不可能自己把每项技术都做好做精，因此一方面要选好重点方向，另一方面要加强合作，借助其他企业的优势能力。当然，即使都是整车企业，由于战略目标不同、品牌定位不同、细分领域不同，各家企业在选择技术侧重点时也应有所不同。不过有一点是相同的，就是每家企业都要努力形成自己的"独门绝技"。也唯有如此，企业才有参与合作的机会，才能保证合作的持续。在此基础上，整车企业一定要参与到智能汽车生态的建设中，通过资源组合，实现合作共赢，获得所需的各项核心技术。

第三，今后汽车产品要注重换道创新。实际上，产品创新发展到一定阶段，往往局限于既有的理念和模式，导致灵感枯竭、创新停滞，即使是以创新起家的国际巨头也不例外。因此，必须借助其他领域的技术进步给自己赋能，或通过自身的改变让自己使能，而当前产业全面重构也给车企提供了赋能和使能的新契机。由此，汽车产品将进入换道创新的新阶段。所谓换道创新并不是说企业要改变经营目标，而是指企业要借助外力来形成创新的新动能。简单应用市场大数据并不能得到清晰的创新方向，要有自己的明确判断，采取有效的策略，通过跨领域的资源组合和技术合作，实现企业的产品创新目标。也就是说，车企必须想明白自己需要打造什么产品，满足什么需求，为此应该采用哪些技术，又有哪些其他领域的技术可以"为我所用"。

当前，最让车企感到焦虑的可能是软件。众所周知，未来汽车产品创新只把硬件做好已经不够了，一定要把软件也做好。为此，车企首先要深刻认识到软件对汽车的重要性。其次，要基于汽车产业及产品的特点来打造软件能力，从这个角度看，与其说"软件定义汽车"，不如说"汽车定义软件"。最后，软件只是手段，数据才是核心，车企一定要抓住数据，并以此为目标来培育软件能力。我们必须清楚，如果软件不能产生和处理数据，就无法让智能汽车具备自我进化的能力，这样的软件就不值得关注。实际上，不只软件，包括算法、芯片等也都要以数据为目标来发展。说到底，争论"软件定义汽车"的细节并无意义，实现产品的不断进步才是关键。

谈到智能汽车应该如何开发，我们应当认识到，单车智能无法实现智能汽车的普及应用，未来智能汽车的大行其道一定要靠多主体的协同智能。唯有通过智能汽车与智能交通、智慧城市、智慧能源，即4S的协同创新，才能让智能汽车的价值最大化，为人类提供更安全、更高效、更节能环保的智慧出行服务。

安全是智能汽车的核心问题之一，也是当前汽车企业面临的最大挑战之一。如果不能解决安全问题，智能汽车就只能是镜花水月，其他所有美好愿景都将成为泡影。事实上，当车辆驾驶主体由人变成机器时，一旦车企设计制造出来的汽车产品出现安全问题，就将给企业自身带来巨大的经营风险。因为传统汽车出现交通事故，往往是驾驶人操控失误的责任，而自动驾驶汽车如果出现交通事故，显然与驾驶人无关，只能由车企来承担车辆操控不当的责任。此外，自动驾驶汽车一旦出现问题，很可能是群体性的，会造成大面积的交通瘫痪，可怕程度远远超过此前的单一车辆事故。当然反过来讲，如果哪家企业能很好地解决智能汽车安全问题，就有望成为未来竞争中的赢家。

然而，智能汽车安全是复杂而庞大的系统工程，想要找到系统性的解决方案谈何容易。为此，整车企业、零部件企业、ICT 公司、科技公司以及政府管理部门、标准法规制定机构等相关主体必须彼此互动、共同合作。一方面，推动智能汽车安全强制标准和法规早日出台，以规范行业竞争和产品要求；另一方面，促进企业提升汽车安全的使命感和责任感，不断加大投入，加快实现智能汽车安全技术的全面突破。

过去二十年，中国车企取得了长足进步。未来十年，中国车企将迎来重大发展机遇。当然，想要抓住机遇并不容易，企业要掌握更多核心技术，拥有更强的创新能力。特别是在产品创新方面，"小打小闹"没有未来，企业必须勇往直前，开展全方位、颠覆性的系统创新。同时，产业变革也给企业带来了巨大挑战。未来，汽车相关法规将越来越严格，对汽车技术的要求也将越来越高。汽车企业不仅要满足消费者对产品智能化、网联化不断升级的需求，还要面对 2030 年碳达峰、2060 年碳中和目标的压力。因此，所有车企都必须在节能减排和智能网联等方面持续加大投入、加强创新。

无论如何，未来十年将是中国汽车产业转型升级的战略窗口期。中国车企必须努力把握住这个难得的窗口期，走出国门、走向世界，尽早成为在全球范围内拥有一定市场份额和品牌影响力的世界级优秀车企，进而推动中国汽车产业由大变强。未来十年，值得期待！

谢谢李院士！

07 对话李斌
——蔚来服务密码是对用户的体验全程负责

赵福全： 凤凰网的各位网友，大家好！欢迎来到凤凰网汽车"赵福全研究院"高端对话栏目，我是本栏目主持人、清华大学汽车产业与技术战略研究院的赵福全。今天非常荣幸请到了蔚来汽车创始人、董事长兼CEO李斌，参加本栏目的第65场对话，欢迎李总！

李　斌： 凤凰网的网友们，大家好！很高兴又和大家见面了，四年前在这个栏目中与赵老师对话过一次，非常开心今天有机会再次交流。

赵福全： 李总，我们经常见面，不过在"赵福全研究院"栏目是第二次相聚。记得四年前我们第一次对话的内容主要是谈蔚来汽车的创建理念，当时有人觉得造车新势力都是PPT造车。四年之后，整个汽车产业发生了巨大改变，蔚来也发生了很大变化。2019年，曾有媒体把您评为"最惨的汽车人"。2020年，在备受疫情影响的情况下，您反而打了一场漂亮的翻身仗。说实话，我作为老汽车人，很难想象均价四五十万元的中国品牌乘用车，每月销量能超过五千辆，然而蔚来汽车做到了。我知道您对蔚来汽车一直充满信心，但这一路走来想必还是很不容易的。我的第一个问题是，从"最惨的汽车人"到幸福的汽车人，一年多的时间里经历了两种状态的巨大转变，您的感受如何？

李　斌： 其实我也没那么惨，是媒体认为我很惨。当时，听说有人发了一篇"2019年最惨的汽车人"，我以为是一个负面报道，但仔细看了内容后发现，总体上是在鼓励蔚来。那时蔚来确实面临很多挑战，这些挑战从2018年开始就出现了，我想这也是一家新公司必然要经历的。任何一款产品，任何一个品牌，在刚刚推出之际肯定会遇到这样或那样的问题，要有一个产品质量渐趋稳定的过程。

因此，蔚来只不过是经历了一个正常的成长过程。尤其是我们的产品定位比较高端，智能化系统、"三电"技术和全铝工艺等都完全是自主正向研发，在世界范围内看也是很大的突破，以前中国品牌车企从来没有做过这方面的事情。同时，蔚来还在商业模式、服务内容上做了很多创新。也就是说，我们进行的是全方位的立体创新，不仅有技术创新、产品创新，还有商业模式创新，包括蔚来和江淮的合作模式，在汽车行业也是首创。这就让我们面临的挑战更大、更多。

实际上，很多问题的出现正是源于我们做的创新太多，成立的时间又太短。2016年，我和您谈蔚来的时候还只能谈理念，当时产品还在规划中。不过有一点我一直很明确，那就是蔚来绝不会采用逆向研发的模式，不只整车，包括电机、电控、电池包、数字座舱和自动驾驶等，我们都要自己正向研发，并且要把这些研发成果都有效集成起来。按照这样的定位，在这么短的时间里，蔚来就成功参与到如此激烈的市场竞争中，可以说，遇到一些问题完全在我们的预料之中。

正因如此，虽然遇到了一些困难，但我从不认为自己受到了很大打击。从上大学开始创业到现在，我已经有20多年的创业经历，遇到过各种各样的问题和挑战，早就习惯了。2019年上半年，蔚来经历了电池召回事件。很多朋友都替蔚来着急，担心我们挺不过去了，而我本人的心态却很好。到7月，我们仅用20多天就完成了召回，创下了电池召回最快速度纪录。之后，我们还陆续经历了补贴退坡、中美关系恶化，尤其是特斯拉进入中国等挑战。不少人都觉得，特斯拉来了，蔚来是不是就不行了？这些因素全部综合到一起，导致蔚来销量下降，股价也下跌了。当时，蔚来的压力确实非常大，外界也有各种各样的议论。

不过在蔚来内部，我们其实早已认识到问题所在，并开始进行相应的调整。我们身处困境首先必须确保活下去，这个目标很明确，公司运营不能出问题，员工工资不能停发，供应链不能断供，蔚来的合作伙伴也不能损伤，不能让他们来我们公司拉横幅讨欠款。

到了2019年9月，这是外界质疑声最多的时候，相对来说，我反而比较安心了。因为我看到订单在恢复增长，这至关重要。蔚来是按订单生产的，不同于传统汽车公司先生产再销售。订单只要出现增长，就说明蔚来的产品和服务得到了消费者的认可，也就能拉动公司的运营。蔚来当时的1万多名用户，没有放弃蔚来，还在支持蔚来。

进入2019年第四季度，就像天气一样，国内电动汽车行业整体遭遇"寒冬"，加上蔚来在经营方面遇到了一些困难，可谓雪上加霜。但蔚来在第四季度一共交付了8000多辆车，这背后就体现出用户的力量。因此我一直说，是用户拯救了蔚来。在蔚来最困难的时候，用户没有放弃我们。那时买车是需要很大勇气的，更何况蔚来汽车的平均售价是40多万元。我经常去走访用户，与很多在蔚来最困难时购买我们产品的用户交流过，当时他们确实承受了很大压力，最后才做出购车决定的。

经常有人问，蔚来的用户到底是什么样的一个群体？我认为，蔚来的用户是能够独立思考、有情怀、很理性的一群人。例如2019年，用户不买蔚来汽车，也可以买其他品牌车型，选择非常多。毕竟买车不像买房子那样可能有升值空间，汽车就是消费品，几十万元的车也不例外。在经济增长遭遇下行压力时，大家不买车的理由要远远多于买车的理由。而在最艰难的第四季度，蔚来售出了8000多辆车，回笼现金30多亿元，这对蔚来而言真的是救命钱。

2019年12月28日，NIO Day在深圳举办，用户的热情再次让我感动。用户上台表演了节目"电动车主的自我修养"，还拍摄了用户电影。从2015年创立开始，蔚来就立志成为一家用户企业，包括打造以车为起点的蔚来社区，努力与用户紧密连接在一起。现在看来，蔚来的使命和定位无疑是正确的。我们按照这一愿景来经营蔚来，用户也支持蔚来实现这一愿景，正因如此，蔚来才能在逆境中生存下来。

到了2020年初，蔚来的状况刚有好转，疫情又来了。幸运的是，合肥市对蔚来伸出了援手，进行了战略投资。我想投资本身只是一方面，更重要的是给蔚来带来了信心，同时也给我们的用户、我们的合作伙伴乃至全行业带来了信心。在疫情影响下，汽车行业整体上都很艰难，不过蔚来由于在2019年经历过很多事情，应对压力的能力有了进一步提升。再加上合肥市政府与我们达成了战略合作，蔚来中国总部落户合肥，这就让我们更有信心了。

在这种情况下，从2020年4月开始，蔚来进入到一个新的发展阶段。产品销量连创新高，毛利率有所改善，经营现金流转正。总体来看，我们全年的经营状况远远超出了年初的预期，每个季度业绩的达成情况都比季度初设定的目标更好，这让我们备受鼓舞。

赵福全： 去年媒体认为您是"最惨的汽车人"，不过您自己感觉并不是。其实外界提出的所谓"惨"，也包含对您的同情，大家是在担忧蔚来如何继续走下去。这有点像坐在副驾座位上的人，看到车辆急转弯、急制动，心里就会担心。而驾驶者的心态完全不同，他知道自己在做什么，有多大风险。所谓"一切尽在掌控中"，我想这就是您当时的感觉吧。

李总创业已经有很多年了，经历过从小企业起步，再到不断把企业做大的风风雨雨。蔚来汽车在民营车企中应该是投资规模比较大的，特别是起步期你们可谓是资金充裕。但在蔚来创立的前两年，你们的投入越来越多，而外界还没有看到产品，再加上2019年电动汽车补贴退坡等因素，难免让人产生紧张感。对此您认为，从创业的角度来说，遇到各种挑战是很正常的。也就是说，旁观者眼中的"惨"，在驾驭蔚来前行的您看来，是初创企业必须经历的痛苦过程，或者说是创业成功的必由之路。

李　斌： 是的，创业哪有那么容易，容易的事情就轮不到你来干了。就我个人而言，我觉得创业必须有创新的成分，但一定要尊重基本规律来做事。例如蔚来的产品定位是智能电动汽车，而智能电动汽车产品有其基本规律，包括研发、质量、用户服务等，都有基本规律。这些基本规律是不能忽视的，更不能逾越。我们必须尊重规律，踏实前进。

同样，办企业也有基本规律。作为新创公司，从一开始所有的事情就都很顺利、一马平川、高歌猛进，我认为这样的公司是不存在的。此外，人力资源也有基本规律。举例来说，2019年已是蔚来创业的第五年，从2014年开始，不少同事已经在公司工作四年多了，公司也成功上市了。在这个阶段，有的同事有了自己新的发展规划，这是非常正常的，也体现出人力资源的基本规律。

作为公司创始人,我必须充分尊重各方面的基本规律。世界不欠你的,即使遇到再大的压力,我想的永远都是怎样保证用户的利益,怎样让企业生存下去,我们有哪些地方做得不够好,又应该专注在哪些行动上。当你从眼前的局面跳出来重新审视遇到的所有事情,就会发现其实没什么可抱怨的。

赵福全:您有这种认识,能在最困难的时候淡定应对,我认为是很难得的。多年来您一直在创业,不过此前主要还是在互联网行业,虽然也做过汽车网站公司,但这与造车完全是两回事,毕竟汽车是资金、人才和技术高度密集的大产业,也是民营工业中链条最长、最复杂的产业之一。要想做好汽车企业,难度非常大。我想,对于实体经济创业,您今天的认知肯定也和原来大不一样了,特别是对汽车产业的投入规模之大、涉及领域之广,以及必须坚持深耕细作的认识一定更加深刻了,这也是蔚来能走出逆境的重要原因之一。

您刚才谈到了一个很好的案例。2019年6月,蔚来正处于产量爬坡的关键期,又遇到了电动汽车补贴退坡等诸多挑战,但面对种种困难,你们依然决定实施产品召回。从中可以看出,蔚来思考问题的出发点确实是用户利益,面对事关用户安全的电池问题,你们毫不犹豫地进行了召回处理,哪怕这可能会对企业的声誉和收益造成不利影响。我想,正是这种对以用户为中心的企业定位的坚持,才让蔚来逐渐得到了用户的信赖和支持,迎来了销量的持续增长,最终帮助蔚来闯过了难关。当时,用过蔚来产品的人并不多,消费者平时看到的信息大多是负面的,而市场上又有众多产品可供选择,加上一辆蔚来汽车的售价是四五十万元,对绝大多数家庭来说都不是一个小数字。在这种情况下,还是有这么多消费者选择了蔚来,这种信任真的是难能可贵。

那么,消费者对蔚来产品的信任到底来自哪里?是来自您个人的企业家魅力?还是蔚来的发展理念?又或者是因为对创新型企业以及电动汽车产品情有独钟?

李 斌:我还真没有特别想过这个问题。我们在2018年开始交付产品,到2019年年中进行召回时已经售出1万多辆车了,之后2019全年共销售了 2 万多辆。无论我们的情况如何,消费者始终给蔚来以极大的支持。

我想,我们首先要相信用户,他们会有自己的正确判断。评价一家公司就像评价一个人一样,不是只听他说了什么,更重要的是看他做了什么。例如电池召回这件事,蔚来没有推诿任何责任,也没有丝毫犹豫,即使当时的境况非常困难,我们还是坚决进行了召回,而且我们的处理过程非常透明。在这个过程中,我们坚持了初心,那就是始终把用户的利益放在第一位,绝不做损害用户利益的事情。"人心都是肉长的",这样的做法,用户是看得到,也读得懂的。

因此去年遇到电池事故的几个用户,在事故处理完毕后,又重新购买了蔚来汽车。有时能说会讲并没有太大用处,关键还是您究竟怎样做,最终大家都会看到的。看到的人就有可能成为我们的用户,并向亲朋好友推荐我们的产品。也就是说,消费者对一家公司的文化、价值观、做事方式及产品和服务,都会有自己的判断,不会被媒体报道的一些负面信息所左右。等用户做出判断之后,就越发能体会到蔚来产品和服务的好,这样蔚来的口碑就建立起来了,自然就会有越来越多的消费者选择我们。

赵福全:在您决定召回的时间节点上,蔚来已经交付了 1 万多辆车。在此之前,消费者对蔚来的产品质量和服务是高度认可的,但蔚来没有迟疑,还是立即进行了召回。实际上,市面上所有产品都有可能出现质量问题,关键就看企业如何处理。事实证明,在召回之后用户还是选择继续信任蔚来,这恰恰是因为蔚来面对安全隐患时没有回避责任,而是认认真真地解决了问题。

李 斌:说实话,用户对我们一直都很宽容。蔚来汽车的用户大部分是从奔驰、宝马、奥迪车主群转过来的,很多用户原来使用过高端汽油车,两相对比,他们非常清楚蔚来汽车的产品质量是很不错的。在 2019 年和 2020 年 JD Power 的消费者满意度排行榜上,蔚来在新能源汽车里都排在了第一位。还有汽车之家、易车网上的口碑,蔚来也是数一数二的。

总体来看，使用过蔚来汽车产品和服务的用户，满意度都非常高。可能也是因为蔚来受关注程度高，有时我们出现的一些问题会被放大。但这对我们来说也是好事，能鞭策我们努力做得更好，并帮助我们得到用户更大的认可。例如2019年蔚来和另一家知名车企的产品都出现了电池问题，蔚来立即做了我们认为应该做的事情，消费者自己就会进行对比。实际上，那家车企的电池问题影响更大、传播更广，但他们只是发了一个通知，让消费者充电时少充一点，然后调一调软件就结束了。而蔚来进行了非常认真的调查，发现电池模组设计确实有隐患。此后我们没有推卸责任，马上实施了召回。类似情况下，可能有的车企首先会说这是电池供应商的问题，但蔚来不甩锅，我们是先把事情解决好，然后再与电池合作伙伴商讨后续怎样界定责任、分担成本。我觉得，越是遇到这种紧急问题的时候，就越能体现出公司的终极价值观。其实人也好，企业也好，总会遇到一些考验，这时我们怎样做远比我们怎样说重要。

赵福全： 尤其像汽车这样的产业，其竞争就像一场马拉松比赛，简单的甩锅或找理由也许可以暂时躲避舆论责难和自身责任，但最终消费者很清楚企业的所作所为，每个人心里都有自己的判断。至于问题的责任由谁担，对用户来说没有那么重要，重要的是企业要及时做出符合其价值观的行动，让用户感受到企业的诚意。说起来，蔚来当时的销量也不算小了，出现一些问题很正常，而你们快速彻底地解决了问题。在某种程度上，这反而进一步提高了用户的满意度和认可度。我想，对一个品牌而言，能给用户提供的最好服务，就是把所有问题都及时解决掉。

李 斌： 确实如此。市场上并不存在没有任何问题的汽车产品，在新车质量榜上，即使质量最好的产品，每百辆新车也会出现七八十个问题，这是一个基本规律。重要的是，企业面对问题时如何处理。我认为，最好的对策就是直面问题，及时解决，不推卸任何责任。

赵福全： 企业遇到问题时应该冷静面对，站在用户角度来思考和解决问题，这非常重要。要让用户感受到，我们是一家负责任的企业，有了问题不用怕，企业肯定会尽最大努力帮用户解决。说实话，蔚来下决心实施召回时，行业里有不少人都替您担心，毕竟蔚来还是一家新诞生的企业，一旦因召回造成断崖式的销量下滑，对你们来说就是重创，甚至可能就此一蹶不振。这和打拼了几十年的企业实施召回是不一样的。由此也能看出，蔚来的决策层很有勇气。

接下来我们谈下一个问题。刚才您多次强调蔚来是一家用户企业，你们把用户当成家人，全力服务好用户。那么，对于服务用户，您是怎样理解的？记得2016年我们在这个栏目对话时，您也谈了很多服务理念，今天您的理解与那时相比有什么不同吗？

您还谈到，在蔚来最困难的时候，用户没有放弃你们，而是始终支持你们。我知道，蔚来的很多新用户都是老用户推荐来的，据说推荐比例能达到60%以上，这是一些百年品牌都很难做到的。那么，围绕着用户，你们究竟做了哪些独到的服务？是怎样满足用户期待的？又有哪些措施非常困难，却是您骨子里相信必须坚持的？大家都说蔚来对用户太好了，这恐怕也意味着巨大的投入。如果以后蔚来达到了100万辆的保有量，在服务上的高投入会不会导致公司难以为继？

李　　斌： 实事求是地讲，蔚来在服务用户方面做了一些工作，但我并不觉得我们已经做得很好了。如果以100分为满分，那蔚来现在可以得50分。就是说，我认为蔚来还没有达到及格线，这不是谦虚，也不是矫情，而是我个人的真实看法。

为什么这样说呢？谈到汽车服务，现在整个汽车行业的主要做法是先卖车，之后车辆的服务就转交给别人来做了，包括汽车经销商、服务商、加油站和保险公司等，或者说车辆的服务是交给了社会，没有一家整车企业能对汽车品牌的总体体验全程负责。而蔚来跳出了原有的框架，我们不只是在用户买车时提供服务，还负责在用户用车的过程中提供良好的体验。

这两种做法的出发点完全不同。蔚来是把服务用户当成了自己的责任，而现在汽车行业的分工并不是这样，因此蔚来就成了特例。这就像通过电商平台将产品卖给用户，与自己直接将产品卖给用户，这两种销售方式在逻辑上有本质区别。从根本上讲，蔚来要成为用户企业，就必须对用户使用产品的全程体验负责，高度重视建立用户与蔚来的长期关系。我是发自内心地认为，这是蔚来的责任。为什么蔚来产品有终身免费质保？原因就在于此。蔚来提出的服务无忧、能量无忧服务，就是希望为使用蔚来产品的用户提供良好的全程体验，这是整个公司运营的根本所在。

我之所以说蔚来的服务现在还没有达到及格水平，是因为蔚来在服务能力提升、基础设施建设、人员服务意识培训、相关流程优化等方面，都还在成长过程中，目前还没有办法做到完全到位。也就是说，按照蔚来的定位和标准，我们现在可能才做到了 50 分，还没到及格线，但用户对蔚来的评价已经相当不错了。

我想这可能是因为消费者在同其他企业进行比较，在服务方面，蔚来虽然只有 50 分，但不少企业得分更低，甚至可能是负分。负分是什么意思？就是一些企业在底层的商业逻辑上，就不认为全程服务属于汽车公司该做的事情。因此，这些企业就不会深入考虑用户家里有没有充电桩，也不会想尽一切办法让用户的充电体验能像加油一样，甚至比加油更好。另外，当汽车出现质量问题，用户来投诉时，企业考虑的是先界定是不是自己的责任，而不是先解决用户的问题。这就是蔚来与这些企业在出发点上的本质区别。

这种本质区别意味着，自诞生之日起，蔚来从上到下就是让整个公司的管理体系都围绕用户运转。举一个简单的例子，蔚来的用户顾问对应着传统汽车公司的销售顾问，但我们对用户顾问的激励机制，不是看他卖了多少车，而是看从他那里买车的用户的满意度。在传统汽车公司，销售顾问的职责就是卖车，考核的指标就是销量。而在蔚来，用户顾问的职责是服务，而且我们不会要求用户顾问的服务必须赚多少钱。

今天上午我听同事讲，他推荐了一个朋友去买蔚来汽车，结果我们的用户顾问没有像传统汽车公司的销售顾问那样不停地推荐选装件，而是站在用户的角度，帮用户分析哪个选装件可能用户不一定需要，哪个选装件用户可能真的需要，会有什么好处。用户顾问所做的分析，完全是站在用户的角度来思考的。

从中可以看出，蔚来整个公司的商业模式以及内部管理体系都是按服务用户的方向设计的。我想，如果蔚来的每一位同事、每一个环节都能充分践行"以用户为本"的理念，今后我们的服务质量就一定会越来越好。今天蔚来还做得不够好，距离我们自己定义的及格线还有差距，但肯定已经比行业里大部分公司做得好了。

赵福全：蔚来做服务的出发点和方式与传统企业不同。传统企业的方式是汽车售出之后，车辆设计生产造成的问题属于企业的责任，剩下的问题都是用户自己的事情。而蔚来的方式是全程负责，只要用户买了产品，就是蔚来大家庭的成员。我注意到刚才您特别举了销售环节的例子，要知道传统车企卖零配件是很赚钱的，蔚来难道就不赚这部分利润吗？

李　斌：只要在一些简单的事情上，把我们与传统汽车公司的做法进行对比，就能看出蔚来的不同。例如在零整比（全部零配件价格之和与整车价格的比值）方面，蔚来只要求保持合理的利润，由此就能知道背后的逻辑差别。

在汽车售后服务方面，例如蔚来推出的服务无忧、保险无忧等，目前已经赔进去了不少钱。以用户可接受的成本为其提供无忧的服务，我认为这是蔚来的责任，就像亚马逊、京东做物流不会把物流作为盈利点一样。

赵福全：您的服务理念正在逐渐被行业认同，大家也认为蔚来的服务做得比较独特。但一个很现实的问题是，要想服务好用户，尤其是在汽车产品全生命周期内服务好用户，是需要资源投入的。一辆汽车有10~15年的保有期，即使蔚来不想靠全程服务来赚钱，至少要做到不亏钱吧？否则这部分额外的投入由谁来负担？这会不会导致蔚来的车价比竞争对手高很多，进而失去部分竞争力？又或者等到蔚来拥有几十万甚至上百万辆的保有量时，继续这样做下去会不会导致严重亏损？大家实际上都想知道，蔚来在服务上是否赚钱？如果不赚钱又怎样一直持续做下去？您能谈谈这个问题吗？

李　斌：我们一开始肯定是赔钱卖车和提供服务的。蔚来是一家很年轻的创业公司，原来在上学前班，现在也才小学一年级，按时间算就是这样，毕竟我们成立到现在才刚刚 6 年。但有时候，我们看待一件事情还是要想得更长远一些。

例如今天我们对孩子的教育投资，会影响他未来变成什么样的人。但也不能以孩子今天的成绩，来判断他未来一定会怎样，这种逻辑肯定是不对的。也就是说，大家不该沿用今天非常成熟固化的模式去看待蔚来的创新，这就像之前沃尔玛看亚马逊的眼光，亚马逊一直亏损了十几年，到 2010 年还在赔钱，那是不是亚马逊的经营就有问题呢？事实证明并非如此。从这样的逻辑出发，很多事情就容易想通了。

举个例子，蔚来整车的毛利率在 2020 年第一季度是 -7.4%，第二季度转正为 9.7%。第二季度的毛利率为什么能转正？道理很简单，就是因为销量上来了。原来传统汽车公司设定销售价格是按市场去定价，而蔚来的定价原则是，包含电池的蔚来汽车售价，要比同等定位区间的传统汽油车稍微贵一点，但不含电池的话，要比传统汽油车便宜，而且要便宜很多。再加上电动汽车免征购置税，有牌照优惠，也不限行，使用成本低，这样用户的收益就非常大。

但蔚来在产品刚上市、销量不足的情况下，固定成本分摊到每辆车上肯定比较高。同时，由于销量少，零部件供应商也不可能给我们很低的价格，例如电池成本开始时就比较高，因此蔚来汽车投放市场后的一段时间里肯定是不赚钱的，即毛利率是负值，这很正常，也是我们意料之中的。但毛利率是在变化的，随着销量的提升，分摊到每辆车上的固定成本就会下降，另外，像电池成本也在一年内下降了 20%～30%，再加上零部件合作伙伴看到蔚来有希望，纷纷加大支持力度，零部件的成本又进一步下降。于是，整车毛利率就转正了。蔚来在三季度整车毛利率达到了 14.5%，这是很自然的提升。从 -7.4% 到 14.5%，在 6 个月内毛利率就发生了这么大的转变，这背后也体现出汽车产业的基本规律。

蔚来现在每月售出 5000 多辆车，就已经有了正毛利率。如果我们一个月能售出 1 万辆甚至 2 万辆车，毛利率自然会更高。汽车服务也是一样的道理。例如在 2019 年底，蔚来共有 3 万名用户，分布在全国 200 多个城市。那么，在用户少的地方，我们到底要不要提供服务呢？答案是一定要提供。有的地方可能只有十几个用户，我们也必须提供服务。用户量这么少，还要提供优质服务，刚开始时单用户的平均服务成本比较高是很正常的。

而现在蔚来已经有了 7 万多名用户，用户量增长很多，但蔚来的服务投入并不需要增加那么多。2020 年，我们的单用户服务成本比 2019 年下降了很多。2019 年，我们服务一个用户平均要赔 4000～5000 元，而 2020 年我们只要赔 2000 元。如果明年蔚来的保有量继续增加，在服务上我们赔的钱就会更少。最终的目标是实现持平。

用户数量增长之后，我们的服务自然也会得到升级，这是有基本规律可循的。举个例子，蔚来提供的服务都是联接的云服务，像充电服务的背后是能源互联网，我们把自己建的换电站、充电桩，也包括第三方充电桩、用户充电桩，以及用户的手机 APP，全部联接在一起，形成了一套智能调度的高效系统。显然，这种服务体系是有网络规模效应的，接入的要素越多，服务就越高效、越便捷。蔚来其他的服务也是如此，例如用户不需要去 4S 店，可以直接在 APP 上下单，各种服务就像点外卖一样，都能一键下单、一键呼叫，我们称作服务无忧。

这样蔚来就可以用最高效的方式匹配后方的喷漆、机电维修等服务，或者说可以用最高效的方式进行服务能力布局。这背后同样是有逻辑的，就是蔚来通过做服务获得了重新进行产业分工的机会，即基于云服务的高效联接来重构价值链。例如刚才说的服务无忧模式，既方便了用户，也减少了我们的接待人员。仅此一项，蔚来汽车的售后服务就可以节省很多人力。试想，如果每个环节都实现了精准服务，蔚来能创造出多大的价值！

从商业模式创新或企业经营角度看，我们必须清楚价值究竟来自哪里？实际上，答案也不复杂，主要是两点：一是有没有更高的效率；二是有没有更好的体验。当然，一家公司不可能刚开始经营就具备这两方面的能力，因此必须先行投入，不断积累和提升。就像亚马逊和京东如果没有物流的投入，又怎么可能成为今天的亚马逊和京东呢？

赵福全：我们梳理一下，李总相信，只有先做好服务，才能赢得用户的信赖，才能形成良好的口碑，进而得到用户的选择和推荐，最终促进销量不断提升。等到销量提升之后，蔚来就能有更大的保有量来分摊产品和服务成本。同时，蔚来的服务模式并不是传统意义上的多少辆车匹配一个销售或服务人员，那样服务成本只能随着保有量的增长而持续增加。蔚来采用的是基于互联网的云服务模式，不但能提高服务效率，提升用户体验，而且随着车辆保有量的不断增加，单车服务成本还会越来越低，最后可以做到边际成本趋近于零。而蔚来也不打算从服务上赚钱，只要收支平衡即可。最重要的还是让用户满意，因为您认为这才是企业做服务的根本目的。

当前，汽车产业正加快从"制造"向"制造+服务"转型，未来服务环节将有创造利润的巨大空间。蔚来现在已经建立了用户服务网络，今后随着产品的保有量越来越大，应该可以基于服务获得丰厚的利润。但蔚来不想通过服务赚钱，这又是为什么呢？能否与网友们分享一下你们的想法？

李　斌：实际上，我们也没有什么秘密，在蔚来的用户社区里，大家都很清楚。如果回顾四年前我们的对话就会发现，当时我就谈到了用户企业，谈到了蔚来要重新定义用户体验的想法。我创业就是要把企业做成功，我不是空想家，蔚来也不是乌托邦公司，因此一方面我会全力以赴把自己的理念落地，另一方面企业最终还是要盈利的，这也是企业成功的标志之一。

不过在我看来，在产业变革的新时期，企业基本上不可能再靠老方式取得成功了。从企业经营的角度讲，要回答的终极问题就是价值创造，不能创造价值的企业，是无法在市场上成功的。而我认为，企业创造价值的核心就是要为用户创造最佳体验。例如，迪士尼给用户创造了欢乐的体验，因此它一直存在了近100年。苹果给用户创造了科技和人文的体验，因此它取得了出色的业绩。亚马逊给用户创造了高效的购物体验，因此它获得了高额的回报。实际上，每家公司都要清楚回答自己创造的价值或者说创造的用户体验究竟是什么，这样才能知道自己不断努力的目标和积累的方向。

那么，蔚来的价值创造体现在哪里呢？简单地说，一是怎样给用户提供不一样的体验；二是怎样用高效的方式提供不一样的体验。正因如此，蔚来才会不断追求汽车产品体验、服务体验、数字化触点体验以及汽车之外的生活体验等的提升，这就是我们一直以来的思维逻辑，也是我们思考自身利润来源的出发点。

具体来说，第一，在汽车产品上，蔚来希望能赚到行业的平均利润。

第二，在汽车服务上，我们不以盈利为目标。蔚来的长期愿景是，我们提供的服务能真正让用户省心，让用户遇到问题后都愿意交给蔚来处理。我们希望通过可移动的联接对服务资源进行高效的重新布局，同时将用户交互界面简化，用较低的服务成本为用户提供更好的服务体验。在整个服务业里，能源公司、金融保险公司以及经销服务商等，无不依托汽车开展服务。假如蔚来能用更高效的方式把这些服务资源组合起来，为用户提供更简单、更方便的服务界面，那用户的体验肯定会更好。同时，我们不在服务上赚钱，最终用一种只要不赔钱就可以的模式去提供服务，那用户的体验自然也会更好。

第三，数字触点是我们创造价值的重要关注点之一。数字触点是一个大概念，按照我们的理解，未来汽车体验的很多方面都将集成在数字触点中，即通过数字化方式为用户直接提供各种增值服务。以自动驾驶为例，这其实意味着给用户提供了一个"买车送司机"的服务，只要自动驾驶技术做得足够好，这种服务就能带来价值创造的空间，就能帮助用户节省时间、解放自己，还能减少车辆的事故率。因此，数字触点为用户创造更好体验的前景是巨大的。

第四，Beyond the car，即汽车之外的生活，也是非常重要的关注点。今天由于要参加"赵福全研究院"栏目，我穿了其他品牌的西装，其实蔚来也有自己 NIO 品牌的衣服。在 2020 年 10 月 24 日程序员节那天，蔚来发布了 NIO 卫衣等服装，很快就被抢购一空。由此可见，今天企业通过移动社交方式与用户联接在一起，是可以创造出很多情感体验的。这种体验已经超越了汽车产品本身，也就是我们所说的 Beyond the car。

例如，人们不去迪士尼其实也没什么，生活和工作不受任何影响，可去了迪士尼就会觉得很高兴。国庆节期间，我带着我家小朋友去了上海迪士尼，凌晨4点就起床去排队，但孩子非常高兴。我想，这就是因为迪士尼创造了很多情感上的体验，毕竟人活着不只是为了吃喝睡。Beyond the car 中有很大一部分，就是我们要为用户创造欢乐空间，让蔚来成为用户分享欢乐、共同成长的社区，这是做好 Beyond the car 的核心。

当把上面这一切都打通了之后，我为什么一定要在造车、卖车以及服务的每个环节都赚钱呢？我完全可以在汽车产品上赚钱，同时通过在汽车服务上做到极致来"赚人品"。

赵福全：李总认为，企业最终还是要追求盈利的。而我听下来，蔚来作为一家整车企业，核心商业模式是主要通过造车赚钱，同时通过各种服务，包括 Beyond the car 在内，来打造极致体验，并塑造品牌。

李　斌：我认为，大家对汽车服务的理解可能还是太窄了。蔚来通过造车赚取合理的利润。同时，对汽车相关服务，我们希望用更高效的方式完成，企业只要最终不赔钱即可，但前提是一定要为用户提供更好的服务。此外，在汽车产品之外还有大量延展服务可做，例如数字化肯定是蔚来今后的利润增长点之一，包括基于自动驾驶的服务，还有其他很多方面。又如 Beyond the car 可以想象的空间非常大，蔚来目前已经卖出去 200 多万件衣服和背包等品牌精品，我们自然可以从中获得利润。

Beyond the car 与汽车本身的服务有什么区别呢？我举个例子，假如一个人生病了，必须去医院看病，此时即使医院的服务再好，病人也不会开心。汽车服务也是同样的道理，用户在汽车使用过程中遇到麻烦时肯定会不开心，因此蔚来提出要及时为用户解决问题，使用户感到"服务无忧"。在这方面，车企当然也可以赚钱，但蔚来希望尽可能不赔钱即可，这样才能把用户的不开心降低到最小程度。然而，Beyond the car 不是这个逻辑，例如用户购买衣服不是必须的，选择购买是觉得好玩儿，是因为开心，企业在这个环节赚点钱也就没什么问题。还有数字化也与之类似，像自动驾驶技术能让用户省时、省力、更省心，让乘车出行变得很快乐，因此用户就会觉得企业为此收取一定费用很合理，相当于为自己雇了一个司机。

赵福全：您的分享也体现出我们这个栏目的目的，我们不是要讲某个企业如何如何，而是通过交流企业的特色做法为整个行业提供参考和借鉴。我觉得，蔚来确实做到了很多传统车企没有想到或想到了但没有做到的事情，这是非常难得的。实际上，传统车企要做这些事情往往不得不面对内部的各种阻力，这也是其转型最难的地方。

四五年前，业内有不少人认为新造车企业不靠谱，只会用PPT讲理念，根本没有落地的可能。我记得，当时我对蔚来的评价被很多人用于调侃你们，说你们是"不靠谱中最靠谱"的企业。现在，头部新造车企业已经证明了自己是实实在在造车的，而蔚来更用实际行动证明了自己的"靠谱"，可以说是"靠谱中更靠谱"的企业。

接下来的问题是，您刚才所说的服务有没有商业门槛？难道其他企业就不能做到吗？抛开那些思想保守、墨守成规的企业，以及那些明明看清了产业前景却下不了决心行动的企业不谈，在产业全面重构的新时期，这两类企业本来就没有未来可言，那其他企业就不能像蔚来一样做好服务吗？为什么您认为蔚来能把服务做到最好？或者说，为什么蔚来能在服务上独树一帜？就因为您比其他企业家更相信服务重要吗？

李　斌：其实现在就有很多同行在效仿蔚来的做法，包括一些企业也开始称自己是用户企业，尽管我最初说用户企业的时候，可能很多人都觉得有点奇怪。我觉得同行们借鉴蔚来的理念是好事，希望蔚来能给行业带来启发。

实际上很多想法，我未必就是第一个、更不会是最后一个提出来的人，如果这些想法得到了大家的认可，其他企业都这样去做，也能促进蔚来不断进步。反之，如果大家始终都不认可，那恐怕这个方向就不对了。就像亚马逊开始做电商之后，很多企业都去学习它的模式。

但我想企业在服务方面恐怕会越做越难，包括蔚来，我认为最大的挑战仍然是服务。如果只是造车或只是开发自动驾驶技术，并没有那么大的挑战，或者说以这两方面作为公司的竞争壁垒，并不像想象中那么高。当前，中国一年能造2000多万辆汽车，只要有资金投入，再花上一些时间去摸索，后来者肯定能把车造好。同样的，自动驾驶技术现在看起来非常复杂,不过我认为终有一天,自动驾驶将成为汽车上的标准配置。

而要把服务做到位就非常困难了,这也不完全是对服务的重要性有多相信的问题。我举个例子,星巴克经营得不错,但谁能保证再做一家类似的企业就能比星巴克做得更好?开一家优质的咖啡店可能并不难,但开1万家咖啡店呢?何况还要保证这1万家咖啡店都保持相同的服务水准。再举个例子,大家都觉得海底捞的服务好,可又有谁复制出这种服务了呢?说到底,服务关乎的是人心,而人心是最难把握的。特别是当用户越来越多,场景也越来越多的时候,要保证每一个用户都得到标准化的卓越服务,让用户发自内心地感到满意,我认为这将难上加难。

赵福全: 不少企业都曾尝试过效仿海底捞的服务,但几乎没有哪家企业能真正做到。在我看来,做好服务的关键在于打造出相应的企业文化,使之成为企业的灵魂。

李 斌: 是的。我认为,必须把服务用户作为企业最底层的核心理念,让全体员工自上而下、自下而上,由里到外、由外到里都真正相信并努力践行。最终还是那句话,人心都是肉长的,企业做了什么,用户都会看到。

在蔚来上市之初,我就把名下1/3的股份捐出来成立了用户信托。2020年疫情期间,用户信托帮助购买口罩,代表所有用户捐款,每天用户信托理事会都要工作到半夜。实际上,用户信托的人员都是不拿工资的志愿者,却都在尽心尽力地忙碌着。过去几年里,我和秦力洪(蔚来汽车联合创始人、总裁)有一大半的周末时间都是在全国拜访用户,为此牺牲了陪伴家人的时间。

事实证明,只要公司上下都相信服务用户,就一定能把这件事情做起来,而且还能汇聚起相信这件事情的很多朋友一起努力。2020年,共有3000多名用户志愿者到蔚来展厅帮助我们向感兴趣的访客介绍产品。在我们来不及交付新车时,很多用户周末自发地来协助办理交付新车。有一个黑龙江省大庆市的用户,他在全国的传统高端品牌车友群里推荐我们的产品,最终让200多人购买了蔚来汽车。老实说,这些事情每一件都很不容易。

赵福全： 服务是一个水滴石穿的过程，仅靠您和秦力洪的力量肯定远远不够。因此，您认为一定要把服务理念融入蔚来的文化中，融入到每一名蔚来员工的骨子里，让企业自上而下、自下而上，由里到外、由外到里全都相信并努力做好服务。那么到目前为止，蔚来的服务有哪些方面是让您引以为傲的？或者说是哪些点点滴滴的工作，让蔚来把用户服务做得越来越好？同时，前面您提到，现在还只能给蔚来的服务打50分，因为有些方面还没有做到位。这指的又是哪些方面，后续要怎样改进才能做到位呢？

李　斌： 在蔚来当然不只有我和秦力洪两个人在走访用户，作为创始人，如果我们两人不去做，就不可能指望其他人发自内心地去做这项工作了。作为企业负责人，要对自己有更高的要求，这样就会感染很多同事，让他们都能主动做好用户服务。

事实上，我们不是硬性要求员工都认可蔚来的理念。就像有很多蔚来的车主认可蔚来的理念，但也有部分车主就是来买一辆车而已。蔚来的员工也是一样，有很多人非常认可蔚来的理念，也有一些人可能觉得这就是一份工作，这很正常，只要把工作做好了也没问题。我认为在这件事情上不必苛求，不要强制其他人怎样做，否则反而不好了，而是应该身体力行，感染和带动越来越多的人一起这样做。

在蔚来内部是没有KPI（关键绩效指标）的，我们通过价值观驱动管理。我们希望从各个方面关注员工的行为和态度，有了正确的行为和态度，自然就会产生好的结果。其实企业也是一件产品，在打造这件产品的过程中，首先要相信自己的产品定义，然后要努力把产品做出来，并不断改进，这样企业就会逐渐变成我们最初希望的样子。

2015年蔚来刚成立时，我们在没有决定做什么样的汽车之前，首先定义了公司的价值观、使命和愿景。就是说蔚来是先有理念，然后才开始开发产品的。到今天，蔚来坚持这一理念已经五年了，期间也有细节的迭代和完善，但大方向从未改变，我们一直在用相同的理念来统一整个团队的想法。蔚来作为一家用户企业，要打造一个以车为起点的社区，与用户一起分享欢乐、共同成长，给用户创造愉悦的生活方式。并不是说我们这样的理念就一定比其他车企更好，但这就是蔚来的选择。对员工来说，这里没有好坏对错的问题，只有合不合适的问题。如果想在蔚来做得好，甚至有如鱼得水的感觉，那就一定要跟随蔚来的理念，真正成为和我们志同道合的伙伴。

至于其他公司能不能复制这种理念，我认为，也许是可以的。但理念从说到懂、到信、再到做，每个环节都会被稀释很多。大部分企业在"说"的环节都不会出问题，但可能到"懂"的环节就会稀释50%～60%，再到"信"的环节又会稀释50%～60%，最后到"做"的环节还会稀释50%～60%，这样连乘三个0.5算下来，数值就变得非常小了，因此复制理念是很难成功的。

赵福全：我们做个小结。李总认为，未来服务将成为企业的核心竞争力。实际上，几乎所有公司都在讲"一定要服务好用户"，可有不少公司只是喊口号。而"服务好用户"的理念要想真正落地，绝不是只喊口号，或只做好某一件事就能实现的，而是需要企业从上到下、从里到外的共同努力。在这个过程中，首先企业领军人自己必须相信和坚持，然后要努力形成全员共识，最终融入到所有员工的意识中，成为团队共同的价值观和企业文化。

蔚来就是这样实践的：在还没开始造车的时候，你们就已经确定了必须服务好用户的价值观。之后，您和秦力洪起到了表率作用，而你们之所以愿意成为表率，是因为在骨子里相信"用户企业"的理念，要带动所有员工朝着这个方向一起努力。

四年前您讲这些理念的时候，外界可能觉得您只是在喊口号。而今天您已经用事实证明了自己确实在积极践行，蔚来已经按照这些理念完成了公司的顶层设计，并持续为之努力。也正因如此，蔚来在服务用户时，不是简单地为了赚钱，有些基本的汽车服务，只要最终不赔钱就行，即使现在还在亏钱，也愿意坚持做下去。展望未来，在群雄逐鹿、市场竞争日益激烈的局面下，在产业重构不断深化的情况下，您愈发坚信服务具有广阔的发展空间，将成为蔚来制胜的关键。

四年前，您和我第一次对话时交流了这些理念。四年后，您没有改弦易张，而是进一步强化和丰富了这些理念。现在您可以自豪地说，这四年来尽管蔚来遇到过各种困难，但你们始终坚持了用户企业的定位，没有丝毫动摇。包括您本人捐赠自己的股票成立用户信托，也包括在疫情期间，即使企业压力很大，仍然努力做好用户服务。因此，蔚来才赢得了已有和潜在用户的高度认可，在蔚来最困难的时候，用户没有抛弃你们，反而更加相信你们。这对企业来说是非常重要的。

下面我们探讨另一个话题。今年我们栏目的主题是"产品创新"。之前汽车产品主要是硬件，消费者的关注点都集中在汽车的功能和性能上。但未来汽车产品将由软件主导，消费者更注重的是体验，因此服务将成为产品的一部分。如果说此前汽车产品交付给用户后，就与整车企业基本没有联系了，那么未来汽车产品交付给用户后，整车企业必须在使用过程中继续提供支持，这样才能让用户把车用得更好、用得更开心、用得更持久。这种能力也将成为汽车产品创新中很重要的组成部分。

也就是说，未来汽车产品创新是"产品+服务"的融合创新。刚才您在服务方面谈了很多，下面想听听蔚来在产品方面的举措。在当前这个时间点上，与传统车企相比，蔚来在产品创新上的侧重点有何不同？蔚来又是如何通过自身产品硬件和软件的创新来支撑服务创新的？

李　斌： 这几年汽车技术变革的路线图总体上更加清晰了。目前，新能源汽车、智能网联汽车作为未来发展方向已成为行业共识，对此也有很多不同描述，其实我觉得简单说就是智能电动汽车，即 Smart EV。我们的通信工具是从电话到手机，再到智能手机演进的。而交通工具则将是从传统汽车到电动汽车，再到智能电动汽车的演进。

目前，Smart EV 的内涵已经很清楚：Smart 是智能，其核心是自动驾驶和数字座舱及其数字体验，其中，自动驾驶的技术含量最高。EV 就是电动汽车。从技术的角度看，汽车产业的变革融合了三大领域的技术变革，即互联网、数字技术的变革，人工智能技术的变革以及能源技术的变革。由此，汽车产业进入了寻找下一代产品终极形态的摸索过程。

事实上，当年智能手机也是在摸索中逐步成熟的，到现在智能手机的形态已经基本趋同了。我认为，智能电动汽车正在经历类似的过程。预计到2024—2025年，Smart EV产品的终极形态将会出现，就像2007年的苹果手机一样。蔚来现在即将发布第二代平台，再过5年，即2025年前后，蔚来将更迭到第三代平台。也就是说，差不多在蔚来发布第三代平台的时候，下一代汽车产品的终极形态就会出现，此后汽车产品会逐渐趋同。

其实，今天的汽车产品已经呈现出趋同的迹象了，到2025年之后更会如此。各家车企的产品可能会有细微差异，例如风格不同，但整车的技术架构都是类似的。在我看来，今天的汽车行业有点像2003年、2004年的手机行业，当时有多普达、HTC、微软的Windows Phone等一系列所谓智能手机，再往前还有牛顿掌上电脑、PDA（个人数字助理）等，后来这些产品的属性慢慢整合到一起，形成了智能手机的终极形态，之后各品牌的智能手机就基本趋同了。

今天，汽车产品正处在形成终极形态的过程中。在EV方面，现在已经开始趋同了。而在Smart方面，对车联网和数字座舱等部分，业内基本上也都明白应该怎样做了，当然自动驾驶部分还在摸索中，到底放哪些传感器？怎样做整车冗余设计？以及自动驾驶将给人车交互方式带来什么变化？这一系列问题还有很多不同观点。不过我认为，到2024—2025年前后，领先的智能电动汽车产品就能定义自动驾驶了。

至于蔚来对智能电动汽车终极形态的理解，现在肯定还是企业机密。不过我们也在逐步揭开谜底，例如在蔚来即将发布的新车上，大家就能看到我们向前迈出了很大一步。目前，整个公司的研发都是我在管理，一共有10个副总级别的同事直接向我汇报。尽管我并不是每个领域的技术专家，但我知道怎样把这些技术融合在一起，形成我心目中理想的汽车产品。上大学时，我是文科生，不过我考过系统分析员。后来，在经营易车遇到困难时，我也去写过代码赚钱。因此，我在计算机方面还有些技术功底。更重要的是，我知道应该如何把握发展趋势、做好技术管理，这也是我在过去几年的学习过程中获得的重要能力。应该说，2015年时，我对汽车研发还有不少想象的成分。而5年后的今天，我已经学到了很多，对汽车的技术趋势、技术路线，包括很多技术细节，都有了更深刻的理解。

赵福全：可以说您是蔚来的 1 号产品经理，统管产品和技术，担负着 CTO（首席技术官）的职责。现在，整车企业在规划产品时都发现，只考虑汽车硬件已经不够了，还要考虑汽车软件。而汽车软件可不是会编程的人就能完成的，就像硬件也不是设计车身结构和选择材料那么简单，最重要的是如何构建软硬件融合的产品架构，这既要有想象力，也要考虑商业模式。从这个意义上讲，CTO 的概念需要更新了，或者说需要被颠覆了。未来车企的 CTO 既要解决技术问题，也要处理产品架构及平台选择问题，还要考虑整个企业的资源组合问题。我想这才是您亲自来当 CTO 的根本原因，而不是因为您懂 IT 技术。

李　斌：赵老师说得太对了，CTO 的职能发生了很大变化。我认为，以前在汽车产品以硬件为主的时期，CTO 的职能比较容易界定。在收到产品定义和需求之后，CTO 领导研发团队将产品设计开发出来，这主要是机械和工程上的工作。当然，CTO 也会面临很多挑战，包括如何将众多供应商提供的硬件有效集成等。不过，相对于开发智能电动汽车，传统汽车的开发目标比较明确，开发过程和时间也比较清晰。因此，之前的汽车产品开发相当于打鼓，而且鼓点是固定的。

但现在不一样了，汽车产品除硬件外还有软件，商业模式的部分也必须考虑，例如蔚来的换电产品，与商业模式就有很大关系。因此，在产品设计过程中必须考虑得更加全面，把各个方面都放在一起思考和处理。在这样的情况下，如果 CEO 不亲自上阵，谁又能有这样的权力呢？当年如果乔布斯不负责产品，将软件、硬件、服务都通盘思考，并把资源充分打通，恐怕苹果公司是做不出具有划时代意义的智能手机的。在这件事情上，我认为 CEO 责无旁贷，必须把自己推到这个位置上，哪怕自己不是技术专家，也必须具备技术领导力。说到底，CEO 是不能把做好公司的希望寄托在别人身上的。

赵福全：我专门研究过当时苹果公司的管理架构，就是以乔布斯为中心，周围有很多产品经理，分别负责各个技术模块并直接向他汇报，形成了以产品研发为中心的集中式管理模式。不过苹果公司之所以能采用这种模式，是不是因为手机产品比较简单呢？至少与汽车相比，手机是简单的，在某种程度上只相当于一个汽车零部件。

李　斌：手机实际上也很复杂，我个人认为，汽车人说手机太简单，未免太过轻视手机行业了，这是一个很大的误区。就以手机和车机为例，它们对功耗、算力和空间尺寸的要求都不一样。我们想想看，手机和车机的迭代速度能一样吗？主流手机产品的配置几乎每半年就会有一次较大的升级，并且手机上市后很快就要达到几千万部的销量，如果卖不出去就意味着这款产品的生命周期结束了。而汽车上市后至少还能有几个月的时间慢慢提升销量。与汽车相比，手机的零部件虽然少很多，但其供应链的复杂度并不低。由于手机更新迭代的速度快，手机行业的竞争就像互联网行业一样惨烈。

赵福全：我们回到刚才CTO职能变化的话题。您认为，未来汽车产品创新的成败在很大程度上要看硬件和软件的融合程度以及商业模式的匹配程度，而不是简单的技术集成，因此这件事就不能只靠CTO，必须由CEO亲自操盘。在这个过程中，汽车产品创新又会发生怎样的变化呢？

李　斌：是的，原来汽车产品开发就像打鼓，现在更像是演奏交响乐。对传统机械部分可能"打鼓"就够了。但对智能硬件部分，就必须"弹钢琴"，要求高得多。而对软件部分，还必须"拉小提琴"。并且后续产品也需要持续的迭代改进和运营管理，各种乐器必须协调地继续演奏下去。因此我认为，今天开发智能电动汽车产品就像演奏交响乐，要有一个人负责这个交响乐团的指挥，这就完全不是原来CTO的概念了，更接近CEO的权责。

您刚才说得非常对，产品创新必须与商业模式相结合，用户体验必须考虑运营和服务。在这个过程中，如何搭建符合上述需求的新型产品研发架构？这就需要我们不断进行尝试和摸索。蔚来也是花费了很大代价，吸取了不少教训，才逐渐认识到其中的客观规律。

例如，蔚来研发最早分为三大部门：整车、"三电"和数字智能化。由一个负责人专门管理数字智能化，就是曾经担任过思科CTO的

Padmasree Warrior 女士，当时她是蔚来全球软件开发以及北美公司的首席执行官，也是中国公司在硅谷最高级别的人。后来我们发现，从战略角度看，让一个人管理所有的数字智能化业务，会给汽车软件与硬件之间的结合增加很多壁垒。也就是说，很多业务交流都需要横跨两大部门。

当我们意识到这种组织架构有问题后，就迅速调整为现在这种10个部门的形式，使组织架构更加扁平化。扁平化可以让交流变得更加通畅，不需要爬上一座高山再下一个深渊，然后再爬上一座高山。

赵福全：扁平化的组织架构减少了管理层级，有利于提高交流和决策效率，不过随着专业部门的拆散和细分，也会造成业务接口增多。

李　斌：是的，部门之间的接口会增多，这是另外一个问题，后续也需要我们去解决。不过企业决策时必须评估得失、明断取舍，因为永远没有万全之策，只能以先解决大问题为原则做出选择。在解决了大问题后，自然会产生小问题，然后再设法去解决小问题。

我们深知调整企业组织架构是要付出代价的，但更清楚沿用三个大部门的管理方式不适合当前汽车产品研发的需求，因此我们必须尽快让组织架构变得更扁平，让部门之间的交流更方便、更充分，也让各种联接更紧密。

为此，我们还设置了跨部门小组，给其充分授权，让这些小组去打通所有环节。同时，我们安排了产品经理和体验经理等角色，赋予其足够的权力，使他们能对用户意见做出快速反应，确保研发人员与用户的交流更高效。蔚来还有Debug（排除故障）系统，能将用户意见，不管是质量方面的，还是体验方面的，都与研发一线直接联接起来。

我认为，今后汽车企业的体制、组织结构、管理模式、产品开发工具及流程等，都要跟上交响乐的新时代，不能再用打鼓的老方式了。而CEO应该扮演什么角色呢？CEO应该是整个乐队的指挥，他可能不会弹钢琴，不会拉小提琴，甚至打鼓也不在行，但他必须知道如何让大家演奏的曲目相同、节奏同步。

赵福全：简单总结一下，当硬件只是汽车产品的必要条件，而软件逐渐成为汽车产品的充分条件时，原来相对简单的管理方式已经不再适用了，企业必须重新建立组织架构，重新梳理流程、体系及分工等问题。也就是说，当生产力发生改变时，生产关系必须随之改变。

在这个过程中，蔚来最初的组织架构是把硬件和软件分开。经过一段时间的尝试后，您发现不应该这样做，也等于是交了学费，最终才下定决心做出改变，以实现硬件与软件更好的融合。更好的融合不是简单地将项目涉及的部门先细分出来，再堆到一起，而是要打破各细分部门之间的交流壁垒，真正实现彼此密切配合。

另外，未来的汽车产品创新需要围绕用户体验进行全新的产品策划，这不仅仅涉及硬件创新、软件创新以及硬软件融合创新，还涉及企业的商业模式和资源组合。在这种情况下，某个领域专业能力强的人可能只适合管理相应的领域，未必能做好跨领域的管理。由于未来需要将整个企业的部门、流程都充分打通，让汽车产品研发真正变成一场交响乐演奏，您认为交响乐团的总指挥非CEO莫属。

李　斌：每个公司都有自己的具体情况。在我看来，如果想做出最彻底的创新，CEO必须承担起这份职责。否则，创新进程会比较慢，创新成效也会打折。因为产品研发过程中有很多取舍，需要综合各种要素快速进行决策。毕竟谁都不可能造出一款价格低、性能高、体验好，360度毫无缺陷和短板的汽车，既然做不到尽善尽美，就必须寻求一种相对最佳的平衡。

赵福全：谈到资源组合，产品创新中最重要的资源可能就是技术。技术可以分为企业自己掌握的和外部提供的两大类。对传统汽车来说，技术在很大程度上依赖于供应商。而对未来的智能电动汽车而言，这种情况会不会有所改变？您对整车企业与供应商的资源组合有什么看法？原来的合作模式还能继续吗？或者说，围绕着智能电动汽车，您认为有哪些核心技术是蔚来必须掌握的？又有哪些技术虽然也很重要，但不应该由蔚来自己掌握，而应该从供应商那里获得？在这个过程中，整供之间资源组合的商业模式又有哪些变化？

李　斌：蔚来成立之初确定的方向就是正向开发，我们要把核心技术掌握在自己手上。因为我们认为，只有这样才能做出真正有竞争力的产品，才能确保用户体验的一致性，也才能将软件、硬件、服务的全面结合做得更好。显然，如果只采用常规的成熟技术，是无法达成我们的愿望的。

从汽车进化的角度来看，新时期企业首先要看清全局，明白自己到底应该做什么样的产品，然后再从整车到系统、从系统到零部件，确定开发目标及相应策略。绝不能反过来，先考虑有什么零部件，然后做系统，再做整车。当然，从整车产品全局出发进行全面创新，需要很大的投入，只有少数公司才舍得或者说敢于做这样的投入。同时，对新创车企而言，正向开发本身也意味着投入大、时间长、风险高。但既然我们下决心要做领先的智能电动汽车产品，就只有这一条路可走。这也是为什么蔚来从一开始就是自己做"三电"的。

赵福全：记得之前您说过，新造车企业至少需要200亿元资金，您认为必须要有这么大的投入才有可能成功。具体来说，在电动化方面，蔚来有哪些技术是自己进行了投入的？又有哪些技术是与别人合作的？智能化方面又是怎样做的呢？

李　斌：现在看来，这个数额还是估计少了。目前，蔚来用掉的资金已经远远不止200亿元，就算扣除掉一部分交了学费的钱，也早就超过200亿元了。

在电动化方面，蔚来的目标一直是自己掌控"三电"，包括电机、电控和电池包的整体设计，以及BMS（电池管理系统）的所有软件都是自己做的，甚至自己生产电机、电控系统和电池包。在这方面，蔚来与其他很多企业有明显区别。在电芯层面，我们现在与宁德时代合作。因为蔚来才刚开始卖车，整体规模还很小，单独研发电芯是不合算的，而宁德时代已经拥有了很大规模，用它的产品肯定比自己做更划算。

在智能化方面，蔚来的策略也是一样，例如数字座舱，从硬件到软件都是我们自己研发的。又如自动驾驶系统，除芯片外，其余也都是我们自己研发的，包括整个控制系统的软件、CGW（连接网关）的底层数字系统等。目前，蔚来NOP领航辅助系统的体验非常好，这就是自己研发带来的好处。

除"三电""三智"（智能驾驶座舱、智能网关和自动驾驶）系统外，蔚来对整车的集成设计也是从一开始就自己做的。当然，系统层面的集成设计我们不做，例如蔚来不会去做座椅。因此，蔚来与供应链合作伙伴也有非常紧密的联系。其实蔚来的这种选择是有内在逻辑的，在我看来，越是涉及产品及时迭代、改进和反馈的部分，就越应该由车企自己来做。因为整车企业比供应商离用户更近，用户反馈意见后，车企可以及时改进并回应。如果要通过供应商才能处理，就等于增加了一个环节，会变得很麻烦和低效。

按这样的逻辑再往前推就可以发现，软件部分也应该是车企自己做。例如控制电池包的BMS，蔚来目前开发了端云融合的BMS，就很有创新性。目前，在蔚来的电池部门，大部分员工都是软件人员。在整车层面，凡是软件程度高的部分，蔚来也都要自己研发。此外，近期我们的VAS（车辆应用软件）部门增加了很多整车控制工程师的岗位，虽然这属于机械部分，但整车的控制无疑需要车企自己掌控。例如蔚来去年开发了雪地模式，车辆可以自动锁止空转打滑的轮胎。如果不是自己来做整车控制，我们怎么可能根据用户的反馈，结合自身产品迅速开发出这种新模式呢？要是让供应商来开发雪地模式，那反应速度一定会慢得多。因此，越是涉及产品及时迭代、快速改进和跟踪反馈的技术，就越需要整车企业自己来做。

赵福全：从电动化的角度看，电池无疑是最核心的技术。刚才您谈到蔚来自己开发和生产电池包，电池包的设计确实非常关键，因为电池安全性等都与此息息相关。那么，再往下一个层面，电池模组蔚来是自己做的吗？最后到单体层面，前面您也提到目前蔚来自己不做单体。您觉得电池单体会不会成为整车企业的"卡脖子"技术？蔚来今后要自己做单体吗？如果蔚来不生产单体，那会研究单体吗？实际上，BMS在很大程度上也与电芯技术，包括材料等紧密相关，为此整车企业是不是需要了解和掌握电芯技术呢？

李　斌：我认为，电芯不会成为车企的"卡脖子"技术。从今天电芯的水平来看，已经像钢铁一样，是靠规模驱动成本降低了。因此，整车企业自己做电芯不太现实，也没有意义。例如宁德时代一年的产量高达几十吉瓦·时（GW·h），如果蔚来自己研发电芯，我们才有多大的量，分摊下来成本太高，是没办法与宁德时代的电芯相比的。在电池上，有两件事对整车企业至关重要：一是根据自己的产品需求设计电池包；二是做好电池管理软件和数据分析挖掘工作。在我看来，这两件事情是蔚来必须自己做的。

具体来说，对于电池，蔚来不做电芯，也不做模组，但自己做电池包的设计。我们是用采购来的模组，做出满足我们需求的电池包。因为我们发现电池包生产的技术难度并不算高，而电池包的整体设计以及工程化、质量管控能力，则很有技术含量，也非常重要。目前，蔚来在这方面已经形成了很强的能力，对于这些关键能力，蔚来今后也不会丢弃，而是要不断加强。

至于单体，包括电芯材料等技术，我们肯定也要从电池系统整体的角度出发，进行一定的研究。而且蔚来的研究是非常深入的，不只是基于当下，也在考虑未来。特别是从产品定义的角度研究电池，即考虑用户在什么场景使用，用户的使用习惯是怎样的，以及由此确定什么样的电池最适合我们的用户。

赵福全：由此也可以看出，尽管蔚来的整车制造采用的是代工模式，但你们还是把整车的设计及工艺等紧握在自己手里。记得四年前，您在我们这个栏目表示，蔚来没必要自己建工厂。不知道四年后的今天，在您对汽车产业有了更深的了解后，您仍然觉得整车制造环节应该外委吗？

李　斌：尽管工厂本身不是我们的，但蔚来对生产过程的管控是非常严格的。实际上，蔚来汽车的质量在各种专业评比里几乎都是第一名。目前，我们合肥工厂有几百名制造工艺和质量管理专家，他们属于由沈峰总领导的蔚来制造部门。其实苹果公司也是如此，虽然与富士康合作代工，但产品的工艺、验证及质量控制，都是由苹果公司自己掌握的。

蔚来的质量团队目前有500人之多，甚至在帮助Tier2（二级供应商）、Tier3（三级供应商）提升质量。在这方面，蔚来对供应商不是简单的管理，而是真的派出人员到供应商那里一起工作。最近就有一家Tier2

合作伙伴，他们产品的质量始终有问题，沈峰总就派了十几个人过去，直接到现场通宵加班帮助他们改进。因为蔚来的逻辑是整车企业要对汽车产品的最终结果负责。

现在，蔚来汽车已经销售了这么多，说明这种模式是可行的。而且我一直说的是"合作制造"，而不是简单的"代工"。"合作制造"意味着我们对制造并不是放手不管，相反，蔚来自己管控着整车制造工艺，而且是从设计环节就开始考虑制造的。

如果蔚来自行建设制造工厂，就要有固定资产投入，像土地、厂房、通用设备和专用设备等都必不可少，此外还要招聘大量蓝领和白领员工，并且要做好复杂的分工。更重要的是，企业一定要做自己擅长的事，而那些不是必需且未必擅长的事情，就不一定自己做，这是商业决策的基本逻辑。从这个角度讲，我认为，蔚来选择"合作制造"或者说代工是合理分工的商业模式。

赵福全： 我倒觉得，擅长与不擅长还是投入的问题。就像前面讲到技术，如果一开始就判定某些部分不是企业研发的重点，那不擅长也无所谓，根本不必做大量投入。而如果是企业必须掌控的部分，就必须加大投入，使企业尽快擅长起来。

李　斌： 是的，因此这其实还是一个商业决策的问题。举个例子，企业选择租办公室或自建办公楼，就是一种商业决策。在不同的发展阶段，企业应根据各方面的情况做出最合理的选择，这里面并没有对错之分。在企业资金短缺时，为什么一定要盖楼呢？又或者企业仍在不断扩展，最终的业务规模和形态尚不能确定的时候，也不需要盖楼。这也是蔚来选择租用办公室的原因所在。

赵福全： 四年前，您决定采用代工模式。一方面是因为对汽车制造并不熟悉，相较而言，智能网联可能更是蔚来的强项，应该聚焦于此；另一方面则是急于推出产品，而获取土地、规划厂房、调试设备等，既费事也费时，因此蔚来不愿去做这部分"多余"的工作。不过就像您刚才说的，企业在不同发展阶段可能会有不同的考虑和选择。那么，四年后的今天，您还认为当初选择代工模式是正确的吗？今后蔚来还会继续坚持这一模式吗？

李　斌：赵老师，这个问题我是从以下几个方面来考虑的。第一是人力资源。在 2015 年 5、6 月时，蔚来一共只有三四十名员工，而我们计划 2018 年实现产品下线，这样最迟 2016 年工厂就必须动工。当时不论从哪个角度看，将很多人员放到制造上都不合逻辑。

第二是资金。当时如果投放到固定资产上，银行根本不会贷款给我。那我就只能靠股权融资，那时投入二三十亿元的固定资产，折合成股票可能相当于今天的 200 亿元甚至 300 亿元了，这会给我们后续的融资带来很大压力。因此，我认为这样的投资方向是不对的。

第三是企业文化。如果一开始将太多人聚集在制造环节，就会影响企业文化的基因。事实上，蔚来初创时大部分员工都是做汽车硬件研发的，我觉得这对我们的公司文化也造成了一些影响。假如当时我们有更多做智能化等汽车软件研发的员工，可能今天的公司文化会有所不同。因此，做出"合作制造"这个决定的背后有很多深层次的思考。

另外，蔚来虽然没有投资建设工厂，但我们耗资两个多亿元在南京建设了一条试制线，可能业内也没有多少企业能下这样的决心。蔚来建设试制线，是为了验证工艺和培训技师，我们专门从国外聘请了 50 名能力非常强的技师，把江淮工厂的工人都接到南京来培训。因为只有这样，蔚来的产品质量才能有可靠的保证，也只有这样，我才能在江淮建设合肥工厂的过程中做到心中有底。而最终产品下线后，从硬件的角度看，确实没有什么可以挑剔的地方。

因此，采用"合作制造"的模式，只不过是我尊重基本客观规律而做出的选择，并不是为了追求标新立异。正是因为我们尊重基本规律，才能汇聚尽可能多的资源，将蔚来产品很快做了出来。回顾一下，2015 年 6 月蔚来开始设计 ES8，到 2018 年 6 月实现交付，一共只有三年，这个速度是非常快的。如果当初我们把精力花在工厂建设和整车制造方面，不仅会浪费很多时间，人力、资金和企业文化等也都很难平衡，肯定不是最优解。

总的来说，我认为蔚来选择"合作制造"模式是正确的。第一，蔚来与江淮的合作实现了双赢，我非常感谢以安进董事长为首的江淮管理层在我们刚起步的时间节点上，愿意与蔚来开展合作；第二，双方今后的合作还将更加深入、更加立体，会比现在的合作有更多内容。

赵福全： 四年前，您更多的是在谈蔚来的造车理念。四年后，您的造车理念开始逐步落地。2019 年，蔚来的股票跌到谷底，媒体说您是"最惨的汽车人"。而 2020 年，蔚来一举扭转局面，得到投资者和市场的双重认可。说实话，均价在四五十万元的中国品牌汽车能月销 5000 辆，放在五年前，恐怕业界没几个人会相信。然而事实胜于雄辩，今天蔚来用实际行动证明了自己正在不断前进。我认为，蔚来的产品已经取得了阶段性成功，这确实难能可贵。

下面我们接着交流智能化的话题。您认为车企应该掌控智能汽车的核心技术，以确保自己有能力及时应对和满足用户需求。智能技术在很大程度上体现于软件，而软件又分为不同层面，例如消费者直接接触的是应用软件，如果从服务用户的角度看，应用软件无疑是核心软件之一。刚刚李总表示，涉及产品快速迭代、改进和反馈的技术，蔚来一定要自己掌控。实际上，这部分技术，例如应用软件，蔚来之所以要自己掌控，主要不是因为技术含量高，而是因为事关用户体验。既然服务用户是蔚来的基本理念，那我觉得这种选择就是合理的。除此之外，蔚来还要向更深层面的软件下沉吗？如果需要，又应该下沉到什么程度？这个问题目前在不同车企之间也存在争议。

未来，智能和电动将成为车企腾飞的一双翅膀，或者说是企业最重要的核心竞争力。既然如此，整车企业就必须充分掌控智能技术，如果智能技术都由供应商掌握，车企就会面临被"卡脖子"的风险。但完全靠自己，车企恐怕又会力不从心。那么，车企在智能方面究竟应该掌控到什么程度呢？

李　斌： 我们是从三个维度来判断的：一是与车辆控制相关；二是与数字座舱体验相关；三是与自动驾驶相关。

以软件为例，与车辆控制相关的主要包括底层操作系统和应用软件等。我认为，从长远看，车企是应该自己做整车底层操作系统（Vehicle

OS）的，因为这部分软件相当于整车控制的地基。如果不掌握底层操作系统，车企就很难把整车控制做好，甚至从逻辑上就行不通。这就好比自己不掌握地基，又怎么在上面盖楼呢？

但车企自己做底层操作系统是非常困难的，主要不是难在编写软件上，而是难在让供应商基于车企的底层操作系统来开发相关应用软件上，恐怕很多供应商都不愿做。试想，如果各家整车企业都有自己的操作系统，都要求供应商按自己的操作系统开发软件，供应商会心甘情愿吗？因此，在应用软件层面，整车企业也要有所判断和取舍。有的应用软件不愿交给供应商做，或者没有供应商愿意做，那就只能是车企自己来做，这相当于做了以前Tier1的一些事情。即整车企业直接与原来的Tier2合作，由车企做控制部分，Tier2做执行部分。

从这个角度出发，长期来看，传统的Tier1供应商和做了Tier1部分工作的车企之间是会有冲突的，这也是没有办法的事情。现在，传统Tier1越来越多地把自己的附加值放在ECU（电子控制单元）上，放在软件上，而不去做执行器，这是产业分工变化的一个趋势。实际上，我认为一些大型Tier1企业应该尽快转换思路，要更开放一些，将自己的软件对接到整车企业的底层软件和硬件上，这可能才是正确的发展思路。不妨设想一下，未来Tier1想要增加一个ECU，与整车企业直接在Domain Controller（域控制器）或Central Controller（中央控制器）上增加相应的功能软件，将是完全不同的两套逻辑。两者相比，哪种方式在成本、反应速度和改进升级上更占优势呢？答案无疑是后者。

这两年我和很多大型Tier1企业的老总也交流过。我说，你们是不是可以换个方式与车企合作？在做控制器和相应软件的过程中，供应商的确积累了很多Know-how，作为整车企业，我们对此非常尊重。但Tier1非要像过去那样把所有东西都集成到一个黑盒子里，再提供给车企吗？这样会越来越不被车企所接受。其实供应商也不一定要开放源代码，完全可以用License（许可）的方式直接成为整车上的中间件，放在域控制器中。我觉得Tier1是可以这样做的，只是目前很多企业还没有很强的意识去做这种改变。

如果思想不改变,就不会有行动的改变,那以后就会非常麻烦。参考互联网领域,当SaaS(软件即服务)大行其道后,原有的套装软件模式很快就走向了终结。今后,汽车行业的趋势肯定也会是这样。现在很多Tier1仍然沿用套装软件的逻辑来应对快速变化的时代,这是行不通的。

我相信在整车控制方面,有实力的汽车公司最终都会做自己的底层操作系统。由此,在底层操作系统上可能不会有太多共用性,其实也不需要共用。

赵福全:智能技术比较复杂,整车企业要想走得更远,前提是一定要把核心技术掌握在自己手里,这样才能重新定义整车架构并优化车辆控制。我想不只是蔚来,有实力的车企都会朝着这个方向努力。由此可知,如果Tier1仍然沿用简单的嵌入模式与车企合作而不做改变,肯定是走不了太远的。

李 斌:对车企来说,底层操作系统是一定要自己做的,委托给别人就不对了。而且车企一定要做出一套反应速度快、迭代效率高的底层操作系统。就像前面说的,地基必须是自己的,而且必须搭得好才行。

再看与数字座舱相关的,蔚来肯定也要做应用软件,不过数字座舱的OS(操作系统)可能不是那么重要,用安卓系统就可以,用Linux等其他系统也没有问题。而且安卓已经形成了生态,如果车企自己开发数字座舱OS,还要建立相应的生态,反而更麻烦。我个人觉得,在这方面并没有"卡脖子"的问题。

最后,与自动驾驶相关的可能最复杂,因为它不仅涉及底层的软件、数据,还涉及很多其他层面的问题。毫无疑问,这将是企业投入的重点方向。

总的来说,面向智能电动汽车的软件研发,可能除数字座舱的操作系统外,其他方面都应该由车企自己来做,毕竟附加值就在这里。这就回到了一个终极问题,企业究竟凭借什么创造价值?对汽车企业来说,以前主要是靠制造规模,而未来我认为要靠软件能力支撑的增值服务,也就是说,汽车产业将发生由制造向服务的价值转移。

赵福全：这个观点很重要，这既是您在实践中深思熟虑后的结果，也代表了蔚来等新造车企业的发展方向。实际上，现在所有整供汽车企业都在思考同样的问题。而看了今天《赵福全研究院》栏目的对话，我相信，不只整车企业会深受启发，Tier1等供应商也应重新思考自己的策略。当前，不少供应商以软件公司作为自己的转型目标，但真要实现这个目标并不容易，如果还是沿用原来的打法，是不可能成功的。

近期，另一个焦点话题是芯片。在汽车产品创新围绕软件和数据展开之际，芯片变得至关重要。有消息称蔚来要自己做芯片，这个消息准确吗？我想蔚来应该不会制造芯片吧，那是要设计芯片吗？另外，芯片也有很多类型和层面，蔚来准备做到什么程度，能否分享一下？

李　斌：这个消息只是坊间传言。我认为，芯片应该主要看附加值。对通用化程度已经很高的芯片，车企自己做并不合算。例如一些模拟芯片，如果车企自己做，不仅成本高，还不好用，而且也没有"卡脖子"的问题，只要车企想买，有很多供应商愿意卖给你。显然，做这种芯片是没有意义的。车企如果要做某种芯片，一定要有足够的理由，要么是为了让产品有更好的体验，要么是为了获得更大的附加值，要么是为了做得更便宜，不是说自己想做就去做的。

大家可能都比较关心自动驾驶系统的芯片。我觉得，可以从两个方面去分析车企自己开发自动驾驶芯片的合理性。一是体验，自己开发的芯片与算法之间耦合度更高，也就是说，可以根据算法反向设计芯片。自动驾驶芯片作为专用芯片，如果能与算法高度匹配，在算力效率等方面肯定更有利。否则，很可能芯片的算力表面看起来很高，却不能充分发挥出来。从这个角度看，车企自己研发自动驾驶芯片有一定的合理性，但前提是算法已经定型，并且算法与外购芯片之间的耦合度较差。如果目前算法并不确定，或者现有芯片已经很好用了，就没有必要自己开发专用芯片。

二是成本，自己做芯片需要很大的投入，从研发到流片，再到后期维护的工具链软件等，无一不是巨大的支出。

赵福全：您说的这些恰恰道出了车企的纠结之处。一方面，车企希望自己掌控专属的核心技术，让产品具有更强的竞争力；另一方面，车企又必须实现成本上的平衡，这又与销量规模紧密相关。在这种情况下，到底核心技术是仅仅自己使用好，还是与别人共用好呢？

李　斌：在自动驾驶方面，我认为一定是先把自己的事情做好，然后以此为前提进行适度的开放，这应该也是对整个行业最合适的方式。就蔚来而言，我们希望走在行业前面，因此必须自己掌握核心技术。但掌握了核心技术后如果只是自己使用，我觉得也不合适，还应该向外扩散。例如蔚来的电机目前就已经开始提供给其他企业使用了。

赵福全：在您看来，蔚来要想成为引领智能电动汽车发展的龙头企业，就必须自己掌握自动驾驶等核心技术。不过，智能电动汽车涉及各个领域的诸多复杂技术，每项技术都有其独特的 Know-how。从能力角度看，一家企业不可能掌握所有技术；从经营角度看，一家企业也不应该自己做所有技术；从规模角度看，只靠一家企业的销量来分摊技术研发费用更不经济。因此，蔚来需要与合作伙伴共同开发一部分核心技术，并且愿意与其他企业共享一部分核心技术，这既能提升企业的竞争力，也能推动行业更好发展。

李　斌：是的。目前，蔚来资本已经投资了不少与自动驾驶相关的公司，涉及芯片、传感器、系统、算法、场景和服务应用等，有将近10家公司，我们希望行业里能有更多专业公司成长起来。这背后更深层次的逻辑是，我们认为自动驾驶的发展需要基于数据、基于网络效应，唯有各参与者都做好自己的工作，大家才能共同构建起产业生态，实现数据的顺畅流动和网络的有效扩展。

至于自动驾驶的最终格局，我觉得可能会诞生几个联盟。有点像今天的航空公司，有星空联盟、寰宇一家、天合联盟等。每家航空公司都独立运营，又都愿意加入某个联盟来共享资源，既有竞争也有合作。航空公司之间肯定是存在竞争的，但大家还是愿意在竞争中合作。汽车自动驾驶的终极模式很可能也是这样，各家车企最终形成几个联盟。在联盟内部，企业可以共享类似的传感器布局、算力平台和基础算法等，还可以互相交换数据。

其实，我原来的想法是，一开始就打造这种终极模式。后来我发现这样做是有问题的，因为各家企业的步调不在同一个节奏上。例如蔚来希望产品尽可能早一点量产，但其他企业可能还没准备好。在这种情况下，我们肯定不会等待，毕竟市场是瞬息万变的。因此，我也在修正蔚来的策略，就是我们自己先跑在前面，等我们的能力形成了，再考虑开放与合作。也就是说，最关键是先将自己的事情做好，同时保持开放合作的心态。但不能指望通过开放合作来做好自己的事情，那就本末倒置了。

赵福全：看得出来，您做了很多深入思考。虽然蔚来对终极模式的方向和目标有自己的判断，但鉴于当前的产业现实情况，还是调整了最初一步到位打造终极模式的思路，先着重发展自己的能力。在这个过程中，各家企业不断交流和互动，有些企业是在学习，有些企业是在观望，最终应该会有更多企业加入到合作中，彼此成为合作伙伴。而蔚来始终以开放的心态欢迎合作，希望大家能一起前行。

我觉得，2020年对新造车企业的考验已经进入一个新阶段，开始分化出头部车企。刚刚围绕智能电动汽车，您谈到了2025年前后会是一个关键的时间节点。我想我们不妨展望一下未来十年，到2030年，那时的汽车产品将是什么形态？特别是沿着智能电动汽车的新方向，您认为，世界汽车产业将形成怎样的竞争格局？蔚来在这个格局中将处于什么位置？或者说您作为领军人，想把蔚来带到什么高度？

李　斌：2020年，从资本市场看，蔚来、小鹏、理想等几家新造车企业的表现还不错，或者说好于年初的预期。不过客观理性地讲，其实我们还都是一年级的小学生，还需要踏踏实实地继续积累，包括技术方面的积累，也包括销售服务网络、供应链等方面的积累，至少蔚来目前还处于创业初始阶段。

前段时间，蔚来的市值超过了宝马。但我在内部会议上讲，蔚来现在一年的销量仅相当于宝马在全球一个星期的销量，或宝马在中国三个星期的销量。蔚来要走的路还很长，只是现在资本市场觉得蔚来这个小学生看起来会有出息而已。从今天一步一步走到将来，真正做到"有出息"，获得更大的市场认可，还需要我们长期的努力。这绝不是三五年，可能也不是十年内就能完成的事情。毕竟造车这件事需要持续的积累，企业每前进一步都会遇到各种不同的挑战。例如消费者想买车，可能企业没有足够的产能生产出来，也可能自己的产能没问题，但供应链跟不上，还可能产品生产出来后，不能及时交付出去。这些问题都非常现实，而且企业没发展到那个阶段，往往是无法预先想到这些问题的。

赵福全： 还有对未来判断错误的挑战，如果现在的投资方向错了，等到产品量产时就会更麻烦。因此，尽管蔚来已经成为一支潜力股，但李总还是非常清醒，做好了长期奋斗的准备。

李　斌： 因此我们必须尊重产业的基本规律，不能背离规律做事。像特斯拉运营至今已经17年了，蔚来成立才5年，我们需要坚守创立蔚来时的初心来看待每件事情。我在内部一直说，如果非要定一个目标，那我们的目标只有一个——蔚来希望成为全世界用户满意度最高的公司，这就是我们的初心。

要真正实现这个目标，蔚来既要做到技术领先、产品领先，更要做到服务领先、体验领先。成为用户企业绝不是简单说说就能行的，这意味着每一个细节都要忠实于服务用户的初心。反过来，只要做好每一件事，打下坚实的基础，企业自然会取得多方面的业绩。

如果对上述目标在产品层面上进行分解，那么我希望十年之后，在全球智能电动汽车的产业格局里，蔚来能真正具有世界级竞争力，不管是技术水平、市场份额，还是用户服务等方面，都能做到不辜负这个时代。

大家知道，二十世纪六七十年代，日本和德国企业迎来了巨大的发展机会。而当下以及今后一个时期，中国具有推动智能电动汽车发展的有利条件，将会迎来空前的历史机遇。在智能化方面，中国拥有世界上数字技术和人工智能技术应用最大且最复杂的场景，同时有深厚的人才基础。在电动化方面，中国已经提出2030年碳达峰、2060年碳中和，并且中国政府对国际承诺的公信力和执行力远比其他国家强，为此，中国推动汽车电动化的决心会更大。在产业基础方面，中国有全世界最大的汽车产量，最完备的工业基础、供应链基础、人才基础和市场基础。实际上，能同时拥有这三个方面的有利条件，全球范围内就只有中国。即使美国也不完全具备这些条件，在电动化方面，民主党和共和党至今没有达成共识，而且似乎也看不到达成共识的前景。

为什么我说不要辜负这个时代？因为对中国车企来说未来十年将是充满机遇的关键十年。过去二十年，中国汽车产业打下了车辆的基础，互联网产业打下了智能化的基础，政府则推动产业打下了电动化的基础。今天，我们这些汽车企业理应在此基础上更进一步，充分利用国内国际"双循环"的新机遇，将智能电动汽车打造好，在全球竞争中抢占先机，否则我们就辜负了这个时代。

实际上，蔚来虽然是中国企业，但我们有着全球化的基因。从2015年创立之初，蔚来就是按全球研发来进行布局的，那时我们就在筹划怎样开拓全球市场，学习怎样管理全球团队。未来，我们不只要在中国市场占据领先地位，还要在全球市场占据一席之地。

现在，历经了诸多考验的蔚来已经成功地"活"了下来，我们正在为接下来的发展积蓄力量。应该说，与四年前我们交流时相比，蔚来在各个方面的基础都更加坚实了。展望未来十年，尽管肯定还会遇到各种困难，但只要我们始终忠于初心，不犯大的战略性错误，坚持既定的发展方向不动摇，那么蔚来就一定可以迈上新的台阶。对于未来，我本人是非常有信心的。

赵福全： 感谢李总。时间过得很快，2016年，我们第一次在"赵福全研究院"栏目交流时，更多的是听李总描绘蔚来的梦想和蓝图。而今天，经过四年的努力，蔚来已经成功打造出中国的高端汽车品牌，尤其是在今年深受疫情影响的情况下，蔚来交出了令人满意的漂亮答卷，这既为中国车企树立了榜样，也让整个行业坚定了信心。

蔚来取得的成绩表明：第一，你们走在了正确的道路上，战略明确，方向清晰；第二，你们也在正确地走，在战术层面做对了很多事情。实际上，走在正确道路上的企业可能不在少数，但并不是都像蔚来这样得到了资本市场的认可，更不是都在市场上拿出了亮丽的成绩单。客观地讲，企业经营就是以成败论英雄。虽然李总很谦虚，但无论如何，蔚来已经迈出了坚实的一步，这是不争的事实。当然，我认为谦虚也是必要的，毕竟与产业内的百年老店相比，蔚来即使跑得更快，也仍然有很长的路要走。

如果说四年前蔚来还处于勾画蓝图的阶段，那么四年后蔚来理念落地的第一波阶段性成果已经显现出来，这也说明了当年的理念是正确的。在这个过程中，李总也遇到了很多困难，甚至在2019年被媒体称为"最惨的汽车人"，但李总本人很淡定，您觉得企业经营本来就是困难重重，一直在创业的您早就有了充分的思想准备。确实，企业发展有起有落是正常现象，蔚来继续向前发展肯定还会遇到新的考验。对此，李总认为一定要坚持用户企业的定位，全力以赴做好用户服务。而且随着蔚来产品保有量的增加，单车平均服务成本正在大幅下降。因此李总也更有信心了，今后随着汽车销量的持续攀升，蔚来完全可以实现优质服务的收支平衡。

在核心技术方面，李总认为最重要的是电动化和智能化技术，为此要从服务用户的需求出发，判断应该掌握哪些关键技术。包括电机、电控和电池包设计技术，以及车辆底层操作系统和部分应用软件技术等，一定要掌握在车企自己手里。我认为，这一点非常重要。

同时，随着软件和硬件的深度结合，原来汽车产业简单的"产品"概念正在向"产品+服务"的新概念转变。这意味着仅仅从技术角度定义汽车产品已经不够了，车企还要从用户体验、商业模式和资源组合等角度来重新定义汽车产品。正因如此，李总认为企业CEO应肩负起确定产品定义、选择技术路线、统筹内外资源的职责，做好汽车产品创新的关键决策。

此外，当生产力发生变化时，生产关系一定要随之改变才能适应生产力的发展。为了更好地发展智能电动汽车，蔚来也在不断思考，吸取教训，优化调整企业的组织架构和运营模式，这将是一个持续完善的过程。

展望未来，李总认为蔚来要想实现进一步的发展，最重要的就是不断满足用户需求，努力把服务用户做得更好，这是李总骨子里深信不疑的理念。在李总看来，服务能力将是企业最核心的竞争力，而且服务能力的门槛并非大家想象中那样低。一方面，其他车企只有也在骨子里坚信服务第一，才可能学得到；另一方面，仅仅企业家自己相信还不够，一定要形成相应的企业文化和基因，让整个企业乃至生态里的每一个人，从上到下、从里到外，都用心做对做好每一件事，才能真正赢得用户的认可和信赖。要做到这一点是非常困难的，因此李总把服务能力视为蔚来最大的竞争壁垒。

实际上，蔚来用心服务用户已经开始取得回报了，例如不少用户都在自发地宣传蔚来，他们是发自内心地把蔚来当成一个大家庭。不过，李总觉得蔚来服务用户的能力目前只做到了50分的水平，后续还要朝着100分努力。反过来讲，如果有一天你们服务用户的水平达到了100分，那用户就真的成了企业的"上帝"，而企业必将因此获得更大的回报。

我想等到四五年之后，如果我们有机会再到"赵福全研究院"栏目交流，李总一定会有更多心得可以和大家分享。最后，祝蔚来拥抱未来，越走越好！

李　斌：其实，我觉得用户对我们的支持远远超过了我们对用户的支持。谢谢赵老师！

08　对话祖似杰
——整车企业的核心竞争力始终是集成能力

赵福全：各位网友大家好！欢迎来到凤凰网汽车"赵福全研究院"高端对话栏目。我是本栏目主持人、清华大学汽车产业与技术战略研究院的赵福全。今天我们非常荣幸请到了上汽集团副总裁、总工程师祖似杰先生，参加本栏目的第64期对话，欢迎祖总！

祖似杰：各位网友好！赵院长好！

赵福全：祖总，我们是老朋友了，您是清华大学汽车专业的优秀毕业生，多年来一直在汽车企业一线打拼，可以说既是科班出身的汽车专家，也是汽车行业的一名老兵。

今年，我们栏目的主题是"汽车产品创新"。产品创新看似一个老话题，但实际上随着产业重构日渐深入，大家越来越感觉到现在的汽车产品已经完全不同于过去了。特别是近几年，汽车"新四化"的趋势日益明显，包括"软件定义汽车"、物联网、大数据、云计算、人工智能以及新的客户体验等等，都成为业界高度关注的热点话题，直接影响着汽车产品创新的发展与实践。这也是我们选择"产品创新"作为今年栏目主题的原因所在。

您毕业后就进入车企，在合资企业和自主品牌企业都工作过，从一开始就接触汽车产品创新。那么，在新形势下，您认为今天的汽车产品创新和十年前相比究竟有哪些不同？

祖似杰：我学的就是汽车专业，毕业后一直在汽车行业工作。这么多年一路走过来，老实说自己也感到很自豪，因为汽车可以说是中国近几十年来发展最快的行业之一，对社会和经济的贡献都很大。有鉴于此，今天我们来谈汽车产品创新，我觉得是非常有价值的。记得五年前，上汽集团最早提出了"汽车新四化"的说法，而这几年来，"新四化"被越来越多地提及。我曾开玩笑说，现在连汽车研讨会上的服务员都知道什么是"新四化"了。当然，在这个过程中，我们汽车人对"新四化"的认识也更深刻了。

我本人曾做过汽车设计、制造以及规划等方面的工作，同时在合资企业和自主品牌企业都工作过。就我个人来看，当前汽车产品创新有以下重大变化：一方面，在各种新技术，特别是ICT技术的影响下，汽车产品本身已经与之前完全不同了，正在变成一个"新物种"。相对而言，过去汽车产品比较简单，而今后汽车产品要复杂得多，尽管"以用户为中心"的核心理念不会改变，但其内涵及达成方法将会大不相同。

为什么说汽车会成为新物种？我是这样理解的：未来汽车将可以迭代、可以升级、可以成长，这是以前的汽车产品完全不具备的能力。过去，汽车产品遵循V形开发流程，大约三年可以推出一款新车，即使缩短些时间，也需要两年多的开发时间。而在产品上市后，其功能和性能就固化了，无法继续提升，只能在使用过程中逐渐贬值，因此才会有人专门研究不同品牌、不同车型二手车的残值。现在，情况正在发生变化，汽车产品在线升级的能力越来越强，这样就可以在使用过程中不断加入新功能或服务。由此，汽车产品的定义将发生根本性改变，即形成所谓的新物种。

另一方面，制造汽车产品所涉及的工厂及人才、知识也都发生了变化。我在上海通用参加过工厂建设，当时我们按四大工艺标准，借鉴精益生产方式，致力于把汽车产品高质量、高效率地生产出来，这种传统工厂实际上只是物理工厂的概念。而现在，我们不仅需要建设一个物理工厂，还需要建设一个数据工厂。也就是说，未来完整的汽车产品制造不仅要打造一辆物理意义上的实体汽车，还要打造一辆数据化的虚拟汽车。

制造物理意义上的实体汽车产品，这是汽车人的老本行，车企原有的工厂都是在做这样的工作。在这方面，经过几代中国汽车人的努力，中国车企的造车水平已经不亚于国外汽车巨头了。而制造数据化的虚拟汽车产品，对所有汽车人来说都是一个刚刚开启的新领域，车企并没有相应的积累和经验。物理工厂的核心要素包括土建、生产线、物料供应以及保障水电供应的公用工程等。而数据工厂则完全不同，虽然也称为工厂，但其核心要素是算力和数据，所用的生产工具是人工智能。更重要的是，传统工厂的制造过程是从物料输入到产品输出，此后就结束了。而数据工厂的制造过程需要在整个产品生命周期内一直延续下去，因为汽车出厂后还会不断迭代升级。

此外，汽车制造的内容和方式正在改变，这意味着汽车行业所需的人才和知识也要随之改变。上汽有一个词叫"造车育人"，指的就是在制造汽车的同时把人才培养出来。数据工厂涉及的知识与原来完全不同，因此现在汽车人才需要有不同以往的知识结构，例如我们可能需要更多地了解ICT方面的知识。

我认为，我们理解汽车"新四化"的核心，就在于充分认识到"新四化"让汽车变成了新物种。这个新物种在出厂之后还能不断升级，而且随时与企业和用户两端相连，这在汽车产业中是前所未有的事情。当然，对车企来说，我们还是在造车，老本行的性质并没有改变，毕竟汽车的本质属性仍然是一种实体的移动工具。

其实，当年我之所以选择汽车专业，也是因为汽车这种关乎人们出行需求的本质属性。当时我给自己定了两个原则，第一要学工科，第二要选一个"铁饭碗"的行业。在我看来，汽车所代表的"行"就是一个"铁饭碗"的行业。现在有些汽车人非常焦虑，担心"新四化"会让我们失业。我倒没有这种担心，只要人们有"行"的需求，汽车就一定会继续存在。汽车可以完成从A点到B点的移动，并且在各种交通方式中，唯有汽车可以实现"门到门"的自由移动，这是汽车不可替代的重要价值。今后，虽然汽车的形态会发生很大变化，但其核心使命不会改变。因此，我们汽车人大可不必焦虑，而应该充满信心地迎接未来。

赵福全：新时期的汽车产品创新有了新内涵，"新四化"是其中的重要方向。现在大家对"新四化"谈得很多，几乎每家企业的宣传都在讲

"新四化",甚至连话术都让人感觉有些同质化了。可"新四化"的本质到底是什么,很多人却未必真正理解。

在您看来,"新四化"的本质是使汽车产品成为新物种。原来汽车是没有生命的,量产后就定型了,随着时间的推移,只会逐渐老化。而未来汽车产品是有"生命"的,可以不断成长、持续进化、自我完善,就像人一样,从儿童到成年,知识越积累越多,阅历越积累越丰富,能力也越来越强。由此,汽车产品创新的内涵正在发生巨大变化。

当然,即使汽车成为新物种,也一样是以硬件为基础的,因此我们仍然需要建设工厂,需要四大工艺。但今后汽车工厂不能像以前那样只生产硬件了,因为汽车产品作为新物种的生命力是由软件和数据赋予的,其智能化发展是由人工智能驱动的。在这个过程中,我们既需要物理工厂来打造汽车的硬件躯体,也需要数字化工厂来构建汽车的软件灵魂,二者有效地组合在一起,才能让汽车具备自我进化的生命力。

当汽车有了这种生命力后,就能更高效、更安全、更节能环保,即更智慧地服务于人类,这也是未来汽车产品创新的方向。不过,汽车的基本属性并没有改变,在从 A 点到 B 点的灵活移动方面,汽车仍将是不可替代的交通工具。从这个意义上讲,汽车人面对产业全面重构无需太过焦虑,未来只要人类社会存在,移动需求就会存在,汽车也就一定会有价值。只不过在未来汽车产品的新能力中,我们需要考虑清楚,哪些是整车企业必须掌握的,哪些需要 ICT 公司或其他合作伙伴提供。

这就引出了第二个问题。新物种必须要有新能力,不仅依然需要传统汽车涉及的机械、材料、工艺等"旧"技术以及物理意义上的实体工厂,还需要与未来汽车相关的联网、数据、人工智能等新技术以及数字化的虚拟工厂,这样才能实现软件对硬件的赋能,使汽车产品自我进化。而软件方面的能力,是汽车行业原来不具备的。我们当年在大学时就没学过软件,现在汽车专业的学生会学一些相关知识,但与计算机、信息等专业相比,还比较有限。实际上,当前高校也在探讨如何进行课程体系改革以适应产业新变化,不过在大学里总课时基本是固定的,不可能增加很多,软件知识如果多学一些,就意味着硬件知识要少学一些,而对汽车专业的学生来说，硬件基础是必须打牢的。汽车企业其实也面临类似的问题，原来只需在硬件方面投资，现在必须同时关注软件，而企业的财力却并没有增加。

说到底，产品创新背后的支撑是技术创新，而汽车技术创新正在由以硬件为主向以软件为主过渡。一方面，网联、通信、数据、算法以及芯片等新技术专业性极高；另一方面，这些技术又必须基于汽车运行的基本原理和需求来匹配优化。对车企来说，不了解这些新技术不行，要掌握这些新技术又很难，从而构成了非常严峻的挑战。显然，未来汽车企业不可能拥有所需的全部核心技术。多年来您一直从事企业规划工作，尤其现在作为上汽集团分管新业务发展的副总裁以及技术领域的总工程师，您认为未来整车企业究竟需要掌握哪些技术？又需要通过外部合作获得哪些技术？在此过程中，您觉得应该怎样实现有效的资源组合与平衡？

祖似杰：这是一个大问题。历史往往可以给未来以启迪，我们不妨先简单回顾一下过去造车的历程。例如在汽车电子方面，记得当年桑塔纳下线后，我们到上海大众公司学习，看到车上的线束有上百根，觉得很复杂，纷纷讨论这根线束是做什么的，那根线束能实现什么功能。现在，汽车线束对我们来说早已不再"神秘"，各家车企做得都不错，汽车电子设备的通信已经引入了以太网通信的手段，但不管手段怎样变化，其本质需求并没有变化，就是要实现连接。而要把车内日益增多的电子设备联接好，恐怕还是车企更为擅长。

又如汽车发动机原来都是化油器式的，后来出现了电喷式，接着又从单点电喷发展到多点电喷。化油器发动机上不需要电子控制，但电喷式发动机就不同了，发动机电控系统逐渐成为汽车必备的核心技术。我也是联合汽车电子公司的董事，认真看过他们的工厂，包括油泵、喷油器等器件的材料和工艺非常复杂，我们还是把这些技术有效集成进来，完美融入了汽车产品中。

再举一个车用材料的例子。当年合资企业引入车型后都要进行国产化，在钢材方面，当时上海大众与宝钢合作。可中国的钢材与国外存在差异，而作为整车企业，我们并不清楚应该如何进行改进，毕竟汽车人也不可能把钢铁技术研究得很深。后来，我们就和宝钢的技术人员联合攻关，很多技术都是我们提出需求，他们再从材料角度进行分析，寻找可行的解决方案，最终做出了合格的产品。

在近期行业的热点方向上其实也不例外，例如动力电池，上汽是与宁德时代合作的。我们并没有把电芯研究得特别深入，这方面一定是宁德时代更擅长，但我们把电芯技术的基本原理，尤其是电池包的PACK（成组）和BMS（电池管理系统）等技术，都充分掌握了。这些技术既与电芯有关，也与车辆有关，属于整供两方交叉重叠的部分。为了有效集成，真正把动力电池用好，车企就需要掌握这些技术。再如芯片，车企也不需要从头到尾完全掌握芯片的设计能力，但要对芯片技术有一定程度的了解，能提出合理的定制需求，并确保有效集成，这是整车企业未来必须具备的核心能力。

我常想，汽车企业的核心竞争力究竟是什么？我认为，答案应该是集成能力。过去，汽车主要只是机械产品的时候，我们就在不断集成各种先进技术，以实现车辆各种功能和性能的持续提升。未来，我们要集成更多不同领域的先进技术，以形成车辆的各种新能力。事实上，汽车的发展历程就是不断融合新技术的过程，这其中很多技术都不是汽车人所熟悉或擅长的，但这并不妨碍汽车人把这些技术用好用足。历史已经多次证明了这一点，汽车产业完全可以把其他产业的先进技术有效集成进来。

当然，不同产业之间一定会有交集，这个交集的部分最好双方都能掌握，特别是我要懂你一些，你也要懂我一些，这样才能更好地交流。否则就会出现"鸡同鸭讲"的情况，根本无法相互理解和沟通。另外，有些时候双方可能互有戒备心理，总觉得对方没必要了解自己的技术。这就需要双方增进了解、增强互信，让对方清楚自己了解相关技术的目的，这样才有机会达成良好的合作。

回顾历史可以指明我们今后的方向，坚定我们前进的信心。未来，ICT技术在汽车产业的重要性将越来越高，但我认为，外部技术集成应用于汽车上的基本原则并不会因此改变，汽车企业本来就一直在把自己"不太懂"的新技术引入进来。问题的关键在于，我们是否形成了面向新技术的集成能力。如果说过去我们已经掌握了很强的集成能力，那么在新形势下这种集成能力已经不够了，我们需要学习新知识、掌握新技术，才能形成新的核心竞争力。因此我觉得，面对产业全面重构，汽车企业一方面不必太过焦虑，要坚信自己的核心地位不会动摇，另一方面必须更新理念和知识，尽快形成融合创新的新能力。

同时，技术归根结底还是由人来掌握的，因此汽车人才结构的调整非常重要。上汽正在进行这种调整，例如软件人才在我们研发团队中的比例越来越高。过去几年，我们的总人数没有太大变化，但我们一直在不断优化人才结构。我判断，将来在汽车行业内软件人才将超过半数，这样才是正常的。不过汽车软件人才并不一定局限于ICT领域，而应该有更广泛的内涵，特别要包括那些兼顾汽车硬软件知识的复合型人才。

赵福全：您的这些观点非常重要。虽然"新四化"中有很多内容并不是传统汽车企业的强项，但这些技术一定是基于汽车产品的需求并经由汽车企业的集成，才得到有效应用的。回望过去，不少应用在汽车上的技术也都不是掌握在汽车企业手中的。因此您认为，汽车企业的集成能力才是最核心的竞争力。要知道汽车有上万个零部件，涉及各种各样的技术领域，汽车企业不可能也没有必要掌握所有技术。对整车企业来说，有些技术了解即可，既不需要自己制造，也不需要自己掌握，这是汽车作为集大成产业的本质特点。如果事事都要自己钻研，每一个零部件、每一项技术都要自己掌握，反而会分散资源和精力，是不可能真正造出好车来的。当然，面对产业重构期涌现出的诸多新技术，汽车企业必须以积极的心态加紧学习、加大投入，以尽快掌握有效应用这些新技术的集成能力。

不过，我想这其中还是有一个核心技术主导权的问题，或者说，整车企业虽然可以集成其他领域的一些技术，但一定要自己掌握一部分核心技术。例如原来整车企业的核心技术包括发动机、自动变速器以及电控系统等，而电控技术的问题，中国汽车产业实际上至今也没有完全解决,这个领域一直存在受制于人的潜在风险。那么,在"新四化"的发展趋势下,您觉得未来整车企业必须掌握的新核心技术是什么?

祖似杰: 我个人认为,未来汽车产品最核心的技术是电子电气架构。特别是今后汽车电子电气架构将与过去大不一样,由分散式、嵌入式逐渐向集中式、集成式方向发展,最终的理想状态应该是形成一个汽车中央大脑,统一管理各种功能。而车企对电子电气架构的掌握不可能一步到位,需要分步前进。像上汽目前在做的就是自己的第三代电子电气架构,可以将各种功能整合到三至四个域控制器中。

电子电气架构是汽车产品的核心,就像"中央政府"一样,可以对汽车的各种功能进行统筹管理,避免"诸侯割据、政令不一"。当然开始的时候,这个"中央政府"可能管得少一些,但之后一定会管得越来越多,以确保车辆整体表现最优。同时,电子电气架构作为汽车的中枢,将定义很多与此前完全不同的相关标准。因为过去汽车是一个封闭的系统,而未来汽车将是一个开放的系统。对于具体开放到什么程度,达到什么目标,又如何通过电子电气架构来实现,车企都要想得清清楚楚。显然,像这样必不可少的核心技术,车企是一定要掌握的。

还有一点也很重要,汽车作为交通工具的本质属性不会改变,而交通工具必须确保绝对安全,因此安全技术不能交给别人,一定要由整车企业掌握。特别是将来自动驾驶汽车普及应用之后,一旦发生行车事故,整车企业肯定要承担责任。从这一点出发,车企也要把电子电气架构和中央控制系统牢牢掌握在自己手里,包括电子电气架构之上的车载操作系统、基础应用和服务软件架构等,都要充分理解,做到融会贯通。对此,车企不应有丝毫犹疑。

实际上,原来汽车产品上的控制器是相互独立的,而且是嵌入式的,整车企业将其中一些交由供应商负责也不会有太大问题。而未来汽车产品上的控制系统终将走向统一,在此情况下,整车企业必须自己掌握中央控制系统,否则就会失去对汽车产品的控制权。当然,要把原本高度分散的控制功能逐步整合统一起来,这个过程并不容易,但这是车企必须努力的方向。

赵福全：我觉得，这与原来相比是一个根本性的变化。之前车企只需要定义需求，而相应的控制功能是由供应商负责实现的。而现在您认为电子电气架构必须充分掌握在车企手里。对此，您能否再具体谈一谈？因为电子电气架构也有很多层级，当前有多种不同的划分方法，在软件方面至少包括操作系统层、中间层和应用层等，而在硬件方面还涉及芯片等。车企要想把各个层级的核心技术全部掌握，是非常困难的。例如，即使是上汽这种大型集团企业，恐怕也掌握不了底层操作系统中的某些核心技术，可能也无此必要。那么您觉得，整车企业对于电子电气架构究竟应该掌握到什么程度呢？

祖似杰：是的，电子电气架构是一个大概念。按照上汽的理解，其最底层是硬件，再往上是操作系统。未来汽车产品可能会有两个操作系统，一个是座舱操作系统，另一个是自动驾驶操作系统。例如大家应该都比较了解斑马公司，他们目前所做的就是座舱操作系统，未来我们希望能向平台化方向发展。

事实上，这种操作系统开发投入巨大，维护成本高昂，而且不是一次就能做好的，后续还要持续迭代优化，这项工作其实是要耐得住寂寞的。因此，汽车操作系统本来就应该向公共平台化方向发展，没必要每家车企都独立开发。对车企来说，只要有我们能放心使用的操作系统，能确保在技术上不会被"卡脖子"，在商务上也不会被某家公司垄断即可。我想，中国最好有两到三套平台型汽车操作系统，如果只有一套就会形成垄断。而如果有很多套，又不足以负担其成本，毕竟平台必须有足够的规模来支撑。因此，有两到三套平台由各家车企共用应该是最理想的状态，这样就可以进入良性循环。

我认为，汽车行业的规模效应至关重要。当汽车进入互联时代后，还会有另一种效应，即网络效应。将来车企要想生存下去，必须紧紧抓住规模效应和网络效应这两条发展主线。

在操作系统上面的一层，一般称为中间层，大众的VW.OS实际就是指这一层，我们上汽也在开发自己的OS。这一层的作用是把上层和下层打通，或者说是实现软硬解耦，为此要解决数据联通和应用联接等问题,让底层操作系统能面向应用服务层。中间层再上面就是应用层了,通俗地讲就是很多APP(应用程序),用户可以自由调用。在调用的过程中,用户并不需要知道应用层以下的各层都在做什么。

赵福全: 应用层既面向消费者,又面向企业,还通过中间层面向底层操作系统。而中间层负责联接上下层,两者的作用都很重要。实际上,电子电气架构之所以关键,就在于其与数据紧密相关,而数据是未来汽车产品进化能力的基础。为此,车企需要通过合理掌控电子电气架构来确保掌握数据,这项工作是不能交出去的,即使再核心的供应商也不行。

另外,您刚才的分享还揭示了很重要的一点,就是软件对系统思维的要求甚至比硬件还高。以前传统汽车开发也有系统,主要局限于硬件,而未来汽车开发将涉及硬件、软件以及软硬件融合的各种大小系统。由此可见,未来车企打造汽车产品的方式确实需要与此前完全不同,这既包括产品创新能力的转变,也包括思维方式和理念的转变。

祖似杰: 应用层上的APP可以分为几类:一类是给消费者用的,另一类是给整车企业的工程师用的,还有一类是给供应商的工程师用的。应用层开发的根本目标就是让消费者使用起来越简单越好。而对中间层的产业分工,目前业界存在不同看法,我认为中间层还是应该由车企来负责。因为车企如果不把中间层做好,上下层就无法有效打通,汽车产品产生的大量数据也就无法有效联通并发挥作用。

就数据而言,供应商可以掌握一部分与其相关的数据,但综合数据一定要掌握在车企手里。正如您刚刚总结的,过去汽车行业也强调系统思维,而到了大数据时代,系统思维的重要性将更加突出。现在还有不少人谈到汽车硬件和软件时,好像完全是在讲两件事,这就是受固有思维方式的局限。实际上,未来必须把汽车硬件和软件作为一个整体来思考,并且要以软件为主,逐步变硬件思维为软件思维。然而,据我近几年的观察,这种思维方式的转换真的非常困难,我觉得这才是汽车企业应该感到焦虑的事情。

我们都学过马克思主义对生产力和生产关系的论述:生产力的进步,要求生产关系必须随之调整,以适应其进步。软件行业讲的康威定律其实也是类似的原理，即企业想要获得什么样的系统，就需要什么样的组织和思想。例如前面我讲到今后车企需要两个工厂，其中对物理工厂的组织管理，我们可以说得心应手，已经形成了半军事化、分层级、高效率的管理模式。而对数据工厂的组织管理，我们尚需探索合适的模式。两个工厂的功能和诉求各不相同，分别代表着不同的生产力，因此必然需要不同的生产关系，即管理模式与之匹配。又如我现在负责管理上汽的创新孵化业务，我发现创业企业的很多理念和模式是与传统车企有很大不同的，这些企业往往更开放，更愿意采用合伙人的方式。

赵福全：创业公司的管理方式与传统车企存在差异，这对您这样的传统汽车人来说，是不是一种挑战？您是老汽车人，现在却需要管理其他领域的各种人才。您不是合伙人，现在却需要招揽一群合伙人来进行创新创业。实际上，这也是当前汽车行业面临的共性挑战之一。由于汽车产品正从硬件主导向软件主导转变，汽车企业必然需要大量软件方面的人才，而这些人才与传统汽车人才相比，在理念、个性及偏好上都有很大不同。例如他们可能更喜欢宽松的工作环境，更追求从事创造性工作的感觉。汽车企业要想把这些人才用好，无疑需要新的人力资源管理和激励方式。说起来，您觉得创业公司更愿意采取合伙人制度的内在原因是什么？是因为初创公司资源有限而人才紧缺？还是合伙人制度更有利于释放人的创造力？又或者这本来就是 ICT 等行业通常的管理模式？对此，汽车企业又该如何应对？

祖似杰：我认为主要有两个方面的原因。第一，这是由不同人才的工作性质决定的。对传统的机械行业来说，无论是个人的行为方式，还是企业的管理方式，都是比较"机械"的。所谓工匠精神就是要扎扎实实做事，尽可能不出一点偏差。从事机械设计的工程师必须一丝不苟地遵照相关标准和流程，否则一旦图纸出错导致硬件产品出现问题，企业就要付出很大代价。而软件行业则不同，一方面，软件的修改要比硬件容易得多，且软件 bug（漏洞）往往需要在测试迭代中发现和处理；另一方面，软件 Know-how（技术诀窍）与个人的相关度更高，很多代码只有编程者自己最清楚。因此，软件工作显得比较"随性"，相对而言更依赖人才的主观能动性。

第二，合伙人制度本身是一种新的生产关系，可以更好地匹配新的生产力，而人是生产力中的核心要素。大家知道软件人才的年龄段和汽车人才不太一样，汽车人才的平均年龄要更大一些，特别是我们这些老汽车人，思维方式肯定还带有旧时的印迹。而软件人才普遍更年轻。现在的年轻人和我们不同，他们自出生以来生活条件一直相对很好，而且是互联网的"原住民"，思维方式已经发生了很大变化。年轻一代的平等意识以及为自身兴趣工作的愿望，要比我们这代人强烈得多。实际上，不只软件人才，年轻的汽车人才也体现出类似的特点。对此，汽车企业首先要意识到这种变化，然后要正确看待这种变化。我认为这是时代发展的必然结果，是非常正常的。最后，我们要在管理方式上进行调整，特别是对不同领域、不同年龄段的人才应考虑采取不同的人力资源管理模式。也就是说，必须让企业的生产关系符合自身生产力提升的需要，紧紧跟上时代发展的步伐。

赵福全： 您认为，车企对软件人才应采取不同的管理方式，这既有业务性质不同的原因，又有年轻人特点变化的因素。一方面，软件工作中个人色彩更突出，一个人编写的程序，其他人往往很难接手，有时甚至需要重新编写才行。特别是对软件的迭代优化，固定人员长期跟踪才能获得更好的效果。而硬件工作就不是这样，一个人画出的图纸，其他人可以很容易地使用，并在其上继续进行设计和优化。另一方面，当前年轻人普遍存在不同于我们这代人的特点，他们是互联网的"原住民"，更追求平等感和归属感。因此，对这些人才的管理要采取与以往不同的方式。

您刚刚谈到，电子电气架构是未来汽车产品最核心的技术，其中的关键层级是车企必须掌握的能力。或许正是出于这方面的考虑，近期上汽成立了零束软件中心。众所周知，此前上汽推出了号称中国第一款互联网汽车的荣威 RX5，这款车的操作系统是由上汽与阿里共同成立的斑马公司开发的，应该说跨界合作创建斑马公司是汽车行业的一个创举。而现在上汽为什么又成立了自己的软件中心呢？是因为斑马作为合资公司，上汽不能完全掌控？还是因为上汽希望更深层次地拥抱智能网联？请您和我们分享一下这背后的思考。

祖似杰：当初上汽与阿里合作是想打造一家平台公司，这是双方从一开始就明确的定位，斑马就是由此诞生的。作为行业的新生事物，斑马公司一直是在摸索中前进。老实说，两个不同领域的大企业在一起合作并非易事，就像两群说着不同语言的人凑在一起做事，有很多交流障碍，这个过程是很痛苦的。好在，令人欣慰的是，大家齐心合力，不断磨合，最终拿出了非常不错的产品，而且还在行业中扩展应用。斑马未来的定位依然未变，还是要坚持向平台化方向发展，争取让更多不同企业的车型都能使用斑马的系统。

而零束的定位完全不同。作为上汽自己的软件中心，零束要做这样几件事：一是电子电气架构，二是数据平台，三是面向服务的软件管理平台。也就是说，零束的定位是为上汽服务，聚焦于上汽自身的产品。当然，个别的技术也可以向外部溢出，但开始时一定是为自己打造的。

可能很多网友会觉得，零束和斑马的业务会不会有冲突？的确会有一定程度的重叠，但我认为这种重叠其实是好事。例如斑马的设计能力可以溢出，除了做底层平台，还可以帮助其他车企，提供一些端到端的服务。然而，端到端的服务不是斑马自己能决定的，主要还是看车企的需求。这些服务有利于斑马进一步理解底层平台的内在逻辑，但对那些自己拥有相关能力的车企来说，斑马始终只是底层平台供应商而已。在此情况下，斑马可以和零束在上汽的产品上共同探索端到端的服务，同时零束也可以借鉴斑马此前的经验。

赵福全：为了打造第一款互联网汽车，上汽和阿里共同成立了斑马公司。从一开始斑马的定位就是平台公司，而行业也需要这样的平台公司。因为对整车企业来说，有一部分需求是共性的，无法藉此形成特色竞争力，不值得投入很多精力自己来做，这就需要平台公司提供必要的支持。

对上汽来说，产品中共性的部分可以基于斑马系统，而个性的部分则由零束来完成，后者更是上汽未来的核心竞争力所在。至于为什么要成立专门的软件中心，我自己也曾主持产品研发多年，对此我是这样理解的。在"软件定义汽车"的前景下，未来汽车产品将是硬件和软件的综合体。其中，硬件是躯体、是基础，软件是灵魂、是升华。为了把汽车产品做好，在功能上要软硬结合，在性能上要软硬融合，以实现产品功能、性能的极致化，并最终实现消费者的个性化体验。在开发方式上要软硬分离，针对软件和硬件完全不同的特点，建立新的开发流程、标准、体系和能力。在成本控制上要软硬平衡，固定不变的硬件既要为迭代升级的软件预留足够的空间，又不宜储备过多，以免影响产品的性价比。由此可知，未来汽车产品创新将更为复杂，车企尤其要关注软件不同于硬件的特色，努力做好这一新领域的相关工作，同时还要做好软硬件之间的协同。我想，这正是包括上汽在内的很多车企纷纷建立专属软件团队的根本原因。

这就引出了一个新问题，这类软件团队是作为车企内部研发机构的一部分，还是作为独立的子公司来运作更好呢？在我看来，两种方式各有利弊。相对而言，在企业研发团队内部构建应该更有利于软件与硬件的融合，而成立独立的子公司应该更有利于采取不同的管理模式。那么零束的选择是怎样的？刚刚您还谈到了斑马和零束的不同定位，两者在上汽的产品上有合作吗？

祖似杰： 没错，斑马和零束是有合作的，上汽的很多车型都使用了斑马操作系统，另外在资源不足时，我们也会请斑马负责一部分端到端的服务。至于说零束的组织设计，确实比较有特色。目前，零束是上汽的一家分公司，零束的负责人同时也兼任上汽技术中心副主任，这样既保证了一定的独立性，又确保了业务上的相通性。对此我们是这样考虑的：软件与硬件应该分离，但分离的目的是为了实现更好的融合。过去，上汽的产品开发流程称为 GVDP（全球整车开发流程），这主要是针对硬件的，每一个节点都很明确。今后，我们必须把软件也考虑进来，彻底改写 GVDP。当然，这项工作目前还在进行中，可能需要三到五年的时间，上汽才能形成新的汽车产品开发流程，包括软件的节点以及软件与硬件结合的要求等，都要有明确的规定。

实际上，当前整个行业都处在探索期。上汽成立零束这样一家分公司，也是在探索中迈出的一步，我们希望这一步可以迈得比较稳健些，在业务上既相对分离，又保持连接。至于三五年后会不会再进行调整，我们也不排除这种可能性。按我个人的想法，将来随着整个产品开发流程的不断完善，软件和硬件团队的融合度应该会更高。现在的产品开发流程在二级节点上才加入软件，而在一级节点中还没有体现，将来的产品开发流程一定从头至尾都是软硬融合在一起的。前面讲到整车企业最核心的竞争力是集成能力，过去汽车产品主要是硬件与硬件的集成，未来汽车产品一定是软件与硬件的集成，这将是一场革命。为此，我们不仅要解决工作方法创新优化的问题，还要解决不同领域人才交流合作的问题。

赵福全：听了您的分享，我感觉上汽的思路是清晰的，特别是对软件在未来汽车产品中的定位及重要性有非常深刻的认识。软件代表新生产力，为此必须建立新生产关系，以确保这种新生产力能充分发挥作用，产生最大价值。而调整组织架构、管理模式和流程标准等，都是在构建新的生产关系。在这方面，上汽进行了颇具特色的探索，例如上汽零束分公司在组织架构层面相对独立，但同时又通过分公司负责人兼任上汽技术中心副主任的方式，确保在产品开发中软件与硬件的打通。

在产业探索期，组织架构的类似创新并无绝对正确的标准模式可循。重要的是我们必须以一种积极开放的心态行动起来，大胆尝试，勇于改变，然后在实践过程中发现问题、解决问题，这本来就是一个"摸着石头过河"的过程。实际上，企业的组织架构和管理方式原本就有所不同，像质量业务，有的企业是售后部门牵头，有的企业是采购部门牵头，有的企业是研发部门牵头，还有的企业是由独立的部门负责。不过殊途同归，企业无论采取哪种方式，最终都要建立起确保产品质量的完整体系。

刚才您特别强调，在汽车产品上，软件将越来越重要，但软件必须与硬件有效融合才有价值，否则就违背了汽车产品集大成的基本属性，这一点非常重要。原来汽车产品上的集成主要面向硬件，硬件本身是有物理实体和边界的，其集成相对容易把握。而未来汽车产品上的集成将更多面向软件，软件是没有物理实体和边界的，因此我们需要重新思考软件的集成方式，构建所谓软件平台架构。最终，我们还要把软件与硬件集成起来，这不仅是软硬件的物理结合，更是软硬件的化学融合，从而把汽车产品的功能、性能及体验做到极致。从这个意义上讲，产业变革对整车企业的集成能力提出了更高的要求。

祖似杰：我认为在软硬融合的过程中，软件将在很大程度上发挥主导作用，这是未来汽车产业与过去相比最大的不同。因此，汽车企业一定要认认真真向 ICT 企业学习。同时，ICT 企业也不能固步自封。事实上，当前软件技术也在快速变化中，而且不了解汽车也无法充分发挥软件的作用。因此 ICT 企业也要向汽车企业学习，这样双方的跨界合作才能更加顺畅高效。

赵福全：我简单总结一下刚才和祖总的交流。未来软件将在汽车产品中处于核心位置，不过这并不是对硬件重要性的否定。硬件依然不可或缺，但只有硬件已经不够了，没有软件的产品将无法满足市场需求。实际上，唯有实现软硬件的有效融合，才能把汽车硬件的作用发挥到极致，并让汽车产品真正形成不断自我进化的生命力。因此，您认为电子电气架构，尤其是软件架构平台，将成为汽车产品最核心的技术。

尽管整车企业可能不应开发最基础的底层操作系统，但一定要清楚如何进行有效选择。同时，对于涉及数据的核心技术，车企务必自己掌握，因为这是提升产品的功能、性能以及体验的基础，这一点至关重要。而车企对软件、数据等相关核心技术的掌握只能循序渐进，这本身就是一个不断摸索、反复试错、逐步完善的过程。在这个过程中，汽车企业要认真学习借鉴 ICT 公司的理念、模式和策略，ICT 公司也要不断加深对汽车产业的理解。最终只有构建起适宜的新生产关系，才能有效支撑软件这一新生产力的发展。

刚刚我们谈了很多"软件定义汽车"方面的内容，代表着汽车智能化、网联化的发展方向，同时，电动化也是未来汽车产业发展的重要趋势。在电动化方面，您认为车企的核心技术有哪些？例如 BMS（电池管理系统），虽然针对的是电池控制，但显然还要了解整车及电池材料等，才能把电池的控制做到位。整车企业在电池方面的边界应该在哪里？目前，头部车企在电池包和电池模组上已经做得很好了，后续车企需要掌握电池单体技术吗？如果需要，是只掌握研发能力即可，还是要同时掌握制造能力？具体来说，对于当前主流的锂离子电池体系，车企是应该满足于掌握模组，还是最终也要掌握单体？

祖似杰： 我认为，车企不一定要直接参与生产电池单体。第一，三元锂电池究竟能占据主流地位多长时间，现在尚无定论。业界目前讨论比较多的候选者是固态电池，但它在汽车上应用的时间可能会晚于预期，毕竟汽车对电池安全性能的要求非常高，同时还要综合考虑质量能量密度、体积能量密度、使用寿命以及成本等指标。当然，无可否认，动力电池的终极发展方向很可能是固态电池，这样未来电池行业将面临巨大变化。在此前景下，车企如果在锂离子电池方向投入过多、研究过深是存在风险的。

第二，研究电芯材料需要很大的团队。如果团队规模有限、投入不足，就会导致技术迭代进步的速度不够快，企业根本无法确保领先优势。这是新技术发展的客观规律，我们必须充分尊重。也就是说，车企要想把电池单体技术吃透也是很困难的。

不过整车企业必须了解单体技术，能与电池企业进行深度交流并提出适宜需求，甚至能准确判断未来电池的发展方向。为此，我们需要密切关注电池在成本、安全性、一致性等方面的最新进展与预期潜力。近几年，电池技术的进步非常快，例如过去电池体积是一个很大的问题，现在随着体积能量密度的提升，电池体积有了明显缩小，这样电动汽车的尺寸也就随之有了更大的灵活性。实际上，电池技术的很多改进都源自车企的诉求，然后再由车企和电池供应商一起努力解决相关问题，最终达成所需的目标。

因此我个人认为，目前阶段整车企业不应直接参与电池单体的生产。因为三元锂电池的体系已经相对成熟，就像已经取得了高分的考生，再想往上提升成绩是很难的。至于将来固态电池或其他新型电池成为车用动力电池的主流后，车企是否有必要参与，那是另外一个问题，还要再行研究。

赵福全：您认为，整车企业没有必要直接参与三元锂电池单体的生产，或者说，整车企业在三元锂电池基础研究方面投入太多力量的必要性不大。不过，电池是电动汽车产品核心竞争力的基础，如果车企对电池技术没有深度研究，对电池产业链没有深度参与，对电池的理解会不会有局限性？又如何确保电池能完全受控呢？不知上汽对此是怎样思考和布局的？

祖似杰：车企如果想深度研究电池，就一定要投入重兵，否则只有少量投入是不会有什么效果的，也解决不了任何问题。不过正如您所说，无论如何，车企都要确保电池绝对受控。为此，上汽采取的对策是与头部电池供应商共同成立合资公司，以资本纽带建立强连接的关系。与此同时，上汽内部也招揽了一批电池方面的技术人才，以此确保我们对电池有足够的了解，能辨别电池性能的优劣，判断电池技术的趋势。我想，这是车企应该也可以具备的能力。

赵福全：在电动化方向，目前主流整车企业对锂离子电池体系的掌控力已经从电池包延伸到电池模组，再往下就涉及电池单体部分了。而在您看来，整车企业不应直接投入电池单体生产，只需采取资本等手段进行产业链布局，与头部电池供应商紧密合作即可。同时，车企内部要储备电池技术人才，深度研究和了解电池技术的基本属性及最新进步，以准确把握未来发展趋势，并提升对电池提出精准需求的能力。

此外，对于下一代电池技术，例如前面讲到的固态电池，您认为车企应该随时跟踪，并适当进行前瞻储备，避免在主流电池体系发生转变时出现落后于人或受制于人的被动局面。目前，业内对固态电池的发展前景也有不同看法，例如有跨国车企表示，其固态电池在 2025 年前后即可量产，当然其最初指标未必能超过高性能的三元锂电池。事实上，固态电池的进步速度也不是一成不变的，除技术本身的难易外，还在很大程度上取决于整车及相关创新企业的投入力度和技术实力。那么，您对固态电池发展的时间表是怎样预计的？固态电池的元年将在何时出现？又需要多久才能达到锂离子电池现有的市场规模呢？

祖似杰：在固态电池方面，上汽投资孵化了一些创新创业企业，不过总体而言目前还处在技术跟踪阶段。据我近两年的观察，固态电池的发展速度要比我们想象得慢，还有一些瓶颈有待突破，可能至少要到2025年以后才能看到固态电池量产产品。毕竟电池开发是一个系统工程，需要兼顾安全、性能与成本等多元目标。应用固态电池的主要目的之一就是从根本上解决电池安全问题，确保不再出现电池起火燃烧事故，这在技术上仍有很多挑战。

赵福全：无论电动化还是智能化，芯片都是非常重要的环节。今年以来，受国际疫情影响，一些车企出现了芯片断供的情况。同时，围绕芯片核心技术的国际博弈愈发激烈，这也引发了汽车行业的关注和担忧。昨天就有记者问我，整车企业是不是应该自己打造芯片以免受制于人？当然，车企要把芯片造好并不容易，可能也无必要，不过汽车产品确实存在被芯片技术"卡脖子"的风险。那么，您认为车企对芯片应该掌握到什么程度？或者应该采取怎样的合作方式，以确保先进芯片的稳定供应呢？

祖似杰：芯片在汽车中的作用越来越关键，特别是AI（人工智能）芯片，是汽车产品迭代优化能力的基础。目前，汽车产业所用的AI芯片以进口为主，国内一些企业才刚刚起步。对上汽来说，我们也做了一些芯片方面的布局，包括投资了芯片领域的国内创新企业。

我们判断，未来当汽车智能化发展到一定程度时，将需要定制化芯片。所谓定制化，就是把车企基于自身经验和积累提出的需求都定制到芯片中，以体现不同产品的差异化。我觉得，最终芯片制造方面应该问题不大，毕竟当前国家高度重视，已经做了大量投入，这一瓶颈迟早会被突破。同时，芯片制造的规模需求极高，单单一家整车企业的芯片用量根本不足以支撑，实际上，很多芯片公司也只专注于设计和封装工作，而不涉足制造，因此车企没有必要参与芯片制造。而芯片设计是车企需要重点关注的方面，因为未来定制化的芯片将决定产品的个性化，车企应该适当掌握芯片的定义及设计能力。

赵福全：您认为，芯片至关重要，但车企很难通过制造芯片盈利，因此更应与专业的芯片制造商合作，利用其规模效应来获得成本相对较低的优质芯片。同时，车企更应重视芯片的设计和应用，努力形成芯片的定义能力，即基于自身对整车的深度理解，明确提出芯片规格和性能的定制需求，然后由芯片供应商按要求完成制造。我想，这种芯片定义能力应该要在上汽内部形成才有意义，那上汽为什么还要投资孵化芯片创新企业呢？

祖似杰：芯片制造投入巨大，没有足够的规模根本无法盈利，同时越是高级别的芯片，盈利的难度就越大。汽车产业使用的是车规级芯片，车规级芯片要比工业级芯片高一个等级，而工业级芯片又比消费级芯片高一个等级，而且未来车规级芯片的要求预计还会继续提高。我没有做过详细调研，但总体而言，消费级芯片相对比较容易实现盈利，工业级芯片比较难，车规级芯片就更难了。因此，车企自行制造芯片要非常慎重。

随着汽车智能化的不断发展，车企将越来越需要定制化的芯片，以确保算力最佳、功耗最小，这将是今后芯片重要的发展方向之一。汽车定制芯片不可能一蹴而就，必然需要一个较长时间的发展过程。不过芯片行业迭代速度极快，车企现在就要早做布局，提前储备芯片的设计能力。

整体来看，芯片行业在中国还处于初步发展期，国内相关人才数量较少，而且车企要吸引这部分人才加盟并不容易。毕竟车企对芯片虽有切实需求，但需求量有限，研究方向也比较局限，这样即使能招到芯片人才也很难留住。实际上，将军都是打仗打出来的，优秀的芯片人才也必须通过实战才能历练出来。如果实战的机会不多，人才的成长就会滞缓甚至停步。因此，上汽暂时没有直接打造芯片的计划。同时，我们通过投资孵化一些芯片创新企业来进行间接储备。当然，将来上汽的芯片需求量变得非常大时，我们也不排除有调整打法的可能。

赵福全：汽车产品创新需要解决很多问题。相对来说，单一零件的问题容易解决，而整车集成的问题则非常困难。例如，防止电动汽车自燃就是一个事关整车集成的系统性难题。又如智能网联汽车的安全问题更是如此,涉及很多传统汽车之外的要素。而对车企来说,汽车安全问题是无论如何都必须有效解决的。您认为,整车企业应该从哪几个方面考虑智能网联汽车的安全问题?要想解决这个问题,车企究竟需要哪些核心能力?

祖似杰:我想,整车企业更应关心和确保的是车端安全。当然,车端的安全已经发生了很大变化:过去汽车如同信息孤岛,几乎不与外界联系,车企只要确保汽车内部安全就可以了;而未来汽车将充分开放,作为智能网联终端随时与外界发生各种联系,由此,要确保汽车安全就不可避免地要面对信息安全、网络安全等问题。

首先,车端的安全一定是由整车企业负责,包括车内关键部件的安全保障,以及系统集成后的安全保障等。车端安全必须严防死守,车企对此怎样重视都不为过。这就像是自家金库的大门,要由绝对可靠的自己人来看守,而不能随便交给外人负责。当然,未来保障车端安全既涉及硬件,也涉及软件,这就需要车企扩展自身的能力。同时,应充分考虑冗余设计,通过软硬件的双保险,构建一个高度严密、完备的车辆安全系统。

其次,除了车端之外,车企还需要尽可能确保管端和云端的安全。例如上汽旗下的帆一尚行,就是一家专门负责云计算中心业务的子公司。为什么上汽要涉猎云端呢?一个重要原因是,我们认为有一部分云端安全问题需要也可以由整车企业来解决。或许车企无法管理公有云,但是完全可以管理私有云。由此,涉及车辆的云端安全问题就转变为车企如何进行合理决策的问题,即把哪些数据存放在公有云上,又把哪些数据存放在私有云上,然后分别施以不同的管理策略,这样安全系数就可以高很多。

最后,智能网联汽车的安全问题涉及面非常广,我认为很多问题仅凭一家乃至一类企业是解决不了的,因此企业之间迫切需要跨界合作,共同应对安全难题。在这方面,希望行业组织能够多做一些工作,这些组织与各类企业都没有直接竞争关系,可以更好地解决行业的共性问题。

赵福全:确实如此,安全是所有企业都必须解决的共性问题。如果不能有效解决智能网联汽车的安全问题，车企就不敢出售产品，供应商也就无法从中获利。而普通消费者的首要关注点也是安全，否则即使车辆再智能，消费者也不会接受。反过来讲，把安全性能做好也会成为一个强有力的产品卖点，例如沃尔沃汽车，就是这方面的成功案例。由于智能网联汽车的边界空前扩展，其安全问题不能只靠某家企业单打独斗，而是要由不同领域的相关企业协力解决。因此您特别强调，行业组织应推动各方共同解决智能汽车安全问题。不过，这样会不会导致各家车企的安全解决方案比较类似，以至于陷入同质化竞争呢？

祖似杰：您说得对，解决安全问题也不能完全依赖合作，尤其是车企一定要努力形成自己的特色竞争力，毕竟我们还是要面对市场竞争的。不过至少在现阶段，我认为对车企来说，合作的诉求要高于竞争。事实上，智能网联汽车需要一个整体性的大环境，不是说一家车企的产品实现智能就行了。如果其他车企的产品不够智能，那自家产品的智能化水平也会大打折扣。同时，行车安全本身是一个公共安全问题。因此，未来安全要求将成为车企打造智能网联汽车的基础条件。前不久，我参加FISITA（世界汽车工程学会联合会）世界汽车智能安全技术大会时也讲到，在智能网联汽车安全领域，非常希望行业内外能够多做沟通和交流。安全问题说到底不是为了"防君子"，而是为了"防小人"，例如信息安全要防的就是黑客，未来智能网联汽车肯定会成为他们攻击的目标。在这方面，相对于竞争，企业合作的需求显然更强也更紧迫。

另外，我还想补充一点，在安全领域开展国际合作也很重要。国外公司在一些方面做得很好，我们理应学习和借鉴。特别是欧洲一直非常注重安全问题，其社会安全意识整体上比我们强一些。而中国坐拥全球最大市场，对国外公司颇具吸引力，这是国际合作的良好切入点。总之，安全对汽车行业来说是永恒主题，只要存在出现安全问题的可能，我们就要探索有效的解决方案，而在新形势下，这需要汽车及相关企业坚持不懈的共同努力。

赵福全：在汽车安全方面，零伤亡是一种美好的愿景，零事故则是更高的境界。智能网联汽车要想达到零事故的境界，不只需要车辆安全，还需要网络安全和数据安全等。两年前，我接任 FISITA 主席后就一直考虑将其品牌引入中国，当时和李骏院士做了深入讨论，我们一致认为智能汽车是未来的发展方向，而安全是智能汽车的根本保障。事实上，安全是汽车产业永恒的主题，安全技术的进步永无止境。为此，FISITA 和中国汽车工程学会联合创办了世界汽车智能安全技术大会，并永久落户中国，就是希望通过这个国际交流平台有效引领全球智能汽车安全技术的创新发展。

毫无疑问，安全是未来企业竞争的核心与焦点。如果安全无从保障，无论汽车能力怎样智能、动力怎样强劲、使用怎样方便，都将毫无意义。试想，假如未来自动驾驶汽车受到黑客攻击，失去控制后横冲直撞，那将是多么可怕的场景。即使你的车未被入侵，别的车被黑客操控也有可能主动撞上你，更有可能出现车队集体失控的情况。

然而，汽车也不能因此就拒绝开放，而是必须与管端、云端充分连接，否则继续保持信息孤岛状态是没有竞争力可言的。为此，整车企业第一步要紧紧守住车辆与外部的接口，确保车辆自身能抵御黑客攻击。第二步要争取掌控一部分云端核心数据的安全，正如刚才您谈到的，上汽专门组建了一家子公司开展云端业务。最终，唯有汽车企业及相关企业通力合作，才能充分保障智能网联汽车的安全运行。从这个意义上讲，您认为相比车企之间通过竞争来提升各自车辆的安全性能，各类企业一起合作解决共性安全问题更为重要，因为我们的终极目标是让整个车队都达到零事故的境界。

下面我们谈谈人才的话题。您刚才也提到，智能网联汽车的发展在一定程度上正受困于人才匮乏。记得十几年前，中国在推广电动汽车初期也出现过人才短缺的现象，经过这些年的发展，电动化人才的状况已经得到明显改善。相比之下，我感觉当前智能网联汽车人才短缺的严重程度更甚于当年电动汽车人才短缺。因为智能化和网联化不只是汽车行业自己的事情，还需要诸多产业乃至整个社会的全面转型，共同向智能社会方向迈进。对整车企业来说，可能需要的并不是只会编写程序代码的人才，而是既会编写程序代码又懂汽车的人才。那么，您认为目前整车企业究竟需要什么样的智能网联人才呢？

祖似杰：我们现在最稀缺的就是能把智能网联汽车整体架构讲清楚的人才。相对来说，写程序的软件工程师是有的，但架构工程师太少了。要知道，汽车产品软件的复杂度极高，而且必须确保软件在每次迭代时都不出问题，因此最初的架构设计至关重要。一旦架构设计出现错误，后续越往前推进问题就越多。为此，架构工程师必须深刻理解汽车软件与汽车硬件以及外部连接部分的关系。目前，全社会对架构工程师的需求缺口非常大，并不只是汽车行业需要这方面的人才。而汽车是最为复杂的民用大型工业品之一，软件行业之前恐怕也没有在这么复杂的硬件上搭建过架构，因此汽车架构设计工作还处在摸索的过程中。

赵福全：我们都知道汽车智能化、网联化需要大量软件人才，关键在于我们急需的究竟是哪个领域、哪个层面的软件人才。您认为，车企其实并不缺乏普通的编程人才，或者说即使有缺口也能想办法解决。车企目前最缺乏的是架构工程师，是懂得整车架构的软件人才，他们的任务就是在汽车硬件结构的基础上构建起合理的软件架构，这一定是专门为汽车产品设计的软件架构，也是能把软件和硬件充分打通的平台，包括软件控制、数据处理和平台接口等，都要在这个架构上预先考虑清楚。

除实现汽车的各种基本功能和性能外，架构设计还事关汽车安全。必须确保各接口不易被侵入，要像涂上了强力的"密封胶"一样防备黑客攻击。同时，如果黑客侵入了系统，要能及时监测到，并预设有效的防御措施，甚至能反向追踪攻击黑客。也就是说，未来汽车的冗余设计不仅要考虑硬件冗余，还要考虑软件冗余。这些诉求都要在整车架构上予以考虑和体现，因此架构工程师的责任重大。

前段时间，我们参与工信部智能网联汽车人才需求预测项目，特别提出了整车架构工程师和系统/模块架构工程师的概念。架构工程师既要懂软件，也要懂硬件，更要从整车或整个系统的角度来思考软硬件各组成部分之间的关系与连接。从这个角度出发，今后高等院校的汽车学科必须思考如何更好地培养架构工程师这类交叉复合型人才。

祖似杰：架构设计工作确实非常重要。以网络安全为例，汽车防御黑客攻击，就像一场守城战，一旦第一道城门被攻破，系统就必须立即监测到，并抢在黑客之前让第二道城门做好防御准备，能否抢到这个时间差在很大程度上就取决于架构设计的优劣。

当前，架构工程师这类人才非常匮乏，是汽车行业的稀缺资源。毕竟，之前产业内没有人做过这项工作，加之汽车又是高度复杂、多元交叉的集大成产业，合格的复合型人才本来就很稀少。不过我认为，像这类人才的培养，只靠学校教育恐怕是不够的，最终还是要在实践中历练出来。

赵福全：您觉得像架构工程师这类人才，只靠学校教育是培养不出来的，必须在实际工作中不断磨练才能形成所需的能力，对此我完全认同。当然，在新形势下高等院校调整汽车学科的培养计划，特别是在知识体系和思维方式等方面进行优化，也是非常必要和紧迫的。我们两个人都是汽车科班出身，我年纪稍长几岁，我们在大学里所学的主要是汽车硬件的基础知识，那个时候也没什么软件知识可学。而现在情况不同了，我认为高校里除了要把汽车硬件的基础知识教足之外，还要把汽车软件的基础知识教够，同时更要培养学生开放的思维方式和持续的学习能力。今后，随着汽车产业向新四化的方向不断发展，汽车人才的复合性需求将日益突出。汽车人才既要懂硬件，也要懂软件；既要懂软件的编程，也要懂软件的逻辑；既要有工程思维，也要有互联网思维。因此，无论学校还是企业，在育才方面都要进行创新性的改变。

实际上，目前对高等院校的汽车学科教育究竟应该如何改革，大家也有不少困惑。记得此前某一年，就曾有知名车企表示不招聘车辆、机械等传统专业的毕业生，却对计算机、软件工程、信息工程等偏"软"专业的毕业生敞开大门。如果车辆专业的毕业生在汽车企业都失去了机会，那是不是说学汽车的大学生都应该去学软件呢？我想，答案肯定不是这样的。正如前面谈到的，汽车并不是只有软件重要而硬件不再重要了，未来企业真正需要的是软硬结合的人才。因此，汽车学科的培养计划还是应该立足于让学生把车辆的基本原理和基础知识学透，同时适当向"软"的方向扩展。当然，这个度的把握是最难的，还要结合产业的实际需求不断进行回归探索。

祖似杰：事实上，从企业的角度看，人才永远都是短缺的。只不过这种短缺不一定是数量上的，更有可能是结构上的。从高等院校的角度看，未来的方向一定是培养学生形成硬软件兼顾的能力，这不是只修改一下专业名称就能实现的。最终，像架构工程师这类高端复合型人才可能还是要靠企业来培养。当企业发展到一定程度后，这类人才就自然同步培养出来了，然后再把相关经验反馈给学校，形成相对标准化的培养方案，以便后续批量"生产"相关人才。

还有一点需要特别注意，软件人才和硬件人才的成才时间是不一样的。硬件注重经验积累，硬件人才往往经过多年的磨砺，年纪比较大了，才能进入中高层。而软件注重迭代，软件人才成长更快，普遍年纪轻轻就能独当一面了。由此，在汽车网联化、智能化快速发展的新形势下，汽车人才群体可能会更年轻化，同时也更具成长性。

赵福全：您的判断非常重要，因为来自企业一线的真实需求，才是汽车人才供给侧改革的方向。未来那些只会写代码的软件人才，并不是车企急需的核心人才。具有软硬件融合的思维和能力，既懂汽车硬件、又懂汽车软件的人才，才是车企最为需要的。为此，高校应考虑在这方面为学生打好基础。最终，毕业生还是要在企业经过一定时间的历练，才能真正成为车企的中坚力量。

接下来，想听听您对中国新能源汽车产业发展的看法。不久前，国务院发布的《中国新能源汽车产业发展规划（2021—2035年）》中提到，2025年新能源汽车新车销售量要达到新车销售总量的20%左右。您觉得这一目标对车企来说有多大挑战？

祖似杰：这个目标是有挑战的，不过我们有信心达成。第一，电动化已经成为汽车产业的发展趋势，这不只是中国的趋势，而是世界的趋势。今年欧洲新能源汽车的发展速度很快，我觉得这是好事，就像赛跑一样，有了对手，各国可以更快地前进。

第二，《巴黎协定》代表全球共识，包括美国在内，新一届总统上任后也会回到协定中来。汽车产业作为碳排放大户，也必须为履行减碳义务做出应有贡献。近期，全世界新能源汽车公司的股价都在增长，而且是以难以置信的速度增长，有的公司股价已经涨了10倍以上，这也说明了资本市场更看好什么方向。如果说过去还有部分国家对发展新能源汽车心存犹疑，例如日本一直在混合动力与纯电动路线间纠结，但现在主要汽车国家从政府到行业层面，都已经达成了发展新能源汽车的高度共识。

第三，我国推动新能源汽车发展的相关法规相继出台，特别是"双积分"政策明确规定在华车企的新能源汽车产量必须达到一定比例。可以说，中国新能源汽车政策法规体系正在逐步健全，已经对企业形成了倒逼机制。

第四，未来几年，政府将继续加快充电基础设施建设，这也会促进新能源汽车的发展。之前有句话叫"要想富，先修路"，讲出了一个朴素的道理：道路与汽车相辅相成，而汽车与经济密不可分。我记得当年上海浦东新区成立时就是先把道路修好，开始时显得很空旷，不到两年路面上就全是汽车了。电动汽车与充电桩也是类似的关系，如果到处都有充电桩，电动汽车开到哪里都可以很方便地充电，那车企就不必再纠结于电动汽车的续驶里程长短了。

为什么现在各家车企都要设计续驶里程达到五六百公里的电动汽车？就是因为充电桩的数量还不够多。套用前面那句老话，我觉得发展电动汽车是"要想绿，先建桩"，城市里先把充电桩建足了，消费者没有里程焦虑，就愿意购买绿色环保的电动汽车了。在欧洲，大众汽车公司有一款续驶里程200多公里的电动汽车就卖得很不错，这一方面是因为欧洲国家普遍面积较小，另一方面主要还是因为当地的充电基础设施建设得比较好。因此，我认为随着中国充电基础设施的问题逐步得到解决，未来高续驶里程很可能不再是电动汽车的卖点，或者说当前车企追求的高续驶里程电动汽车只是阶段性产物。其实电动汽车本来就不应该安装那么多电池，这从物理载重上是一种浪费，相当于汽车平白多负担了几个人的重量。

第五，现在普通民众对电动汽车产品的接受度正在不断提高。因为电动汽车越来越好了，能满足不同层次消费者的需要。当前，电动汽车市场呈现出高端和低端"两头热"的现象，从中就可以看出消费者的真实需求：高端车续驶里程更长，用户对充电问题的焦虑相对较小，且车辆的功能和性能更佳；低端车价格低，虽然续驶里程往往较短，但也足以满足用户日常短途使用的需求。这些电动汽车产品都能满足消费者实实在在的刚需。同时，人们的环保意识越来越强，大家都希望空气质量能得到改善。实际上，无论北京还是上海，近几年大家都能明显感受到空气质量正在好转，蓝天白云的日子更多了，这也为老百姓选择电动汽车提供了另一种动力。总的来说，我对中国新能源汽车产业的未来发展充满信心。

赵福全：虽然2025年新能源新车销量占比20%的目标是不小的挑战，但您认为，随着新能源汽车政策体系的不断优化，以及充电基础设施建设的快速推进，中国新能源汽车的快速发展是可以期待的。

我特别认同您刚刚讲的一点，发展电动汽车与建设充电基础设施是相辅相成的关系：电动汽车数量多了，会倒逼充电基础设施加快建设；而充电基础设施普及后，电动汽车也可以更快发展。更重要的是，在充电便利的情况下，电动汽车有两三百公里的续驶里程就够了，因为多数用户平时并不跑远路，偶尔长距离外出，可以用快充补电来应对。这样，大可不必追求五六百公里的续驶里程，让电动汽车"背着"大量电池四处跑。电池多不仅意味着消费者购车成本高，还意味着车辆无效能耗高。使用少量电池既能降低成本，也能降低汽车能耗，这才是更经济、更环保的电动汽车解决方案。

除了电动汽车，新能源汽车还包括燃料电池汽车。上汽很早就开始自主研发燃料电池汽车，最近这段时间似乎正在加大力度，包括在燃料电池供应链上也有投入和布局。您怎样看燃料电池汽车的发展前景？您判断燃料电池技术何时能在乘用车市场真正起步？

祖似杰：我认为，燃料电池汽车可能是解决汽车能源消耗和环境污染问题的终极解决方案。一方面，燃料电池可以在源头上解决汽车使用清洁能源的问题。燃料电池汽车输入的是氢，输出的是水，完全没有污染。最终人类应该使用可再生能源和核能，以此电解水来制氢，再采用分布式储氢，即储能，随时随地供给燃料电池。而在核能发电技术方面，中国已经达到了世界先进水平。以此为突破口，汽车对化石能源的依赖以及由此产生的环境污染就可以得到根本性解决。

另一方面，对燃料电池所用的材料进行溯源可以发现，除铂比较昂贵之外，其他材料都比较常见，也都是环保材料。同时，业界正在进行技术攻关，铂的使用量将越来越少。我预计，今后铂在燃料电池中的用量，会比满足国Ⅵ排放标准的传统燃油汽车在三元催化转化器中的用量还少。

因此，从未来可持续发展的角度看，燃料电池汽车是很好的发展方向。当然，目前仍有一些关键零部件技术尚待突破，同时成本问题也尚待解决。实际上，产品的成本与规模息息相关，后续随着产销规模的提升，燃料电池汽车的成本自然会逐步下降。

上汽在燃料电池汽车研发上坚持不懈地做了很多年，目前已经是第三代产品了。我们认为，近期比较现实的应用场景是商用车，例如在固定区域内使用的物流车，这主要还是基于加氢站限制考虑的。其一，在氢能发展初期，加氢站数量肯定很少；其二，商用车的线路相对固定，加氢问题比较容易解决；其三，从基本原理上，燃料电池汽车方案也更适用于商用车。因为商用车如果采用纯电动方案，就需要装载大量电池，成本高、重量大。像重型货车等商用车本身的功用就是运送物资，其能量应该用在运载货物上，而非运载电池上。

至于在乘用车上的前景，我判断随着成本的下降，燃料电池到2025年可以逐步在乘用车上得到应用，不过可能要到2030年才有望进入普及期。目前，也有少量大型MPV或SUV燃料电池车型，但轿车车型极少，主要还是加氢和成本的问题难以解决。我想告诉大家的是，这些年来，上汽燃料电池汽车的成本下降曲线令人欣喜，这也让我们更有信心了。我们对燃料电池使用的材料、工艺进行了深入研究，完全清楚未来成本下降的空间在哪里，以及潜力有多大。

当前，国家在推动电动汽车发展的同时，也在鼓励发展氢能源。中国是大国，汽车产销规模全球第一，同时探索纯电动和燃料电池两条技术路线是没问题的，也是应该的。总体来说，上汽认为燃料电池这个方向非常值得我们继续努力做下去。

赵福全：您解答了大家的一个疑问，就是在纯电动汽车发展得如火如荼之际，为什么上汽还要坚持对燃料电池汽车进行大量投入。因为上汽考虑得比较长远，一方面是把燃料电池视为潜在的终极解决方案来储备；另一方面，也是看到了近期燃料电池在部分场景下应用的可能性及优势。尽管燃料电池汽车仍面临加氢基础设施不足、核心技术有待突破、成本居高不下等严峻挑战，在相当长的一段时间内，恐怕都无法在性价比上与燃油汽车乃至电动汽车较量。但在行驶距离长、载重量大、对基础设施依赖相对较小的商用车领域，燃料电池汽车已经具有了良好的应用前景。特别是商用车同样需要向低碳化方向发展，而走纯电动路线会有很大局限性，这更让燃料电池路线的价值得到彰显。

同时，由于基础设施和成本的限制，短期内，燃料电池要在乘用车领域取得较大突破非常困难。不过长远来看，燃料电池最终会在乘用车市场占据一定比例，预计在2030年或以后，燃料电池乘用车将进入普及期。同时，乘用车与商用车存在部分相通性，乘用车中体积重量较大的MPV和SUV，面临与商用车类似的挑战，即搭载过多电池是不经济的，因此燃料电池技术也是这些乘用车车型的重要选项，或者说这些车型将是燃料电池在乘用车上应用的突破口。

接下来，想和您交流一下国际化话题。中国是世界第一大汽车市场，新车年销量最高时接近2900万辆，同时，中国市场未来仍有增长潜力。但中国市场再大，也只是全球大市场的一部分，中国车企要想成为世界级强企，就不能只依赖于区域性的本土市场，而是必须要走上国际化之路，在全球范围内占据一定市场份额。在中国车企中，应该说上汽是国际化决心比较大、海外布局比较早的企业之一。您觉得今后中国汽车应该怎样更好地走出国门？同时，汽车向电动化、智能化、网联化方向发展，又会给车企的国际化战略带来怎样的影响？

实际上，在国际化方面，车企还需要考虑汽车智能化、网联化可能带来的新挑战。未来汽车产品需要使用地图等区域性数据及服务，这不仅与当地的服务生态紧密相关，还涉及国家安全问题。这种情况未必有利于车企的国际化。当然，这不只影响中国企业"走出去"，还影响外资企业"走进来"。例如国外车企的智能网联汽车产品，如果沿用其本国系统，来到中国就会"水土不服"，因为无法顺畅接入中国的服务生态，使用中国的各种应用，这样又如何占领中国市场呢？因此，今后在华的国外车企也要考虑与中国的 BAT（百度、阿里和腾讯）以及地图提供商等本土公司合作，这是令外企老总们感到焦虑的问题之一。同样的，中国企业进入国外市场也将面临类似的挑战。在此前景下，对中国车企成为世界级强企的发展路径，您是怎样看的？

祖似杰：在上汽集团内部，我们对汽车新四化有自己的定义，主要就是把"国际化"加了进去，即电动化、智能网联化、共享化和国际化。之所以把智能化和网联化合并在一起，是因为智能离不开网联，网联服务于智能，两者其实是一体的。从上汽版的新四化定义中就能看出，我们非常重视国际化，因此我们在海外投入了很多资源。2020年，上汽产品的海外销量预计可以达到38万辆，约占中国汽车出口总量的1/3。一直以来，大多数中国车企的出口量都比较少，超过20万辆就已经是一个比较可观的规模了。

目前，上汽在海外建立了三个生产基地，我们的策略是进行全产业链投入，包括整车、零部件，也包括服务、贸易和金融等，在泰国和印度都是如此。在新形势下，我认为中国车企走出去的方式必须有所改变。过去，我们走出去主要是靠性价比，提供比竞争对手价格更低的产品。结果导致在外国人的普遍印象中，中国汽车品牌在美系、欧系、日系和韩系之下，如果产品不便宜就没人愿意买。未来，我们走出去的时候一定要改变打法，重新塑造品牌形象。

从这个角度看，汽车新四化为中国车企提供了新机遇。现在海外市场已经发生了一些变化，中国的电动化、智能网联化汽车产品征战海外市场时，溢价能力有了明显提高，而且在某种程度上形成了与其他国家产品的差异化。例如，上汽印度公司产品的差异化就体现在网联上，我们的互联网汽车在当地深受消费者欢迎，因此我们就有了一定的溢价空间，这是真正依靠技术含量形成的差异化。又如上汽出口到欧洲的电动汽车，在油耗和排放标准上可以直接满足当地法规的严苛要求，而我们的传统燃油汽车要满足当地法规要求就困难多了。因为中国车企要向欧洲市场出口燃油汽车，就必须超前按更高标准来开发产品，这意味着不得不增加投入。而电动汽车完全没有这个问题。因此我认为，新四化让中国车企在国际化方面有了新武器，或者说，是有了解决老问题的新办法。

当然，正如您刚刚提到的，面对不同国家的市场，中国车企同样面临巨大挑战。包括产品必须满足当地的标准法规，必须尊重当地的文化风俗，也包括在智能网联化方面的区域性差异，例如欧美国家普遍对个人信息的隐私保护更重视，这将直接影响智能网联汽车的技术策略和最终表现。不过在我看来，这种挑战是共性的，对后发的中国车企来说未必不是好事。至少可以促使我们在产品设计之初就遵照国际标准，而不是寄希望于先在中国把产品做好，再为了出口而修修补补。

赵福全： 此前，中国的油耗和排放标准一直滞后于一些发达国家。中国车企要想出口燃油汽车产品，就必须开发能满足当地标准的新技术，但出口量又不会太大，这样就不能形成规模效应，难以分摊巨大投入，也无法拉动形成协同的供应商体系，这是传统燃油汽车出口难度大的重要原因之一。目前，中国最新的国VI排放标准已经与欧美基本同步，油耗法规也正在快速趋近，这个问题有望逐步得到解决。不过这并不影响出口电动汽车享有的优势，因为在电动汽车相关法规标准方面，中国与发达国家相比处于同步甚至领先地位，同时中国车企开始重视电动汽车的时间也普遍早于国外车企。

祖似杰： 在电动汽车方面，目前中国车企在国际上具有一定先发优势。而在智能网联汽车方面，由于必须使用当地的地图和互联网服务体系，确实可能给国际化带来不小障碍。不过正如您刚才提到的，这样的要求对中外公司是平等的，中国车企到国外市场需要如此，外国车企到中国市场也需要如此。大家都必须遵守当地的法律法规，融入当地的互联体系，这无疑是公平的竞争。

展望未来，一家汽车企业要想成为全球化公司，就必须具备在全球多个市场本土化融入的能力，否则这家企业就只是区域性公司，就只能在本国或某个特定区域内生存。这意味着未来的全球化将对企业的技术储备、产品储备及综合能力提出远超从前的更高要求。

千里之行始于足下，中国车企的国际化之路才刚刚起步。我希望在新形势下中国车企都能做好充分准备，之后再走出去。因为中国品牌在海外市场是一个整体，外国消费者往往分不清产品具体是哪家中国公司的，只知道是中国的。如果一家中国车企的产品出了问题，不只是自己受损，更是对所有中国车企的一种伤害。更重要的是，中国车企不要在国外彼此打价格战。过去有不少这样的例子，像十几年前的摩托车产业，就是中国企业一窝蜂地走出去，比拼价格、自相残杀，最后全部铩羽而归。前车之鉴，后事之师，中国汽车产业在国际化征程中一定要避免出现类似问题。

此外，我判断未来中国一方面会更加开放，另一方面也会制定一系列标准和法规，形成具有中国特色的政策体系。为此，中外企业都必须按照统一的"游戏规则"来进行产品创新，这意味着外资企业在华发展需要更强调本地化。实际上，外资企业在华征战的经验也可以为中国企业海外征战提供宝贵经验。现在，似乎有些人对合资方式比较反感，我个人倒认为这是一个好办法。中国车企走出去的时候，也应该在目标市场寻找合适的合作伙伴，共同经营。在海外创办合资公司，让熟悉当地情况的本土人才参与公司决策，让他们提醒管理层应该做什么、不应该做什么，这才是加速实现本土化的捷径。毕竟我们肯定没有当地人了解自己国家的情况，双方有效协作，一定能取得更好的效果。

赵福全：虽然中国车企至今还没有大规模走出去，但中国汽车产业的合资史已经有30多年了，我们很了解走进中国的外资企业遇到过哪些问题。今后中国企业走出去的时候，也会面临同样的问题，只不过主客双方的角色不同了而已，我们进行换位思考就能少走很多弯路。

站在今天这个时间节点上，中国汽车企业如果不走国际化道路，不成为全球化公司，是不会有未来的。因为区域性的企业规模再大，品牌影响力也很有限，而且一旦区域市场出现严重问题，企业根本没有抗风险能力。要成为全球化公司，就必须在国际市场上占有一定份额。从这个意义上讲，上汽的出口规模达到 38 万辆，而且不是简单贸易型的销量，是在海外长期投入建设工厂和培育品牌的结果，我认为这是非常难能可贵的。

同时，我们必须认识到，中国车企当前的国际化之路必须与过去有所不同。原来中国企业更多依靠低价优势竞争，可低价不仅意味着利润微薄，也会对品牌造成不利影响，还会影响对供应链体系的拉动力，结果往往是产品不降价就销售不出去，企业最终不得不撤出海外市场。今后，我们必须提升中国汽车的品牌定位，这需要产品和技术的有力支撑。而电动化、智能化和网联化，恰恰为中国汽车产品形成差异化的竞争力创造了新空间。在这些新领域里，中国车企是有机会实现全球并跑甚至领跑的，这让我们可以凭借实力更有底气、更稳健地走出去。

您还特别提醒，中国车企在走出去之前一定要做好充分准备，不能只考虑眼前而不计未来，简单地比拼价格来参与竞争，这样最终不仅会损害自己的利益，还会损害中国品牌的整体形象。我认为，国家应该从中国品牌国际化推广的角度来加强管理，帮助企业防控进军海外时可能遭遇的不确定性风险，同时要严惩"害群之马"，避免对中国品牌造成伤害。

最后一个问题，请您展望一下汽车产业未来十年的前景。您在上汽集团主抓新业务规划工作，对产业未来走向一定有深度思考。您觉得十年之后，汽车产业会呈现出怎样的新业态？新的产业生态呼唤新的王者，也必将诞生新的王者，届时全球汽车产业格局与今天相比将有什么不同？我们刚刚讨论了很多产品创新的问题，同时产品创新又与技术创新、品牌创新紧密相关、互为支撑，这实际上是一个综合性的系统工程。那么，围绕着新四化的汽车产品创新，究竟会给全球汽车产业带来哪些变化呢？

祖似杰：我认为十年之后，汽车产业将会发生巨大变化。第一，从中国的变化来看，十年后中国市场很可能要跨过汽车普及期了。虽然过去几年中国汽车销量出现下滑，但这只是阶段性的，我们其实还处在普及汽车的阶段。但等到普及期之后，市场就会趋近饱和，或者说处于存量替换为主的平衡状态。类似于欧洲现在的汽车市场，其汽车年销量基本上停留在一条水平线上，不同年份只是上下略有波动而已。未来中国也会到达这个阶段，这意味着市场竞争将更趋激烈。

第二，从消费者的变化来看，十年后中国汽车用户将更加成熟，"为自己消费"的意识将日益强烈。具体表现为强调个性、注重体验、追求品质，可能还会崇尚简约，这一点在汽车文化发达的一二线城市会表现得更为突出。现在的日本就可以看到这样的消费倾向，人们对汽车的需求更加理性、务实。而中国还有不少人存在面子消费的心理，购买汽车比较在意别人的评价。

第三，从产品的变化来看，十年后对汽车的个性化需求仍将普遍存在。当前有一种观点认为，未来汽车将全部是共享化的标准车型，而私家车则会消失。我认为，这个观点不一定正确。出行是人的基本生活需求，而人们向往美好生活的愿望永远都会存在，或者说人们始终都有更高品质的生活需求。这就像买房子一样，1室1厅足以满足基本的居住需求，为什么很多人要买3室1厅呢？从这个角度出发，我判断未来私家车仍将存在，因为人们对汽车的个性化需求只会越来越高，而私家车肯定要比共享汽车更能满足这种需求。

实际上，现在的汽车产品与十年前甚至几年前相比，已经不可同日而语了。汽车开始在某种程度上带给用户亲切感、体贴感，让人们愿意去触碰它，与它交流。不像过去，用户坐到汽车里感觉这就是一个"铁疙瘩"。

赵福全：在这方面我的体会可能比您更强烈。我回国17年了，切身感受到中国汽车产品从外到内的巨大变化，包括设计、生产、服务，也包括功能、性能、品质等，各个方面都有明显提升，真的是日新月异。尤其是近几年，汽车开始与人产生情感联系。未来智能网联汽车还会有更强的智能交互功能，从而在更大程度上帮助人、解放人、理解人。

祖似杰：人和车将成为彼此的亲密伙伴，汽车可以更好地为人提供服务，人也愿意在车里多待一些时间。说起来，车厢天然是比较私密的空间，而很多时候人是需要独处的，未来汽车一定会更好地回应这种需求。我想，十年之后，自动驾驶的共享汽车或者说在有限场景下的L4级自动驾驶汽车可能会比较普遍。可以预见，在国家的规划和推动下，能实现L4级自动驾驶车辆运行的场景将越来越多。不过，对于L5级自动驾驶汽车，我认为还需要更长时间的发展，才能走向实际应用。也可以说，这将是自动驾驶汽车发展的长尾阶段。

现在看来，自动驾驶面临的最大问题可能就是长尾过长，而且只靠汽车行业根本没办法解决这个问题。对于单车智能面临的瓶颈，要借助ICT企业提供网联化技术，依靠国家完成交通基础设施信息化升级，才能取得根本性突破。未来十年，通过推进车路协同加快发展，L4级自动驾驶汽车将真正落地，并给人们带来极大便利。

第四，从汽车产业竞争态势的变化来看，资源整合将是大势所趋。汽车始终是一个极度追求规模的产业，不仅汽车硬件需要规模支撑，汽车软件也需要规模支撑，包括车辆外部的信息化环境建设，需要大量投入，如果没有足够的规模，也是难以承载的。因此未来看起来很美，但实际做起来很难，个中艰辛可能只有企业管理层感触最深。正是因为需要巨大的投入，我认为，未来汽车产业的集中度一定会越来越高，或许最后全球只剩下为数不多的几家整车企业，最多不超过两位数。这些车企可能是原来的传统汽车企业，也可能是新进入的ICT公司或新造车企业，更可能是某种企业联盟，这是汽车产业发展的客观规律。等到新四化逐步落地之后，汽车产业一定会出现更显著的规模效应，即使发展进程中因地缘政治和经济周期等因素影响而有所波折，在大方向上，世界汽车产业趋向高度集中和资源整合也是不可避免的，这将是产业的最终归宿。

赵福全：与祖总交流了一个半小时，感触颇深。祖总是典型的传统汽车人，现在作为上汽集团的总工程师以及负责新业务规划的副总裁，既要传承汽车产业的原有经验，又要拥抱产业重构的创新发展。在这个过程中，我相信祖总要不断克服既有思维方式和知识结构的潜在束缚，这无疑是巨大的挑战。而今天与祖总的对话让我感受到，您真正做到了"老瓶装新酒"，这个比喻可能不太恰当，却很好地体现出您这位传统汽车人，对新形势下的汽车产品创新以及相应的企业、技术、品牌战略调整等，都有非常深刻的新观点和新认识。这些观点和认识无论对企业转型还是个人发展，都有很高的借鉴价值。

祖总首先强调了汽车企业应该保持战略定力。汽车的根本使命并不会因新四化的到来而发生改变，实现从A点到B点高效、安全、便捷、愉悦的移动出行，始终是汽车产品的本质属性与基本功能。同时，汽车是集大成的产业，集成应用各个领域的先进技术一直是汽车产品的内在需求和突出特点。今后，面对风起云涌的新一轮科技革命，汽车企业也必须在坚守汽车产品本质的基础上，积极拥抱并融合更多领域的创新成果。

实际上，汽车产业历经百余年发展至今，就是在不断集成创新中一路走来的，汽车相继吸纳应用了机械、电子、信息、装备、动力、热能、材料和工艺等诸多领域的科技成果，才有了今天相对成熟的状态。今后，尽管汽车电动化、网联化、智能化发展充满挑战，但只要汽车人秉持开放的心态，拥抱创新、接纳吸收、融合发展，就一定可以打造出更好的汽车产品。

在保持定力的同时，汽车企业也要认清一个事实：未来仅仅把硬件造好，已经构不成有竞争力的汽车产品了。新时期汽车产品与原来最大的不同就在于，未来汽车是有生命力的，能迭代优化、自我成长。而此前汽车一旦投产，就无法再做升级，只能逐渐走向落后。也就是说，今后汽车产品在投产时可能并不需要非常成熟，只要车辆能不断产生、回传相关数据，再通过人工智能技术进行处理，就可以使产品的功能、性能以及用户体验不断提升。这样具有进化能力的产品，即使在上市时与竞品相比不占优势，也可以随着此后持续的迭代优化获得更强的竞争力。

为此祖总特别谈到，今后汽车既要造好硬件，又要造好软件，前者需要传统的物理工厂，后者需要全新的数据工厂，而且这两个工厂是相辅相成的，必须并行推进。两个工厂的使命不同，支撑能力不同，所需人才也不同，因此汽车企业必须把两个工厂的需求结合起来，招揽相关人才，培育相应能力。不过在新形势下，企业也不必全部依靠内部资源来解决人才需求问题，孵化创业公司或与相关企业合作整合资源也是很好的方式。最终，未来汽车产品只做硬件不够，只做软件也不够，一定要同时做好硬件和软件，并且做好软硬融合，才能达到最佳效果。

在此前景下，祖总认为未来汽车最核心的技术是电子电气架构，尤其是软件基础平台。整车企业一定要把这部分技术能力视为自己的核心命脉，不断探索，加大投入，持续提升掌控能力，而不是像原来那样主要依赖供应商，否则就会失去新时期汽车产品创新的主导权。在这个过程中，如果说"软件定义汽车"是新的生产力，那企业就必须建立起与之匹配的新生产关系，包括内部的组织架构、流程标准和团队建设等，也包括外部的产业链布局和资源整合等，都要进行创新变革，以适应新生产力的发展需要。

在这方面，上汽一直在积极尝试，之前与阿里合作创立了斑马公司，定位是服务于行业的开放型平台公司，近期又成立了自己专门的软件分公司零束。同时，上汽也在实践中探索软件团队和硬件团队如何更好组合。新时期，企业对组织架构的调整不宜僵化，而是要寻求某种平衡，例如根据软硬融合的需求和不同人才群体的特点，可以在小范围内相对分离和独立，而在大范围内保持连接。实际上，创新本身就是一个不断探索的过程，组织架构无论是偏向分离还是偏向连接，都是为了打造更有竞争力的产品。

面对汽车产业范畴的不断扩展，未来车企没有能力完全掌握所有重要技术，此时应选择合适的边界，聚焦于最核心的环节。例如芯片，车企无需自行制造，但一定要在定义和设计方面形成自己的能力。又如电池，祖总认为至少在锂离子电池体系下，车企没有必要自己生产电池单体，但一定要掌握电池包、模组技术以及电池管理系统。

关于汽车电动化的发展前景，祖总认为这是大势所趋，企业不应再有丝毫犹疑。目前，发展新能源汽车作为国家战略正得到落实和深化，这显示出国家坚定不移的决心，车企必须尽最大努力把电动汽车做好。同时，国家应继续加快推进充电基础设施建设，以化解消费者的里程焦虑，避免电动汽车搭载过多电池造成的高昂成本和无谓能耗。此外，燃料电池汽车也是未来电动化的重要发展方向。考虑到技术、成本及基础设施等因素的制约，当前燃料电池汽车应从商用车切入。而在乘用车上，预计到2030年以后燃料电池有望进入普及期。

关于国际化发展，祖总认为，中国车企无论在国内做得多好，也只是区域性企业，要想真正成为世界级强企，成为基业长青的百年老店，就一定要走国际化道路，必须在全球范围内拥有一定的市场份额和品牌影响力。为此，祖总给出了未来中国车企走出去的具体建议：第一，不应再采取简单的贸易方式，而应全产业链布局，尤其要从经营品牌的角度深耕细作；第二，不要在海外市场进行比拼价格的恶性竞争，避免伤害中国品牌的整体形象；第三，抓住电动化、智能化及网联化的机遇来打造自身产品的差异化，逐步建立全球范围内的竞争优势，在这些方面，后发的中国企业完全有可能实现领跑。

展望未来，十年之后世界汽车产业将发生翻天覆地的变化。我们眼前看到的一系列量变，未来都将积累成质变。汽车本身就是极度追求规模效应的产业，在导入智能化、网联化后，更需要庞大的规模以承载巨大的资金和人才投入，而车企如果不做这些投入，就无法打造出真正满足消费者需要的有竞争力的汽车产品。因此，汽车产业的集中度一定会持续提高，未来全球范围内的车企总量要比现在少得多。

面对未来的严峻挑战，汽车企业有效应对的前提是保持开放和学习的心态。既然汽车是集大成的产业，我们没有理由不拥抱新时代的新技术。为此，汽车企业一方面要努力形成自身必须掌控的核心技术及能力，另一方面要充分利用其他产业的核心技术及能力，通过跨界融合、分工协作，推动汽车产业更好更快发展。谢谢祖总！

祖似杰：谢谢赵院长！谢谢各位网友！

09 对话练朝春
——五菱"神车"之路在于面向用户需求进行系统创新

赵福全：凤凰网的各位网友，大家好！欢迎来到凤凰网汽车"赵福全研究院"高端对话栏目，我是本栏目主持人、清华大学汽车产业与技术战略研究院的赵福全。今天非常高兴请到了上汽通用五菱副总经理练朝春，参加本栏目的第66期对话，欢迎练总！

练朝春：赵院长，上午好！各位网友，上午好！

赵福全：练总，今年我们栏目的主题是"汽车产品创新"。纵观国内外车企，应该说上汽通用五菱是一家很特别的企业，你们好像没有什么非常抢眼的技术，却造出了非常热销的五菱"神车"。

大家千万不要以为造低价位的车容易。回国前，我先在克莱斯勒工作，对国外车企造经济型汽车有了详细了解，后来戴姆勒与克莱斯勒合并，我对奔驰造豪华车也有了比较多的了解。回国后我先在华晨任职，当时华晨的产品在自主品牌里处于相对较高的价位，但还是令我感慨，原来成本要控制到这种程度，才能造出十万元以内的汽车，这在戴姆勒甚至克莱斯勒都几乎是不可想象的。加盟吉利后，我开始领导研发熊猫等均价在三四万元的车型，这让我更加体会到低价位经济型汽车开发过程中成本精细控制的挑战。每当我见到美国或德国的原同事时，都会和他们调侃，你看我造出的3万元的汽车，什么零部件都不比你们造的车少，同样有四个车轮，还有一个备胎，而且还能赚钱。我这样调侃既是在向外国同行们展示我回国后的业绩，也是在向他们展示中国自主品牌车企独特的竞争力。

我想表达的是，造好豪华车确实了不起，因为必须研发出高端技术，实现优越的性能。但造好低价位的优质汽车，实际上更难。毕竟原材料的成本是省不掉的，汽车的基本功能和性能也不能打折。从这个角度看，上汽通用五菱真的很了不起，能以这么低的成本，造出质量过硬的车型，确保了这么大销量下的产品一致性，并在市场上建立起良好的口碑。低端车型价格亲民，但并不意味着质量差或价值低，只是品牌定位面向购买力相对较弱的消费群体而已。五菱在这方面做得非常好，你们的产品可以说是入门级汽车的成功典范。

大家知道，一款汽车既需要研发投入、采购投入、制造投入，也需要销售网络投入、广宣和服务投入等。在汽车产品的全生命周期中，设计开发阶段决定了其最终成本的70%~80%。练总，您一直担任上汽通用五菱的技术负责人，请分享一下五菱"神车"究竟是怎样造出来的？一款产品既要在低端细分市场上形成价格竞争力，又要保证质量，还要保证企业能盈利，这谈何容易！那么，五菱是如何做到的呢？

练朝春：感谢赵院长对上汽通用五菱的认可。的确如您所说，低成本不见得就是低价值，而且相较高价位的产品，打造低价位的产品在成本控制上的空间要小得多。五菱的产品之所以能在保证质量的前提下把成本控制得比较好，我总结主要有以下三个原因：

第一，形成了企业的基因。五菱从20世纪80年代初开始造车时就以"艰苦创业、自强不息"为指导思想，后来一直延续下来，使精打细算逐渐成为整个公司的内在基因。也就是说，我们打造低成本产品更多的不是一种技术方法，而是一种骨子里的思维方式。就像日本人对精益求精的追求，是社会大环境下造就的一种自觉心理，让大家从一开始就朝着这个目标不停努力。很多人都问过我，五菱到底是怎样把产品成本降下来的？其实，我们并没有为实现低成本而不断采取降成本的措施，而是在产品最初设计时就充分考虑了如何实现低成本。

第二，以用户为中心，以市场为导向。这是我们一直强调和坚持的目标及原则。例如，我作为技术中心的负责人，同时还负责销售部门，因为我们必须充分了解用户对低价位产品的需求究竟是什么，进而在产品设计中满足用户的这些需求，避免堆砌配置造成浪费，这是实现低成本的基本保障。

第三，规模化进一步造就低成本。要实现低成本，只靠产品减配置是不行的，因为这样最终无法满足用户的需求。在目标市场中，企业应通过把产品做得更适用来不断扩大用户群，获得更大的销量以分摊成本。五菱就是在实现了产品销量的规模化后，实现了供应商的体系化，以及产品的平台化和标准化，从而使产品制造及零部件采购的成本大幅降低。因此，规模化进一步提升了五菱的成本控制能力，我认为这也是最合理的降成本方式。

赵福全：虽然低端车消费者的购买力相对较弱，但他们对汽车产品的质量、可靠性和耐久性等同样也有需求。要在这一细分市场上形成竞争力，低成本是产品创新必备的前提条件。但低成本绝不是一个简单的概念，而是涉及企业经营的方方面面。为打造出符合质量要求的低成本产品，企业在技术、采购、制造等方面的投入，在产品平台、车型数量以及配置组合等方面的选择，每个环节都需要做出富有智慧的正确决策。事实上，所有车企无不希望做好成本控制，即使是豪华品牌企业也希望尽可能降低产品成本，但这不是想做就能做到的。

刚才练总提到了很关键的一点，五菱从诞生至今，已经在骨子里形成了精打细算或者说成本控制的基因。说起来很多企业在起步阶段都比较困难，提倡艰苦奋斗并不奇怪，但能一直坚持这种精神，甚至固化为企业基因的却不太多见。事实证明，五菱做到了这一点，你们一直坚持艰苦创业的理念，从沈阳总经理到核心管理层，都没有因为产品销量的增长和企业规模的扩大而忘却初心，并将这一理念深深地融入到企业文化中。每一个五菱人都知道自己必须努力把成本控制做到极致，并从中找到自身的价值和成就感。

练朝春：最初的时候确实是因为公司实力弱、家底薄，为了生存我们必须艰苦奋斗。而现在控制成本已经成为我们根深蒂固的追求。就像通用前总裁斯隆所说的，企业要想赢得市场，无外乎两点：要么成本领先，要么与众不同。

赵福全：汽车产品创新是一项复杂的系统工程。产品创新的最终目的是为了满足市场需求，得到消费者的认可，因此研发人员必须了解客户的心声。刚刚您提到自己作为研发领军人也兼管销售部门,就是为了让研发部门能更好地了解市场情况。那么,如果您不负责销售部门,研发部门就不能获悉市场反馈了吗?这种同时管理研发和销售的做法有什么特别的好处呢?

练朝春: 不同的企业有不同的情况,我觉得不能简单地评价这种做法是好或不好,在此只能谈谈个人体会。我们的工程师总是希望给用户展现出更好的一面,但有时却忽略了用户的真正需求,等到产品投放市场后,才发觉用户的需求并不是这样的。不过,这个问题不是靠市场调研就能解决的。市场调研的缺陷在于预设性,调查内容都是调查者预先设计好的,有很强指向性,在某种程度上甚至可能是一种误导。而我们需要的是直接面对用户,与用户充分交流,开放性地获得用户反馈。从这个意义上讲,由我同时管理销售部门是有价值的,这让我更加深刻地认识到打通研发与市场需求的重要性,同时这也是以往市场调研的瓶颈所在。

对新宝骏这个品牌,我们是把智能网联作为基因的。我认为,未来智能网联将成为所有汽车的标准配置,这样的前景将给车企带来一种新的可能,即我们可以通过大数据更加精准地了解和判断用户的需求。我一直在想,现在的汽车产品是整车企业设计好后"强加"给用户的,今后为什么不能反过来让用户指导整车企业进行产品开发呢?这样才能让创新真正为需求服务。

赵福全: 这是一个极为重要的问题。之前我在企业主持研发工作多年,离开企业后又经常与很多企业的老总进行深度交流,可以说,跳出企业的角色后,我看问题的视角变得更加广阔了。当前,企业普遍存在一个非常现实的困惑,就是产品必须满足市场需求,但市场的真实声音到底是什么?是靠企业决策者个人的判断,还是靠市场调研的结果?是不是企业高层亲自去做市场调研获得的VOC(客户之声)就是准确的?就像您刚才说到的,汽车企业以前主要依靠市场调研获取用户需求,这种方式往往受限于企业自己拟定的内容,具有很强的指向性。此外,市场调研选择的样本终究是有限的,并不能代表用户全体。如果选错了目标样本，所做的调查就毫无意义。即使选对了目标样本，还有样本量是否充足的问题。在产业格局全面重构的转型期，市场调研墨守成规的局限性就更加凸显了。

因此，您一直在思考如何准确地将市场需求反馈到企业内部。而您现在兼管销售部门，对销售一线反馈的信息有了更深刻的认识。其中，有一些确实反映了消费者的真实需求，但也有一些可能是销售人员的误读。有一些对指导研发很有价值，但也有一些可能涉及销售体系自身的问题。而产品研发团队必须获知真实的需求信息，然后努力满足其中呈现高斯分布的中间核心部分。那么，您如何确保自己得到的市场信息能有效指导产品研发呢？

练朝春：赵院长问得好，这确实是我这段时间一直在思考的问题。销售部门提供的信息，其实并不能代表需求的实际情况，更不能代表需求的变化趋势。因为任何个体的感受都不足以代表整个群体的需求，何况五菱的用户数量很大。从这个角度讲，即使我去走访市场也不可能完全了解用户。

那么，为什么我还要走访市场呢？这也是在培养和锻炼自己对市场的判断能力。在汽车产品开发方面，中国自主品牌车企原来的打法通常是对标某家车企卖得好的车型来开发自己的产品，认为这样也一定会受到认可。但这种方式明显带有主观臆断性，因为等到自己的产品量产已经是两三年后了，谁能担保用户的喜好没有变化？同时，别人的产品也早已升级了，必然领先于你。何况各家车企的用户群体肯定有所差异。因此，对标开发产品的模式使企业根本无法做到领先，已经越来越行不通了。而要正向开发产品，就必须有自己的判断能力，能够准确把握几年后的市场需求。特别是在产业全面重构、变化接踵而至的今天，对未来用户需求的判断能力就变得更加重要了。

另一方面，我走进市场的目的也是为了思考和摸索如何优化现有的产品创新体系，使其更适应企业未来发展的需要。当我了解过销售部门的情况并走访过市场后，就提出要改变技术中心的组织架构和工作模式。例如其中一点是，今后技术中心要长期安排工程师去销售汽车，直接与用户交流，以更好地了解用户需求。尤其是五菱的新产品，更要采取这种模式。

像宏光 MINI EV 等热销产品，我们从一开始就是工程师卖车，完全采用自己研发、自己销售、自己了解用户的新模式。专职销售员与工程师卖车是不一样的，工程师在卖车时往往有一种特殊的心理，哪怕自己倒贴钱，也希望消费者能把车买走，因为这是自己的劳动成果，他们很想得到消费者的认可。同时，为了后续可以更好地开发产品，工程师也更加关注消费者的体验和感受。当然，企业不能真的让员工贴钱卖车，但工程师在销售汽车时能更有效地与用户互动是毋庸置疑的，因为他们对用户反馈的信息重视程度更高、理解能力也更强，这样反过来也有助于促进销量的提升。

不过话说回来，用户反馈的信息就一定正确吗？也不见得。一方面，任何产品都不可能十全十美，我们只能尽可能满足大部分用户的需求；另一方面，很多反馈都是"产品配置越多越好"，这恐怕未必是用户的真实需求，至少不是用户考虑了价位差别后的真实需求。因此，在工程师把用户反馈信息收集汇总上来后，我们还要站在全局的战略高度进行系统的分析和判断。

从这一点来看，未来网联化将是一个巨大的优势。因为网联化意味着我们可以很方便地获得海量的样本数据，基于此，研发人员对用户需求的判断将更加精准。此外，网联化使车企能够与用户直接交互，这样我们产品的迭代优化效率将大幅提高。因此，我相信今后汽车产品创新的改变会越来越快。未来车企要做的很可能只是一个"毛坯房"，在这个"毛坯房"上可以根据用户的实时数据演绎出风格完全不同的汽车，并且能不断优化。用户对哪些产品属性更感兴趣，车企就在哪些方面进行更多的演绎和强化，慢慢的，整个产品的画像就描绘清楚了。这就是产品定制化的最高境界，车企可以直接获取用户需求，为其量身打造出最适合的个性化汽车产品。

赵福全：您讲到了很重要的一点，企业研发负责人深入了解市场，主要不是为了收集一些具体的用户需求，而是为了培养一种洞见能力。

因为在一线的亲身感受，与在后方分析竞品或看调研报告是完全不同的。反过来，研发负责人在观察市场时的所见所思也与销售人员不同，除自己的产品外，研发负责人还关注其他车企在卖什么、做什么、甚至想什么。在我看来，如果技术领军人或品牌负责人不能站得高、看得远，没想到消费者还没想到的层面，企业是不可能引领市场需求走向的。在这方面，研发负责人和普通工程师到市场一线体验的意义完全不同，两者捕捉到的信息本身就不一样，即使同样的信息也会有不一样的解读和使用。这就像某条政策新闻，在普通人听来就是一条新闻而已，但在企业家或投资者听来，却可能是影响企业决策或投资方向的重要信息。

练总刚才提到，您走访市场的主要目的之一是思考产品创新如何更有效地满足市场需求，并为此进行了研发组织架构和工作模式的调整。毕竟产品创新不是单一的，而是全方位的，既包括技术创新，也包括支撑技术创新的组织创新、管理创新等。所谓生产关系必须适应生产力的进步，否则就会束缚生产力的发展。那么，您认为怎样才能把新时期的汽车产品创新做得更好？多年来您一直负责研发工作，现在又兼管销售工作，直接走访了市场，不知道您有什么新的感触和心得？

练朝春： 我觉得要做好产品创新，首先必须打破组织上的壁垒，让各部门之间有效融合。这不能靠临时性的举措，而要建立长效性机制。例如让技术中心的人员参与销售公司的市场调研，哪怕是 CEO 亲自安排的也只是一次性行为，这样是不行的，必须在制度上做出明确规定，建立相应规范。在这方面，五菱虽然也没有完全做到位，但这绝对是我们未来努力的方向。

只有在机制上打破组织壁垒，研发人员才能与销售人员充分交流，深入了解市场。如果研发人员还是按照"我认为或我估计用户可能会喜欢"来开发产品，是不可能真正满足用户需求的。反过来，如果销售人员与研发人员沟通不足，总是认为自己的产品这不好、那不行，也很难赢得用户的认可。研发与销售之间的相互割裂与制约，对双方的工作都不利。因此企业必须打破组织壁垒，在机制上实现跨部门融合，让大家都能朝着共同的目标，即满足用户需求而共同努力。

当然，产品创新的目标也是分层级的。我想，一是要满足用户不断升级的需求；二是要对用户需求实现引领。而在引领方面，工程师往往更关注技术配置上的引领，思考的是如何增添技术让产品更炫酷。但这样用户会不会满意呢？很多时候答案是否定的。因为工程师虽然给汽车产品增添了很多新配置，或者说增加了很多新功能，但这些新功能往往与车辆的整个使用场景并不匹配，只是在场景中的某一个点有可能用到，在这个点之外就用不到了，同时前后也没有其他可以衔接的功能，这样对用户的帮助就不太大，用户也就不一定愿意使用。例如现在一些智能驾驶配置就存在这个问题，在驾驶过程中系统需要反复开关，用户体验并不好。如果增添了功能后，用户的用车体验反而变差了，那这样的配置就没有实际价值，只是企业卖车时的一个宣传点而已。

赵福全：是的，如果使用体验不好，消费者花钱买了这个功能，反而感觉总被打扰，那肯定不会满意。很多老总和我交流时也谈过类似的问题，企业拼命宣传自己研发出了 L2 级或 L3 级自动驾驶功能，可消费者听不懂。消费者在意的是把车买回去后，用起来怎么样，结果发现这些功能很麻烦，索性关掉不用好了。还有一些企业开发的怠速起停系统也是一样，虽然能节能，但使用体验不好，结果就被用户搁置不用了。

关于自动驾驶的问题，我们后面再详谈，还是回到组织创新的话题。您谈到企业要打破组织壁垒，但研发和销售本来就是不同业务，研发的工作是画图纸、做试验等，而销售的工作是销售汽车、维护渠道等。即使让研发和销售人员坐在同一间办公室里，他们从事的工作依旧是不同的，成立一个跨部门的市场小组似乎也未必能解决根本问题。但正如您刚才所说，为了更好地满足市场需求，企业必须设法调整两方面的业务分工，使其充分打通和融合。那么具体来说，您认为应该怎样实现这种融合打通呢？

练朝春：实话实说，我们也在尝试和探索中，不能说已经成功了。之前我们一直谋求建立某种新组织，希望把各方面的人才汇聚到一起，在一个团队里工作，并为大家设定一个统一的清晰目标。这个目标不同于各个业务部门的小目标，更应该是整个产品的大目标，或者说是满足用户需求的大目标。不像以前研发中心只负责将汽车开发出来，生产部门只负责将汽车制造出来，销售部门只负责将汽车销售出去。如果还是那样，各个业务领域之间的联系就仍然是割裂的。我们希望给所有人都设定一个共同的目标，让大家一起为之努力，并且这个目标是最终目标，而不是中间目标。这样一来，各部门之间的融合和支持就会变得更有效。

赵福全： 汽车产品的开发周期很长，而且在产品研发过程中，团队也可能会有变动。如果只为大团队设定一个最终目标，并按此进行员工评价和绩效奖惩会不会有问题？例如等到产品开发结束，甚至取得了一定销量业绩之后再核定绩效，是不是太晚了？另外，如果只考虑最终目标，在产品开发的长周期中，确定中间的绩效会不会很困难？毕竟造车不像编软件，一个项目大家一起干三个月就完成了，项目结束后再一起评定绩效即可。汽车研发通常至少需要两三年的时间，除了研发，还需要制造、采购、质量等部门以及供应商伙伴的共同参与。事实上，新造车企业目前也在思考类似的员工评价问题，有的企业就不设 KPI（关键绩效指标），而是采用了一些互联网公司常用的 OKR（目标与关键结果）方法。不知道五菱是如何评价员工贡献、激发员工动力的呢？

练朝春： 从管理的角度出发，企业不能只在最后给员工一张大饼，必须在工作进程中不断给员工激励。刚才我说要给团队设定一个最终目标，不过这个最终目标一定要向下分解成若干子目标，并且必须覆盖汽车产品的整个生命周期。说到底，管理主要就是管人。通常，员工在项目刚开始时干劲儿最足，做了一段时间后，干劲儿就会慢慢降下来。在这个时间点上，企业就要激励员工，让他们重新燃起激情。因此，并不是只设定一个最终目标就万事大吉了。

当然，五菱造车还有一个特点，就是我们的产品开发周期比较短，这对按最终目标来评价员工是有利的。通常，我们的产品开发周期只有 10 个月左右，我想这应该是全球最短的汽车开发周期了。

赵福全： 我们都知道，汽车产品开发的各个环节都不能缺省，之前有的企业宣称自己的产品开发周期是 18 个月，但这并不是从零起步的，而是在已有平台以及相应的供应商配套体系下实现的。举个例子，我们可以说厨师只用 5 分钟就能把菜做好，但那是把买菜、洗菜、切菜的时间都刨除在外的。练总能否和大家分享一下，五菱究竟是怎样做到 10 个月完成产品开发的呢？

练朝春：我明白您的意思，我们所说的 10 个月的开发周期是自造型冻结后开始算起，您是这方面的专家，肯定知道这是非常短的时间了。之所以能做到这一点，是因为在产品开发过程中我们的各项工作高度并行，这同样涉及团队融合问题。例如我最早的时候也曾负责过制造部门，当时就努力把产品研发与制造环节融合起来，目的之一就是缩短开发周期。例如，如果一款新产品与此前产品的底盘类似，那开发过程中时间就主要花在车身设计上。在此情况下，我们在产品开发前期，就把车身模具、装备的开发人员和车身的研发工程师聚到一起，包括供应商也要适时提前介入，各方相互沟通、充分交流，商定后续的解决方案，这样就可以最大限度地节省时间。

我们也了解其他企业的模式，例如我们的股东之一美国通用汽车，其产品开发周期大约是 36 个月。总体上，通用的产品开发过程是串行的。串行的好处在于每一部分都可以充分做好自己的工作。相比之下，并行可能也有一个潜在缺点，就是开发过程中必须把各个部分的工作都协调好，否则并不能节省时间，因为后期必然会出现反复。实际上，在并行开发过程中，企业必须有人能拍板、敢担当，否则下面的执行人员肯定会争论不休。

赵福全：并行开发的挑战确实不小，尤其是要做大量艰难的协调工作，因此很多企业宁愿采取串行主导的开发模式。我想，最终还是要以成败论英雄，五菱产品在市场上大获成功，说明你们的并行开发模式走通了，跨部门的融合能力形成了。

产品创新方向即产品卖点，在很大程度上源自市场需求的输入，由此就产生了一个核心问题——市场需求到底是什么？可以说，在这方面每家企业都难免纠结，内部各部门之间也常有相互争论、埋怨，甚至"甩锅"的现象。例如，销售部门认为研发部门不了解消费者的需求，没有在产品上搭载消费者真正需要的配置。研发部门则认为销售部门提供的市场需求信息有误，一味要求增加各种各样的配置。尤其需要注意的是，以前汽车产品是以硬件为主，用户主要关注基于硬件的功能，配置高几乎就等同于功能多、卖点多。然而，未来汽车产品将以软件为主，用户越来越关注基于软件的体验，这并不是单纯增加硬件配置就能满足的。也就是说，当前市场需求正在发生改变，导致需求确定变得更加复杂。

无论如何，产品最终能否被市场接受，只能是企业为此负责。因此不管是研发人员不了解市场需求，还是销售人员反馈不准确，抑或是两者之间的沟通出现问题，都需要企业自己有效解决。练总，您现在既负责研发又负责销售，您认为这个问题应该如何有效解决呢？

练朝春：我认为这里没有谁对谁错的问题，关键在于大家看问题的角度不同。销售和市场部门直接与用户接触交流，他们更关注用户当下的需求。研发部门了解技术趋势，他们往往希望采用先进的技术引领用户需求。在我看来，主流车企研发团队目前存在的主要问题并不是技术能力，而是思维方式。因此我们才要求工程师走进市场，目的就是要改变大家的思维方式。正如我刚才讲到的，某项技术不能只是车辆应用场景中孤立的一个点，要尽可能与其他技术一起形成全场景下连续的用户体验，从而给用户带来整体价值感。如果各项技术彼此间不能打通，就会成为可有可无的配置，用户根本不愿意使用，更不愿意为此买单。

赵福全：这个观点非常重要。企业中每个人都有自己的业务分工，但要想把本职工作做好，还必须清楚自身工作的最终目的。例如研发人员的分工就是开发产品，但开发产品是为了让人使用，最终产品要进入市场，去满足用户需求。也就是说，工程师不能简单地为了画图而画图，为了试验而试验，要考虑用户真正需要什么。否则开发出来的汽车连自己都不想买，又怎么能赢得消费者的青睐呢？从这个意义上讲，五菱让研发人员直接走进市场，即使接触到的用户量有限，也会大有帮助，因为可以驱动研发人员转变思维方式。一旦研发人员有了用户意识，就会认真倾听销售和市场部门的意见，同时边倾听边做出自己的判断。如此一来，工程师们就会逐渐意识到，不能一味追求把技术做到极致，更不能将产品做成艺术品，因为这样是很难得到消费者认可的。

练朝春：是的，一方面，必须改变思维方式；另一方面，还要建立起有效的沟通机制，确保研发与市场部门之间信息传递的畅通和准确。举个例子，市场部门反馈产品某些地方有异响，如果研发部门没有去现场了解实际情况，就据此做出整改，很可能难以解决问题。因为市场人员并不了解汽车结构，他们对异响产生部位的描述和判断很可能是错误的。

至于不同部门之间如何打通，我的建议就是确定一致目标。例如五菱一直以来都将低成本作为全员的方向性目标，这个目标覆盖了各个部门的工作，有利于不同领域的员工在沟通中达成一致。尤其是在我们的品牌溢价力有限的情况下，保持产品的低成本无疑是满足用户期待的关键要素之一。当然，目前我们也在尝试适当做一些品牌向上和引领创新的工作。

赵福全：对产品创新而言，无论企业的技术能力有多优秀，组织架构有多高效，最终的成败还要看市场是否认可。上汽通用五菱先后打造出令世界瞩目的两款"神车"，之前有五菱之光，现在有电动汽车宏光MINI EV，你们用实际行动证明了自己产品创新的成功。我觉得这绝不是运气好的问题，如果是因为运气，那为什么其他企业就碰不上这种运气？谁都希望运气好，但"神车"的诞生不能寄希望于运气，因此很多企业都想向五菱学习、取经。今天请您先回顾一下，您认为当年五菱之光为什么会如此热销？你们在市场、技术、产品等方面都是怎样做的？能否与广大网友分享一下你们的经验？

练朝春：我可以谈谈个人的观点。五菱从20世纪80年代开始制造微型车，而我是在1994年来到五菱的。最初，五菱并没有汽车的"准生证"，我们属于偷偷摸摸造车。这反而在一定程度上造就了五菱的奋斗基因，因为我们什么事都得靠自己，尤其是在技术层面。

现在回顾起来就会发现，当年在微型车产品市场上，改动最多、胆子最大的就是五菱，其他车企不敢改的地方，五菱都改了。微型车最早来自日本，在那个年代日本的微型车以实用性强的特点独霸细分市场。

不过，日版微型车也有局限性，就是日本的《轻四轮车法》对微型车车身尺寸等做出了明确限制。当这些微型车产品引入中国后，虽然中国没有类似的法规，但中国车企都不敢改动原来的设计，只能原封不动地对标沿用。而五菱进行了大胆的改动，这就使我们的产品更贴近中国市场的需求。

五菱之所以下决心改动产品，主要有两个原因：第一，我们认为在技术上就应该进行变革和创新；第二，我们一直在思考如何让产品更好满足市场需求。微型车是工具性产品，很多用户都用微型车运送货物，因此在储物空间、载货能力等方面有很强需求。而中国用户的这些需求未必是日版微型车能满足的。

五菱在合资后推出的第一款产品是五菱之光，就是您刚才提到的那款"神车"。这款车甚至上过《福布斯》杂志的封面，记得标题是《五菱之光：地球上最重要的一款车》。实话实说，我们开发五菱之光时对标的是长安之星，其原型也是日本的一款微型车。等我们造出样车后就发现不行，这样模仿出来的产品只能跟在别人后面跑，不可能做到领先。同时，这款车也并不能完全满足中国用户的需要。为此，我们从微型车的工具属性出发，决定加大车内储物空间，大胆地将整车尺寸加宽了100mm。最终，大空间成了五菱之光的重要卖点之一。销售人员在卖车时，告诉消费者这车一次可以多拉多少箱货物。用户都会算账，多拉货就意味着多赚钱。而且五菱之光的整体性能也很过硬，是国内第一款不安装安全气囊也能通过国家安全碰撞法规的自主车型。因此，五菱之光的销量增长得特别快，到2006年五菱微型车的名气就已经很大了。

此后，我们进一步思考产品改进的问题。当时，沈阳总带队前往日本取经，结果发现日本的微型车没有太大变化，基本还是原来的状态。于是，我们就决定自己做产品升级。所谓大微客时代，就是五菱荣光开启的。因为在其他车企都还没有改变的时候，五菱第一时间开始求变，将车型进一步加长、加宽，把空间优势发挥得更极致，再次抢到了大微客的市场。

随后，就到了五菱车型升级的一个重要转折点，即五菱宏光。大家知道，之前微型车的发动机都是在驾驶座下面，属于中置布局。我们当时也有造乘用车的梦想，因此率先将微型车的发动机放到了车辆前端，转变成前置布局。同时，产品外观造型的改变也比较大。实际上，宏光参考的原型车是日本的森雅。之前，日本设计师限于日本法规没有设计第三排座位，而我们为了满足用户对产品功能性的需求，特别为宏光设计了第三排座位。此外，我们还升级了安全等各方面性能。正是这些工作，使五菱宏光的单月销量一举达到9万辆，成为当时全球车型销量排行榜的第一名。

这就是五菱之光、五菱荣光、五菱宏光，即所谓"三光"车型的成长历程。如果要总结经验，我认为在产品创新中车企必须自己掌握核心技术，并以此为基础，面向用户需求进行大胆探索，勇敢尝试其他车企不敢做的创新。例如当时有些车企也想加长车身，但在轴距不变的情况下，整车性能会大受影响。而五菱由于掌握了相关技术，就敢于进行车型尺寸的大幅调整。多年来，五菱一直坚持技术创新和产品创新，哪怕有些技术和产品创新的挑战非常大，我们也没有退缩。像把发动机由中置改为前置，就是异常艰难的工作。这个项目当时就是我负责的，那个时候也是年轻，无知者无畏，毫不犹豫地接下了任务。后来越做越感到困难，好在我们最终顺利完成了任务。对此，我的体会是：当企业面对创新难关时，很多情况下真的需要一股勇往直前的劲头儿。

赵福全：这段对话充分体现出我们这个栏目的价值所在，练总用这么短的时间把这么复杂的问题讲得这么透彻，相信广大同仁都会深受启发。实际上，一款车型的热销肯定有很多理由，包括战略机遇、市场定位、产品定义、技术路线以及销售渠道等，所谓细节决定成败，任何环节出现问题都会影响最终的销量表现。但这其中总还会有一些重点，是决定产品是否受用户认可的核心要素，而来自一线成功操盘者的总结，恰恰可以为我们指出这些最核心的要素。

听了练总的分享，我感觉五菱之所以能造出"神车"，主要有三点原因：一是对市场需求做出了准确判断。五菱从一开始就是紧跟用户的实际需求来开发产品的；二是形成了支撑产品创新的技术能力。了解用户需求之后，还要有能力做出满足用户需求的产品；三是具有敢于创新突破的勇气。有的企业虽然有创新能力，却没有创新勇气，而五菱敢为人先，甘冒风险。彼时，中国汽车产业刚把外资引进来，自主品牌车企尚处于模仿合资品牌车型的发展阶段。这种模仿是确保产品质量稳定、快速量产的捷径，并且通常也能获得相对不错的市场销量。如果非要在国外成熟产品上进行改动，则企业要面临很多风险。但五菱不满足于模仿，要追求引领，因此在消化和吸收对标车型的基础上，大胆进行了再创新，并取得了成功，这确实难能可贵。

大家可不要误以为再创新比较容易，事实上，再创新的基础是充分掌握之前的创新成果，要把原来的产品彻底"吃透"，进行再创新才有意义。因为创新一定要解决问题，要创造价值，切不可盲目创新，更不能为了创新而创新。我认为，如果产品创新不能解决用户的实际痛点，就产生不了价值，也失去了创新的意义。不过，在了解到用户痛点后，并不是每家企业都有创新勇气，而创新勇气的背后还要有创新能力的支撑。因此，正如刚刚练总提到的，核心技术一定要掌握在自己手里，这可能是最根本的一条经验。

五菱现在又推出了另一款"神车"，就是被称为"人民的代步车"的宏光 MINI EV。老实说，这款车销量的飙升出乎业内很多人的意料，此前大家普遍认为低速电动车这类产品没有未来，宏光 MINI EV 虽然不是低速电动车，但在价格上却与低速电动车相近。当然，与低速电动车不同的是，宏光 MINI EV 可以上车型公告，拿到正规的车辆牌照。结果你们用这款车的实际销量证明了，这一价位区间的电动汽车市场有着广阔的前景。此前，中国电动汽车市场是"一头热"，即高端车型热销，而现在则表现出"两头热"，即高端车型和低端车型均热销。

在五菱刚推出宏光 MINI EV 的时候，业内很多人都觉得，把电动汽车的价格做得如此低，你们肯定要亏损。当时我的观点是，有可能亏损，也有可能盈利，关键在于能否上量，如果规模增大到一定程度，成本得到有效分摊，企业就能盈利。练总，下面就请您具体谈谈，宏光 MINI EV 为什么能成为电动汽车领域的新"神车"？这款车的创新过程是怎样的？

练朝春： 我们对宏光 MINI EV 的定位，不是低价格或低成本车型，而是微型电动汽车，强调电动汽车的小型化。五菱从 2014 年就开始研究这类产品，判断其应该会成为中国未来电动汽车中很大的一个品类，也是电动汽车的发展方向之一。可能很多人认为，五菱这款电动汽车产品的成功就是因为售价便宜。其实远不是那么简单，宏光 MINI EV 也不是从天而降的，这背后有我们在新能源汽车领域漫长的探索历程，而宏光 MINI EV 只是最后的成果落地而已。

当然，如果非要说简单倒也简单。当初我们研究电动汽车的时候，就给自己提出了一个目标：没有国家补贴、老百姓也能买得起并且愿意用的电动汽车产品。一句话，造最便宜的电动汽车，就是五菱最根本的逻辑。

那么，怎样才能造出最便宜的电动汽车呢？其实大家都知道，电池成本在电动汽车成本里占了很大一部分，三电（电池、电机、电控）成本也主要在于电池。因此，我们就考虑通过车辆小型化来降低电池的使用量。同时，电池的使用量与车辆的续驶里程直接相关，适当减少续驶里程也是降低成本的一个基本逻辑。但车辆小型化到什么程度、续驶里程减少到什么程度，都不能随意确定，必须结合市场需求来思考。实际上，目前电动汽车的市场推广有两个尚未解决的棘手问题，一个是续驶里程，另一个是充电焦虑，两者又互为因果。

为此，我们首先要研究确定合适的产品尺寸和续驶里程，我们的工程师开始进行市场调研。那时如果安排销售人员去做调研，恐怕不会有多大作用，因为他们对电动汽车根本不了解。说起来，五菱的工程师们真的很可爱，他们拿着本子和笔，在路边对驶过的车辆逐一观察和记录，包括车内有几个人等信息。最后我们发现，在日常使用中，80% 的私家车上只有一个人。因此我们最先提出做两座的电动汽车，这样既能满足大部分日常出行需要，又能显著节省成本。像我们之前在柳州运营的宝骏小 E（E100 和 E200）就是两座电动汽车，也开创了所谓的"柳州模式"，这些尝试帮助我们识别出很多可行的创新方向。后续我们在宏光 MINI EV 上采用了 2+2 的四座布局，以更好地兼顾使用需求与产品成本。

在续驶里程方面，五菱自知此前没有太多技术积累，因此我们最初的目标就是先按国家标准把车造出来。大家知道，电动汽车的最低门槛是"双80"，即续驶里程80公里，最高车速80公里/时。五菱就以"双80"为基础来进行开发，并根据市场调研确定了大约130公里的续驶里程。而国家对电动汽车的补贴门槛是续驶里程150公里，当时的补贴额度还比较大。因此我们索性再加上一点电池，把续驶里程做到了150公里，这样既没有增加很多成本，又可以拿到国家补贴。

接下来我们要解决充电问题，这个问题更棘手，尤其是快充，涉及很多非常麻烦的事情。但我们一定要找到一个畅通的使用场景，这样才能真正检验我们的设计合不合理，我们的产品合不合适。实际上，五菱的电动汽车产品在2016年下半年已经拿到目录，我们当时就可以卖车了，但五菱没有在全国任何一个地方出售电动汽车，就是因为我们认为充电是一个大问题，必须先探索出解决之道。

这时候，政府的力量就显现出来了，我们找到柳州市政府商谈，由市政府牵头成立了"三级联动小组"。其中，市委书记和市长为决策层，副市长和我是中间协调层，市里各相关委办局和五菱团队成员一起负责具体执行。在"柳州模式"的探索过程中，大家都投入了很大精力。当时，有二三十个政府部门的负责人都被派到五菱公司组成现场工作组，集中在一个专门的办公室，一起来解决新能源汽车的推广问题，目标就是要让老百姓把五菱电动汽车真正用起来。就连市绩效办也过来了，给各个部门都制订了相应的绩效指标。开始时，有些人难免有抵触情绪，觉得他们是市领导派来为当地纳税大户服务的。而后来随着工作的不断深入，他们发现这样做不是为了五菱，而是为了整个城市的建设和发展。

赵福全："柳州模式"在全国备受关注，这也体现出汽车产业重构期的产品创新有赖于相关企业与政府的有效互动。试想，如果没有上汽通用五菱推出适宜的电动汽车产品，又或者没有市政府牵头大力推进充电设施和专用泊位建设，"柳州模式"也就无从谈起了。因此，我认为在电动汽车推广方面，是五菱写下了前面的1，而柳州市政府又在1的后面写下了好多个0。

练朝春：我是这样看的，没有柳州市委市政府的认识和推动，就没有"柳州模式"的诞生，因此或许应该说是市政府写下了前面至关重要的1。

当时，五菱造了3000辆电动汽车，分成两部分，一部分给市政府人员使用，一部给普通消费者使用。我们要在这些电动汽车的使用过程中发现并解决两方面问题：一是车辆本身存在的问题，二是用车环节存在的问题。与市政府合作的主要目的是解决第二个问题。同时我们认为，今后车企推出全新的产品，后续都应该有这样一个让用户试体验的环节。

在用户体验的过程中，五菱围绕几个焦点问题不断验证自己当初的设想是否正确。例如充电技术路线的选择，当时很多车企都选择了快充路线，而我们选择的是慢充路线。为什么五菱倾向于慢充路线呢？

首先是成本低。我们做过调查，建一个快充桩的价格是7万～15万元，而五菱的慢充桩仅需一两千元，而且同样是防水防雷击设计，同样可以实现联网并通过云端进行控制。如果是在地下停车场和小区固定车位安装慢充桩，甚至仅需几百元。这样，对用户来说，电动汽车的使用成本就几乎只有用电成本了。然而，现在多数企业选择的方向恰恰是快充，我担心这样下去，会因使用成本较高而影响电动汽车的推广。

此外，我们通过大数据研究发现，85%的用户每天行驶里程都在35公里以下。根据二八原理，我们的产品不需要也不可能满足所有用户的需求，只要满足80%的人群就可以了。而五菱电动汽车的续驶里程是150公里，如果按一周五个工作日用车计算，基本上大部分用户一个星期充一次电即可，慢充完全能满足这种需求。

其次是安全性高。说实话，最初我们没有太考虑充电安全的问题，后来才意识到这个问题非常重要。在后续实际运行中，五菱的几万辆电动汽车至今没有出现过充电安全事故。

最后是环境要求低。建设慢充设施所需的环境条件要比快充低得多。那为什么慢充桩还是没有被广泛接受呢？主要是因为很多地方政府存在害怕担责的心理，因此以往在小区里，哪怕是拉一条电线、装一个插座都很困难，物业、住建、消防和质监等都会监管，生怕出现安全事故。

现在，五菱与柳州市政府联手打通了这个环节，在满足安全标准的前提下，快速铺开了慢充桩的建设。这些因素更加坚定了五菱选择慢充路线的信心。

又如汽车小型化的好处也在使用过程中得到了很好的验证，其中很重要的一点就是停车方便。当时，五菱和柳州市政府共同举办了一个名为"全民找车位"的活动，用户在哪个地方想要一个停车位，就拍一张照片连同地址发给五菱，五菱则给用户发一个红包。当然，用户对停车位的需求也不可能全都得到满足，不过五菱会把这些信息反馈给市政府，尽最大可能予以解决。按照这样的方式，柳州市在很短的时间里就新增了一万多个停车位，像两棵树中间的路缘石上也可以设为停车位，因为宝骏小 E 的尺寸很小，完全可以停进去。

五菱电动汽车产品真正上市是在 2017 年 8 月，之前的一年里，我们一边营造使用环境，一边收集用户反馈，一边进行产品改进。到当年 12 月，我们在柳州市一个月就售出了 5000 辆电动汽车。现在，柳州市的新能源汽车占比高达 28% 左右，位列全国第一，成为发展新能源汽车的样板城市。柳州市的人口才 300 多万，而拥有五菱小 E 汽车的用户已经接近 7 万人了。

这里特别想强调的是，了解用户体验真的很有意义，这也与产品创新紧密相关。在推广电动汽车小 E 的过程中，我们发现好的产品带给用户的用车体验可以总结为"三个月定律"：第一个月是特权感，用户觉得自己有，其他人还没有，感觉很好；第二个月是舍不得，用户觉得小 E 使用起来太方便了，想要继续体验；第三个月是离不开，有的用户会直接联系我们询问，五菱这款车到底什么时候开始销售？我现在就交钱预订。我们在柳州的体验用户大概有几万人，最后接近 80% 都转换成了购车用户。我想，未来我们开发智能化产品也应该采用这种"先体验后销售"的模式。

我们也在想，"柳州模式"是不是可以复制到其他城市？不过这确实面临很多挑战，尤其是地方政府的诉求、与企业的关系等都不相同。但至少在柳州的尝试让五菱在开发宏光 MINI EV 的时候，更加明确和坚定了自己的产品方案。

赵福全：先体验再购买，这等于给用户提供了一个与电动汽车相识、相知，最后相爱的机会。同时，企业也可以通过这种尝试，验证自己的产品方案，改进自己的产品设计。这种模式确实值得关注和借鉴。

刚才您还谈到，五菱要打造不基于国家补贴、老百姓也能买得起并且愿意用的电动汽车产品。2020年面对疫情的不利影响，政府决定将新能源汽车的购置补贴政策延长两年，据说五菱对此并不支持。能继续获得补贴对车企来说不是一件好事吗？为什么五菱不支持呢？是因为你们对自己产品的成本控制非常自信吗？

练朝春：我们从一开始就不太赞成现行的新能源汽车补贴政策，因为补贴推动的技术路线恰恰与我们摸索确认的用户需求相反。大家知道，目前的补贴政策实际上是鼓励长续驶里程的，而长续驶里程的电动汽车很难把成本降下来，在整车能耗上也存在很大浪费，这反而对电动汽车的推广不利。

因此，我们建议政府可以保持补贴，但不应该继续补贴两端的环节，即车辆购买和充电设施建设，而应该直接补贴中间环节，即对消费者用电进行补贴。因为消费者用车成本的下降，将促进新能源汽车市场早日走向成熟。反之，如果没有满足市场需求、惠及广大用户，两端的补贴很可能会被浪费。

赵福全：没错，在满足产品基本要求，例如安全性的前提下，政府应该把产品的选择权交给消费者，把技术的决策权交给企业。由此出发，只针对用车环节进行补贴或许是更公平、客观的方式。

实际上，此前我也一直在思考，为什么宏光MINI EV能大获成功。刚才听了您的分享，我了解到这款"神车"的诞生不是你们突然产生的想法，而是在过去几年中持续摸索电动汽车发展方向的结果。上汽通用五菱早就下决心要涉足电动化，但应该从哪里切入呢？以你们的品牌定位和技术储备，肯定不能像某些企业那样造几十万元的车型，那样不可能被市场接受，也与企业发展战略的大方向相悖。因此，五菱选择推出入门级的微型电动汽车，这是你们在不断思考、探索、积累和完善的过程中做出的决策。对此，我有两点感悟。

第一，企业应结合自身的战略定位、发展方向，真正面向用户需求来确定产品创新方向。像五菱就是根据目前电动汽车的痛点，从第一性原理出发，推出了自己与众不同的产品，结果一举成为热销"神车"。因为五菱认识到，如果追求长续驶里程就无法把电动汽车成本做到最低，而充电焦虑的问题应通过加强基础设施建设来解决，否则电动汽车永远都得背着一块很重的电池行驶，这不仅会导致车辆成本居高不下，从能耗和环保角度来看也不合理。因此，宏光 MINI EV 并不追求很长的续驶里程。最重要的是，根据你们的调研，要满足大多数用户日常的使用需求，本来也不需要很长的续驶里程。

第二，企业识别出用户的真正需求后，要敢于进行创新尝试，甚至与其他企业"逆行"。例如低速电动车一直存在质量和环保问题，又拿不到正式牌照，虽然也有一些低速电动车企业试图进行产品升级，但受资质等因素的限制鲜有作为，因此业内很多人都认为这类低成本、短里程的电动汽车产品没有太大发展前景。同时，乘用车企业进入电动汽车领域大都是从高端车型入手，以高价位承载电动汽车的高成本，此前市场上也是高端电动汽车的销量更佳。然而，五菱有自己的判断，你们坚信低成本、短里程的电动汽车有广阔的市场空间，并凭借着自己的战略眼光，勇敢地走出了一条新路。我想，如果没有对市场需求的调研与理解，没有对电动汽车痛点的思考与摸索，没有开发低成本产品的积累与自信，没有推行自身战略的勇敢与坚持，五菱是不可能在电动化这个新领域再次成功打造出"神车"的。

练朝春：我觉得从 2015 年至今，五菱发展新能源汽车取得一定成绩的根本原因还在于技术。例如以前我们不懂电池，这几年在电动汽车开发的实践中，我们对电池技术的理解有了很大提升。又如电动汽车要求数据必须能回传，在此基础上，五菱对供应商开放和共享了相关数据，与供应商共同对电池系统等进行了优化，这不仅提升了产品性能，还降低了产品成本。与此前一样，五菱产品的成本不是随意"减配"降下来的，而是持续进行整体技术优化的结果。

赵福全：我认为还有一点非常重要，就是五菱推出电动汽车产品的时候，是基于生态化模式发展的。当时，柳州市提供了充电和停车等基础设施方面的配套保障，五菱则提供了汽车共享等相关服务，让用户可以随用随停、随用随还，从而把五菱小E这种微型电动汽车的使用便利性发挥到了极致。显然，如果没有得到柳州市政府的支持，仅靠企业自己努力是不可能形成电动汽车便利出行场景的完整生态的。在这方面，柳州市政府确实做得非常到位，发挥了至关重要的作用。

新能源汽车的使用环境建设涉及政府掌控的诸多资源，政府各个部门必须有效打通和联动，因此这项工作往往需要地方政府最高领导的认可和重视，按照所谓"一把手工程"来着力推动。当然，事物都有正反两面，有人会觉得"一把手工程"是不是容易武断。但反过来看，一旦地方主管领导认识到建设未来汽车生态的重要性，其推进力度将是最大的，毕竟一把手掌握着所有资源。其实这是一条普遍规律，不只政府如此，企业也如此。就像五菱"神车"，如果沈阳总不认可，是不可能打造出来的。

实际上，电动化、网联化、智能化的未来汽车产品将催生出与传统汽车产品完全不同的产业生态，这意味着车企不仅要拿出优秀的汽车产品，还要想清全新的汽车产业生态。而这个全新生态，只靠传统整零车企是不可能构建成功的。正如我此前多次指出的，未来汽车产业必须采取"1+1+1"的发展模式，即整车及零部件企业、ICT及相关高科技公司和政府三方力量共同参与，三者缺一不可。也就是说，未来汽车一定是与交通、城市和能源相互融合、一体化发展的，因此汽车、ICT及政府三方都是汽车产业生态建设中不可或缺的重要力量。"柳州模式"恰恰证明了这一点。

对整车企业而言，一旦明确了市场需求、理清了商业模式后，就要主动争取地方政府的支持，不断沟通交流，打通各个环节，这样才能有效调动自己并不掌握的资源，最终实现创新汽车产品的有效应用和发展。从这个角度讲，汽车产业的生态化发展前景，为中国发挥体制优势提供了难得的机遇。

练朝春：是的，政府的作用至关重要。当然，我感觉这也不完全是一个企业说服政府的问题，更多的还是要用实际行动赢得政府的信任。以五菱为例，我们其实不太善于做 PPT，也不太善于向政府汇报。不过，我们把事情想清楚之后总是竭尽全力争取快速落地，这可能也是五菱的一个特点。这次在与柳州市政府交流的过程中，五菱很快就把产品和相应的使用场景展示出来，让政府相关人员看到了实际效果，这样他们才会有直观的感受。既然我们自己相信，政府领导也相信，这个项目自然就很容易落地实施了。另一方面，柳州市政府对五菱是非常了解的。我们与政府交流从来不谈钱，拿政府的补贴不是我们的诉求，钱应该靠企业自己来赚，我们需要政府支持的都是我们做不到的事情。

赵福全：这也说明政府要想帮助企业更好地发展，就应该与企业进行深层次的紧密互动，提供企业真正需要且只能由政府给予的支持，而不是简单地给企业财政补贴。企业则应向政府充分展示自己创新方案的价值，并指出需要政府解决的瓶颈环节。就像练总刚刚说的，五菱先在小范围内进行示范运营，向政府演示了项目的可行性，然后再寻求其帮助，解决运营中发现的实际问题。事实上，这也是一个企业提出战略后不断积极实践的应有过程。当项目发展到一定程度后，不仅给企业，也给地方，创造出了超乎想象的回报，这正是五菱案例和"柳州模式"的价值所在。

五菱把电动汽车产品的成本做到如此低的程度，确实非常难得。现在，国家对新能源汽车还有财政补贴，等到补贴完全取消的时候，我想这种成本优势还将进一步彰显出来。

说到低成本的电动汽车，早在 2016 年我就专门写过一篇关于低速电动车的文章，当时我就提出，尽管低速电动车面临安全性差、质量低劣、环境污染等一系列问题，如不进行升级将很难有良性发展，但其代表的市场刚性需求不容忽视，并且具有很强的合理性。因为低价位的短途微型电动汽车产品足以满足很大一部分消费者的使用需求，还可以节约车用能耗和社会资源。为此，我特别提出了 SMEV（Smart Micro EV），即智能微型电动汽车的概念。我认为，使用绿色电力、承载智能功能并与外部网联生态充分打通的微型电动汽车终有一天将大行其道，在未来移动出行生态中发挥汽车灵活移动的属性优势，成为解决"最后一公里"问题的有效手段。这种产品一定是高质量的精品车型，为消费者提供安全保障和良好体验。同时，小型化确保其使用便利性和资源友好性。再加上较短的续驶里程和部分性能，例如最高车速等的适当"打折"，使其具有突出的成本优势。由此，智能微型电动汽车将拥有广阔的市场空间。

练朝春：您说得很对。在新宝骏的产品规划里就有一款E3，目标就是打造精品微小型电动汽车，我们现在还在探索中。刚才我一直强调，五菱要做的就是微小型电动汽车，这个尺寸的产品也有不同的价位区间，现在我们有低价位的宏光MINI EV，价格再高一些的是E300，具有智能驾驶等相关功能，这在同类产品中目前还找不到第二款。后续我们可能还会有价格更高一些的产品。五菱希望通过这些尝试，推动行业建立微小型电动汽车的相关标准，而我们最终的目标是实现微小型电动汽车的全球化推广。

再补充一点，其实对于宏光MINI EV的定位，我们也曾想过是不是替代低速电动车，最终我们还是决定要区别于现有的低速电动车。包括我们的销售网络也是以城市为主，还没有深入到广大农村。事实证明，我们找到了一个很大的市场，这款产品受到了年轻人的青睐，85%的购买者都是80后。相比之下，有调研数据显示低速电动车的用户群多为40~60岁中年人。当然，宏光MINI EV的销售渠道没有进一步下沉，也是因为我们现在的产量不足，主要是"三电"的产能问题还没有完全解决。

赵福全：宏光MINI EV的起售价还不到3万元，这个价格已经很接近低速电动车了。利用今天这个机会，我想替网友们问一个他们最关心的问题，以如此低的价格出售相对高端的电动汽车产品，五菱不会亏钱吗？

练朝春：我们没有亏钱。第一，五菱在推出E100、E200的时候已经思考过了，宏光MINI EV的定位是一款最便宜的四座电动汽车，我们所有的方案都是围绕这个目标展开的；第二，基于E100、E200的实践，我们进一步优化了电动汽车产品的结构；第三，快速实现规模化是五菱的突出优势。像之前的五菱之光、荣光、宏光,也都是通过快速实现规模化来确保成本优势的。宏光 MINI EV 现在已经有了不小的规模,整个供应商体系的成本自然会降低很多,从而实现了以规模化来降低产品成本的目的。这一点是汽车产业的基本规律,并不会因为电动汽车改变了动力系统而发生变化。

赵福全: 下面我们谈谈另一个重要话题——智能化。当前,智能化备受关注,特别是新的用户体验中有很大一部分都来自智能化。以往智能化是高端产品或豪华品牌才有的卖点,而现在智能化功能正趋于普及,所有的汽车品牌和产品都需要具备一定智能化能力。不管是什么品牌、什么级别的车型,如果没有智能化功能,无法提供相应的体验,就很难赢得消费者的青睐。因此,我想类似宏光 MINI EV 这样的微型车最终也需要具备一定的智能化功能,这只是时间早晚的问题。

然而,要实现智能化功能还有很多问题要解决,尤其是其较高的成本对于低价位的微型车构成了更大挑战。试想,价格仅有几万元的汽车,也要搭载各种智能软硬件,这谈何容易?当然,智能化是一个内涵丰富的大概念,每家企业都可以根据自身的产品定位,合理选择想要达到的智能化程度,例如未来可能并不是每款车都需要具有 L4 级自动驾驶的能力。如果我们套用"智商"这个概念来进行类比,一款车的"智商"是 50、100 还是 150,在实现的技术和成本上差别是巨大的。那么,面向智能化的发展前景,上汽通用五菱准备怎样抓住这个机会?你们又要如何在低成本的产品上实现智能化呢?

练朝春: 您正好问到了我们近期重点在做的工作。特别是我在直接负责销售工作以后,对智能化的感触更深了。下面分享两点思考。

第一,网联化、智能化是汽车产品未来的发展方向,这一点毋庸置疑。当然,网联化、智能化肯定要经历一个过程,如同功能手机向智能手机的转变过程一样,不可能一蹴而就。事实上,我们一直在思考一个关键问题,就是未来五菱如何实现品牌向上。外界也有议论,说新宝骏就是五菱力争品牌向上的尝试。我们可以看到,现在不少企业在品牌向上的过程中做得非常艰难。从做法上看,这些企业不外乎是提高和堆砌配置，导致产品的同质性越来越高。同时，原本又没有品牌优势，很难获得用户认可，因此效果并不理想。那么，五菱要如何打造新宝骏以实现品牌向上呢？我们觉得，新宝骏一定要走差异化的发展道路，而所谓差异化一定要在网联化、智能化功能上体现。

第二，既然明确了这个方向，接下来关键就是具体的做法了。正如您刚才说的，原来智能网联功能都是豪华车的配置，我们跟着豪华品牌走肯定是不行的。为什么呢？原因就在于提供智能网联功能的那几家大型供应商。这些供应商都是把智能网联功能作为配置包卖给不同车企的，这样各家车企就会陷入同质化，自己的智能网联功能和其他竞争对手基本上是一样的。而对五菱来说，我们没有豪华品牌那样的成本承载力，岂不是死路一条？说到底，上述做法还是把智能网联功能视为某种配置的传统理念，我认为，这种理念已经不适用了，今后我们应该从产品基因的角度来重新思考。例如，新宝骏不是只有高配版车型才有智能网联功能，而是所有版本的车型都有智能网联功能，这将成为新宝骏的产品基因。

具体来说，又该如何形成产品基因上的差异化呢？五菱认为一定要跨界融合，不能总待在自己现有的小圈子里，而是要进入外面更大的圈子中，例如进入互联网的圈子。互联网公司在手机及其他消费电子产品上已经实践了很多年，在市场需求把握、用户体验理解以及用户交互方式等方面都有很强的积累，如果我们能充分吸收和借鉴这些经验，就更有可能走到竞争对手的前面。

同时，未来的智能汽车肯定不会是现在这个模样。当前的智能汽车有点像早期的电动汽车，总体上尚处于"嫁接"改良的阶段。例如最初车企开发电动汽车的普遍做法是，把传统汽车的发动机换成电池、电机，显然这种方式是不可能开发出真正优秀的电动汽车产品的。而现在大部分车企都已经意识到，唯有开发电动汽车专属平台，才能把电动汽车的性能发挥到极致。未来智能汽车也必将出现整车架构层面的全新设计，呈现出完全不同于以往的全新形态。

赵福全：以前那种所谓"油改电"的改造车型，在新能源汽车市场上已经毫无竞争力可言了。借用原有平台本来是为了降低成本和缩短开发周期，可产品如果没有竞争力，这些好处就都没有意义了。同时，这种做法受原有平台的局限，在成本上也会越来越没有优势。因此，现在电动汽车做得比较好的企业都是采用电动汽车专属平台来开发产品。

同样的道理，我赞同练总的看法，现在智能汽车正处于发展初期，未来智能汽车也应该有自己的专属平台。从汽车产品创新必须追求差异化的角度来说也必然如此。车企如果没有自己专属的智能汽车方案，那就只能被动接受相关供应商提供的功能配置包，这样是很难规避产品同质化风险的。

练朝春： 是的，以后智能汽车一定会形成专属平台。在此基础上，产品的整体架构和形态都将与现在不同。那么，这个专属平台究竟从何处来？我认为只能是从市场上来，从用户需求中发掘，然后逐渐固化为企业的产品基因，最终形成智能汽车全新的整体架构和形态。

现在对汽车企业非常好的一点是，中国政府已经充分认识到智能汽车的重要性，从国家到地方，都开始采取各种方式着力推动，就如同新能源汽车刚起步时一样。

从这个角度说，宏光 MINI EV 能取得今天这样的好成绩，我们自己评价是天时地利人和共同作用的结果。因为在政府的大力支持下，经过十多年的不断积累，已经让消费者对电动汽车有了一定的认知。如果宏光 MINI EV 是在十年前甚至五年前推出，我想肯定不会像现在这样热销。因为那时消费者普遍担心电动汽车不安全、充电不方便，消费观念的转变也需要一个渐进的过程。在这方面，智能汽车和新能源汽车是一样的，只不过在时间上存在一个延后。而且一旦得到了消费者的认可，智能汽车的发展前景将比新能源汽车更为广阔。

现在有些人觉得网联化、智能化一定要与电动化捆绑在一起，我认为这是错误的。电动化只是汽车动力系统切换的问题，而在整车层面还要实现汽车的电气化，并在此基础上实现网联化，直至最终实现智能化。因此，从产品基因的层面上讲，网联化和智能化不是电动化车型特有的，而是所有汽车产品进化的终极方向。像新宝骏的产品系列既有电动汽车，也有燃油汽车，无论在哪种动力的车型上，智能网联的基因都是必须要有的。

说到这里，我还有一个观点，未来车企应该与供应商一起直面用户，这其实应该是跨界融合中一件相对简单的事。此前，汽车产品上的很多配置都是车企从供应商那里采购来的，供应商是向车企收钱。未来，供应商完全可以直接向用户收钱，而车企则无需支付采购费用，反而可能会向供应商收取少量的"入场费"。

这样供应商的盈利模式将发生根本性改变，转为追求小额高频的收益。很早之前我们就设想过这类场景，举个例子，我们曾针对自动泊车系统做过市场调研，如果因搭载自动泊车系统而提升五菱产品的售价，很多消费者是不接受的。而如果车价不变，还是几万元，车上搭载的自动泊车系统只在使用时收费，消费者的接受度就要高出很多。例如，用户把车开到某处，只需在手机APP上操作，汽车就会自行停到地下停车场内。当用户需要用车时，在APP上再操作一下，汽车就会自行驶出。这样每次使用该功能可能只需要支付5元，大部分人都是可以接受的。

实际上，这个市场非常大，尤其像北京、上海等一线城市，花费20分钟找停车位的情况很常见，如果汽车有了自动泊车功能，就可以节省用户的停车时间。此外，自动泊车功能还可以优化泊车资源的利用。我想，这种小额高频收费的商业模式一旦实现，必将引发汽车产业的重大变革。

赵福全：让供应商直接赚用户的钱，而五菱为供应商提供赚钱的平台，这就相当于为用户提供了"毛坯房"，然后让用户根据自己的需要来"装修"，无论对用户，还是对装修公司，即供应商，都是很好的选择。

更重要的是，这种模式有望将新技术的较高成本充分稀释，使用户更容易接受，从而有利于新技术的快速普及和应用。新技术普及后，或许还会产生更大的额外价值。例如您刚刚提到的自动泊车功能，如果得到充分应用，那停车位的宽度就可以减小，因为无需留出人员上下车的空间。同时，停车场也不再需要灯光，灯光是为人服务的，自动行驶的汽车并不需要。当然，这其中也有一个非常现实的问题——这种综合解决方案恐怕不是车企自己努力就能实现的，还需要外部大环境的配合，对此，五菱是怎么看的？

练朝春：我觉得是可以做到的。尽管现在这种模式还只是一个设想，但实现起来应该也不会特别困难。为什么这么说呢？我们之前就和停车场交流过，而且可能不只五菱一家车企在与停车场交流。面向自动泊车模式，停车场的基础设施改造并不需要太多投入，却能给停车场带来很大收益，他们怎么会不愿意做呢？开始时，我们大可不必向全社会开放，完全可以一个一个停车场地逐步推广。同时，我们每开通一个停车场，就等于帮助供应商得到了一个收取费用的机会。供需两端都有积极性，这个应用场景就一定可以越做越大。由此出发，我认为未来智能网联功能在汽车产品上的应用，很可能并不是将外部互联网的内容引入到汽车上，而是将汽车植入到整个互联网体系中。

赵福全：五年前，我曾写过一篇关于iParking，即城市智能停车模式的论文。当时我就指出，中国城市建设在停车设施方面普遍存在缺失，这是造成交通拥堵的主要原因之一。相比之下，发达国家一些大中城市之所以没有那么拥堵，很大程度上是因为建设了很多立体停车场，几乎每个主要的交叉路口旁边都有。其中，有些停车场是由老建筑改造成的，那些建筑在汽车没有普及之前就已经存在了。而中国却没有面向汽车社会的需要及时进行基础设施改造。不过在后续的"补课"过程中，我们恰好可以借助汽车产品及基础设施智能化的最新成果，规划并建设更高效的智能停车场，进而为智能汽车的发展提供助力。

刚才练总强调新宝骏一定要体现出品牌定位的差异化，对此我非常认同。当前，很多车企都在努力实现品牌向上，之前也有媒体专门就此采访过我。我认为，品牌向上既体现出中国消费需求的不断升级，也体现出中国车企实力的不断提升，因此这个大方向无疑是正确的。但我们必须清楚的是，比品牌向上更重要的是品牌定位。如果车企没有清晰的品牌定位，盲目推进品牌向上，就会迷失前进方向，是根本不可能达成目标的。品牌定位简单地说就是品牌的中心线所在，围绕这一中心线有一个合理的带宽。而品牌向上应该是在明确了品牌定位后，努力把产品做到品牌带宽的上限。

例如，如果某个品牌的定位就是打造经济型轿车，却寄希望于通过品牌向上将产品做到20万元甚至30万元以上，就已经跳出了自己的品牌带宽，是无法得到市场认可的。品牌向上的关键是让目标消费群体真正喜欢你的产品，在同级别同类的车型中愿意花较多的钱购买你的产品，这就需要在产品功能、性能、质量、服务与成本等诸多方面都充分匹配用户期待，并且最终要努力与用户形成共同价值观，乃至实现彼此共情。我认为，这才是品牌向上的真正内涵和终极目标。

而在产业全面重构的新形势下，支撑品牌定位及品牌向上的汽车产品创新正在发生空前变化。中国车企如果还像过去那样在同等价位下提供更多配置或在同等配置下定价更低已经不行了，未来必须依靠产品差异化，才有可能在日趋激烈的市场竞争中取得优势。对此我同意练总的看法，智能化将是未来汽车产品实现差异化的最大机会，因为智能汽车能帮助人、解放人、理解人，从而给消费者带来全方位的不同体验。

需要强调的是，智能化绝对不是简单的功能叠加，目前很多车企都开始认识到这一点。实际上，以产品搭载某种技术或配置某种功能来增加产品卖点的做法，还是基于硬件定义汽车的惯性思维，在软件定义汽车的前景下已经越来越不适用了。对消费者而言，无论购买的产品上堆积了多少种智能技术和功能，如果没有得到相应的良好体验，就没有任何意义。以往消费者会根据汽车产品搭载了什么样的发动机，或有没有ABS（防抱死制动系统）等配置来判断产品的优劣。但到了智能汽车时代，消费者对硬件的差异已经没有那么敏感了，他们真正在意的是基于软件的用车体验。

练总还谈到智能汽车应该开发全新的专属产品平台，这也是参考了电动汽车的发展历程。刚开始时，很多企业采用"油改电"方式开发电动汽车，这种过渡方案弊端非常明显。后来一些企业热衷于兼容平台，即同时考虑搭载电驱动和其他动力方案，目的是扩大平台整体销量，分摊电动汽车的较高成本。可基于兼容平台开发出的电动汽车无法实现最理想的性能，而且为多种动力总成进行预留也会导致成本增高。目前，越来越多的车企已经达成共识，要想开发出领先的电动汽车，就必须打造专属的纯电产品平台。

同样，要想开发出引领性的智能汽车，也必须打造专属的产品平台。那么在您看来，这个智能汽车专属平台究竟应该是什么样子，其基因具体体现在哪里？是"硬件＋软件"的全新技术架构，还是合作创新的全新商业模式？您刚才谈了很多与供应商合作的事情，我认为这就属于商业模式的范畴。当然，就汽车产品的智能化升级而言，技术架构一定是根本支撑。那么您认为，五年之后的智能汽车平台将形成怎样的技术架构呢？

练朝春： 关于这个问题，我现在有一个基本思路，原来汽车产品平台的架构是基于功能模块设定的，例如车身、底盘、动力系统等模块，也就是传统的汽车硬件架构。今后，智能汽车产品平台的架构肯定不是这样，而是会在很大程度上呈现为全新的汽车软件架构。在这方面，智能手机可以带给我们方向性的启发，实际上，也有人说未来的汽车就是可自行移动的大手机。智能手机有硬件、软件、通信和交互等不同层级，我想智能汽车也应该有支撑电气化和通信等基础功能的新架构。五菱有一个特点，我们是想到了就去做，然后在做的过程中再持续迭代优化自己的想法。我认为，这尤其适合智能汽车这类新产品的开发。

赵福全： 也就是说，智能汽车既要有电子电气架构，也要有计算与通信架构。此前，汽车产品以硬件为主，因此平台架构体现为底盘、动力系统等硬件模块。而未来汽车将以软件为主，或者说硬件只是必要条件，软件及其支撑的服务才是充分条件，因此一定会相应产生新的软件架构。这才是发展智能汽车真正关键的部分，也是业界最为关注的焦点。如果这个新架构不正确，产品的 DNA 就会有问题，后续再怎么补救也难以挽回了。

练朝春： 我觉得应该是这样，原来传统的汽车硬件架构还会存在，但已经变成了底层功能，而不再是主要功能。例如接打电话原本是手机的主要功能，而在智能手机中已经变成底层功能了。

至于汽车软件架构，我认为现在最根本的问题是，我们必须打破固有的理念，而不要受限于传统思维。当前，大家都在谈汽车智能化方面的概念，包括软件定义汽车等。不过就我个人的看法，这些说法其实大都是伪命题。因为基本上还是在延续工程师做硬件的思维方式，认为做软件也要泾渭分明，然后再叠加起来。从这个意义上讲，讨论新架构可能反而会制约智能汽车的发展。我认为，未来汽车产品的架构一定是持续变化的。如果一开始就把它限定在某种框架里，让工程师只能在这个框架下研发，那就会失去创新的开放性，很难保障与其他层面的有效衔接，以及汽车产品整体的性能与体验。说到底，这还是传统汽车产品开发的思维方式。

同时，面对产业前所未有的深刻变革，我认为相较于思考产品，当前我们可能更需要思考场景。也就是说，未来汽车产品一定要满足相应场景的需要，或者说要在某种使用场景下有更好的体验。对此，我觉得"场景定义产品"可能比"场景定义汽车"更准确，毕竟汽车的范围太大了，有很多种类。

还是以手机为例，从模拟机到数字机再到智能机，从1G、2G到3G再到4G，可以发现硬件的进步助推了软件的迭代升级。反过来，软件的需求也倒逼硬件加快发展，这两方面是相辅相成的。从硬件的角度看，手机产品的同质性日益明显，因为要在硬件上远超竞争对手是非常困难的，现在手机厂商面临的最严峻挑战就在于此。一开始，各家手机厂商都在比拼硬件，例如只要有一家公司推出5G手机，其他公司就会马上跟进。可等到各家的硬件都差不多了，就只能比拼软件支撑的内容了。

我想，汽车最终也会走到这一步，即硬件趋于同质化，车企之间只能通过比拼内容来竞争。当然，汽车上的内容可能并不只限于软件，硬件也是内容的一部分。毕竟汽车能承载的内容远比手机多，手机的内容只能依托于APP软件，而汽车是一个可移动的专属空间。也就是说，未来车企完全可以从场景出发，在内容上为用户提供更多增值服务。前段时间一位年轻的同事就曾和我说，北上广深的房价这么高，为什么不能把汽车打造成可移动的家呢？我觉得这话很有道理，我们汽车人的思路完全可以更开放些。

赵福全：其实国外早就有类似的案例，在欧洲一些国家，有些人就住在船上，平时停靠在岸边某处，这就是其住宅地址，到了周末则开船出去游玩。而汽车能担当的角色就更多了，例如可以作为可移动的住宅、办公室、会客厅，还可以作为可移动的电源等。

练朝春：因此，汽车人应该更多地思考如何打破传统汽车的边界。当然，这种边界的打破只靠汽车人自己是不能完全做到的，为此我们一定要跨界融合。例如，前不久五菱开始与苏宁合作，这就是一种全新的跨界尝试。按以往的理解，这种合作无非就是让苏宁帮助五菱卖车，其实并不是这样的。苏宁一直在销售家电产品，五菱一直在销售汽车，我们双方都想走差异化路线，最终一拍即合，共同定义了一个新的产品种类——移动家电。按照五菱的设想，未来汽车产品不一定要在4S店，完全可以放在家电卖场中央来出售。因为汽车作为物联网的节点，能与其他家电产品充分互联互通，从而形成一个完整的家电网络系统，给消费者带来更多便利。要实现这样的场景，在技术上并不困难。

这个想法也是受一家日本企业的启发，这家日企原本是生产家电的，而现在的业务是提供阳台空间的解决方案，其实就是将家电与其他相关产品组合起来，为用户提供使用阳台的最佳体验。我想，未来汽车也一定是这样，即以汽车产品为载体，与其他相关产品进行生态化融合，以满足特定场景下的用户需求。类似的场景将有各种各样的可能性，需要我们充分发挥想象力，并不断大胆尝试。

赵福全：实际上，阳台空间解决方案中的很多事情，也并不是家电企业自己来做的，这家企业相当于整个生态的搭建者。这个案例确实值得汽车企业借鉴。

练总认为，未来汽车产业必将发生翻天覆地的改变，并由此引发汽车产品DNA的根本改变。如果我们仅围绕汽车产品本身来创新，依旧参照传统造车模式的延长线来思考，我们的思维和行动就会受到束缚。正如我之前讲过的，颠覆性的改变来自于颠覆性的认识和持续的产业实践。而颠覆性的认识意味着必须跳出原来的思维框架，所谓"不识庐山真面目，只缘身在此山中"，很多事情跳到汽车圈之外看，就会有不一样的感悟。形成了颠覆性的认识后,再持续摸索和实践,新的汽车产品形态才会逐渐清晰起来。

在万物互联的时代,汽车以及与其相关的所有产业都将存在于一个大生态中,你中有我,我中有你,彼此之间互相依赖、互相成就。我认为,当前汽车产业已经到了诞生某种生态系统雏形的阶段。因此,我们才看到了通信信息产业与汽车产业的融合,家电产业与汽车产业的融合⋯⋯今后这种生态化融合的范围还将不断扩大,力度还将持续增强。

站在更高的维度思考,我认为未来人类必将进入智能社会,而智能社会一定是基于多主体的协同智能。汽车产品也不例外,只靠汽车自身实现智能化是不够的,唯有智能汽车与智能交通、智慧城市以及智慧能源等充分融合、协同互动,才能实现智能汽车产业的有效发展,并最终构建起整个智能社会。

练朝春: 是的,汽车不仅是智能主体,还带有载体功能。网联化和智能化将使汽车变成可移动的物联网节点和智能终端。同时,电动化将使汽车变成可移动的能源,最终未来汽车就会演变成可移动的智能机器人。这个机器人既可以载人,又可以运货,并且随时与外界保持紧密互动,从而使人类的汽车生活变得更安全、更高效、更轻松,也更舒适。

赵福全: 因此汽车产品创新应该是立体式的、生态化的,甚至可能我们每个人都牵涉其中。实际上,汽车的载体性给车企带来了空前机遇,虽然车企或许并不拥有汽车上的每一个细胞,但我们无疑拥有汽车的骨骼和灵魂。

这就带来了一个新话题,在汽车产品立体式、生态化创新的过程中,面向电动化以及网联化、智能化的大变革,汽车产品涉及的核心技术正变得更多元、更交织,也更复杂。那么,您认为未来整车企业的核心技术都包括什么?或者说,车企必须把哪些技术掌握在自己手里?

练朝春: 从五菱自身出发,我们的创新理念是"集成创新"。我们认为,无论产业如何变化,关于造车这件事,业外公司肯定还是不如汽车企业的。因此,面对当前各种各样的创新可能,车企要做的就是秉持更加开放的思维,努力将其集成到汽车产品中。因为无论有哪些新内容,都只能在汽车上实现。

赵福全：如果车企在集成汽车产品时只掌握躯体，而汽车大脑等决定汽车产品属性和表现的关键内容都由其他公司提供，那车企拥有这个集成载体又有什么意义呢？例如汽车在电动化方面的表现在很大程度上取决于电池，而车企对电池技术需要掌控到什么程度？从电池包到模组再到单体，还有BMS（电池管理系统），整车企业都要掌握吗？反过来，如果都交给供应商负责，难道没有受制于人的风险吗？从这个意义上讲，尽管融合创新是大势所趋，但企业恐怕仍然不能在所有层面都毫无保留地向合作伙伴开放。说到底，拥抱变局、协同创新的目的还是做强自己。那么在您看来，未来十年内，整车企业究竟应该掌握什么核心技术呢？

练朝春：对车企来说，我认为集成产品的主导权一定要掌握，即集成的内容必须由车企来定义。这不只是因为车企要对汽车品牌和产品负责，也是因为基于汽车的本质实现与各种场景的结合本就是车企的优势。

对于从圈外进入汽车产业的其他企业，包括互联网公司，它们原本是不具备造车能力的，即使从各个车企挖来很多人才，造车的基因也很难在短时间内形成。而对车企而言，对汽车产品的深刻理解可谓是天生的，这是我们固有的基因，接下来车企要做的就是以更开放的思维来拓宽汽车的使用性。从如何实现整车集成和如何使用汽车的角度看，我觉得车企更有优势，只不过现在我们必须基于互联网思维来重新思考汽车与其他相关产业的大融合。

如果我们基于对汽车本质的理解，从汽车使用的角度出发，以互联网思维进行汽车产品创新，我想广大用户一定会更愿意使用汽车。这里的基本逻辑是，在用户使用汽车的过程中会产生大量数据，车企与其他企业共享部分相关数据，就可以为用户提供更多、更好的用车体验。不过涉及汽车产品底层控制的数据，一定要由车企自己掌握。为此，车企也需要软硬件集成以及部分软件开发人才。也就是说，对整车企业来说，掌握汽车产品的硬件始终是基础和根本。而现在智能汽车硬件的新架构还没有明确，我们需要边做边学。

赵福全：您能否具体谈一谈？在新能源汽车方面，五菱是自己开发电池包、模组、单体及BMS吗？如果都不是，那该如何确保电动汽车产品的核心竞争力？在智能汽车方面，五菱又准备掌握哪些新硬件？例如现在一些车企正在考虑芯片的问题。还是说五菱主要掌控传统硬件，例如车身、底盘等就足够了？

练朝春： 电池包、模组、单体和BMS，这些五菱都不自己做。当然，对BMS我们肯定会有所控制。另外，类似芯片等新硬件五菱也不会做。我们主要负责产品的定义和集成。我认为，这些新内容更应与供应商合作推进，而不宜完全由车企自行设计，更不能由车企生产。因为这些新内容的专业性都很强，如果车企自己做，势必需要庞大的资金投入和专业的人才队伍，这对车企来说性价比就太低了。事实上，即使车身、底盘等传统硬件也不都是我们自己做的，因为"让专业的人做专业的事"，一直是五菱秉承的核心理念之一。试想，如果五菱也去做电池，我们的战略方向和资源势必会分散，因此企业必须明断取舍。

总的来说，五菱的核心工作就是设定场景，然后据此向供应商提出要求，并逐步建立标准，这样大家就可以朝着相同的目标一起进行汽车产品创新了。

赵福全： 也就是说，五菱一方面设定使用场景，一方面做好集成创新，你们觉得这样就足够了。这可能与其他一些车企的思考有所不同。不过，企业发展战略本来就没有绝对的对错，关键是企业领军人要清楚自己究竟想要什么、如何实现。同时，确定战略后就要坚定地做下去，这样才有达成目标的可能。

大家对上汽通用五菱的品牌体系可能还不太了解，特别是五菱品牌与新宝骏品牌是什么关系，练总能不能介绍一下？

练朝春： 五菱原本只有商用车产品，经过多年的发展，现在已经成为一家同时打造商用车和乘用车产品的企业。五菱的用户群非常庞大，有几千万的基本用户。其中，每年接近200万用户有更新升级车辆的需求。我们必须随时关注和了解用户的需求，不断打造满足新老用户需求的汽车产品。

最初，我们的第一个品牌就是五菱品牌，而在商用车到乘用车的转型过程中，五菱品牌被赋予了新的内涵。应该说，五菱品牌已经在广大人民群众心中形成了很高的口碑。尤其是在2020年2月，我们秉持"人民需要什么，五菱就造什么"的理念，紧急转产口罩，之后又推出了其他多种防疫产品，这也让更多人知道了五菱品牌。

原来五菱品牌之下只有商用车，而后来又有了乘用车。为同时做好五菱品牌下的商用车和乘用车，我们在2020年专门推出了五菱银标，主要面向乘用车领域，第一款五菱银标车型就是MPV凯捷。同时，银标还代表着全球化，相关产品也会在海外市场发售。此外，宏光MINI EV的用户群体非常年轻，这表明借助电动化的契机，五菱品牌还实现了向年轻化发展。也就是说，五菱品牌的内涵正在不断丰富，价值正在持续扩展。

我们的第二个品牌是新宝骏品牌。很多人都问过我，新宝骏是不是老宝骏的延续？其实并非如此。新宝骏是五菱旗下的一个全新品牌，它承载着公司的未来，肩负着发掘新用户群体的重任，我们希望通过新宝骏展现更大的产品差异化，并践行从传统汽车制造商向汽车服务提供商的转型。因此，五菱打造新宝骏品牌并不单纯是为实现品牌向上。正因如此，在很多场合我都强调，新宝骏要做的是智能网联，是跨界融合，是全方位的创新。

赵福全：既然肩负如此重大的使命，为什么不使用一个全新的品牌名称呢？谈到新宝骏，难免让人想到老宝骏。另外，我们看到五菱和新宝骏两个品牌旗下都有电动汽车产品，那么将来是否会形成一个独立的电动汽车品牌？例如就以热销的宏光MINI EV作为品牌？

练朝春：等到五菱银标充分发展起来后，就会将老宝骏品牌下的产品完全覆盖。另一方面，类似宏光MINI EV会不会成为一个独立的电动汽车品牌，现在还不好说，一切皆有可能。实际上，随着宏光MINI EV的热销，我们已经将五菱和新宝骏两个品牌下的小型电动汽车放在一起销售了，统一划归五菱品牌管理。两个品牌的电动车价位一高一低，这样就可以给用户提供更大的选择空间，显然这样管理更为合理。而就品牌的发展方向来说，除电动化外，未来新宝骏品牌更要充分体现网联化、智能化。我一直认为，新宝骏的基因一定要设定为智能网联，这样才能真正做出与众不同的特色。至于电动、混动或内燃机，只不过是汽车动力系统的不同而已。

赵福全： 听了您的这番梳理，我想大家对五菱的品牌体系就比较清楚了。其实应不应该创立新品牌，是很多车企都备感纠结的问题之一。一方面，如果在原有品牌旗下打造全新的产品，其宣传效果可能不如创立新品牌；另一方面，原有品牌经过多年来的沉淀也有不小价值，如果放弃又比较可惜。

练朝春： 实际上，消费者对车企的品牌划分好像也不是非要弄得很清楚。说到底，品牌的名称并不是核心问题，关键是如何让品牌得到认知乃至认可。目前，新宝骏面临的最大问题就是认知度不足，而不是产品力不足。广大消费者确实对新宝骏及其定位还不够了解，我们今后需要在新宝骏的品牌传播上做更多工作。

赵福全： 说到品牌建设，我认为最高境界是与消费者产生情感共鸣。例如一些人可能并没有驾乘过某个高端品牌的汽车，却发自内心地青睐这一品牌，对其产品满怀期待，一旦他们有了足够的经济实力，就会购买该品牌的产品。这就是品牌的力量。反之，如果消费者需要相关产品和服务的时候，根本想不到某个品牌，或者想不出该品牌的特点，那又怎么可能购买呢？因此，企业应该持续宣传自己的品牌形象、理念和特色。所谓"酒香也怕巷子深"，即使到了万物互联的时代，企业仍然要不断将品牌广而告之。

下面一个问题，您刚才谈到新宝骏时提到，这个品牌将承载五菱由汽车制造商向汽车出行服务提供商的转型。也就是说，今后车企既要自己造好车，又要让消费者用好车，而用好车的核心就是基于各种场景的汽车出行服务。在这方面，我认为共享化将是汽车使用的一大发展趋势。届时很可能会出现这样的情形：很多消费者不再购买汽车，但仍然使用汽车。例如具有高等级自动驾驶能力的汽车在某些场景下为消费者提供便捷的出行服务，类似RoboTaxi。车辆本身是共用的，而每次往往只有一两个人乘坐，即所谓"微公交"的概念，这种汽车共享服务或将成为未来公共交通的重要组成部分。面对这一前景，上汽通用五菱是怎样思考和实践的呢？

练朝春：我们的对策主要有两点。第一，要基于场景来开发产品，为此必须改变原有的思维方式；第二，要做好相应场景下的产品运营，当然运营也不一定由自己来做，完全可以通过合作向社会开放。也就是说，五菱一方面要设定场景并提供产品，另一方面要通过产品在场景中的使用，反过来迭代优化我们的产品。

赵福全：车企开发出符合市场需求的汽车产品，然后借助这种产品自己来做出行服务，这与出行公司向车企定制所需的汽车产品来做出行服务，是完全不同的模式。那么，五菱会自己做车辆运营吗？

练朝春：基于场景的车辆运营尝试，我们是必须要做的。如果我们不做，就永远不会知道怎样把产品打造得更好。例如，您刚才提到L4级自动驾驶汽车应用的商业模式，五菱就做了很多尝试。目前，五菱已经生产了100多辆无人物流车，在不需要安全员的情况下，测试了30万公里以上。实际上，无人驾驶技术是共通的，既可用来载人，也可用来载物。此外，五菱还在探索改造传统汽车，即通过在车顶加装无人驾驶模块，将其改造成自动驾驶汽车。等到无人驾驶技术足够成熟后，人们在不用车的时候，就可以把自己的车派出去"打工"，从而使汽车变成一种盈利工具。这样的设想是完全有可能实现的。

其实在两年前五菱就已经有了无人驾驶技术，不过目前仍处于样车阶段。为什么一直未能落地、实现批量生产呢？主要是因为车辆使用环境的差异性太大，如果不从使用的角度去思考，只在车辆身上下功夫是很难解决的。这也是当前一些自动驾驶初创公司面临的挑战所在，他们只能提供一两辆样车，做不了车辆使用服务，也就得不到相应的反馈，这样是无法成为可靠商品的。

那么，五菱该如何应对呢？我们的办法是以制造系统为中心，成立一个打通汽车设计、制造和使用等各环节的统一团队，并为其设定明确目标。这样，该团队就会主动思考汽车的使用需求是什么，使用环境怎么样以及相关问题应该如何解决。按照以往那种甲方和乙方的模式，往往是甲方说乙方什么都没做好，不满足自己的需求，而乙方觉得甲方太苛刻，自己已经做得很好了，结果是问题得不到解决。现在我们让需求方也成为团队的一部分，作为主体来拉动项目不断前进，并让团队系统思考最佳解决方案，事情就变得简单多了。

举个例子，我们的一款产品动力性不足，在工厂里的一个坡道处总是开不上去。为此，项目组对电机做了修改，但效果还是不太理想。后来团队里有人主动提出，我们不如先把这个坡道铲平，让汽车先跑起来，将来这款产品也未必一定要去这么陡的坡道。这件事看似很小，却体现出一种完全不同的理念和思路，即汽车与其所处的外围环境、所用的服务模式等是相互影响的，唯有系统思考才能得出更合理的解决方案，因此，车企在新时期应该把这些因素都纳入到汽车产品创新体系中来。

目前，很多互联网公司都在与五菱探讨无人物流车方面的合作，它们看中的是汽车出行服务的广阔前景。而在汽车出行服务方面，这些互联网公司并没有优势。我认为，相较于互联网公司，像汽车这类实体产业的企业更有优势之处就在于，我们有真正可落地的实体产品。例如五菱可以专门为共享模式打造定制化车辆，这是互联网公司做不到的。

当然，车企之前的业务是以2C为主，而像汽车共享则属于2B模式，两者是完全不同的场景。为此，我们必须不断自我挑战，转变固有思维，思考新需求下的产品方案。现在，不少车企直接使用面向2C场景开发的车型来做共享，这其实是不行的，因为2C与2B模式间的差异性非常大。

赵福全： 其实把各个环节综合在一起就构成了生态，每个参与主体都做好其中一部分，然后互相协作以实现共同目标。而原来的模式是各方只负责自己的部分，根本不考虑其他环节，更不会主动想办法彼此打通，这样就很难取得成效。

而对于汽车共享，刚才您提到的一些车企的做法，在我看来只是阶段性的过渡产物。或者说，现在的很多所谓共享模式其实根本称不上共享，只不过是共用。

练朝春： 您说得太对了，共享模式的2B属性非常明显，不是按车企现有业务模式开展就能成功的。五菱在共享方面也探索两三年了，才逐渐将2B模式的需求梳理清楚。实际上，共享汽车在设计上与普通车辆有很多不同。例如为应对车辆磕碰划伤问题，共享汽车的一些外观件应设计成可拆换的。因为共享汽车需要最大限度地运营来创造利润，如果因车身的小剐蹭就不得不停运修理，甚至一个喷漆处理就要花费几天时间，肯定是不可接受的。

又如汽车内饰设计也有不同需求。传统的2C车辆，也就是家用汽车，消费者希望储物位置越多越好。而2B的共享汽车恰恰相反，并不需要过多储物位置，通常只在前面有一个较大的开放式储物空间就足够了。究其原因，一方面，车内储物位置过多不好打理，即使只是简单除尘也不方便；另一方面，用户遗落物品容易引起纠纷。因此，共享汽车的储物空间最好放在前面，在用户视野范围内，这样取物方便，也不容易遗忘。此外，减少储物位置也有利于节省整车空间，降低材料成本。

赵福全：最后一个问题，我们展望一下未来十年的发展前景。您认为十年后汽车产品将是什么样子？汽车产业又将是什么状态？如果按照您刚才描绘的理念，上汽通用五菱致力于在产业生态中提供场景化的优秀产品，那么十年后你们将在全球汽车产业格局中拥有怎样的地位？

练朝春：也不敢说一定要做到什么位置，不过五菱的紧迫感是很强的。我们认为，对传统车企来说，很可能只有最后十年的窗口期了。颠覆性的互联网思维就像一波巨浪，很快就会席卷整个汽车行业。我判断，最终恐怕只有几家汽车企业能获得引领性的成功，而其他企业至多只能处于跟随状态，勉强存活下来。因此，传统车企必须加紧做出改变。

当然，我们也不必纠结于未来汽车产业究竟是互联网公司主导，还是汽车企业主导。我倒觉得，汽车毕竟还是实体产业，互联网思维更多的是驱动商业模式创新，而产业的主体应该还是提供产品的车企。如果车企能把产业重构和产品形态想清楚，同时积极拥抱互联网公司，那么我们在汽车产品创新上的执行能力和实现能力肯定比互联网公司强得多。

事实上，未来汽车产业将迎来更大发展空间。具体来说，一是市场需求将持续增长，这既源于中国消费者对汽车出行的刚性需求远未饱和，也源于人们对交通系统智能化升级的需求将越来越大。二是汽车的关联性将持续增强，例如 5G 网络环境下的核心产品将是什么？肯定不是手机，手机有 4G 支持就可以了。我觉得下一代网络技术的风口一定是汽车，唯有自动驾驶的智能汽车才需要 5G 支持。同时，汽车的可移动性与物联网充分结合，将产生无穷多种全新可能。在此前景下，未来汽车作为可移动的网联节点、智能终端、储能供能装置和伙伴式机器人，将在"人-车-家"全场景中发挥更核心的作用。由此，汽车作为交通工具的属性会变得更强，还将衍生出很多重要的新属性。

赵福全：从这个意义上讲，如果没有汽车这个实体产品和综合平台，互联网公司即使有再好的商业模式，也只可能是空中楼阁，无法真正落地。而在这样的机遇面前，未来十年上汽通用五菱将专注于哪些方面？作为整车企业，你们在汽车产业生态中的重点工作是提供产品载体，还是运营出行服务？应该说，五菱目前已经形成了庞大的用户基本盘，而且发展态势良好，不知道练总对十年后的五菱有怎样的憧憬？

练朝春：我认为，上汽通用五菱可能会逐步向汽车服务提供商转型。因为现在汽车产业的发展趋势已经日趋明显，就是汽车硬件的重要性正相对下降，且同质化程度越来越严重。而基于汽车软件的服务将逐渐成为产品差异化的关键所在，且具有广阔的增值空间。无论如何，网联化和智能化一定是未来方向，五菱对此绝不会动摇。今后一段时间，五菱要努力实现两点突破：一是让五菱的品牌得到更多用户的认知和认可，二是基于场景打造让用户更愿意使用的创新产品。

至于说未来十年五菱的具体目标，这真的很难断言，毕竟当前产业的变化实在太快了。我个人认为，十年之后五菱或许已经不在传统汽车圈里了，因为汽车出行产业是一种全新的生态，具有更大的范畴，其中心位置究竟在哪里，现在还无法确定。等到汽车出行生态系统形成后，汽车产品形态和种类很可能与今天完全不同，因此五菱所做的事也很可能与今天完全不同。而我期待五菱最终能成为一家强大的创新科技公司或物联网公司。

赵福全：十年，看似很长，其实也很短。我想，当前五菱高管团队播下的种子，做出的布局，都将在十年后发挥极其关键的作用。就像眼下热销的五菱宏光 MINI EV，实际上源自你们五六年前就开始的思考、规划及实践。还有五菱现在已经深度测试过的无人物流车，肯定也是在四五年前就开始尝试了。一句话，企业今天的成功都是昨天正确的战略与战术的结果，而企业今天正确的战略与战术将为明天的成功打下坚实的基础。

时间过得很快，今天练总在"赵福全研究院"栏目中分享了许多深度思考，特别是为我们解析了五菱何以能连续推出爆款"神车"。老实说，在高度复杂、牵涉广泛且竞争日益激烈的中国汽车市场，车企能打造出一款畅销车型很不容易，而上汽通用五菱不仅能不断打造出"神车"，还始终保持着极强的产品竞争力，这是非常了不起的。

对此，练总分享的心得和感悟也让我颇有共鸣。一方面，汽车是直接面对广大消费者的大众化产品，车企必须贴近市场，准确把握需求，才能赢得用户的青睐。这绝不是简单凭借传统市场调研就能解决的问题，也不是领导者亲自走访市场或采用一些大数据分析手段就足够了，关键在于车企一定要彻底改变既有的思维方式，真正站在用户角度来打造产品。唯有如此，车企才能有效应对当前汽车产业全面重构、汽车产品重新定义的巨大挑战。

另一方面，车企要敢于创新，但也不能盲目创新，而应该基于自身品牌定位和特色优势进行实践，以真正满足用户需求。我想，这才是宏光 MINI EV 能成为"神车"的根本原因。也就是说，五菱不仅深刻洞察到消费者对低价位、高品质电动汽车产品的强烈需求，还具备卓越的成本控制能力和相应的核心技术，最终才能打造出热销的宏光 MINI EV。这无疑是车企捕捉用户痛点，精准开发产品，最终在市场上一鸣惊人的经典案例之一。

为打造低价位、高品质的电动汽车，五菱在宏光 MINI EV 上进行了很多有针对性的创新。例如，你们发现消费者在日常使用电动汽车时其实并不需要很长的续驶里程，因此就减少了电池的搭载量，这不仅使整车成本显著降低，从社会角度来看还更加节能环保。在多数车企竞相提高产品续驶里程的所谓"大势"下，五菱的做法可谓反其道而行之，而事实证明，你们的产品和一些长续驶里程的畅销车型一样受到了用户的欢迎。

其实，企业都知道少搭载电池的优点，但面对用户的"里程焦虑"，往往不得不通过增加电池来应对，五菱却让短途电动汽车的理念成功落地。在这个过程中，只把产品做好还不够，支撑产品使用的生态环境建设也至关重要。正如五菱实践的那样，你们与柳州市政府共同努力，在充电设施、停车位等各方面都尽可能为小型短途电动汽车提供最大的使用便利，从而形成了备受行业关注的"柳州模式"。应该说，这一模式不仅解决了新能源汽车推广中企业自身难以解决的诸多瓶颈问题，还为构建城市绿色交通体系及方便居民便捷出行提供了有力支撑。面对汽车产业生态化发展的前景，我认为，今后车企应认真考虑如何有效撬动城市管理者的力量，形成自己的"柳州模式"，以助推产品、技术和商业模式创新的有效落地。

展望未来，练总强调智能化一定是汽车产业发展的大方向。而智能化绝对不是简单的硬软件堆积，也不是有了数据就能实现的。练总认为，企业唯有借助适宜的商业模式把汽车硬件、软件以及内外部资源有效组合起来，形成基于场景的最佳解决方案，才能实现真正的汽车智能化，进而全面提升消费者的用车体验。反之，如果智能化最终没有带来更佳的用车体验，那就失去了价值，更无法成为企业的核心竞争力。

与此同时，智能化的不断发展也为信息产业巨头们进入汽车领域提供了战略契机。不过，练总觉得整车企业对此没必要过于担心，因为汽车产品始终是各种"新"技术集成应用的核心载体，而车企在几十年甚至上百年发展历程中积累起来的整车集成能力，是信息产业巨头们所不具备的。这部分基础性、支撑性的关键能力，是车企参与新时期产业竞争的最有利条件之一。

从这个意义上讲，练总认为只要车企不断强化整车集成能力，就可以应对产业重构带来的挑战。至于在汽车上"新"出现的某项核心技术，车企是掌控得多一点还是少一点，都只是战术层面的问题。真正属于战略层面的问题是，车企一定要把汽车产品这个集大成的平台打造好，充分满足未来千人千面、千车千面的各种使用需求，这才是车企的核心竞争力所在。当然，能力强、规模大的车企，也要努力掌握更多的"新"核心技术。未来汽车涉及的核心技术将日益复杂、日益多元、日益交织，没有任何一家企业能独自掌握所需的全部核心技术。因此，练总强调企业必须充分聚焦、有所取舍，选准最核心的部分掌握在自己手里。

实际上，与传统汽车产品不同，未来汽车产品或将进一步成为创新创业的载体性平台。就像练总所说的，车企只提供一个"毛坯房"，不同的使用者可以根据自己的需求和喜好进行不同的"装修"，从而使汽车产品更适用于不同的场景。在这个过程中，供应商也将获得直接为用户服务的机会，帮助用户完成或更新相应的"装修"。由此，我们对未来汽车产品的应用可以有无限畅想。例如，自动驾驶汽车把车主送到单位上班后，完全可以自行出去载人或运货，从而成为车主的盈利工具。

今天听了练总的分享，我感到上汽通用五菱能不断推出"神车"并不是偶然的，在成绩的背后既有深度思考，更有持续探索。你们敢于创新、勇于创新、精于创新，最终在与很多车企都不相同的道路上，取得了骄人的创新成绩。尤其是你们把成本控制真正打造成了企业骨子里的基因和文化，并藉此形成了自身独特的优势。大家不要把低成本和低价格混为一谈，这是完全不同的两个概念。价格高的产品同样有降成本的需求，成本低的产品未必不能以相对较高的价格出售，最终产品的价格是由市场供需关系决定的。对企业来说，利润永远等于产品价格与成本之差，因此成本越低越好，同时必须确保有可靠的质量和特色的亮点，这样产品才能以合理的价格销售出去，使企业获得利润回报。而上汽通用五菱的成功证明，基于卓越的成本控制能力，车企凭借低价位的产品一样可以赢得用户的高度认可，并得到可观的利润回报。在此过程中，你们还积累了庞大的用户群，这是企业最宝贵的财富。未来通过持续的产品创新，五菱可以更好地满足广大用户对汽车产品不断升级的需求，让他们愿意继续拥有和使用五菱的产品，从而为企业长期持久的成功奠定坚实基础。

最后，祝愿上汽通用五菱在未来的征程中越走越好。谢谢练总！

练朝春：谢谢赵院长！

第二部分

论道车界

一、汽车产品创新总论

01 汽车产业发展趋势

技术发展与产业需求双向促进产业全面重构

当前,汽车已经逐渐成为大型移动互联终端,这个转变非常明显。发生这些变化的根本原因,还是技术发展到了一定程度,到了产生质变的时候。正是互联网、信息通信以及智能等技术的快速发展和应用,驱动整个汽车产业发生了一系列变化。与此同时,汽车产业又迎来了消费需求升级,从而对技术应用形成了促进作用。因此,本轮产业变革是技术发展与产业需求双向促进的,一方面是技术发展推动,另一方面是产业需求拉动,最终引发了汽车产业的全面重构。

汽车产品创新也与整个社会的发展进步有很大关系,中国经济的持续增长驱动了消费的不断升级。以前汽车消费者需要的只是一个代步工具,而现在需要的不仅仅是代步工具,更是一个好玩、好看的大玩具,因此车企必须为消费者提供更好的产品和服务。同时,一些新技术在汽车产品上的应用成本也没有先前预想得那么高,并且随着技术的快速普及与迭代优化,其成本还在进一步降低,这就使这些新技术越来越能为广大消费者所接受。

汽车产业正在发生四大改变

过去几年,汽车行业既有潜移默化的变化,也有波澜壮阔的变化,尤其是大数据、云计算和人工智能等各种新技术的发展，不仅推动了汽车产业的全面重构，还带来了整个社会的深刻变革。聚焦于汽车产业，有以下四点重大改变：

一是汽车消费不断升级。以前单纯作为出行工具的汽车产品正迅速被淘汰，品牌高端化、产品高端化和产品个性化，均已成为非常明显的发展趋势。

二是汽车产品快速升级。突出表现在消费者对新技术应用的需求越来越高。三四年前大家可能想不到智能化技术会发展得这么快。今天，IACC（集成式自适应巡航）、APA（自动泊车辅助）等技术都已经量产投放市场，并且为广大消费者所接受，而这些技术在几年前还被认为是很难量产的。

三是汽车产业由硬件主导向软件主导快速转型。汽车产品早已不再是传统的机械产品，而是承载多种新技术的高科技产品。汽车产业也不是有些人曾经认为的夕阳产业，而是古老的战略性新兴产业。

四是汽车产业向后端服务市场拓展。这一点可能不少人还没有关注到，不过现在很多企业都在朝着这个方向发展。

"新四化"为汽车产品创新开辟了新赛道

今天的汽车产品创新正在发生巨变，因为"新四化"给产业开辟了新赛道，创造了新的价值空间。在此情况下，原来描述汽车产品的指标就不够了，或者说很难再用原有的指标体系来描述现在的汽车产品。例如，十几年前汽车有一项指标叫信息与通信，当时只是汽车仪表板上的一类简单功能。后来这个功能越来越重要，就开始出现"信息和移动互联性"的概念。而到了三四年前，有些车企把这项指标改成了"AI和数字化体验"。这个新指标就体现出了汽车产品创新的新内涵，而"新四化"在很多维度上都给汽车产品带来了类似变化。此时，我们迫切需要适合新赛道的创新理念、模式和组织，这就与此前旧赛道的改良式创新产生了冲突。这是产品创新层面上的第一个重要不同。

第二个不同在于，汽车已经不再是单纯的交通工具，其内涵远比之前丰富。汽车不仅是把人从 A 点运送到 B 点的载体，更是住所和办公室之外的第三空间，今后人们在车上停留的时间可能还会更长。把汽车作为第三空间打造，就会创造出一种全新的发展可能性，或者说就会使汽车产品的本质发生变化，从而激发出更大的创新价值。现在一些车企在这方面已经做了不少探索，但总体来看还远远不够，这将是今后汽车产品创新非常重要的赛道。

电动化和智能化成为传统车企转型的两大突破点

传统车企转型必须全力实现产品突破。中国车企以前采取的都是跟随战略，这也是别无选择的选择。因为国外汽车产业比中国发展得早，发动机、变速器都是舶来品，包括汽车造型，当初都是跟着国外学来的。现在，汽车电动化给我们提供了后发赶超的机遇，不管是弯道超车，还是变道超车，又或是直线超车，中国汽车产业总归是迎来了超车的机会，这是可遇而不可求的。因为电动化可以助力汽车产业突破发动机性能的瓶颈，发动机由于物理特性的限制，在响应速度、平顺性等方面是无法与电机相比的，电机的加速曲线是线性的，这是其固有优势。电动化是传统车企必须抓住的第一个突破点。

第二个突破点是智能化，智能时代一定会到来。未来汽车可能是会飞的，智能汽车将与无人机结合起来。当然并不是只有电动汽车可以做智能化，传统燃油汽车也可以做智能化，但那样会导致车辆变得很复杂。未来越先进的产品一定会越简单，这样才更容易胜出。电动汽车在物理特性上更容易与智能系统结合，因此更应该着力发展。过去，汽车人总想把汽车做得"高大上"，其实如果汽车越做越复杂，未必能赢得消费者的青睐，对企业自身也是很大的挑战。

智能化将引领产业演进方向

未来，汽车产业的发展需要两个重要基础：第一，强大的汽车制造能力，传统车企在这方面有很大优势；第二，强大的科技创新能力，特别是面向新技术领域的创新能力，这是传统车企必须加紧构建的。有了这两个基础之后,企业才有条件实施战略转型。

接下来必须想清楚的是,本轮产业重构涉及诸多技术,企业的重点究竟应该指向什么方向?结论就是智能化,这是对未来人类需求、社会发展和技术突破等进行综合分析后做出的判断。在相当长的一段时间里,智能化都将引领汽车产业的演进方向,构成汽车产品差异化的主要内容。具体来说,智能化又涵盖三个方面:一是智能产品;二是智能制造;三是智能管理。最终,智能管理将成为企业赢得未来竞争的核心基础。

高科技产业与传统制造业深度融合

智能化的本质是新兴的互联网等高科技产业与传统的制造业深度融合,这将是一个带来根本性变化的大趋势。为什么会有这种融合呢?主要有两个原因:

一是消费端有需求。当前,人们已经习惯了日常生活中的信息交互和智能应用,特别是年轻一代的消费者,越来越青睐智能化产品。例如每天智能手机都推送给我们大量信息,我们也会用非常便利的方式与手机等智能设备进行交互。但到了汽车上,却感觉它仍旧是一套冷冰冰的机械。仅就消费者感受而言,传统汽车在近百年的发展历程中变化并不大,没有被赋予太多信息化属性。虽然车辆本身也有大量数据信息,但并未得到有效利用,也没有给用户带来新价值。

二是产业端有需要。传统汽车产业属于典型的制造业,车辆研发的大部分内容都是面向机械或基于机械的嵌入式软硬件展开的,与工业高度相关。但时至今日,情况已经发生了改变:信息通信和人工智能等新兴技术快速发展,正在与汽车技术不断融合。在这方面,特斯拉就是很有代表性的例子,虽然其产品还是一辆汽车,但其供应链大量来自于互联网和消费电子行业。随着这股浪潮席卷全球,在中国也有越来越多的互联网及信息科技巨头,像百度、阿里、腾讯和华为等,快速涌入到汽车产业中。

在这种情况下,汽车市场和产业都迫切需要智能化产品。

汽车行业具有经典的 V 形开发流程,以及互联网行业推崇的敏捷开发流程。如何把汽车的 V 形流程和互联网的敏捷开发有效结合起来，建立一套适合智能电动汽车的开发模式。从"三电一屏"，即电池、电机、电控系统和中控大屏，到自动驾驶技术，需要车企进行大量自研工作，以确保能不断优化解决方案和产品体验。

无人驾驶与汽车共享的时代必将到来

谋划五年甚至十年后的事情是非常困难的，但"人无远虑必有近忧"。未来几年要基于产业发展方向的判断展开。具体来说，还是要回到"新四化"上来寻找突破口。

第一个方向是电动化，其实更应称为电气化。节能汽车未来肯定要向电气化方向发展。理论上，燃油汽车在油电耦合后也可以且必须做智能化，当然这样的系统可能会更复杂，成本也会更高。因此电动汽车是未来的方向，车企应该努力做得更好、更扎实。

第二个方向是自动驾驶，未来五到十年无人驾驶汽车的时代就会到来。除车端的提升外，中国还在强调车路协同，到 2025 年肯定有一定的路端支持。这样，至少从车企的角度是可以推出无人驾驶汽车的。当然，这不是一个单纯的技术问题，当汽车不再需要驾驶人的时候，很多事情都会发生改变。首先，所谓司机的定义可能都会不同，不再是掌握驾驶汽车技能的人，而是要担当安全员的角色，在无人驾驶汽车出问题后能及时处理。受此影响，车辆的整个使用环境及运营生态都会大不相同。对此，2B 端的变化很可能比 2C 端的变化更快、更大，车企必须把握这个机遇。

另外，无人驾驶必然会开启汽车共享时代，或者说共享时代是无人驾驶带来的附属品。因为运营车辆配备司机的成本太高了，而且停车也很困难。到那个时候，共享汽车是私人汽车拿出来共享，还是由运营公司提供车辆共享？同时，那么多无人驾驶汽车，在某种意义上都是带有人工智能的机器人，会不会带来安全隐患？为此，无人驾驶汽车应该是个人拥有，还是政府拥有？这些问题现在还难以预判，却是我们必须思考的，因为未来汽车由谁拥有和怎样使用至关重要。试想，如果是运营公司拥有，所有道路上行驶的无人驾驶车辆都属于公交集团或滴滴这类运营平台，那么汽车产品的设计、采购和生产模式还会与现在一样吗？

当然，未来无人驾驶支持下的汽车共享可能与我们当前所谓的共享模式完全不同。未来大多数人都会愿意使用共享汽车，不过可能不愿意共享车厢，而只愿意共享车头，因为还是自己拥有的车厢私密性更好，需要出行时依靠无人驾驶的车头来牵引，这或许也是未来汽车共享的一种形式。还有体验方式的延展，例如，现在跳广场舞的老年人会和来运动的年轻人抢场地，将来其中一方是否可以乘坐无人驾驶的汽车，到郊外去活动呢？在无人驾驶汽车的时代，人们的生活场景也将发生改变。对无人驾驶带来的变革，我们可以尽情想象。

从这个认识出发，汽车人首先不应怀疑这个时代的到来，一定要抓住无人驾驶的历史机遇。为此，今后车企一方面要把造车端做好，另一方面也要参与到用车端，而不是只盯着汽车本身。也就是说，未来我们打造的产品既要满足 C 端个人用户的需要，也要匹配 B 端公司用户的需求，坚定不移地推动双线智能化，这就是发展方向。

院长心声　　　　　　　　　　　　　　　　　　　　　　VOICE

汽车产业即将诞生全新生态系统

未来汽车产业必将发生翻天覆地的改变，并由此引发汽车产品 DNA（基因）的根本改变。如果我们仅围绕汽车产品本身来创新，依旧参照传统造车模式的延长线来思考，思维和行动就会受到束缚。正如我讲过的，颠覆性的改变来自于颠覆性的认识和持续的产业实践。而颠覆性的认识意味着必须跳出原来的思维框架，所谓"不识庐山真面目，只缘身在此山中"，很多事情跳到汽车圈之外来看，就会有不一样的感悟。形成了颠覆性的认识之后，再持续摸索和实践，新的汽车产品形态才会逐渐清晰起来。

在万物互联的时代，汽车以及与其相关的所有产业都将存在于一个大生态中，你中有我，我中有你，彼此之间互相依赖、互相成就。我认为，当前汽车产业已经到了诞生某种生态系统雏形的阶段。因此，我们才看到通信信息产业与汽车产业的融合，家电产业与汽车产业的融合……今后，这种生态化融合的范围还将不断扩大，力度还将持续增强。

站在更高的维度思考，未来人类必将进入智能社会，而智能社会一定是基于多主体的协同智能。汽车产品也不例外，只靠汽车自身实现智能化是不够的，唯有智能汽车与智能交通、智慧城市以及智慧能源等充分融合、协同互动，才能实现智能汽车产业的有效发展，并最终构建起整个智能社会。

因此汽车产品创新应该是立体式的、生态化的，甚至可能我们每个人都牵涉其中。实际上，汽车的载体性给车企带来了空前机遇，虽然车企或许并不拥有汽车上的每一个细胞，但是我们无疑拥有汽车的骨骼和灵魂。在汽车产品立体式、生态化创新的过程中，面向电动化、网联化、智能化的大变革，汽车产品涉及的核心技术正变得更加多元、更加交织、也更加复杂。

汽车产业将发生三个本质变化

产品创新看似一个老话题，但实际上随着产业重构日渐深入，大家越来越感觉到现在的汽车产品已经完全不同于过去了，现在讨论"汽车产品创新"话题可谓恰逢其时。特别是近几年，"汽车新四化"的趋势日益明显，包括"软件定义汽车"、物联网、大数据、云计算、人工智能，以及新的客户体验等，都成为业界高度关注的热点话题，直接影响着汽车产品创新的发展与实践。

汽车产业发展至今已经有一百多年，确实到了该彻底改变的时候。而我把这种改变归结为三个本质变化：一是车辆所有权不再是必需。应该说今天汽车产业的一切模式都是基于所有权交易形成的，例如汽车品牌有豪华、尊贵或青春、动感的区别，可如果大家不是买车而只是用车，谁还会在意这些？因此，当人们不追求汽车所有权的时候，其对汽车产品的需求将完全不同。二是车辆使用权逐渐成为核心。未来汽车所有权和使用权将发生分离，汽车共享会变得越来越普遍，这样人就从购车的客户变成了用车的用户，使用的不再是自己拥有的汽车。三是车辆驾驶权不再由人掌控。自动驾驶将使汽车的使用和驾驶分离，人不再开车，而只是坐车。这同样将引发产业格局的重大变化。

智能是实现产品差异化的关键

智能化是消费者的痛点，也是产业升级的需要。传统汽车缺乏与消费者交互的能力，因此既不能理解消费者，也不能实现自我进化。而现在信息科技和人工智能技术的进步，让我们有条件为消费者提供全新的汽车产品和用车体验。汽车产品必须有所创新和改变，尤其应该借鉴互联网关于产品快速迭代和关注用户体验的成功经验，而不是一味地靠硬件功能和性能指标来打动消费者。

与此同时，绝不能因为所谓的互联网思维，就忽视了汽车产品固有的质量、成本及可靠性要求。不管今后汽车如何智能，这部分属性都是必须坚持的。在智能汽车时代，广大用户一定希望汽车产品能够常用常新、越用越好，随时都有新的优化，不断匹配自己的个性化需求。这将是整个汽车产业未来发展的大方向。

一些新造车企业致力于抓住"智能化"的机遇，顺应这一发展趋势，抢占未来竞争的"天时"。为确保智能化能力能够有效落地和充分受控，选择了自主研发相关的软硬件，并将其视为最核心的竞争力。经过几年努力，部分新造车企业取得了不错的成绩。当然，在前进的过程中，难免会遇到一些波折或争议。当前，头部新造车企业已经在技术研发、组织架构、内部管理模式、外部合作模式以及企业文化建设等方面，初步形成了自己的特色。

在我看来，新造车企业的这种尝试，无需争论是对是错。就整个产业而言，这种创新尝试本身就是重要的贡献。而这一系列创新最终都将在产品竞争力上得到体现，并接受市场的检验。实际上，面对未来越来越激烈的竞争，我们比以往任何时候都更加需要汲取创新思想的养分。

我一直认为，汽车产业是马拉松比赛，必须在每一天做对每一件事，才能逐步接近成功的终点。最后一定要在消费者心目中建立起特色鲜明的品牌形象，使消费者能够与企业及其产品产生情感共鸣，而不是趋向于"你有我也有"的同质化。同质化太过严重，正是传统汽车产品无法令消费者满意的重要原因之一。而智能化恰恰可以为产品实现充分的差异化提供支撑，通过千人千面和千车千面，让用户享受到个性化的贴心体验和服务。

未来汽车产品必须做好软硬融合

实际上，汽车产业历经百余年发展至今，就是在不断集成创新中一路走过来的。汽车相继吸纳应用了机械、电子、信息、装备、动力、热能、材料和工艺等诸多领域的科技成果，才有了今天比较成熟的状态。今后，尽管汽车电动化、网联化、智能化发展充满挑战，但只要汽车人秉持开放的心态，拥抱创新、接纳吸收、融合发展，就一定可以打造出更好的汽车产品。

在保持定力的同时，汽车企业也要认清一个事实：未来仅仅把硬件造好，已经构不成有竞争力的汽车产品了。新时期汽车产品与原来最大的不同就在于，未来汽车是有生命力的，能迭代优化、自我成长。而此前汽车一旦投产，就无法再做升级，只能逐渐走向落后。也就是说，今后汽车产品在投产时可能并不需要非常成熟，只要车辆能够不断产生、回传相关数据，再通过人工智能技术进行处理，就可以使产品的功能、性能以及用户体验不断提升。这样具有进化能力的产品，即使在上市时与竞品相比不占优势，也可以随此后的持续迭代优化来获得更强的竞争力。

今后，汽车既要造好硬件，又要造好软件。前者需要传统的物理工厂，后者需要全新的数据工厂，而且这两个工厂是相辅相成的，必须并行推进。两个工厂的使命不同，支撑能力不同，所需人才也不同，因此汽车企业必须把两个工厂的需求结合起来，招揽相关人才，培育相应能力。不过在新形势下，企业也不必全部依靠内部资源来解决人才需求问题，孵化创业公司或与相关企业合作来整合资源也是很好的方式。最终，未来汽车产品只做硬件不够，只做软件也不够，一定要同时做好硬件和软件，并且做好软硬融合，才能获得最佳效果。

汽车产业亟需建立新的生产关系

我们处在一个大变革时代，汽车产业未来究竟应该如何前进，目前还没有一个成熟的模式可以参照。应该说,新一轮科技革命带来的诸多变革几乎都与汽车产业息息相关,受此影响,未来汽车将不是一个简单的产品,也不是一个单一的产业,而是多个产业融合创新、协同发展的大载体,其影响最终将波及整个交通、城市和能源系统。在此过程中,汽车产品作为可以自由移动的智能终端,将给人类社会带来巨大变化。这种变化是科技发展的必然结果,不会因为汽车产业从业者的意愿而改变或停止。

为此,整个汽车产业都必须积极拥抱本轮变革,让汽车更好地服务于人类。实际上,在汽车产业一百多年发展历程中形成的核心技术、产品特点、品牌内涵、组织架构、商业模式及合作伙伴关系等,都将因本轮产业重构而受到挑战,从而为后来者提供千载难逢的历史机遇。如果把新一轮科技革命视为新的生产力,则汽车产业必须建立新的生产关系,才能适应生产力的发展需要。

生产关系的变革需要组织架构调整,包括研产供销服各个环节间都要打通并优化。我相信,当前所有车企肯定都在探索拥抱产业变革的适宜路径。完全沿用传统车企的打法肯定不合适,但全盘借鉴新造车企业的打法也不一定适合,必须既有所继承,又有所改变。围绕支撑"产品+服务"创新的所谓生产关系,思维方式、组织架构和流程标准等都需要做出调整和改变。

智能管理是拥抱智能技术的全新生产关系

智能化除智能产品和智能制造外,还强调智能管理。在我看来,管理的目的就是确保资源得到有效利用,而智能化无疑是提升管理水平的重要手段,能够让整个公司运行的效率更高、质量更好、成本更低。我认为,新一轮科技革命驱动本轮汽车产业全面重构,在本质上就是产生了新的生产力,因此需要有新的生产关系与之匹配。而智能管理无疑就是一种新的生产关系,可以让企业更好地拥抱智能技术这一新的生产力,并充分释放其潜能。

作为适应新生产力的新生产关系,智能管理究竟怎样在更深层次影响企业运行的方方面面,为此企业又该如何布局呢?例如在"软件定义汽车"的前景下，软件能力正变得日益重要，而为提升软件能力招募来的新人才应该如何管理呢？是放到原来的研究院，还是重新成立一个新部门？怎样做才能更好地发挥他们的专业能力，调动他们的工作积极性，同时又保持他们的创新灵活性？在这方面，行业目前也有不同观点，有些企业就选择从研究院中拆分出独立的软件中心或软件公司。又如现在车企从销售端得到的数据越来越多，这其中不仅有相对简单的结构性数据，像产品质量问题等，也有更加复杂的非结构性数据，那么，这部分数据又该如何充分利用起来呢？这绝不是简单的技术问题，还涉及企业的管理变革。

所谓形成新的生产关系，实际上也是企业战略转型的重要组成部分。整车企业为了拥抱产业变革而进行战略转型时，绝不是多招一些软件工程师，或增加智能技术的研发投入就行了，企业管理层面的变革包括调整组织架构、创新管理模式等，这些都是需要认真思考和实践的。

02 产品创新的历程和现状

中国汽车产品创新的四个阶段

中国汽车产业的产品创新可以分为四个阶段：第一，在中国汽车产业发展初期，我们主要是针对产品质量问题开展一些改良性工作，或者说，是在产品基本层面上进行创新积累。

第二，进入合资时代后，我们引进了很多国外车型，进行了消化吸收，并希望在此基础上实现"再创新"的突破。不过，当时中国车企的产品创新还处于学习阶段，基本上停留在"照猫画虎"的水平。

第三，2000年后，中国车企开始真正自主研发产品。此时还谈不上全方位创新，主要是通过跟随式创新来提升产品竞争力，并在某些瓶颈问题上寻求突破。同时，企业也开始重视创新方面的宣传。显然，这一阶段的创新没有涉及汽车产品在本质上的改变。

第四，国内外政治经济环境当前发生了重大变化，同时产业本身也正在经历前所未有的重构，由此中国汽车产业进入了全面创新的新时期。未来要想赢得日趋激烈的市场竞争，仅靠某一方面的创新已经不够了，企业必须进行全方位、全要素的全体系创新，这就使创新的内涵和要求与从前完全不同。原来，企业主要靠创新解决单一方面的问题，属于锦上添花。未来，企业要靠创新获得核心竞争力，实现长治久安和可持续发展。

同时，技术创新固然重要，但也只是一个方面，未来企业除做好技术创新外，还要做好运营管理、组织架构设计、人力资源管理和品牌建设等方面的全体系创新。这些创新缺一不可，否则就无法支撑企业的可持续发展。这方面的实例比比皆是，例如有的企业技术非常先进，可并没有在市场上赢得认可；有的企业在技术上并不是顶尖水平，但其他方面都做得不错，最后发展得就非常好。

企业应以创新为发展动力，而非点缀

中国汽车产品创新确实出现了本质上的改变。从发展阶段上可以看出，中国汽车产品创新是渐进式的，如果没有足够的积累，是不可能达到高水平的。因此，企业应该时刻坚持进行创新积累。

现在，很多企业对自身的创新总是喜欢强调原创，其实所谓原创也都是在前人创新工作的基础上产生的，这并不是问题的关键。关键是企业一定要依靠创新发展，而不是只拿创新作点缀。这也是当前汽车产品创新与从前的本质区别。

党的十九届五中全会明确提出，到2035年中国要进入创新型国家前列。而"十四五"期间，即2021—2025年，无疑将是中国建设创新型国家的关键时期。创新型国家必须要有创新型企业作支撑，特别是像汽车这类战略性支柱产业的企业责无旁贷。也就是说，今后中国汽车企业必须全方位依靠创新发展，而不是寄希望于搞出几项黑科技来作点缀。无论战略规划、组织架构、经营模式，还是产品内涵、核心技术，都要通过创新来实现发展、取得突破，而不是跟在别的企业后面亦步亦趋。可喜的是，我们看到现在中国已经有一些车企，真正把创新作为自己的发展动力和品牌内涵，踏踏实实认真践行着创新发展理念。

本轮汽车产品创新的主要变化

当下的产品和以前的产品相比变化很大，以前产品的核心技术不外乎是底盘、发动机和自动变速器等，而对本轮产品来说这些只是基础。当然，基础也很重要，这些传统核心技术可以为新一轮产品创新提供有力支撑。实际上，这也是传统汽车企业向上发展的坚实基石。

本轮汽车产品创新的变化主要体现在两大方面。

第一是由"硬"向"软"的转变。软件技术在汽车产品上的应用越来越多，这是最大的变化之一。正是这个变化满足了消费者不断升级的需求。例如，之前人对车的操作都是通过手和脚来完成的，而现在通过软件的支持，人们可以通过语言甚至眼神来与车实现交互。很多爆款车型的核心亮点就是通过大量应用软件技术满足了用户对汽车产品的新需求。

第二是智能化技术得到大量应用。除语音交互、辅助驾驶等功能外，有些产品还搭载 APA 系统，可以实现用户离车后的自动泊车。特别是这么炫酷的功能，已经可以搭载到售价十几万元的车型上了。

还有其他很多智能化技术值得一提：例如中控屏自动开启功能，只要用户转头看屏幕一眼，中控屏就自动启动了；又如疲劳提醒功能，当用户感到困倦时，系统会迅速给予提醒，这对用户来说也很有价值，可以让他们更有安全感。这些智能化技术都是让用户觉得好玩、炫酷的功能，而不是像以前的自动制动、方向盘助力等那样，主要追求的是舒适感，这也为我们指明了今后完全不同的汽车产品创新方向。

因此，当前汽车产品创新最大的改变就是软件技术和智能化技术的应用，由此带来了产品体验的巨大变化。而从产品背后的支撑来说，这又涉及汽车人才需求和结构的变化。除此之外，产品的外观造型上也需要投入很大心思，要让用户觉得新鲜。

现在，头部自主品牌的智能化产品已经在与合资品牌产品争夺市场份额。合资品牌的竞争力未必下降了，只是自主品牌的进步速度可能更快一些。自主品牌的新产品热销主要还是由于应用了一系列新技术，让消费者得到了更好的体验，同时也让原有的品牌差距在消费者心中有所弱化。广大用户特别是年轻的一代，普遍没有"品牌高低"的概念，他们更直接的反馈就是"我喜欢"。

实际上，上述新产品的价格并不低，因为新技术的研发费用增加了，产品售价由此也比原来增加了。但市场需求非常大，产品一直供不应求。这就是产品创新带来的回报。

自主汽车企业需掌握两项核心能力

在企业发展战略中有两个关键要素：第一个是效率。为什么讲效率？因为现在自主车企规模相对产业巨头还比较小，想要与巨头们竞争就必须让自己发展得更快，别人用三年时间做出来的事情，我们就要争分夺秒用一年半做出来。快速本来就是规模较小的企业更容易做到的，同时这也一直是中国企业的一种优势，并非车企巨头们想学就能学到的。

第二个是软件。必须把软件打造成企业的核心竞争力，因为软件是未来形成产品差异化的关键。传统汽车技术包括材料、工艺以及集成等，是一步一步发展起来的，目前都已成熟，很难再实现跨越。相比之下，软件是汽车产品上的"新生事物"，有巨大的拓展空间，并且软件天然具备研发效率更高的优势，而传统车企巨头们对软件并不擅长，这就给了我们超越的机会。

院长心声　　　　　　　　　　　　　　　　　　VOICE

中国企业需坚定战略创新与体系创新

国家有创新发展的总体战略，各个企业也应该有自己的创新子战略。现在已经到了企业唯有依靠创新才能不断发展的时候，必须把创新打造成整个企业的根基，使之成为企业的文化和基因，而不是只体现在研发或销售等某个部门。

为此，企业首先要有大战略，领军人要从骨子里相信，只有创新才能驱动企业可持续发展，才能确保企业"长治久安"。也就是说，创新不是战术问题，而是战略问题。其次要进行全体系创新，一方面把已有积累的创新要素做大、做强、做深，另一方面把尚有不足的创新要素填平补齐。最后要形成坚持创新的内生力量，要让创新成为企业固化的价值观，形成创新的文化和基因。这样面对各种困难和挑战时，企业才能毫不动摇，坚持创新。

企业有了战略定位，就会坚定创新方向，全方位调配资源并为之努力。如果企业没有明确的战略定位，只是"一时兴起"想试一试，或只是某个部门觉得应该做，那最终是很难做成的。因此，企业的创新大战略至关重要，有了大战略才能拉动各个部门共同进行全方位的创新并坚持下去，而企业的创新文化和基因也只有在长期坚持创新实践的过程中才能逐步形成。

此外，谈到体系创新，实际上体系也有大小之分。在企业层面，相对总体战略而言，研发只是其中的战术之一。而在业务领域层面，研发本身也有自己的战略，各项研发内容则是其中的战术。这样，在企业大战略的指引下，逐级分解落实，就可以有效凝聚创新合力。

中国建设汽车强国需要自主品牌车企携手共进

未来中国只靠一两家创新企业或一两个创新产业是不可能成为创新型国家的。也就是说，从国家层面来看，也要坚持全方位创新。而大量创新型企业将为中国成为创新型国家提供根本支撑。

经过多年努力，一两家头部自主品牌汽车企业目前已经取得了阶段性成功。然而，"一花独放不是春，百花齐放春满园"，如果只有一家自主品牌车企做得很好，而其他自主品牌车企都没有发展起来，那么中国汽车产业就没有真正做强。实际上，所有自主品牌都是中国产品形象的代表，就像现在国产汽车征战海外市场，只要有一家中国汽车企的产品做得不好，海外消费者就会觉得中国汽车都不行，特别是在单个中国汽车品牌的国际影响力还比较弱的时候，就更需要我们共同进步以形成合力。

我曾经给汽车强国下过定义，其中，具有世界级影响力的品牌和占据一定的全球市场份额是两个必备条件。为实现这个目标，所有自主品牌车企应该携手共进，一起努力实现中国汽车品牌影响力和全球市场占有率的提升。

自主品牌车企实施产品创新中的三个要点

中国汽车产业正步入必须创新发展才有未来的新时期。就产品创新而言，原来大多是单点式、跟随式和改良式创新，甚至是点缀式创新，这样的创新已经不能满足当前产业的需要。未来，我们必须从跟跑模式转换到并跑甚至领跑模式，进行系统性、引领性和开创性创新。同时，汽车产品创新不再限于技术，虽然技术创新依然重要，但只是产品创新的方向之一。今后，汽车企业要做的是全方位创新，以形成体系化创新能力，并逐渐沉淀为创新文化，成为企业可持续发展的基石。

在此，我想特别提醒自主品牌车企注意以下三点：

第一，企业首先要确立合理的产品创新战略，并以决心和恒心坚持推行。而创新战略的核心，就是要"有所为有所不为"。尽管新时期企业比以往任何时候都更需要全方位创新，即把每个环节都做对做好，但在创新方向和深度上仍然要有所选择。而掌握确保企业可持续发展的关键技术，是创新的底线，绝不能有丝毫放松。即使一开始不得不通过购买技术来起步，也要为最终自己掌握技术而不断努力。

第二，新时期产品创新要注重跨界合作、实现资源组合，这一点在技术方面尤为重要。随着产业重构日趋深化，产业边界正变得越来越模糊，物联网、大数据、云计算和人工智能等新技术在汽车产业的应用日益深入，汽车核心技术正变得更加广泛、更加多元、更加交织。整车企业不可能拥有汽车产品所需的全部技术，更不可能自己把每项技术都做好做精，因此一方面要选好重点方向，另一方面要加强合作，借助其他企业的优势能力。当然，即使都是整车企业，由于战略目标不同、品牌定位不同、细分领域不同，各家企业在选择技术侧重点时也应有所不同。不过有一点是相同的，就是每家企业都要努力形成自己的"独门绝技"。也唯有如此，企业才有参与合作的机会，才能保证合作的持续。在此基础上，整车企业一定要参与到智能汽车生态的建设中，通过资源组合，实现合作共赢，获得所需的各项核心技术。

第三，今后汽车产品要注重换道创新。实际上，产品创新发展到一定阶段，往往局限于既有的理念和模式，导致灵感枯竭、创新停滞，即使是以创新起家的国际巨头也不例外。因此，必须借助其他领域的技术进步给自己赋能，或者通过自身的改变让自己使能，而当前产业全面重构也给车企提供了赋能和使能的新契机。由此，汽车产品将进入换道创新的新阶段。所谓换道创新并不是说企业要改变经营目标，而是指企业要借助外力来形成创新的新动能。应用市场大数据并不能得到清晰的创新方向，要有自己的明确判断，采取有效的策略，通过跨领域的资源组合和技术合作，实现企业的产品创新目标。也就是说，车企必须想明白自己需要打造什么产品，满足什么需求，为此应该采用哪些技术，又有哪些其他领域的技术可以"为我所用"。

03 产品创新的机遇和挑战

自主品牌车企迎来后发赶超的历史机遇

当前就是中国汽车企业实现跨越式发展的大好时机。从国内看，首先，主流自主品牌车企已经解决了基础的产品质量问题，不只是制造质量，还包括设计开发质量等，都有了很大提升，具备了让消费者接受我们产品的基本条件。其次，这个时代又给自主品牌车企提供了超越良机，因为汽车产品正处于由硬件主导向软件主导转变的过程中，在这些新领域里，我们与世界一流车企的差距远没有传统领域那么大，其中不少领域都处在了近乎相同的起跑线上。最后，在新一轮科技革命的影响下，汽车产品的用户群体、消费心理以及用车模式等都在发生巨大变化，由此产生了很多全新的差异化需求。特别是中国汽车市场不仅规模全球最大，对新事物的接受度也是全球最高的，这对本土作战的自主品牌车企非常有利。只要我们把产品和服务真正做好，就一定能赢得消费者的青睐，从而在市场份额和产品价位上取得质的突破。正因如此，自主品牌车企必须加大力度坚决实施战略转型，以抓住本轮产业变革的历史机遇。

再从全球看，中国自主品牌车企现在也到了在海外市场争取份额的时候了。为实现更大发展，自主品牌车企必须立足本土、开拓海外，而这里所说的开拓海外不再是像现在这样进行简单的汽车贸易，而是应该真正深耕全球大市场，实现研发、生产、销售和服务等一系列环节在海外的本地化。其实反过来看也一样，中国的市场空间这么大，但本土化战略实施不到位的国际大公司，依然无法取得良好业绩。因此，自主品牌车企征战全球市场也必须大力推进本地化布局，早日形成规模，不断降低成本，以提升综合竞争力。此外，满足海外市场的不同需求将促使企业形成更强的解决问题的能力，进而反哺国内市场，帮助我们在中国市场实现突破。

本轮产业变革中的中国优势

从行业格局来看，现在是合资品牌占据绝对优势，近两年自主品牌的份额还有萎缩，不过这只是短期变化。长期来看，合资品牌在产品创新的过程中，反而更有可能落后于时代，因为其普遍多元的股权结构和总部远在国外的治理结构会制约其迭代速度。而部分反应迅速的自主品牌会表现得越来越好。

从发展方向来看，企业如果只局限于围绕电动汽车进行创新，可能进步速度会慢于预期，毕竟电池仍属于大宗硬件，有产能和成本限制。而智能汽车会有更多创新机会，包括开辟很多全新的竞争赛道。本土车企具有独立的产品决策权和敏捷的组织响应能力，可以通过智能汽车的创新发展占领更大市场份额，这是中国本土车企绝地反击的大好机会。对汽车产业来说，今天可能恰好到达了合适的时间点，就像当年家电、手机产业一样，在一个合适的时机就会有一批中国企业脱颖而出。在这个过程中，可能最终赢得优势的不是传统车企，而是新出现的车企，因为后者拥有新理念、新品牌、新产品和新模式。在未来五到十年，我们就会看到结果。

从创新理念来看，我们对智能汽车的认知还要进一步深化。例如智能汽车未来到底是私人购买为主还是运营公司购买为主，现在还看不清。不过有一点可以肯定，就是用户需要什么，企业就要提供什么。无论车辆的产权属于谁，只要能满足用户的真实需求就是成功。至于汽车的交易和使用模式，未来也会有更多创新解决方案。例如租电方案，借助金融支持把电池证券化，这背后蕴含着全新的商业模式。这种租电方案对用户使用而言没有任何改变，却可以解决电动汽车购买后贬值快、残值低的问题。

从使用场景来看，今后我们必须创造更多有吸引力的用车场景，让大家都喜欢用车，这可能是车企最重要的工作之一。因为未来最关键的问题不是消费者买不买车，而是消费者用不用车。如果大家都选择其他出行工具了，汽车产业就失去了发展的基础和意义。在场景创新方面，中国有着非常优越的发展土壤，一方面互联网的影响越来越大，而全世界只有中美两国拥有超大规模的互联网公司，特别是近两年来，中国在相关领域产生了越来越多的原始创新。另一方面，中国人的生活方式也使我们的场景丰富度超过国外。例如盒马鲜生这样短途快速配送的商业模式，与中国人的居住方式息息相关，因为在北京等很多中国大城市，三公里范围内有几十万甚至上百万人口是很正常的，这样建设门店完全划得来。而其他国家包括美国就做不了这种模式。基于这样的创新土壤，进行更接地气的本土化创新，重新定义新的用车方式乃至生活方式，这其中蕴含很多机会。本土汽车企业完全可以抓住这些机会，先在本土市场占据优势，再向外输出创新模式，中国汽车产业由此将迈上更高的台阶。

传统车企应在转型中放手一搏

当年诺基亚被智能手机颠覆的过程中，实际上其管理层在某种程度上已经看到了智能手机的发展前景，却不敢承担转型的巨大风险，结果最后只能无奈出局。还有柯达的案例，数码相机本来就是柯达发明的，但柯达可能开始时并不相信数码相机的颠覆性，后来又不愿承认这种颠覆性，最终付出了惨痛代价。传统车企的情况与之类似，背负的包袱太多太重，总是担心转型不成功该怎么办，顾虑太多就很难做出重大改变。

如果我们确实看准了趋势，就应该而且必须进行前瞻布局。当然，这话说起来容易做起来难，很多时候未来是看不准的。像"软件定义汽车"的概念今天正变得越来越清晰，而前几年这些概念还很模糊，具体应该怎样发展并不像现在这样明确。在前几年要为"软件定义汽车"做预留，就非常有挑战。反过来讲，这也恰是企业赢得未来优势的机会所在。

事实上，传统车企转型要敢想敢做，抱着"试一试，错了也不要紧"的心态来迎接挑战。如果公司的实力足以支撑投入，即使亏损了也亏得起，就不必过分关注短期收益，大可放手一搏。传统车企要成功转型必须有这样的底气才行，有了底气才会有具体实践中的勇气，否则具体操盘的人根本不可能大展拳脚。在新理念的推进过程中肯定会遇到很多阻力，这时必须坚持自己的目标。正确的决策都源于企业家对未来的准确判断和战略胆识。

中国车企需把握住战略机遇的重要窗口期

未来十年汽车产业会发生三件事：第一，中国车企势必出现整合，不可能一直有这么多家企业。实际上，近几年优胜劣汰的趋势正日趋明显，例如几十家中国新旧车企已经或正在濒临倒闭，二线合资品牌也已经被边缘化。最终哪些企业能存活下来，我想未来十年的大浪淘沙，会给我们明确的答案。目前，中国汽车千人保有量还不到200辆，中国不一定能像美国那样发展到千人保有800辆汽车的水平，毕竟中国人口众多，且城市中道路和停车资源都严重不足。同时，汽车共享产业发展起来后，汽车的利用率将大幅提高，也可能使社会需要的汽车总量下降。但毫无疑问，中国汽车市场未来还有很大的增长空间。只不过中国汽车市场的蛋糕再大，也终归是有限的，因此产业优化整合是必然趋势。

第二，将有一两家中国车企进入全球前十甚至前五行列。现在来看，一些自主品牌车企是有这样的潜力的。汽车强国的标准中有一条，就是要看一个国家有无世界级车企。未来十年中国车企完全有机会成为全球前列的世界级强企。

第三，汽车技术将进入转型窗口期。一方面，物联网、大数据和人工智能等技术将在汽车产业广泛应用；另一方面，低碳技术将出现重大升级。近期，中国主动提出提高国家自主贡献力度，力争2030年前二氧化碳排放量达到峰值，努力争取2060年前实现碳中和。十年之后就是2030年，届时没有掌握二氧化碳减排技术的车企，肯定要被淘汰出局。

总之，未来十年非常重要，将会发生很多前所未有的变化，例如汽车新四化不断深化、高等级自动驾驶开始落地等。对中国车企来说，未来十年不仅要面对优胜劣汰、加快做强和技术转型的机遇与挑战，还要面对诸多领域不同主体的竞争与合作。未来十年将是中国车企把握战略机遇的重要窗口期，而且这个窗口期不会很长，我们必须加紧努力。

自主品牌车企"十四五"期间的使命

就"十四五"而言，自主品牌车企应该加速向智能出行科技公司转型。而在这个大方向之下还有一系列具体方向，包括智能产品、新能源产品等，这些都是未来企业必须持续不断细化的工作。此外，企业还应进一步拓展汽车后市场、拓宽产业布局，以增加自己面向未来的收益来源，这其中，最重要的还是要牢牢抓住本轮科技革命和产业重构带给汽车企业的新收益机会。

展望未来，希望通过成功转型，自主品牌车企能在中国市场拥有稳固的地位，并以此为坚实基础，支撑自主品牌车企更有信心也更有力量地走向海外，使自主品牌能在世界范围内立足。只以打造中国一流汽车企业为目标是不够的，自主品牌车企必须以打造世界一流汽车企业为目标，唯有如此，企业才能赢得长期生存和发展的空间，并且这个目标一定要在2030年前实现，否则后面很可能就再也没有机会了。

中国企业要在全球智能电动汽车产业格局中占有一席之地

十年之后,在全球智能电动汽车的产业格局里,中国企业应该能真正具有世界级竞争力,不管是技术水平、市场份额,还是用户服务等方面,都能做到不辜负这个时代。

大家知道,二十世纪六七十年代日本和德国企业迎来了巨大的发展机会。而当下及今后一个时期,中国具有推动智能电动汽车发展的有利条件,将迎来空前的历史机遇。在智能化方面,中国拥有世界上数字技术和人工智能技术应用最大且最复杂的场景,同时有着深厚的人才基础。在电动化方面,中国已提出2030年碳达峰、2060年碳中和,并且中国政府对国际承诺的公信力和执行力远比其他国家强,由此,中国推动汽车电动化的决心会更大。在产业基础方面,中国有全世界最大的汽车产量,最完备的工业基础、供应链基础、人才基础和市场基础。实际上,能同时拥有这三个方面有利条件的国家,全球范围内就只有中国。即使是美国也不完全具备这些条件,在电动化方面,民主党和共和党至今没有达成共识,目前似乎也看不到达成共识的前景。

对中国车企来说,未来十年将是充满机遇的关键十年。过去二十年,中国汽车产业打下了车辆的基础,互联网产业打下了智能化的基础,政府则推动产业打下了电动化的基础。今天,中国汽车企业理应在此基础上更进一步,充分利用国内国际"双循环"的新机遇,将智能电动汽车打造好,在全球竞争中抢占先机,否则我们就辜负了这个时代。

院长心声　　　　　　　　　　　　　　　　　　　　　　VOICE

中国车企未来十年将迎来重大发展机遇

过去二十年,中国车企取得了长足进步。未来十年,中国车企将迎来重大发展机遇。当然,想抓住机遇并不容易,企业需要掌握更多的核心技术,拥有更强的创新能力。特别是在产品创新方面,"小打小闹"的打法没有未来,企业必须勇往直前,开展全方位、颠覆性的系统创新。同时,产业变革也给企业带来了巨大挑战,未来汽车相关法规将越来严格，对汽车技术的要求也将越来越高。汽车企业不仅要满足消费者对产品智能化、网联化不断升级的需求，还要面对2030年碳达峰、2060年碳中和目标的压力。因此，所有车企都必须在节能减排和智能网联等方面持续加大投入、加强创新。

实际上，企业发展得快一点或慢一点还在其次，最重要的是必须走在正确的道路上。中国市场虽大，但海外市场更大，如果一直只守在本土市场，自主品牌车企的竞争力终究是有限的，最后也不可能走得太远。当然，那些连中国市场都没做好的企业，说要走向世界是没有意义的。说到底，自主品牌车企还是要不断苦练内功、持续提升实力，这样才能抓住历史机遇，最终成为世界级强企。

无论如何，未来十年将是中国汽车产业转型升级的战略窗口期。中国车企必须努力把握这个难得的窗口期，走出国门、走向世界，尽早成为在全球范围内拥有一定市场份额和品牌影响力的世界级优秀车企，进而推动中国汽车产业的由大变强。未来十年，值得期待。

产品创新的前提是战略创新

产品创新不是产品本身的创新那么简单，其中包含技术创新、体验创新、服务创新以及生产创新等诸多创新，而这些创新的前提是战略创新，最后才能呈现出与众不同的终端产品。也就是说，产品创新是企业经营全方位创新在产品上的最终体现。

对车企必须掌控的核心竞争力，要"有所为有所不为"。各家企业的情况不同，面向未来的打法本来就没有绝对的对错之分，关键在于企业的决策是否是结合自身情况、基于深思熟虑的结果。传统车企有不同打法，造车新势力也有不同打法。

在我看来，做好产品创新有两点至关重要：一是对未来方向有准确预判，二是敢于投入和坚持投入。对产品开发周期长、资金投入回报慢的汽车产业来说，要真正做到这两点是极其困难的。造车不能看现在市场上流行什么、消费者喜欢什么，而是要想好三年后市场上会流行什么、消费者会喜欢什么。当前，产业重构又无形中加大了这种预判的困难和风险。另外，要在汽车这样的传统大产业里进行重大变革挑战更大，有时往往不经意间就回到了原来的老路上，毕竟按原来的方式做事轻车熟路，而且即使最终产品不能满足市场需求，也能找到充足理由。但我们看到头部自主车企没有退缩，在对未来进行了综合判断后，果断向着全新的战略方向大胆前行。

通过新型商业模式实现内外部资源协同创新

本轮科技革命引发的汽车产品革命已经不是简单把车造好的问题，还涉及把车用好，这牵涉诸多相关因素。汽车企业仅靠自己的力量根本无法完全覆盖，因此必须与其他领域的各类企业融合创新、协同发展。

在原来产业封闭的时代，汽车企业的管理主要围绕自身的战略方向和内部的组织关系展开。而当前在产业日益开放之际，汽车企业的管理就必须覆盖到外部资源，也就是需要通过新型商业模式来解决外部资源协同创新的问题。例如面向"软件定义汽车"，最底层的操作系统车企不太可能自己去做，而之前供应商提供的嵌入式软件又不能满足有效采集和处理数据的需求，为此车企就必须构建新型商业模式，借助外部资源来弥补自己的短板。因此我一直讲，未来汽车产业将进入生态化发展阶段，任何一家企业甚至一个产业都不可能掌控所需的全部能力，更不可能拥有整个汽车产业生态。但企业必须关注生态发展、参与生态建设，依托自己的优势能力在生态里找准定位，成为生态中不可替代的重要组成部分。

04 产品创新的内涵和原则

汽车产品创新需要全局性思考

汽车产业发展至今已经有130多年了，在汽车发明的早期，人们大约用了五六十年的时间完成了基础技术和基本模式的探索，其中包括1908

年福特率先引入汽车产业的流水线生产方式等。这个阶段非常有创新精神，奠定了今天汽车产业的格局。

此后，汽车产业进入了进一步提升规模和效率的创新阶段。其实，流水线生产方式也是为了提升规模和效率，而在新的发展阶段中，不只生产环节，研发等环节也建立了类似流水线的组织，各部门在统一的目标下明确分工、各司其职，努力完成并提高各自负责的指标。也就是说，汽车产业逐步形成了一种泾渭分明、高度集中的分工协作模式。例如汽车座椅，全世界的主要供应商就只有那几家企业，汽车其他主要总成的情况也与此类似。

在这种情况下，车企的每个部门以及每家供应商都是沿各自特定的赛道在进行创新，无论速度快慢。这样的好处是容易在单个领域里实现更大的规模和更高的效率，或者说容易把产品的某个部分做得更好，而坏处则是高度去中心化，组织之间缺乏协同，导致大家很少会做全局性思考，例如汽车是否需要被重新发明？产品整体上还需要哪些创新？这已经成为汽车产业的一种惯性思维，在一款车型不断推出下一代新产品的过程中，虽然每一代产品都比上一代有指标上的提升，但这些创新都是改良性的，或者说是沿着既有的指标体系向前推进，而没有根本性改变。

坦率地说，流水线生产方式延续多年一直没有出现革命性的改变，有两个层面的原因。一方面，汽车行业实在太大了，只有在产业分工高度细化的状态下才能良好运作。另一方面，汽车行业虽然不是垄断行业，但毕竟已经有一百多年的沉淀，无论整车还是零部件，都形成了不少强势企业，其中一些甚至是"百年老店"式的超大企业。这种格局导致汽车行业在此前很长一段时间里缺乏创业者，行业缺乏创业者，重新发明汽车的思想和勇气就很难被挖掘出来。同时，这种格局也导致企业高层不敢也不愿轻易改变现状。实际上，对职业经理人来说，他们往往更关注如何做好眼前既定的工作，没必要去冒创新的风险。

我们可以把传统汽车企业分为两类：一类是欧美日等发达国家的车企，它们大多是跨国巨头，历史悠久，实力雄厚；另一类是中国等新兴国家的车企。中国车企的领军人中不乏年富力强的创业者。不过，一方面这些企业创业之初所处的环境尚不足以支撑变革性创新，因为移动互联网、信息化等技术都还不够成熟。另一方面，这些企业的起点相对较低，当时中国汽车产业还处于不太会造车的阶段，只能逐步积累、慢慢提升。实际上，这个阶段的积淀对中国汽车产业来说是非常重要的，否则也就不会有今天蔚来、理想和小鹏汽车等新造车企业发展的土壤了。

汽车产品正在成为新物种

近几年新四化被越来越多地提及，汽车人对新四化的认识也更深刻了。当前，汽车产品创新有以下重大变化：

一方面，在各种新技术特别是 ICT 技术的影响下，汽车产品本身已经与之前完全不同了，正在变成一个"新物种"。相对而言，过去汽车产品比较简单，而今后汽车产品要复杂得多，虽然"以用户为中心"的核心理念不会改变，但其内涵及达成的方法会大不相同。

为什么说汽车会成为新物种？未来汽车将可以迭代、可以升级、可以成长，这是以前的汽车产品完全不具备的能力。过去，汽车产品遵循 V 字形开发流程，大约三年可以推出一款新车，即使缩短些时间。也需要两年多的开发时间。而在产品上市后，其功能和性能就固化了，无法继续提升，只能在使用过程中逐渐贬值，因此才会有人专门研究不同品牌、不同车型二手车的残值高低。现在情况正在发生变化，汽车产品在线升级的能力越来越强，这样就可以在使用过程中不断加入新功能或服务。由此，汽车产品的定义将发生根本性改变，即形成所谓新物种。

另一方面，制造汽车产品所涉及的工厂以及人才、知识也都发生了变化。按照四大工艺的标准，借鉴精益生产方式，致力于把汽车产品高质量、高效率地生产出来，这种传统工厂实际上只是物理工厂的概念。而现在企业不仅要建设一个物理工厂，还要建设一个数据工厂。也就是说，未来完整的汽车产品制造不仅要打造一辆物理意义上的实体汽车，还要打造一辆数据化的虚拟汽车。

制造物理意义上的实体汽车产品，这是汽车人的老本行，车企原有的工厂都是在做这样的工作。在这方面，经过几代中国汽车人的努力，中国车企的造车水平已经不亚于国外汽车巨头了。而制造数据化的虚拟汽车产品，对所有汽车人来说都是一个刚刚开启的新领域，车企并没有相应的积累和经验。物理工厂的核心要素包括土建、生产线、物料供应以及保障水电供应的公用工程等。而数据工厂则完全不同，虽然也称为工厂，但其核心要素是算力和数据，所用的生产工具是人工智能。更重要的是，传统工厂的制造过程是从物料输入到产品输出，此后就结束了。而数据工厂的制造过程需要在整个产品生命周期内一直延续下去，因为汽车出厂后还会不断迭代升级。

此外，汽车制造的内容和方式正在改变，这意味着汽车行业所需的人才和知识也要随之改变。"造车育人"，指的就是在制造汽车的同时把人才培养出来。数据工厂涉及的知识与物理工厂完全不同，因此现在汽车人才需要有不同以往的知识结构，例如我们可能需要更多地了解ICT方面的知识。

汽车新四化的核心就在于充分认识到新四化让汽车变成了新物种。这个新物种在出厂后还能不断升级，而且随时与企业和用户两端相连，这在汽车产业是前所未有的事情。当然，对车企来说还是在造车，老本行的性质并没有改变，毕竟汽车的本质属性仍然是一种实体移动工具。

车企应该牢牢抓住汽车动力和方向盘革命

对车企来说，主要还是应该从深度挖掘汽车的作用着手。我们知道，新能源汽车是动力系统的革命，智能网联汽车则是方向盘的革命。那么，动力革命的深度创新需求是什么？方向盘革命的深度创新需求又是什么？这些才是我们思考问题的根本出发点。至于说软件、芯片等，都只是手段。如果一家车企对汽车的理解不够深刻，或者说没有超越其他车企，就不可能定义并开发出有竞争力的软件。

以软件、数据和芯片等为核心的新时代，给整车企业带来了更大机会。关键是我们一定要找准自己的定位，即牢牢把握汽车动力和方向盘革命。汽车的动力性、经济性等与动力系统相关，转向、操控和平顺等性能与方向盘相关，而对这两者的理解，当然是整车企业最为擅长的。因此，车企只要抓住汽车产品定位的关键点，不断扩大和增强自己的能力，就一定能在竞争中赢得优势。而软件也好，数据也罢，都只是实现目标的一种能力。芯片固然重要，但是不是所有车企都要自己去做芯片？并非如此。只要车企有稳定的资源，能找到适合自己的芯片，就可以有效支撑产品创新。或者可以说，在当下这个多样化的时代，对产品需求前瞻性的洞察力将是车企制胜的关键。

"场景定义产品"驱动未来汽车创新

原来汽车产品平台的架构是基于功能模块设定的，例如车身、底盘和动力系统等模块，也就是传统的汽车硬件架构。今后，智能汽车产品平台的架构肯定不是这样的，而是会在很大程度上呈现为全新的汽车软件架构。在这方面，智能手机可以带给我们方向性的启发，实际上，也有人说未来的汽车就是可自行移动的大手机。智能手机有硬件、软件、通信和交互等不同层级，智能汽车也应该有支撑电气化和通信等基础功能的新架构。当然，传统的汽车硬件架构还会存在，但已经变成了底层功能，而不再是主要功能了。例如接打电话原本是手机的主要功能，而在智能手机中已经变成底层功能了。

至于汽车软件架构，现在最根本的问题是，我们必须打破固有理念，而不要受限于传统思维。当前大家都在谈汽车智能化方面的概念，包括软件定义汽车等。不过，这些说法基本上还是在延续工程师做硬件的思维方式，认为做软件也要泾渭分明，然后再叠加起来。从这个意义上讲，讨论新架构可能反而会制约智能汽车的发展。

未来汽车产品的架构一定是持续变化的。如果一开始就把它限定在某种框架里，让工程师只能在这个框架下研发，就会失去创新的开放性，很难保障与其他层面的有效衔接，以及汽车产品整体的性能与体验。说到底，这还是传统汽车产品开发的思维方式。

同时，面对产业前所未有的深刻变革，相比于思考产品，当前我们可能更需要思考场景。也就是说，未来汽车产品一定要满足相应场景的需要，或者说要在某种使用场景下有更好的体验。对此，"场景定义产品"可能比"场景定义汽车"更准确，毕竟汽车的范围太大了，有很多种类。

还是以手机为例，从模拟机到数字机再到智能机，从1G、2G到3G再到4G，可以发现硬件的进步助推了软件的迭代升级。反过来，软件的需求也倒逼硬件加快发展，这两方面是相辅相成的。从硬件的角度看，手机产品的同质性日益明显，因为要在硬件上远超竞争对手是非常困难的，现在手机厂商面临的最严峻挑战就在于此。一开始，各家手机厂商都在比拼硬件，例如只要有一家公司推出5G手机，其他公司就会马上跟进。可等到各家的硬件都差不多了，就只能比拼软件支撑的内容了。

汽车最终也会走到这一步，即硬件趋于同质化，车企之间只能通过比拼内容来竞争。当然，汽车上的内容可能并不限于软件，硬件也是内容的一部分。毕竟汽车能够承载的内容远比手机多，手机的内容只能依托于APP软件，而汽车是一个可移动的专属空间。也就是说，未来车企完全可以从场景出发，在内容上为用户提供更多增值服务。例如，北上广深的房价这么高，为什么不能把汽车打造成可移动的家呢？汽车人的思路完全可以更开放些。

因此，汽车人应该更多地思考如何打破传统汽车的边界。当然，这种边界的打破只靠汽车人自己是不能完全做到的，一定要跨界融合。未来一定是以汽车产品为载体，与其他相关产品进行生态化融合，以满足特定场景下的用户需求。类似的场景将有各种各样的可能性，需要我们充分发挥想象力，并不断地大胆尝试。

汽车不仅是智能主体，还带有载体功能。网联化和智能化将使汽车变成可移动的物联网节点和智能终端。同时，电动化将使汽车变成可移动能源，未来汽车最终就演变成可移动的智能机器人了。这个机器人既可以载人，又可以运货，并且随时与外界保持着紧密互动，从而使人类的汽车生活变得更安全、更高效、更轻松、更舒适。

掌握核心技术的重要性与基本原则

过去的创新方式，企业可能觉得更受控，只要基于自身的资源努力做到更好即可。而未来组合式的融合创新，必须用到其他企业的资源。对此，很多企业都有困惑和担忧。包括究竟怎样才能把别人的资源拿来为我所用？对企业领军人来说，这的确是让人非常焦虑的问题。当前，人类社会正处于知识和技术爆炸的时代，汽车企业需要在很多方面进行换道或者说转型，但在新领域内，企业自身往往并无足够的知识和技术储备。

对此，企业可以选择自己开发技术，或者直接购买技术，可当前汽车产业涉及的技术领域越来越多，一定有一些技术是自己做不了又买不到的。因此企业必须选择第三条路，就是合作，这是一种战略上的必然。而要开展合作，就不得不面对一系列问题。需要说明的是，整车企业在自主开发技术时，也涉及与供应商分担支出、共享收益的问题，而且在新形势下整供双方的关系正在发生变化，这其实也是一种合作模式，同样需要创新。

不管采用哪种方式获得技术，企业都应参照以下三个基本原则：第一，必须守住"红线"，即确保企业安全。如果自己提供的相关技术被别人掌握后，企业会变得不安全，那这种合作就毫无意义。试想，生存都失去了保障，还谈什么发展？第二，必须自己牢牢掌控核心技术，以免被别人"卡脖子"。当前，世界政治经济形势面临百年未有之大变局，后续"卡脖子"的情况恐怕会愈发严重，企业需要高度关注。第三，必须基于自身的战略需求和思考进行系统布局。领军人尤其要想清楚，企业行动的目标究竟是短期、中期还是长期的？是为了眼前两三年的生存，还是为了未来十年乃至更长时间的可持续发展？这将直接影响企业的布局策略。

至于具体应该在自主研发、外部采购和合作获取中选择哪种方式，只能是因企业而异、因技术而异，不能一概而论。现在不少企业今天想着自研，明天又觉得应该进行合作。或者今天找这家企业合作，明天又去找另一家企业合作。这些都是自己没有先想清楚造成的困惑和焦虑。这是企业在未来发展战略中必须明确的首要问题。企业情况各不相同，并没有统一的答案可循，不过，都可以按前面所说的三个原则自行思考、自开药方。

需要强调的是，如果企业完全没有自己的核心技术能力，就不可能打造出有竞争力的产品，也不可能树立起优秀的品牌。这样的企业无以立足，根本没有资格参与合作。因此，企业领军人必须时刻自问——对于产品涉及的核心技术，自身究竟掌控了多少？面向未来的下一代产品，又涉及哪些必须自己掌控的新的核心技术？这些事关企业生存基础的所谓"硬核技术"，就像饭碗一样，必须要牢牢抓在自己手里。

实际上，国际一流车企无一例外，都是自己掌控汽车核心技术的。过去汽车的核心技术是发动机、变速器等，现在汽车的核心技术增加了电池、电机等，后续包括芯片等都可能会成为汽车产品必不可少的核心技术。这是产业重构的新时代带给我们的挑战，同时也是新时代带给我们的机遇，企业对此必须高度关注。

院长心声　　　　　　　　　　　　　　　　　　　　VOICE

汽车产品创新的内涵正在发生巨大变化

新时期的汽车产品创新有了新内涵，新四化是其中的重要方向。可新四化的本质到底是什么，很多人却未必真正理解。实际上，新四化的本质是使汽车产品成为新物种。原来汽车是没有生命的，量产之后就定型了，随着时间的推移，只会逐渐老化。而未来汽车产品是有"生命"的，可以不断成长、持续进化、自我完善，就像人一样，从儿童到成年，知识越来越多，阅历越来越丰富，能力也越来越强。由此，汽车产品创新的内涵正在发生巨大变化。

当汽车有了这种生命力后，就能更高效、更安全、更节能环保，也就是更智慧地服务于人类，这也是未来汽车产品创新的方向。不过汽车的基本属性并没有改变，在从A点到B点的灵活移动方面，汽车仍将是不可替代的交通工具。从这个意义上讲，汽车人面对产业全面重构无需太过焦虑，未来只要人类社会存在，移动需求就存在，汽车也一定会有价值。只不过在未来汽车产品的新能力中，我们需要考虑清楚，哪些是整车企业必须掌握的，哪些需要ICT公司或其他合作伙伴来提供。

汽车企业应该保持战略定力。汽车的根本使命并不会因新四化的到来而发生改变，实现从A点到B点高效、安全、便捷、愉悦的移动出行，始终是汽车产品的本质属性与基本功能。同时，汽车是集大成的产业，集成应用各个领域的先进技术一直是汽车产品的内在需求和突出特点，今后面对风起云涌的新一轮科技革命，汽车企业也必须在坚守汽车产品本质的基础上，积极拥抱并融合更多领域的创新成果。

技术创新支撑产品创新

新物种必须要有新能力，不仅依然需要传统汽车涉及的机械、材料、工艺等"旧"技术，以及物理意义上的实体工厂，还需要与未来汽车相关的联网、数据、人工智能等新技术，以及数字化的虚拟工厂，这样才能实现软件对硬件的赋能，使汽车产品能自我进化。而软件方面的能力，是汽车行业原来不具备的。汽车人当年在大学时就没学过软件，现在汽车专业的学生会学一些相关知识，但与计算机、信息等专业相比，也比较有限。实际上，当前高校也在探讨如何进行课程体系改革以适应产业新变化，不过在大学里总课时基本是固定的，不可能增加很多，软件知识如果多学一些，就意味着硬件知识要少学一些，而对汽车专业的学生来说，硬件基础是必须打牢的。汽车企业其实也面临类似问题，原来只需在硬件方面投资，现在必须同时关注软件，而企业的财力却没有增加。

说到底，产品创新背后的支撑是技术创新，而汽车技术创新正在由以硬件为主向以软件为主过渡。一方面，网联、通信、数据、算法以及芯片等新技术专业性极高；另一方面，这些技术又必须基于汽车运行的基本原理和需求来匹配优化。对车企来说，不了解这些新技术不行，要掌握这些新技术又很难，因此形成了非常严峻的挑战。显然，未来汽车企业不可能拥有所需的全部核心技术。因此，与相关企业进行战略合作，通过融合创新获得核心技术以支撑产品创新，是新时期汽车企业的必然选择。

企业的可持续发展必须依靠核心技术

现在，不少企业家都处在焦虑之中。如果不与其他公司合作，感觉自身实力不足以应对产业新变化。可与其他公司合作又担心被"绑架"，失去主导权和话语权。这样左右摇摆，前后纠结，始终没有清晰的思路。我想关键还是企业怎样定义自身核心竞争力的问题，这个定义与企业的规模和能力有很大关系，并不是静态的，而应随企业的发展逐步有序扩展。

当然，我们必须认识到，未来一家企业无论规模多大、能力多强，也不可能拥有所需的全部资源，因此必须通过合作，借助其他企业的资源来提升自身产品的竞争力。在这个过程中，企业必须基于对自身核心竞争力的清晰定义，确保自己牢牢掌控一部分关键资源，同时与其他企业合作来换取另一部分关键资源，这样才能实现合作共赢。现在，有的企业没想清楚这一点，就在纠结中到处寻求合作，又与谁都不愿深度合作，这样企业的资源将一点点被稀释，最终也无法形成自己的核心竞争力。

创新的目的是为了实现企业的可持续发展，而企业的可持续发展必须依靠核心技术。对于必须掌控的核心技术，企业可以自行开发，也可以外部购买，但买来后一定要努力消化吸收，使之成为自己的技术，甚至能在原来的基础上做得更好。还有的核心技术无从购买，就需要先通过合作获得，同时企业必须加紧努力，逐步掌控这部分核心技术。而那些并非必须掌控的技术，或者掌控成本过高的技术，企业则应始终通过购买或合作的方式获得。

未来，随着产业向新四化方向不断发展，汽车核心技术将变得更重要、更广泛、更多元、更交织，所有企业都必须与其他企业进行合作才能获得所需的、但自己并不拥有的相关技术。对此，我们必须认识到：第一，企业拥有自己的核心技术是参与分工协作、融合创新的前提，否则将毫无主动权可言，也不可能保证合作的可持续性；第二，在合作过程中，企业一定要坚守自身的安全底线。如果为解决眼前生存问题而放弃底线，就如同饮鸩止渴，企业最终肯定还是会被市场淘汰；第三，企业应结合自身发展战略选择合作的时间期限和模式。一般来说，短期合作是为了解燃眉之急，在合作的同时，企业应尽快掌控相关核心技术。而对于企业不应或不能掌控的核心技术，则应设法建立长期合作关系，以支撑企业的可持续发展。

05 产品创新的方向和重点

新时期汽车产品创新突破要靠转换赛道、交叉融合

所有车企都难以回避的问题，就是对于汽车这个有着一百多年历史的传统大产业，今天究竟还有多少创新机会？决策者在新形势下有没有更好的手段来识别产品创新的方向？这就涉及领导者的智慧问题。过去，产品决策往往只能靠领导者自己"拍脑袋"，或者说是靠多年历练出来的"第六感"。而现在互联网产生的大数据能帮助人们提升智慧，这样就可以从大数据中更准确地挖掘出产品创新的方向。不过，大数据分析也只是一种手段而已，并不能解决传统 VOC（客户之声）存在的所有问题。

就这一点来说，如果沿着固有的赛道前进，创新是有局限的，很难做到无限创新。例如还是按 VOC 的思路，即使用上了大数据，也难以取得革命性的突破。为实现突破，就要换道，用全新的思路来考虑创新。这就是所谓"换道超车"的含义，前提是你先要有在新赛道上驾车的本领。当前，汽车产品创新就面临这样的局面，已经到了必须要换道、要跨界的时候。未来汽车产品创新一定要"眼观六路、耳听八方"，不断拓宽视野和思路。只有转换赛道，才可能找到或开辟出红海市场中的蓝海。企业的 CTO（首席技术官）要做的一定是转换赛道的工作。CTO 应该认识到人工智能对未来汽车发展的重要性。为什么高科技公司可以拥抱 AI，而传统车企就不能拥抱 AI？车企不能拥抱 AI 的原因主要还是把自己定义

成了"传统"企业。企业领军人总是用旧思路考虑问题，就会下意识地沿着老路走，其实只要换一个赛道，就会海阔天空。未来，所谓"汽车+"，即交叉融合将是汽车产品创新的重要方向。

新时期汽车创新的范围是很宽泛的，完全可以在两个领域的边界上寻求创新，即"融合一体化"创新。不像过去只能关注发动机、变速器等核心技术，现在汽车企业的创新空间非常宽广。

随着电动化技术的发展，电池成本已经降低了很多，发动机完全可以和更大的电池搭配应用。未来在电池的配合下，发动机可以不再关注较大工况区域内的效率，而只需追求较小工况区域内的高效率，这样就可以改变发动机的结构，例如把活塞行程做得很长，甚至汽油机也可以采用压燃方式。如果汽油机采用压燃方式，就可以由定容循环转变为定压循环，其热效率会大幅提升，实际上，目前柴油机和汽油机热效率的差异主要就源自于此。

未来电池技术将不断进步，最后发动机在混合动力系统中的作用无非就是在车载状态下发电。这个例子就是今后汽车产品换道创新和融合创新的具体体现。至于电动汽车接入电网充电和发动机车载充电两种方式，究竟哪一种在车辆全生命周期内的碳排放量更低，或者说更环保，还要进一步深入研究。毕竟在中国的电网中，目前煤电占比还比较高，同时电能在传输过程中也有损耗。

车企必须掌握与竞争属性和魅力属性强相关的内容

整车企业如何实现产品持续优化，与"汽车+"跨界、换道竞争、融合创新等都有联系。回到汽车的三个属性——必备属性、竞争属性、魅力属性来思考，现在汽车的竞争属性和魅力属性不再完全来自传统的动力、底盘和车身。实际上，汽车的机械部分正逐渐成为必备属性。而必备属性是产品创新的及格线，或者可以说是入场券。

目前，一些车企特别是部分中国车企，在造车基本功上仍有欠缺，其产品的必备属性还没有过关。毫无疑问，这些企业必须抓紧把必备性的课补上，切不可因产业重构带来了新的竞争属性和魅力属性，就忽视了必备属性的重要性，那样肯定会被市场淘汰。我们讲新造车企业要对汽车心存敬畏，也是这个原因。汽车的必备属性，例如可靠性、耐久性、品质控制等，始终是优秀汽车产品必不可少的组成部分。在这方面，车企一定要有定力。

但车企仅仅把必备属性做好就行了吗？显然不行。现在汽车产品只有硬件不够了，还要有软件和数据。那么，车企需要掌握多少软件和数据呢？不一定是越多越好，关键要看车企把产品的竞争属性和魅力属性定位在哪里。与竞争属性和魅力属性强相关的内容，车企就不能交给别人，一定要自己掌握。

需要强调的是，新造车企业同样要以产品的必备属性为基础。例如，蔚来推出了覆盖销售和售后全流程的服务体系，其实这背后是企业对产品可靠性、耐久性等建立了一套综合解决方案。就是说无论新旧车企，首先一定要抓住汽车作为机械的必备属性，这是汽车产品创新中最前面的 1，然后再做好竞争属性和魅力属性，这是 1 后面的 0。如果没有前面的 1，后面有再多 0 也是枉然，产品不可能获得市场的认可。而如果把前面的 1 做好了，0 的作用就可以倍增，因为 1 和 0 放在一起就是 10 了。从这个意义上讲，未来汽车产品创新并不是软件与硬件的博弈，而是两者的有效融合。当然，随着产业的发展，特别是智慧出行时代的到来，车企肯定要把更多精力放在软件上。

面向出行需求提供汽车产品及服务

出行可以理解为汽车后市场，包括两个方面：一是汽车产业链延伸，未来会催生上万亿的出行服务产业；二是汽车产品服务扩展，今后围绕汽车的服务将是一个潜力巨大的市场，尤其是面向汽车用户个性化需求的定制服务，增值空间极大。例如车辆可以不去 4S 店处理，只通过 OTA 就对加速性能等进行调整。实际上，只在产业链前端通过造车、卖车来盈利会越来越难，当然这是车企必须要做的。而在后端个性化服务方面，将有越来越多的商业机会。因此，我们也要把这一领域作为未来转型的重点方向。

汽车共享也是汽车出行服务的发展趋势之一。企业需要跟踪并研究这个趋势，探索未来汽车共享出行可能的市场容量、商业模式、适宜产品、所需服务以及相关产业生态等。同时，这也是为积累出行大数据，支撑产品和服务的快速迭代改进。也就是说，企业向智能出行科技公司转型的核心是，在科技的支撑下，为广大用户提供智能化的出行产品及服务。

软件、数据、芯片成为未来汽车发展的关键

第一个观点，应该纠正一下"软件定义汽车"这个概念，正确的表述应该是"汽车定义软件"。否则，做软件的企业都可以做汽车了，这与事实不符。

软件开发首先要确定需求。如果没有需求，就建立不了模型；而没有模型，就写不出算法。从这个意义上讲，"软件定义汽车"只是表象。汽车本身是一种复杂的运动机械，而且产品细分种类众多、使用场景各异，各有不同需求。这些需求都要基于汽车的功能来满足，虽然未来很多功能是由软件实现的，但软件本身是由产品需求决定的。因此从事物的本质看，并非"软件定义汽车"，而是"汽车定义软件"。或者说，从设计的角度看，是"软件定义汽车"；而从应用的角度看，是"汽车定义软件"。当然，无论概念如何界定，有一点毋庸置疑，就是在未来汽车上，软件的比例一定会越来越高。

我们必须清楚，并不是说软件的比例越来越高，汽车就不再需要底盘、车身、轮胎等硬件了。这些硬件仍然是必需的，将会继续存在，只是汽车仅有这些硬件已经不够了。虽然硬件的技术也在发展进步，但在很大程度上，汽车硬件将越来越成为车企的基本功。相反，汽车软件的较量才刚刚开始，后续将越来越重要。也就是说，未来汽车设计开发人员要把更多的时间和精力倾注到软件方面，尤其要做好软件与硬件的有效结合，这样才能更好地实现未来汽车所需的功能，避免出现目前一些穿戴式智能产品功能华而不实、凭白增加成本的问题。同时，这也是确保未来汽车产品在安全方面万无一失的需要。

第二个观点是"数据开发汽车"。其实过去我们也是利用数据开发汽车的,在产品开发前和开发过程中要参考、使用和产生大量数据,包括通过整车及零部件试验及仿真分析来完成辅助设计和设计验证,例如计算机辅助工程中的静态、动态等分析,以及试验场上的搓板路、水泥路等测试,实际上都是在应用数据来开发汽车。

现在开发智能网联汽车更依赖于场景数据,并且场景数据量非常大,是过去我们所用的载荷谱数据量完全不能相比的。如果不掌握应用场景的主要信息,就无法进行未来汽车产品的开发。另一方面,现在汽车上用到的软件越来越多,软件不仅产生大量数据,还要基于大量数据来迭代优化。因此,未来"数据开发汽车"是必然趋势。

由此,我们也可以理解特斯拉市值高涨的原因。因为特斯拉通过其产品自动驾驶系统中的影子模式功能,搜集了大量车主真实运行环境信息,拥有了目前全世界应用场景数据中的绝大部分,这些数据是特斯拉高市值的重要支撑。为此,建议传统汽车企业提高对数据资产的重视程度,并尽快采取相应行动。

第三个观点是"芯片制造汽车"。为什么特别强调芯片?并不是说未来制造汽车不需要钢铁、橡胶、塑料、玻璃等材料了,只不过相比这些常规的必备材料,芯片将成为制造汽车产品时更核心的"卡脖子"环节。汽车企业必须充分认识到芯片在汽车产品上的价值,尤其要关注芯片在汽车产品 PLM(产品生命周期管理)中的匹配问题。

因为芯片的生命周期与汽车的生命周期是不一样的,如果更换芯片,就会对汽车产品产生很大影响。车企必须知道芯片的生命周期是多少年,下一代芯片的结构和性能是怎样的,大概什么时候推出。否则,如果芯片突然从单核变成三核,那整车上各种软件功能就要重新配置和设计,产品开发没有提前准备怎么行?因此,芯片对未来汽车产品是非常重要的。

还有一点值得重视,智能汽车将装备很多传感器和计算单元,而传感器和计算单元的核心都是芯片。满载芯片的智能汽车如何进行制造将成为一个新问题。未来制造业向智能制造的转型升级,落在汽车产业上就是要做好智能汽车的智能制造。其中，汽车智能制造中很关键的一部分就是芯片制造。车企越早看到这个趋势，越早未雨绸缪布局，就越有可能赢得先机。

自动驾驶汽车不能沿着单车智能技术路线发展

单车智能的能力是有限的，由于必须安装大量传感器，导致成本高昂。此前，谷歌研发的自动驾驶汽车就是一个典型案例，有人评价称，谷歌是在汽车上安装了卫星接收器，在数据上很强大，但车辆造价极高，消费者负担不起，这样的产品是很难市场化的。未来智能汽车要想走向普及，真正成为大众消费品，就必须走协同智能路线。因此，当前最关键的问题是，车企开发 L3 级和 L4 级自动驾驶车型，应按照车路协同的技术路线前进，即智能汽车、智能交通、智慧城市、智慧能源这 4S 协同发展。

为此，整车企业也应该积极参与到智能汽车的生态建设中。要学游泳必须先下水，否则怎么能学会游泳呢？企业必须主动与智能交通和智慧城市工程结合。其实，车企也希望走车路协同的发展路线，这样智能汽车的开发难度和成本都可以显著降低。不过有些车企也有担心，毕竟目前城市中都是普通道路，除少数示范区外，其他地方还没有智能道路。出现这种担心，首先还是理念问题。

同时，建议地方政府为智能汽车提供开放性测试道路，而不只是封闭的结构化道路。这相当于建设一个游泳池，让车企都可以下水来练习游泳。目前，上海市嘉定区已经在这样做了。国外也已有一些地区的开放道路允许自动驾驶汽车随意行驶，例如美国加州。

过去，传统汽车产品就是在测试中逐步成熟起来的，未来 4S 系统中的智能汽车产品也要靠测试手段来持续优化完善。也就是说，我们应该先建立起 4S 协同发展概念，然后不断向这个概念中添加具体内容，直至最终确定合理的产业分工和协作关系。

智能环境建设应在三个方向上并行推进

在 4S 协同发展的进程中，单车承担多少"智能"？其他主体承担多少"智能"？相互连接如何实现？各项工作由谁主导？这些的确都是难题，需要在产业实践中逐步找到答案。关于各方具体的分工方案，恐怕现在谁都无法给出，但可参照以下两点原则：

其一是系统平衡原则。4S 是一个大系统，系统内各主体之间必须做到平衡，任何一方都不应该也不可能承担百分之百的工作、获得百分之百的收益；其二是成本最低原则。由于主体众多，解决方案也必然有多种组合，应选择综合成本最低的组合。例如实现自动驾驶可以通过自身使能，也可以通过外部赋能，更可以是两者结合，但最终还是要看在成本上客户能否接受。

而在智能环境建设方面，应按照以下三个方向着力推进：

第一，场景数据化。自动驾驶汽车是运行在场景中的，场景信息至关重要。现在有一种研发思路是无限制拓展场景，进行大量的实车道路测试，例如路试做到 1 亿公里，以探索和适应每一种场景。这种做法还是单车智能的思路，是不可取的。实际上，只要实现了场景信息的数据化，就可以在物联网的支持下，随时把场景状况推送给智能汽车。这样智能汽车即使是第一次进入某个场景，也能"轻车熟路"，很好地适应。不要忘记，智慧城市本来就是数字化城市。在智慧城市中，社区、学校、超市和医院等的布局信息，以及各种道路的形态信息，例如丁字路口、十字路口等，都将以数据的形式输入到出行模型中，从而支撑智能汽车的有效运行。开始时可以先做到把场景数据准确发送给有需要的车辆。再向前发展，就可以实现场景信息的自动数据化，随时自我更新并同步共享。

第二，交通设施数字化。汽车在道路上运行的基本要求是遵守交通法规，例如按照红绿灯指示行驶。现有交通设施都是为人设计的，或者说是为生物人设计的。而未来交通设施则是为机器人设计的，因为自动驾驶汽车就是会开车的智能机器人。例如模拟行人通过斑马线路段的情景，一种开发思路是用车载摄像头识别斑马线和行人，但这还是在延续过去的思维定势。实际上，未来斑马线路段是能发射数字化信号的，包括路段位置信息，也包括对行人数量、速度、行进方向等的感知和判断信息，都可以发送给智能汽车。这就是所谓按照 Intention（意图）寻找途径的开发方法。其前提是交通设施一定要充分数字化。

第三，交通工具数字化。此前，汽车 HMI（人机交互）主要指车内的 HMI，而现在已经有科研单位在研究车外 HMI，即 E-HMI。例如，当汽车由机器驾驶时，如何与车外的交通参与者有效互动？包括怎样开转向灯？怎样按喇叭？又怎样判断车外行人的手势？这些既需要把所有交通参与方连接起来，又需要系统性的人机工程设计。

由此可见，实现 4S 协同发展是高度复杂、庞大的系统工程，有大量协调工作要做。当然也可以不做协调，任凭各个主体自由发展，最后通过市场竞争形成一个平衡系统，但这样需要更长的产业准备和磨合时间，很可能错失战略先机。更重要的是，在 4S 协同发展过程中，政府担负着推动和协调的责任，而对中国来说，恰恰可以"集中力量办大事"，在智能时代充分发挥中国的体制优势。

未来五年智能电动汽车的终极形态将会出现

这几年汽车技术变革的路线图总体上更加清晰了。目前，新能源汽车、智能网联汽车作为未来发展方向已成为行业共识，对此也有很多不同描述，其实简单地说就是智能电动汽车，即 Smart EV。通信工具是从电话到手机，再到智能手机演进的。而交通工具则将从传统汽车到电动汽车，再到智能电动汽车演进。

目前，Smart EV 的内涵已经很清楚：Smart 是智能，其核心是自动驾驶和数字座舱及其数字体验，其中，自动驾驶的技术含量最高；EV 就是电动汽车。从技术角度看，汽车产业的变革融合了三大领域的技术变革，即互联网、数字技术的变革，人工智能技术的变革以及能源技术的变革。由此，汽车产业进入了寻找下一代产品终极形态的摸索过程中。

事实上，当年智能手机也是在摸索中逐步成熟的，到现在智能手机的形态已经基本趋同了。智能电动汽车正在经历类似的过程。预计2024—2025年，Smart EV产品的终极形态将会出现，就像2007年的苹果手机一样，此后汽车产品会逐渐趋同。

其实，今天的汽车产品已经呈现出趋同的迹象，到2025年之后更会如此，各家车企的产品可能会有细微差异，例如风格不同，但整车的技术架构都是类似的。今天的汽车行业有点像2003年、2004年的手机行业，当时有多普达、HTC、Windows Phone等一系列所谓智能手机，再往前还有牛顿掌上电脑、PDA（个人数字助理）等，后来这些产品的属性慢慢整合到一起，形成了智能手机的终极形态，之后各个品牌的智能手机就基本趋同了。

今天，汽车产品正处在形成终极形态的过程中。在EV方面，现在已经开始趋同了。而在Smart方面，对于车联网和数字座舱等部分，业内基本上也都明白应该怎样做了，当然自动驾驶部分还在摸索中，到底放哪些传感器？怎样做整车冗余设计？以及自动驾驶将给人车交互方式带来什么变化？这一系列问题还有很多不同观点。不过，到2024—2025年，领先的智能电动汽车产品就应该能定义自动驾驶了。

产业变革期企业必须看清未来并合理定位

每家车企还是要把自己的长期定位考虑清楚，确定自己在未来产业生态中的角色，例如是成为平台型公司，还是成为触点型公司，又或者是成为平台型与触点型之间的公司。在不同的战略定位下，企业的战术路径肯定是不一样的。

如果想做平台型公司，当然会非常困难，可能未来产业内这类公司不会超过三五家，但确实有这种实力的公司也责无旁贷。例如华为的鸿蒙系统，未来就可能发展成一个跨越多种智能产品的平台。而包括很多整车企业在内的多数企业，是没有能力构建平台的，因此要想办法融入到平台中，强化与消费者之间的联系。这其实还是确立合适愿景并真正予以实现的问题。

在产业全面重构的今天，要定义一个合适的愿景，车企领军人就一定要成为预言家或未来学家。因为首先要能看清未来是什么样子，才有可能把未来的图景勾画出来。就像当年亨利·福特为汽车行业引入了生产流水线，就是因为他坚信汽车走进普通家庭的愿景一定可以实现，为此他特别定义了一个标准，即福特汽车流水线上工人的工资要能买得起T型车。可见，伟大的企业家都是既看到了未来，又把未来变成了现实。

对每家汽车企业来说，都要在未来的愿景中选择一个最适合自己的角色，然后采取一切行动努力胜任这个角色。同时，不同企业之间的分工也要基于未来的愿景来确定。例如一家资源禀赋有限的公司，可能就应选择成为触点型公司，并在相关领域内逐步形成自己不可替代的独特优势。显然，触点型公司必须连接到整个生态中，而汽车生态的中心应该还是由一些整车企业占据，这些车企负责定义在车上应该搭载哪些硬件和软件。

当然，车企对产品定义的能力也需要一个渐进的提升过程。例如，之前一些车企选择直接以手机或iPad充当车机，为了在车内装上手机或iPad并确保屏幕可旋转，还专门修改了一些设计，例如解决了空调出风口干涉、支架可靠性等问题，如此一来，就可以把智能手机的应用生态原封不动地转移到车机上。但这种车机局限性很大，因为相关软件都没有根据汽车使用场景进行适应性开发和匹配，导致好像一下子就可以在车上使用很多软件，但实际上多数软件并不好用，甚至根本用不了。长期来看，这样的做法肯定是不对的。因此在经过一番探索后，现在更多车企选择重新开发车机以及相应的应用层软件。

另外，未来一些整车企业也可能成为产业生态中的代工者，作为代工者也是一种生存方式，或许还比现在的生存条件更好。实际上，今天多数本土车企凭借的还是成本控制力，并没有真正建立起品牌，或者说其品牌只是一种符号，没有溢价能力可言，这样在市场竞争中就会非常被动。而如果成为代工者，就不存在品牌溢价力问题，也不存在消费者忠诚度问题，这未尝不是一种扬长避短的选择。当然，并不是说整车企业都应该选择成为代工者，只是强调在当前这个历史节点上，企业必须重新思考自己的定位。

院长心声　　　　　　　　　　　　　　　　　　　　　　　VOICE

智能和电动未来将成为车企腾飞的双翼

智能和电动未来将成为车企腾飞的一双翅膀，或者说是企业最重要的核心竞争力。既然如此，整车企业就必须充分掌控智能技术，如果智能技术都由供应商掌握，车企就会面临被"卡脖子"的风险。但完全靠自己，车企恐怕又会力不从心。

车企的纠结之处在于，一方面，希望自己掌控专属的核心技术，以使产品具有更强的竞争力；另一方面，又必须实现成本上的平衡，这又与销量规模紧密相关。

毫无疑问，要想成为引领智能电动汽车发展的龙头企业，车企就必须自己掌握自动驾驶等核心技术。不过，智能电动汽车涉及各个领域的诸多复杂技术，每项技术都有独特的 Know-how。从能力的角度看，一家企业不可能掌握所有技术；从经营的角度看，一家企业也不应该自己做所有技术；从规模的角度看，只靠一家企业的销量来分摊技术研发费用更不经济。因此车企需要与合作伙伴共同开发一部分核心技术，并且愿意与其他企业共享一部分核心技术，这既能提升企业的竞争力，也能推动行业更好发展。在这个过程中，各家企业不断交流和互动，有些企业是在学习，有些企业是在观望，最终应该会有更多的企业加入到合作中，彼此成为合作伙伴。

数据是未来汽车产品开发的核心

从应用角度看，不同种类的汽车有不同的应用需求，而相关软件可以让各种汽车都变得更加智能，直至让汽车拥有不断自我进化的能力。因此，软件的作用至关重要。但汽车产品开发的核心是数据。实际上，软件最重要的价值就体现在产生和回收数据上。此前，汽车上使用的嵌入式软件不能产生数据，更不能实现数据回传，只能起到一定的功能控制和性能优化作用。由于数据量少，而且没有场景数据，数据带给汽车产品的提升极其有限，这样的产品未来是没有竞争力的。反过来讲，如果在产品投产前就有大量数据可用于设计优化，在产品投产后还能不断收集数据进行持续优化，汽车产品就可以真正形成自我进化能力了。

此外，芯片也将在智能汽车中发挥关键作用，因为芯片承载着数据的处理能力以及软件的运行能力，没有芯片自动驾驶等功能就无从实现，再优秀的汽车硬件也发挥不了太大作用。也就是说，芯片作为智能汽车的大脑，将成为未来汽车产品的核心。同时，芯片还将成为汽车智能制造中的关键环节。

好的硬件 + 好的软件 + 好的软硬融合

消费者对汽车的基本体验，大都是通过动力和操控性能等来实现的，这些性能一直是汽车产品的核心指标，而整车企业对此理解得最透彻。这种理解是基于车企在产品开发过程中的不断积累，并最终按照产品价位区间和目标客户群需求校验过的。整车企业应该对这种深刻的理解能力充满自信，保持定力。当然，在新形势下，如果整车企业固守过去的理解，没有及时捕捉市场需求的变化，没有持续进行产品创新优化，也会变得落后。这就好比顶尖高校的学生，如果毕业后不再继续学习和进步，就无法成为与时俱进的优秀人才。

此前，汽车产品的基础是硬件，产品开发也主要围绕硬件展开，而硬件在产品全生命周期内基本是固定不变的，车企只有在下一款车型上升级硬件，才能改善产品表现。未来汽车产品只靠硬件已经不能满足市场需求了，软件的比例会越来越高，而软件是可以动态改变的。在软件的赋能下，基于各类数据，尤其是用户使用车辆的实时数据，汽车产品即使没有更换硬件，也可以不断进化，即所谓"老树发新芽"。也就是说，未来汽车的功能和性能会在产品全生命周期内持续提升，从而让用户感到"常用常新"。同时，随着用户用车数据的不断积累，汽车将越来越贴近用户的使用习惯，从而让用户感到"越用越好"。

我认为，未来汽车硬件和软件之间不是拼盘式的组合，而是八宝粥式的融合。要做好这种融合创新，除硬件外，车企还必须掌控软件方面的核心能力。同样的硬件，不同的软件，硬件能发挥的作用会有巨大差别。反过来，同样的软件，不同的硬件，汽车的性能表现也会有所差异。因此，好的硬件＋好的软件＋好的软硬融合，才是车企努力的终极目标。

此外，车企还需关注数据及处理数据的算法。一方面要把数据掌握在自己手中，另一方面，要加深对算法基本原理的理解，通过算法有效应用数据，基于数据不断优化算法。

可见，今后车企所需核心能力的范畴将远超从前，这正是当前企业领军人们备感纠结的根本原因。车企拥有汽车品牌，但未来应该怎样定义产品、支撑品牌呢？原来依靠硬件即可，例如高端品牌，通过配置更好的硬件就能体现差异。而今后只靠硬件差异显然不够了，还需要更好的软件以及更好的软硬融合，并以数据为支撑，这些都是车企原本不具备的能力。对此，即使全球顶级整车企业也都深感焦虑。

构建"车-路-云"协同的全新生产关系

智能汽车要想取得突破，整个汽车的运行环境就要随之改变。当汽车的驾驶主体由人变成机器时，应该努力让机器"眼观六路、耳听八方"，而不是继续像人那样去进行感知和决策。为此，交通设施应该全面数字化。在此前景下，未来智能汽车的能力将得到空前增强。因为人的听力和视力都有一定范围的限制，而机器的感知能力与人完全不同，在某些方面甚至比人强大得多，这意味着未来智能汽车将拥有新的能力，如果不为其提供新的环境，就相当于锁住了这种新能力，势必阻碍智能汽车的健康发展。这个新环境就是数字化的交通及城市环境，因为智能汽车主要是在城市道路上行驶的，与交通、城市和能源系统都密切相关。未来智能汽车将与智能交通、智慧城市和智慧能源实现4S协同发展，各个智能主体充分连接、彼此交互，从而使机器驾驶的汽车比人类驾驶的汽车更安全、更高效，也更节能环保。

为此，企业必须摒弃"人是汽车驾驶主体"的固有思维。只有先改变理念，才能真正改变创新的思路和策略，否则产业变革和企业转型就会有局限性。然而，要改变固有思维并不容易，就像一些石油公司，总下意识地认为充电站会像加油站一样集中建设。而实际上，充电设施完全可以安装在住宅小区里，一个充电桩只负责为一台车充电。这就是需要企业转变理念的案例。

如果站在更高的层面上看，智能汽车代表着新的生产力，必须有新的生产关系与之匹配，否则就会束缚生产力的发展。我们应当认识到，仅靠单车智能，受技术和成本的制约，智能汽车是不可能实现大规模量产应用的。未来，智能汽车的大行其道一定要靠多主体的协同智能。唯有通过智能汽车与智能交通、智慧城市、智慧能源（4S）的协同创新，才能让智能汽车的价值最大化，为人类提供更安全、更高效、更节能环保的智慧出行服务。而城市、交通、能源系统与汽车之间的有效互动就是新的生产关系，只有4S协同才能适应智能汽车这个新生产力的发展。而中国在这方面具备一定的体制优势，有望推进4S协同更快落地。当然，即使拥有体制优势，也要先认识到建设智能交通环境的重要性，否则还是会阻碍智能汽车以及自动驾驶技术的进步。

从这个角度讲，构建"车-路-云"协同的新生产关系至关重要，具体体现在城市规划及运行的管理者、交通系统的管理者、能源体系的管理者以及智能汽车的提供者，必须四位一体、紧密合作，这将是未来智能汽车产品创新的破局关键。对于智能汽车和智能道路，总有人争论应该先发展什么，其实这类"先有鸡还是先有蛋"的问题根本无须争论，现在我们要做的就是相向而行、协同发展，否则车路两端都不可能做好。

出行服务需要智能化核心技术提供支撑

讲到出行，人们容易想到的是类似优步或滴滴的业务，其实并不一定。打造智能化的汽车产品，让消费者享受到智能化的出行服务，这其中既包括个性化的产品定制，也包括个性化的服务定制，并且要基于大数据，不断升级自身的产品和服务，让汽车出行变得更安全、更高效、更便捷、更舒适，直至做到极致。在这个过程中，无论商业模式如何改变、汽车是否共享，都需要智能化的核心技术来提供支撑。

因此，强调智能化只是为了明确科技创新的重点，而不是不做电动化等其他技术。强调出行则是一种目的导向，就是要把汽车产品打造好，最终为大家提供更好的出行产品和出行服务。而实现这些目标的支撑是科技，尽管商业模式创新、资本运作探索、全新概念研究等工作也都非常重要，但科技创新能力始终是最核心的基础。

重新审视自身愿景，确定清晰定位

现在已经到了产业转型的关键节点，未来的产品创新及产业分工模式都将发生重大改变。之前的模式是很多企业以整车企业为中心共同造车，这些企业之间分工高度细化。同时，所打造的是车企自以为能够满足消费者需要的产品。但未来将形成全新的产业大生态，有更多的公司跨界进入到汽车产业中，这样企业之间的不同定位和协作关系将变得更加复杂。同时，消费者需求将显著改变，满足消费者需求的手段也将大不相同，这就要求企业必须以更多、更新的核心技术提供支撑，以打造出真正个性化的产品。由于任何企业都无法独自掌握所需的全部技术，又会进一步推动分工协作大生态的聚合。

正因如此，在未来产业发展的进程中，所有企业都需要重新审视自己的愿景，确定清晰的定位。产业生态的形成不可能一蹴而就，中间必然要经过较长时间的摸索和很多轮的迭代，而企业想要赢得最终的优势，必须始终坚守自己的定位，不断培育相应的能力，而不能好高骛远，更不能朝三暮四。最终，没有找到自身合适定位以及没有形成特色能力的企业，将被生态拒之门外、被产业淘汰出局。这就是我一直在讲的，企业战略一定要先想清我是谁、我在哪儿、我要去哪儿，然后再考虑我怎么去。也就是说，企业应根据对未来的准确预判和自身的资源来制订发展愿景与战略目标，再由此确定实施路径，并踏踏实实地逐步形成所需的能力。

未来车企既要做好产品，更要参与生态建设

仅仅把产品做好已经不足以适应时代发展需要，因为消费者越来越关注服务，他们已经不满足于拥有汽车产品，而是追求汽车产品带来的体验和享受。因此如何让用户拥有更好的体验，使其真正感受到尊贵感、科技感、好玩、炫酷，就变得至关重要。未来车企不只要做好产品，更要参与生态建设。尤其是在自动驾驶及汽车共享大行其道的时候，消费者可能无需拥有就能使用汽车产品，这将催生出与现在截然不同的全新生态，汽车企业必须积极参与其中才能避免被淘汰或边缘化。

传统车企转型困难重重，但问题的关键不在于"出身"何处，而在于有无创新理念和认识。回看过去五年，产业变化之大超乎想象，这是之前几十年都没有过的大变局。展望未来，我相信2025年、2030年的汽车产业，一定会有更大的变化，因为物联网、5G、自动驾驶等技术都将逐渐落地。相关企业都应该投身其中，围绕电动化和智能化的方向，坚定实施转型，以适应未来翻天覆地的产业重构。

二、产品创新需求

01 客户之声

汽车消费群体的三大变化

汽车消费升级具有普遍性,正如马斯洛曲线所揭示的,消费者需求的不断提升是有共性规律可循的。当前,消费者对汽车产品普遍不再满足于从 A 点移动到 B 点的基本需求,而是更加追求个人的心理喜好和社交圈层的认可。新一代产品恰恰能满足消费者的这些新需求。

具体来说,汽车消费群体发生了以下三大变化:

第一,年轻化趋势明显。与此前传统汽车购买群体相比,目前智能化汽车的用户群体更加年轻。

第二,存在跨年龄段的特点。有不少年纪偏大的消费者购买了智能化汽车,这些人属于年长群体中更喜欢新潮事物的那部分人。也就是说,好玩和炫酷的产品并不只是"90 后""00 后"的最爱,也完全可以争取到其他年龄段的部分消费者。当然,总体来说还是年轻消费者所占的比例更大。

第三,用户群体发生了变化。消费者目前不再简单地在自主品牌产品之间进行对比,更多的是把自主品牌的智能化产品与合资品牌,包括一些国际一流品牌的产品进行对比。很多原计划购买合资品牌产品的消费者现在都选择了自主品牌,这是一个很大的变化。

消费者对汽车产品的理解和诉求正在改变

与十年前相比,当前消费者对产品的理解和诉求有了很多不同。最根本的区别在于,汽车企业面对的消费者已经不同了。过去20年,中国汽车产业始终是以一代人为目标客户群的,就是1970—1990年出生的这代人。自2001年中国加入WTO后,汽车开始进入普通家庭,汽车市场也从一二线城市逐渐向五六线城市下沉。一二线城市在2008年左右第一次出现换车潮,五六线城市现在也开始进入换车期,虽然有时间差,但消费者还是同一代人。

从消费者认知的角度分析,这一代消费者经历了从无车到有车、从不了解车到了解车、从模糊认知品牌到具象认知品牌的过程。他们在第一次购车时,由于预算不足而做了很多妥协,因此在第二次购车时就往往会出现报复性消费。据调研,在一二三线城市,消费者第二次购车的预算大约会比第一次增加6万元左右,这是一个很大的数字。同时,消费者对汽车尺寸、配置和性能等的选择也不是完全理性的,往往超出实际需要。事实上,他们在第一次购车时也是非理性的,但那时是对汽车了解太少造成的。而到第三次乃至第四次购车时,相信消费者对汽车品牌、功能和性能的要求会变得越来越理性。由此,中国市场将进入理性购车的新阶段。也就是说,之前一代消费者正变得越来越成熟。

与此同时,1990年之后出生、被称为Z世代的年轻一代,正逐渐成为汽车消费的主力。他们中有不少人出生、成长在有车家庭,从小到大过的都是汽车生活,因此天然地与之前一代消费者存在差异,变得越来越与欧美消费者接近。当然,欧美市场还是要比中国市场成熟得多,毕竟欧美消费者已经经历了几轮甚至十几轮换购,这与中国消费者是不一样的。双方的市场就像是时空错位,虽然消费者都是同一个年代的人群,但对汽车的认知和要求,包括整个消费行为都是完全不同的。

汽车产品需求正在发生跳跃式提升

影响未来产品需求的主要变量有三个。首先，二次购车逐渐成为重要变量之一；其次，Z世代消费者的变量也会叠加进来；最后，第三个非连续性关键变量是产业全面变革，这将使汽车产品出现本质性变化成为可能。而在这些变量背后，更重要的一点是，过去30年中国经济的发展可谓突飞猛进，人民群众的财富也以极快的速度增长。正因如此，中国消费者对汽车产品的需求正在发生跳跃式的提升。从这个意义上讲，中国消费者其实比欧美消费者更前卫，或者说要求更高，这也是为什么中国市场率先推出了如此多的智能汽车产品。

如果具体到产品功能层面，消费者的需求是相似的。就像智能手机一样，大家都会追求类似功能，无非是相对富裕的人群会去买更贵的大品牌产品，而购买力相对较低的人群会去买便宜一些的产品罢了。不过在产品品质和体验上，还是会有不一样的要求，就像手机产品的品质肯定是有区别的。

回到汽车产品上，在中国相对富裕的Z世代人群，由于父母有车，自己早就有过汽车生活体验，同时父母现在的经济实力也更强了，因此他们对自己第一辆车的选择，一是会更加理性，不再盲目要求汽车有多大空间或多少个座位；二是会更加个性化，买车一定是自己真正想要的感觉，这就是他们对汽车产品的消费倾向。而相对不富裕的Z世代人群，主要还是解决基本的使用问题，他们对座位数量、空间大小，包括价格等因素还是会有所要求。需要强调的是，这两个群体对智能化功能的需求是类似的。实际上，很多智能化功能是靠软件实现的，这部分成本并不一定带来车端价格的显著差异，因此这是车企有机会而且必须真正做好的事情，唯有如此才能更好地满足消费者的需要。

汽车作为身份象征的作用将逐渐弱化

客观地讲，汽车确实具有彰显身份和地位的作用，毕竟是大宗实体消费品。之前通常必须获得汽车的所有权，才能拥有汽车的使用权，能买得起什么样的汽车，就说明有相应的经济实力。这种展示作用并不只是针对熟悉的人，哪怕对于不认识的人，也可以通过汽车彰显自己的身份和地位。

未来汽车还是不是身份的象征？在移动互联网或者说社交媒体发达之前，人们更多的是面对面交流，这时候开什么车过来是很好的身份标签。但今天更多的交流是在朋友圈里，是在线上进行的，这种情况下汽车在社交中展示的机会越来越少。未来，消费者到底是会追求超出实际需求、只为突出身份外在体现的汽车产品，还是会追求实现自身体验个性化、极致化的汽车产品呢？今后这种平衡会越来越向后者倾斜。就现在来说，汽车作为身份象征的作用仍然是非常重要的，但从发展趋势来看，这种重要性无疑将不断下降。这既源于消费者总体上更加理性成熟，也源于人们的社交及生活方式正在发生显著变化。

新时期不能只靠客户之声来定义产品

过去，企业的产品创新主要依靠调研公司来获取信息，进行所谓VOC，即客户之声的调查。另外，4S店可以收集一些数据，企业有时也会自己做一些市场调研，多年来一直如此。从汽车产业过去的经验来看，由于产品必须满足客户需求，在很大程度上可以说是客户需求定义了产品。未来这种情况一定会有很大变化。

VOC确实能反映客户的需求，严格来说是一部分客户的需求，这是它的第一个特性。客户需求始终是产品开发的前提，如果企业开发的产品不能满足客户需求，就根本不可能在市场竞争中胜出。但只是满足客户需求，并不能确保胜出。例如，如果产品趋于同质化，与其他企业的产品相比就不会有竞争优势。

VOC的第二个特性是模糊性，客户的反馈往往是不确切的，可以有不同的解读。不同的解读就会产生不同的结果，甚至可能导致开发的产品背离客户初衷。

VOC的第三个特性是时效性，所调查的只是现在或过去一定时段内的客户反馈。企业开发的产品往往三年之后才能投放市场，但VOC反映不出三年之后的客户需求。事实上，VOC 的基础是统计学，而采用当前的统计分析结果推演预测未来的情况是有很大风险的。因此，VOC 只适用于定义产品的最基本属性，而不宜用于定义产品的创新功能和性能。

为避免同质化，形成特色竞争力，必须做好汽车产品的必备属性、竞争属性和魅力属性。通常，竞争属性和魅力属性只有依靠创新才能真正做好。同时，对企业来说，产品创新还必须解决成本问题，即产品价格不能超出目标客户能接受的范围，这对品牌溢价力较低的中国车企挑战更大。而解决成本问题也需要创新。例如比亚迪的刀片电池，据企业介绍成本能做到 0.3 元/瓦·时，这样就能大幅降低电动汽车产品的成本。这一系列创新都需要企业认真分析，准确识别哪些创新需求能从 VOC 中提炼出来，哪些不能。

实际上，如果总是基于 VOC 来定义产品，就只能做一个跟随者，无法成为引领者。而真正的创新型企业一定是引领者，例如华为就是已经走进"无人区"的企业，其创新已经没有前人的经验可以参照了。又如苹果公司的联合创始人乔布斯曾经说过："我从来不相信 VOC，因为我是引领者。"因此，产品创新不能不依靠 VOC，也不能只依靠 VOC。

未来一家成熟的企业在很大程度上应该自己定义 VOC，自己设定客户群。特别是在开发创新产品时，应该定义新 VOC，开发新客户群。当前，"90 后""00 后"的年轻消费者有不同的需求取向，这些恰是我们在产品创新中应该关注的重点，而不是机械地遵从于 VOC。

市场需求调研应围绕用户群建立分析闭环

最近有这样一句话，2000 万元的调研预算不如 3000 人的粉丝，这实际上深刻体现出车企与用户间的关系变化。企业要把用户变成自己真正的粉丝，彼此高度互动起来。在这方面，蔚来汽车就做得非常好，之前很少有哪个汽车品牌拥有如此高的用户忠诚度。

今天，企业如果把消费者变成了粉丝，就可以基于场景来设计相应的调研。例如，对于某项功能，可以在用户使用后调研其使用感受。由此，我们就可以设计一个问题，当用户使用结束后立即推送给用户，让用户可以通过表情符号等鲜活方式很方便地给出反馈。同时，也可以通过分析用户的使用行为来完成调研，如果用户高频度地使用某个功能，就说明这个功能比较好用。而如果用户用了几次就不再用了，我们就推给他一个问卷，询问有什么地方影响了他的使用。也就是说，未来我们可以采用很多灵活的方法来采集用户需求。而不管采用什么方法，我认为关键是要围绕自己的用户群体建立起完整的分析闭环。今后，每家车企都必须建立这种闭环。

此外，还要考虑如何调研用户之外的人群。对此也可以有三种办法：一是发展粉丝，这个粉丝群不限于车主用户，而是比用户范围更广的人群，要把企业自身的平台社交化，成为吸引更广泛人群的有效平台；二是继续使用其他一些市场调研手段，与用户互动调研有效结合；三是采取具体行动不断扩大触点范围，例如联合有相似品牌定位或合作关系的企业，共同构建一个更大的生态系统。大家在其中相互赋能、相互借力，这样就可以研究更多人对汽车产品的需求。

消费者的喜好最终一定是越来越趋向于"千人千面"和"千车千面"。未来，为满足用户的个性化需求，每辆车的硬件可能都有一些不同，但更重要的是，每辆车的软件肯定会体现出明显差异。今后，软件在用户体验中占据的权重会越来越大，即使基于相同的硬件，也可以通过不同的软件提供完全不同的体验。就像今天的智能手机，很多人都使用同一款手机，但由于手机上安装的 APP 不一样，各自得到的体验也不一样。未来的智能汽车一定也会如此。

对企业来说，肯定希望自己的用户群越来越大，而不是只限于一个小圈子自娱自乐。如果希望更全面地了解市场需求，企业还是要构建一个伟大的愿景，不断吸引更多人加入到自己的群体中。还是以蔚来汽车为例，虽然目前只交付了 6 万多辆车，但其 APP 上的粉丝数已经超过 150 万人，这表明被蔚来品牌理念和愿景吸引的粉丝数量远远超出了实际的用户数量，他们中很多人都可以站在非用户的角度提供信息。反观一些传统车企，一个问题是 APP 不只一个，有的品牌甚至达到二三十个之多，每个功能对应一个 APP；另一个问题是只在官网上做运营，与 APP 等渠道其实处于割裂状态。这样根本无法把粉丝聚在一起，自然也就无法形成粉丝文化了。在互联网对汽车产业的影响和改造中，粉丝经济或者说种子用户模式是很重要的一点，它将给整个行业带来巨大变化，像小米模式就非常值得汽车企业借鉴。

未来企业产品决策依赖于大数据支持

市场调研的缺陷在于预设性，调查内容都是调查者预先设计好的，有很强的指向性，在某种程度上甚至可能是一种误导。而研发人员需要的是直接面对用户，与用户充分交流，开放性地获得用户反馈。因此，打通研发与市场需求之间的通道非常重要，这同时也是以往市场调研的瓶颈所在。

未来，智能网联将成为所有汽车的标准配置，这样的前景将给车企带来一种新的可能，即可以通过大数据更加精准地了解和判断用户的需求。从某种程度上讲，现在的汽车产品是整车企业设计好后"强加"给用户的，今后为什么不能反过来让用户指导整车企业进行产品开发呢？这样才能让创新真正为需求服务。

以前我们对客观事物的判断大多依靠个人的感知和经验，因为人们没有办法收集到足够多的数据并从中识别出规律。而今后，我们的判断会越来越依赖于大数据的支持，从而更加符合客观事实。实际上，大数据应用的价值和内在逻辑是毋庸置疑的，现在问题的关键是确定汽车产业链上的各种数据都在哪里，以及如何有效收集、处理和分析这些数据以支撑企业决策。

为此，企业可以专门构建一个数据驱动管理系统，其目标就是基于数据来让企业的决策更精准。例如，原来企业内部会争论用户群体的平均年龄到底是20岁还是30岁，但现在客观的用户数据可以直接提供答案。这样，企业就可以基于数据迅速、准确地判断相关情况进行更有效的决策，例如针对20～30岁的用户群体怎样定义产品，针对不同学历或收入情况的用户怎样设计差异化的配置方案，以及广宣应该怎样才能更有针对性等。

院长心声　　　　　　　　　　　　　　　　　　　　　　　　　VOICE

消费需求变化是驱动汽车产品创新的决定性因素

今天确实与过去大不一样，汽车行业的外部环境、技术支撑能力和消费者需求都完全不同了。而消费者需求的变化，是驱动汽车产品创新的决定性因素。

未来，中国还是会有很大数量的第一次购车者，包括"90后"、Z世代也不都是生活在有车家庭，或许在大城市里有车家庭比较普遍，但在中小城市和农村就不是这样了。因此同样是"90后"、Z世代，其购车需求的差异也会非常大。基于我的研究和思考，可以把中国汽车市场分成两个部分，即4亿人的市场和10亿人的市场。4亿人的市场已经相对饱和，未来将以换购为主，这部分消费者都是有车族，相对富裕，购买力也比较强。而10亿人的市场还有很大发展空间，这部分消费者购买力相对较弱，都来自无车家庭，今后随着收入的增长会不断释放出购置新车的需求。

以Z世代为例，他们有些来自4亿人的有车家庭，也有些来自10亿人的无车家庭。虽然都属于年轻一代，但与父辈不同的是，Z世代之间也有所谓的"代沟""族群"，彼此消费观念并不一样，甚至可以说是大相径庭。因此中国汽车市场是高度复杂的，即使是一二线城市较为成熟的市场，恐怕也不能简单类比于欧美市场。在今后相当长的一段时间内，中国都会有第一次购车的人群，并且这部分人群既有Z世代，也有"80后""70后"，甚至还会有"60后"。

新时期市场调研不宜墨守成规

当前，企业普遍存在一个非常现实的困惑，那就是产品必须满足市场需求，但市场的真实声音到底是什么呢？是靠企业决策者个人的判断，还是靠市场调研的结果？汽车企业以前主要依靠市场调研获取用户需求，这种方式往往受限于企业自己拟定的内容，具有很强的指向性。此外，市场调研选择的样本终归是有限的，并不能代表用户全体。如果选错了目标样本，所做的调查就毫无意义。即使选对了目标样本，还有样本量是否充足的问题。在产业格局全面重构的转型期，市场调研墨守成规的局限性就更加凸显了。

要想将市场需求准确地反馈到企业内部，就必须对销售一线反馈的信息有深刻的认识。其中有一些确实反映了消费者的真实需求，但也有一些可能是销售人员的误读。有一些对指导研发很有价值，但也有一些可能涉及销售体系自身的问题。而产品研发团队必须获知真实的需求信息，然后努力满足其中呈现高斯分布的中间核心部分，确保市场信息能够有效指导产品研发。

过多依赖客户之声的企业只能是跟随者

对于VOC，原来主要依靠市场调研也能满足基本需求。而现在有了大数据，相当于得到了更多的输入，这样我们对未来产品需求的预测就可以更准确。

不过在VOC模式下，即使应用了大数据分析，也还是存在局限的。第一，大数据依然是对既有数据的统计。VOC更多的是基于客户对现有产品的所见、所闻、所感而提炼出来的产品需求。这个需求其实是基于局部的、过去的客户反馈，企业可以将其作为产品基本特征的参考，但如果完全依靠VOC来定义产品，是很难在市场上实现引领的。也就是说，过多依赖VOC的企业只能是跟随者，产品竞争力有限，且很容易同质化。

第二，大数据没有排他性，理论上，一家企业能够拿到的数据，其他企业也能拿到。也就是说，并不是VOC数据多了，企业产品创新的能力自然就强了。说到底，大数据只是一种工具或者说手段，做出正确的判断还是要靠企业领军人的智慧。虽然做好产品创新不能指望天才，但是确实需要企业领军人具有颠覆性的思维，能够对市场需求有前瞻性的把握。

02 畅销车型

在质量过硬的基础上打造全新的产品体验

自主品牌的新产品能够吸引合资品牌的消费群体,使其毅然决定购买前者的产品,这不是偶然的。主要有两个原因促使消费者做出这样的选择:

第一,消费者认为汽车产品本身不应该有基础性的质量问题。主流自主品牌已经解决了这个问题,产品质量达到了与合资品牌产品相同的水平,有些产品的质量甚至超过了部分合资品牌。这是中国自主品牌崛起的基础和前提。目前,消费者越来越感受到,自主品牌汽车产品的硬件质量是有保证的。

第二,中国汽车市场的竞争确实日益激烈,但从产品销量来看,关键问题还是汽车企业自己有没有真正把产品做好。中国汽车市场的机会是巨大的,消费者的需求还远远没有得到充分满足。只要自主品牌车企能够提供与众不同的产品体验,就一定可以赢得消费者的青睐,甚至让其舍弃合资品牌而选择自主品牌产品。

当然,要彻底转变消费者的固有印象还需要一个过程。例如,可能部分消费者,特别是年纪稍大的群体,还是会下意识地觉得自主品牌产品的质量要差一点,对其在技术和体验方面的提升也存在认知滞后的问题。不过随着时间的推移,随着越来越多的消费者感受到主流自主品牌汽车产品的进步,这种固有印象一定会被打破,而且速度或许会超出我们的预期。

站在全局高度系统分析判断消费需求

在汽车产品开发方面,中国自主品牌车企原来的打法通常是对标某家车企卖得好的车型来开发自己的产品,认为这样也一定会受到认可。

但这种方式明显带有主观臆断性,因为等到自己的产品量产已经是两三年后了,谁能担保用户的喜好没有变化?同时,别人的产品也早已升级了,必然领先于你。何况各家车企的用户群体肯定有所差异。因此,对标开发产品的模式使企业根本无法做到领先,已经越来越行不通了。而要正向开发产品,就必须有自己的判断能力,能够准确把握几年后的市场需求。特别是在产业全面重构、变化接踵而至的今天,对未来用户需求的判断能力就变得更加重要了。

另一方面,研发负责人必须思考和摸索如何优化现有的产品创新体系,使其更适应企业未来发展的需要。例如,有的研发负责人在企业推行工程师自己研发、自己销售、自己了解用户的新模式。专职销售员与工程师卖车是不一样的,工程师在卖车时往往有一种特殊的心理,哪怕自己倒贴钱,也希望消费者能把车买走,因为这是自己的劳动成果,他们很想得到消费者的认可。同时,为了后续可以更好地开发产品,工程师也更加关注消费者的体验和感受。当然,企业不能真的让员工贴钱卖车,但工程师在销售汽车时能更有效地与用户互动是毋庸置疑的,因为他们对用户反馈的信息重视程度更高,理解能力更强,这样反过来也有助于促进销量的提升。

不过话说回来,用户反馈的信息就一定正确吗?也不见得。一方面,任何产品都不可能十全十美,企业只能尽可能满足大部分用户的需求;另一方面,很多反馈都是"产品配置越多越好",这恐怕未必是用户的真实需求,至少不是用户考虑了价位差别后的真实需求。因此,在工程师把用户反馈信息收集汇总上来后,研发负责人还要站在全局的战略高度进行系统的分析和判断。

从这一点来看,网联化未来将是一个巨大优势。因为网联化意味着车企可以很方便地获得海量的样本数据。基于此,研发人员对用户需求的判断将更加精准。同时,网联化使车企能与用户直接交互,这样产品的迭代优化效率将大大提高。因此,今后汽车产品创新的改变会越来越快。未来很可能车企要做的只是一个"毛坯房",在这个"毛坯房"上可以根据用户的实时数据演绎出风格完全不同的汽车,并能够不断优化。

用户对哪些产品属性更感兴趣，车企就在哪些方面进行更多的演绎和强化，慢慢的，整个产品的画像就描绘清楚了。这就是产品定制化的最高境界，车企可以直接获取用户需求，为其量身打造出最适合的个性化汽车产品。

打造低成本优质产品的三个要素

低成本不见得就是低价值，而且相较高价位的产品，打造低价位的产品在成本控制上的空间要小得多。要在保证质量的前提下把成本控制得比较好，必须做到以下三点：

第一，使精打细算逐渐成为整个公司的内在基因。也就是说，打造低成本产品更多的不是一种技术方法，而是一种骨子里的思维方式。就像日本人对精益求精的追求，是社会大环境下造就的一种自觉心理。在此情况下，企业并不是为了实现低成本而不断采取降成本的措施，而是在产品最初设计的时候就充分考虑了如何实现低成本。

第二，以用户为中心，以市场为导向。这是企业应该一直强调和坚持的目标及原则。必须充分了解用户对低价位产品的需求究竟是什么，进而在产品设计中满足用户的这些需求，避免出现堆砌配置造成的浪费，这是实现低成本的基本保障。

第三，通过规模化进一步造就低成本。要实现低成本，只靠产品减配置是不行的，因为这样最终无法满足用户的需求。在目标市场中，企业应通过把产品做得更适用来不断扩大用户群，获得更大的销量以分摊成本。在实现产品销量的规模化后，就可以随之实现供应商的体系化，以及产品的平台化和标准化，从而使产品制造及零部件采购的成本大大降低。因此，规模化将进一步提升企业的成本控制能力，这也是最合理的降成本方式。

总体而言，控制成本应该成为企业根深蒂固的追求。就像通用前总裁斯隆所说的，企业要想赢得市场无外乎两点：要么成本领先，要么与众不同。

院长心声   VOICE

畅销车型源自正确的战略与战术

自主品牌车企近几年打造出多款畅销车型，这其实是此前几年就播散下的种子。因为企业今天的成功都是昨天正确的战略与战术的结果，而企业今天正确的战略与战术将为明天的成功打下坚实的基础。

在高度复杂、牵涉广泛且竞争日益激烈的中国汽车市场，车企能够打造出一款畅销车型很不容易。一方面，汽车是直接面对广大消费者的大众化产品，车企必须贴近市场，准确把握需求，才能赢得用户的青睐。这绝不是简单凭借传统市场调研就能解决的问题，也不是领导者亲自走访市场或采用一些大数据分析手段就足够了，关键在于车企一定要彻底改变既有思维方式，真正站在用户的角度来打造产品。唯有如此，车企才能有效应对当前汽车产业全面重构、汽车产品重新定义的巨大挑战。

另一方面，车企要敢于创新，但也不能盲目创新，应该基于自身品牌定位和特色优势进行实践，以真正满足用户的需求。也就是说，车企不仅要深刻洞察消费者对新一代汽车产品的强烈需求，还要具备卓越的成本控制能力和相应的核心技术，最终才能打造出热销车型。

事实上，新时期汽车产品的热销不再是靠简单的技术堆积，而是要让消费者真正感受到产品的好玩、炫酷，甚至愿意和别人分享产品带来的美好体验。同时，产品的炫酷感也不再是价格不菲的豪华品牌产品所专有，而是完全可以在大众化品牌的产品上得到充分体现。

自主品牌在产品创新上实现超越已成为可能

本轮汽车产品的竞争打破了之前品牌阵营的界限，自主品牌不再是跟随合资品牌的技术和配置方案简单地把产品价格做得更低，而是在新的领域独立进行技术创新和方案设计以实现差异化，致力于把产品体验做得与合资品牌一样好，甚至更好。这与之前汽车产品只能单纯比拼发动机、变速器等硬件的性能截然不同，使自主品牌在产品创新上超越合资品牌成为可能。

非常重要的一点是，在更加关注软件技术、智能化技术的同时，车企对传统汽车技术仍然不能有丝毫放松。传统汽车技术是不可或缺的坚实基础，新一轮产品的好玩、炫酷都是建立在这个基础之上的，包括车身、底盘、制动、转向等硬件都必须做好，不能为强调软件重要，就忽视了硬件的重要性。而传统车企在硬件技术上的深厚积累无疑是一种巨大优势。

当然，如果说在此前"硬件主导汽车"的时代，硬件既是充分条件，又是必要条件，那么在"软件定义汽车"的新时代，我们必须认识到：硬件依旧重要，但只是必要条件，而不再是充分条件，软件才是决定产品体验的充分条件。为此，企业的侧重方向包括宣传话术等，都要进行相应的调整。

造好低价位的优质汽车难上加难

造好豪华车确实了不起，因为必须研发出高端的技术，实现优越的性能。但造好低价位的优质汽车，实际上更难。毕竟原材料的成本是省不掉的，汽车的基本功能和性能也不能打折。一款汽车既需要研发投入、采购投入、制造投入，也需要销售网络投入、广宣和服务投入等。在汽车产品的全生命周期中，设计开发阶段决定了其最终成本的70%~80%。一款产品既要在低端细分市场上形成价格竞争力，又要保证质量，还要保证企业能够盈利，这谈何容易。

虽然低端车消费者的购买力相对较弱，但是他们对汽车产品的质量以及可靠性、耐久性等同样也有需求。要在这一细分市场上形成竞争力，低成本是产品创新必备的前提条件。但低成本绝不是一个简单的概念，而是涉及企业经营的方方面面。为了打造出符合质量要求的低成本产品，企业在技术、采购、制造等方面的投入，在产品平台、车型数量以及配置组合等方面的选择，每个环节都需要做出富有智慧的正确决策。事实上，所有车企无不希望做好成本控制，即使是豪华车企业也希望尽可能降低产品成本，但这不是想做就能做到的。

非常关键的一点是，企业要在骨子里形成精打细算或者说成本控制的基因，将这一理念深深地融入到企业文化中。要让每一个人都知道自己必须努力把成本控制做到极致，并从中找到自身的价值和成就感。

大家不要把低成本和低价格混为一谈，这是完全不同的两个概念。价格高的产品同样有降成本的需求，成本低的产品未必不能以相对较高的价格出售。最终，产品的价格是由市场供需关系决定的。对企业来说，利润永远等于产品价格与成本之差，因此成本越低越好，同时必须确保有可靠的质量和特色的亮点，这样产品才能以合理的价格销售出去，使企业获得利润回报。在此过程中，企业还可以积累到庞大的用户群，这是企业最宝贵的财富。未来通过持续的产品创新，企业可以更好地满足广大用户对汽车产品不断升级的需求，让他们愿意继续拥有和使用其产品，从而为企业长期持久的成功奠定坚实基础。

成功的产品创新需要企业整体战略的支撑

事实上，自主品牌车企只要把产品真正做好，消费者对其是不会有太多成见的，毕竟他们是在用自己辛辛苦苦赚来的真金白银买车，一定会追求自己最喜欢的、货真价实的产品。随着时间的推移，消费者对自主品牌优秀产品认可程度的提升，可能会比我们预想得更快。选择了自主品牌产品并切实感受到需求得到满足的消费者，对自主品牌后续的其他产品，就更不会有成见了。

需要强调的是，产品创新从来都不只是产品本身的事情，而是与整个企业的战略息息相关，涉及如何预测需求、定位品牌、定义产品、攻关技术以及控制成本等各个环节。正因如此，我觉得在产品创新获得成功的背后，一定有企业整体战略的有力支撑。

如前所述，本轮产业变革是由新技术的发展进步驱动的。这意味着仅靠传统汽车技术已经不够了，今后企业必须应用软件技术、智能化技术，提供好玩、炫酷等全新的产品体验，才能最终赢得消费者的青睐。显然，要达成这样的目标必须在研发上持续投入，这一点其实很难。因为当企业经营困难时，削减研发项目是再正常不过的了，毕竟研发是要三年之后才有回报的长线投入。

实际上，企业要实现可持续发展，最终成为基业长青的百年老店是非常不容易的，因为每一任董事长、每一任总裁，都有各自不同的想法和需求，有些决策短期来看也有充分的理由，但长期来看却并不一定能支撑企业竞争力的不断提升。在这方面，中国企业的问题尤为突出。正因如此，我认为制度化的管理非常重要，这样才能形成持久的、硬性的约束力，无论谁当董事长、总裁都不能轻易改弦易辙。否则"一朝天子一朝臣"，每朝"君臣"都有不同的打法，这样企业的发展是不可持续的。

03 用车体验

未来汽车产品开发更应围绕体验而非功能和性能

未来汽车产品创新主要强调体验，体验看起来似乎比较容易被复制和追赶，其实要复制体验是很难的，因为不同企业对产品核心竞争力的理解存在本质不同。今天，智能汽车的时代正在到来，不过传统车企的一些做法还是围绕着功能和性能展开。很多传统车企的自动驾驶功能是作为配置买来的，例如把博世的解决方案安装在自己的车型上，或者在产品上配置一些驾驶辅助功能，像自适应巡航系统、车道保持系统等，但汽车卖出去后，这些功能用得怎么样基本是不管的。又如在自动驾驶系统启动后会给用户很多警示，包括声音和图像符号的提示等，这固然体现出传统车企对安全的重视，但也有不太想让用户使用自动驾驶功能的因素存在，总觉得虽然我已经提供了这个配置，增加了产品卖点，但用户最好还是自己驾驶，以免出现不必要的安全事故。但是如果车企不鼓励用户使用自动驾驶功能，又怎么获得相关数据直至形成数据闭环呢？自动驾驶系统不用起来是不可能完善的，因为必须不断积累使用数据才能实现技术优化。这可能是传统车企存在的一个最大问题。

同时，人对汽车自动驾驶也要经历一个逐步了解、尝试、信任，直到形成依赖的过程，甚至最后还会推荐给别人使用。事实上，特斯拉现在做的很多事情就是在引导用户怎样使用自己的产品，逐步培育用户的用车习惯。

相比之下，传统车企产品上的很多智能功能使用率极低，或者只是作为高配车型上才有的选配包，这样消费者根本感受不到智能的体验，也严重影响智能功能的迭代提升速度。特斯拉为什么进步速度这么快？因为它在不断鼓励用户使用智能功能，然后采集数据、持续优化。如果某个功能用户第一次使用感觉不好，那么 OTA 后下一次使用就可能得到改善，这样就慢慢形成了完整的数据闭环。因此，特斯拉的产品越用越好，表面上是技术问题，实际上是组织问题，必须建立强大的组织在后台支撑数据的闭环，才能实现技术本身的快速迭代进步。

汽车产品体验的三个层级

以前消费者对汽车产品的感受也是体验，只是那时大家没有使用这个词罢了。实际上，在一百多年的发展历程中，汽车产业已经建立了一套把体验分解成具体指标的完整体系，例如安全性、舒适性、动力性、操控稳定性等。今天之所以又说起体验这个词，是因为其内涵变新了，价值空间变大了，再用原有的指标体系已经无法清晰描述。此外，还有很多场景化的元素加入进来，恐怕很难只用车端指标来描述了。因此，我们需要把体验放回到汽车产业的中心，重新思考和审视未来汽车产品的体验究竟是什么。

体验对汽车产品来说，应该是功能、性能以及带给人的感受的综合体。具体的度量方法应该是：看什么人在什么场合去使用什么汽车，帮助自己解决了什么问题，同时带来了什么感受。这句话其实把体验分成了三个层级：第一个层级是汽车有什么功能或者说功用，可以在某种场合下帮助用户解决某种问题；第二个层级是人与车的交互以及在交互中的感受，例如不同的汽车产品在功能上可能是相近的，但带给用户的感受可能完全不同；第三个层级是情感价值，也可以说是汽车产品带给用户的满足感。例如，一个人在路上开豪华车，即使别人不认识他，也会觉得他的经济实力比较强，而如果开的是比较低端的车，就不会有这样的效果。这其实就是一种满足感，至于今后消费者还会不会追求这种满足感，那是另一回事。

评价汽车产品体验的四个步骤

汽车产品的体验评价可分解为四个步骤：第一是看用户接触汽车的方式，这是很核心的一点。在不同的场合和不同的接触点，用户和汽车的接触行为是不一样的。而在接触汽车之前，每个人都会对汽车有所预期，这个预期本身是可以进行衡量的。这方面主要是分析个人的客观属性，例如他的身份和年纪，他希望用汽车做什么，他要在什么场合使用汽车等，也包括他之前的用车经验，以前开夏利和开奔驰的人，对汽车的要求肯定不同，对汽车的判断逻辑也肯定不同。这样就可以构建起一个相对客观的用户预期。

第二是看车企给用户建立了怎样的预期。例如奔驰给用户建立的预期是高端和优雅，而宝马建立的预期是良好的驾驶乐趣，这是车企多年来在消费者心中形成的品牌形象。

第三是看产品能实际满足哪些用户预期。例如用户在这个场合下使用汽车时，是否基于汽车的功能和性能圆满地解决了自己的问题，或者达成了自己的目的，即用户预期得到满足程度的感受。如果从功能和性能的角度分析，那只是孤立的一个点。而如果从满足预期的感受来分析，则可以得到一条线，因为感受是多元的，而且可以不断增加或减少。

第四是看本次使用结束后产品能给用户留下什么样的回忆，未来这一点可能是最重要的。如果回忆和预期无法匹配，就要分析车企是否对使用场景的理解有问题，或者向用户传递的预期有问题，又或者产品设计的功能和性能有问题。如果回忆与预期匹配一致，就构成了一个良性闭环，会促使用户产生与产品下一次接触的兴趣。当然，如果回忆能超越预期就更好了，这样用户就会体验到物超所值。

解决体验痛点主要是理念而非技术问题

现在各家汽车企业都在打造电动汽车和智能汽车，但出发点是不同的。对于新造车企业,包括特斯拉,也包括蔚来、理想和小鹏汽车等,它们确实有归零思维,是从什么样的电动汽车最符合用户需求的角度来思考的。

新造车企业一定要做传统车企没有做到的事情,才有机会赢得市场,而不是单纯从节能减排的角度来比拼。过去,中国传统车企都是从低端市场起步,逐渐往上走,而现在一些新造车企业选择从中高端市场往下走。从目前的销量表现看,这样可能会有更大的成功概率。反过来,像宝骏这样仍然聚焦在低端市场的电动汽车产品也取得了不错的业绩,原因同样在于它正在做原来燃油汽车没有做到的事情,即作为用户家里的第二辆车,提供绿色便捷的代步工具。

从这个角度看,汽车产品的价值首先还是要在功能定位上体现差异,在此基础上,再打造体验上的差异。例如特斯拉的差异性包括:在功能上为用户提供了自动驾驶功能,降低了驾驶负担,同时"三电"系统比较稳定;在体验上,很突出的一点就是努力消除用户的焦虑感。特斯拉的续驶里程也不算长,但它投资建设了很多超级充电站,目的就是让用户没有里程焦虑。

里程焦虑主要不在于续驶里程的长短,而在于补充能量的不确定性。实际上,燃油汽车也有里程焦虑问题,之所以平时感受不到,是因为大多数情况下,我们都非常确定能很容易地找到一个加油站。如果是驾车去野外,那我们也会担心找不到加油站,因此有时要在车上额外装两桶油。现在电动汽车的问题就是如此,没有良好的充电体系是难以彻底消除里程焦虑的。

今天,很多传统车企做电动汽车时,根本没有考虑建设充电桩的问题,他们觉得这不是企业的事情。而在实际使用中,很多用户没有条件安装私人充电桩,而且即使安装了私人充电桩,也只能解决一个地点的充电问题,周围到底有多少充电站,自己开车过去时有没有空余充电位,这些都是不确定的。这样就难免会有里程焦虑。而像特斯拉、蔚来、理想汽车的用户们,可能就没有这样的焦虑,因为这些企业在用各种办法来消除用户的里程焦虑。这个例子看似简单,却指出了一个根本性问题:

究竟应该围绕性能，还是围绕体验来打造产品？答案应该是后者。如果单纯追求续驶里程，即使做到了500或600公里，也无法完全解决里程焦虑问题。

事实上，很多体验涉及的并不是技术而是理念问题。我们看到，不少传统车企即使打造的是电动汽车，也是按照打造燃油汽车的思路，这样自然会出现体验上的细节差异。例如，多数传统车企的高端电动汽车，一定是人启动车辆之后屏幕才会亮，有些还会有三四秒的迎宾画面，看上去好像很炫，但每次上车都看这些，用户会觉得很烦。另外，一些车型启动车机要等30秒，这个时间段内没有倒车影像，网络也不能联通。而一些新造车企业的产品，人只要接近车，屏幕就开始启动，等人上车时屏幕已启动完毕。车上也没有起动按钮，用户直接挂档后就可以出发，所有动作都非常简单。这是非常典型的案例。

也就是说，一些新造车企业围绕电动汽车的特点，重新思考和优化了功能的应用及用户操作，而没有局限于汽车产业一百多年以来形成的标准或"惯例"。汽车标准体系历史悠久、高度细化，有政府、有行业，也有企业标准，对高效可靠地开发汽车产品有很大支撑作用。不过这些标准大都针对传统燃油汽车，在今天打造电动化、智能化汽车产品时并不完全适用，甚至有些标准反而成了产品创新的阻力。当然，这其中也有很多标准涉及安全问题，如果忽略会导致严重后果。

软件是提供更好产品体验的关键

用户体验首先体现在汽车产品的基本性能上，例如加速性、操纵稳定性等。因此，车企必须把产品硬件做得非常好，这也是做好产品软件的基础。而软件是企业能为用户提供更好体验的关键。未来汽车一定要基于数据为用户提供"千人千面"和"千车千面"的个性化服务，而在这个过程中，软件将与相关服务直接对应，从而发挥极其重要的作用。

未来，整车企业首先必须掌控的是自动驾驶相关服务。至少未来几年内，用户在用车过程中最关注的体验仍然是驾驶体验。从自动驾驶出发，车企可以在很多方面为用户提供更好服务，包括帮助用户更加安全地驾车，降低事故风险；帮助用户更加智能地驾车，例如规避拥堵等；帮助用户更加方便地驾车，例如自动泊车等。实际上，围绕自动驾驶不断进步的技术水平，以及与技术水平相匹配的不同应用场景，在如何让用户感受到最佳体验方面有太多的工作可以做、也应该做，这些都是车企正在努力探索和尝试的。

以科技实现汽车与人的情感互动

车企的产品和服务应与用户建立起心理上的联系，让用户感受到产品是有温度的，感受到在汽车上是有安全感的、是被尊重的。为此，在车内设计中也要重视用户的感觉，努力向用户呈现尊贵感、安全感和品位感等。感觉其实是一种综合性的体验，产品创新的目标就是通过科技，让产品给用户带去温暖的感觉。

产品给用户的感觉最终还是用技术来表达。举个例子，尊贵感应该怎样体现呢？在用户使用汽车时，一定要在两者之间进行充分的交互以体现产品对用户的尊重，而这背后传递的就是企业对用户的尊重。具体来说，汽车产品可以这样与用户交互：例如当用户走近汽车时，车灯就会点亮，车门就会打开，座椅就会移动到合适位置，车载系统的屏幕就会启动，这些都必须根据场景与用户进行相应交互。又如用户群体上班都很辛苦，下班后肯定希望能比较放松，这时车内就要营造出轻松的环境，包括氛围灯、音乐以及气味控制等，都可以进行相应调节，这些都是基于车内系统的识别和判断而自动进行的。

接下来，汽车还能帮助用户规划好下一步的行程，包括去接孩子或去购物等。由此，用户就会获得良好的体验。而这些体验都是在用户使用汽车的过程中，基于技术支撑，通过汽车与用户的各种交互来实现的。也就是说，通过人工智能等各种技术手段，让产品能有效识别用户的需求和意愿，然后尽最大可能予以响应和满足。

"产品+服务"是未来企业实现差异化竞争的关键

未来机械产品的差异会越来越小，可能只有在造型设计以及对机械的某些理解方面会有一些差别。而新一代汽车的产品形态将发生巨大变化，核心是由原来的机械或机电产品，演变成未来的电动化、智能化加服务的产品，这意味着服务将成为产品的重要组成部分。服务的基础一定是车辆本身，即面向用户在用车过程中所产生的各种需求来提供服务。

为此，车企必须利用各种技术识别和满足用户的需求。目前，已经有车企搭建起数字化平台，就是要利用数字化手段捕捉用户数据、描绘用车场景，不断加深对用户需求的理解。在此基础上，再通过场景切片，完成需求分类，以实现快速精准响应。这样就可以形成一个完整闭环：从用户端得到需求，到研发端快速迭代，形成定制化服务方案，再将其提供给用户，然后接收用户的使用反馈，进入到下一轮闭环过程。这种能力是未来产品实现差异化的关键所在。

总之，无论传统车企，还是造车新势力，都将走上"产品+服务"这条路。而相较于产品，未来车企之间更大的差异可能是在服务上，必须通过服务实现"千人千面"和"千车千面"。一方面，不同企业的用户群体不一样，所产生的需求就不一样，车企提供的服务当然也不一样。另一方面，不同车企对用户需求的理解和满足能力，包括获取和处理数据的方法、提供服务的方式等都存在差异，即使面对近似的用户群体，提供的服务也将是不一样的。因此对车企来说，最大的挑战是如何转变过去那种单纯的"产品"思维，努力把"产品+服务"做到极致。

也就是说，未来企业要通过提供服务来有效满足用户不断变化的需求，以体现差异化。要做到这一点并不容易，这绝不只是服务本身的问题，而是要对研发流程、运营管理乃至整个组织架构进行变革，以适应"产品+服务"的发展趋势。在这个过程中，服务的差异化是外在的，而组织的差异化是内在的。我们必须围绕如何快速满足用户需求，持续迭代优化服务，来构建企业的新型组织架构和运行体系，从而不断为用户带来更好体验。

院长心声　　　　　　　　　　　　　　　　　　　　　　VOICE

车企必须把体验作为产品开发的重点

谈到产品体验，其实就是功能、性能再加感受。功能和性能是可量化的，包括一些相对不容易量化的功能和性能，也可以使用科学的方法转化为定量描述。而感受相对来说就比较主观，似乎难以准确衡量。其实，汽车产业以前之所以不提体验，是因为当时的感受大都是与硬件直接对应的，例如用户关注汽车产品搭载的是什么发动机，或有没有真皮座椅等配置，这些硬件的功能和性能就决定了用户的感受。但未来将是"软件定义汽车"的时代，有很多感受找不到直接对应的硬件，因此我们才不得不重提体验的重要性。

造成新旧车企产品差异的根本原因是传统车企并没有把体验作为开发重点，这主要不是技术能力的问题，而是理念和思维方式的问题。实际上，很多提升用户体验的做法，并不需要复杂技术的支撑，或者说技术门槛是很低的。就我个人长期领导汽车产品开发的经验来说，我一直认为企业不怕没能力，就怕没想法。因为如果有想法，即使暂时不具备能力，也会想尽办法去形成能力，而如果没想法，即使有能力也无法有效使用。

很多老总与我交流时都谈过，企业拼命宣传自己研发出了 L2 级或 L3 级自动驾驶功能，可消费者听不懂。消费者在意的是把车买回去后，用起来怎么样，结果发现这些功能很麻烦，索性关掉不用好了。还有一些企业开发的怠速起停系统也是一样，虽然可以节能，但使用体验不好，结果就被消费者搁置不用了。

未来用户体验是"产品+服务"的综合值

未来汽车产品首先必须是一个合格的机器，然后才能成为智能的机器，最后进一步升华，成为通人性的智能机器人。

我们原来讲的用户体验，主要指加速性、NVH（噪声、振动及声振粗糙度）性能等"硬"属性，这些属性仍然非常重要，但只是必要条件，今后"软"属性的服务将逐渐成为充分条件。未来用户体验一定是"产品+服务"的综合值，而服务可能更是企业实现差异化竞争的核心，车企要通过服务让用户都能无焦虑地使用自己的产品。在这个过程中，汽车要与用户进行有效互动，最终像朋友一样读懂用户，从而真正成为智能的机器人。为此，企业在相关科技上要进行大量投入，特别是在大数据和人工智能等方面，因为只有对用户使用汽车的数据进行有效采集和分析，才能越来越了解用户的个性化需求，甚至像"老夫老妻"那样形成人车默契。

聚焦新四化打造更好的产品体验

体验作为用户使用汽车产品时的综合感受，当然需要通过很多"硬"科技来支撑，但同时又具有很强的主观性，例如尊贵、大气、奢华、宁静等感觉，都不是依赖某一项科技就能营造出来的。我想，要让用户感受到温暖，绝不是定义某个参数就能实现的，而是要通过结合各种技术手段，让汽车产品真正由冰冷的机械变成温暖的伙伴。未来，更加人性化的汽车将能帮助人、解放人，并不断地去理解人。

无论汽车产品如何电动化、智能化，其车身、底盘等系统，包括制动、转向等这些功能始终是非常重要的，这是实现汽车新四化的基础。不过，今后只有这些要素已经不够了，这样的汽车产品对消费者来说太过冰冷，缺乏温度。如何在原有基础上进一步赋予汽车产品新的体验，使其更具生命力，是所有车企都要高度关注的重要问题。从大方向上讲，答案当然是面向汽车新四化不断实践。

展望未来，智能化一定是汽车产业发展的大方向。而智能化绝对不是简单的硬软件堆积，也不是有了数据就能实现的。企业唯有借助适宜的商业模式把汽车硬件、软件以及内外部资源有效组合起来，形成基于场景的最佳解决方案，才能实现真正的汽车智能化，进而全面提升消费者的用车体验。反之，如果智能化最终没有带来更佳的用车体验，就失去了价值，更无法成为企业的核心竞争力。

04 安全底线

智能汽车预期功能安全开发体系亟待建立

对智能汽车来说，其研发目标之一就是要提高汽车的安全性能，然而智能汽车又带来了很多新的不安全因素。因为除基本硬件外，智能汽车还要确保一些新硬件，例如传感器等的安全，更要确保大量相关软件的安全。这些软件既然是人设计出来的，就难免会有bug（缺陷）。另外，智能汽车要在各种场景中自动行驶，特别是中国的交通路况极其复杂，例如机动车道上随时可能有快递三轮车一闪而过，这是车企在开发智能汽车的过程中很难完全预料到的。

无论如何，智能汽车的安全性能绝对是第一位的，不仅要把产品做得安全，还要让消费者相信产品是安全的，这样大家才会放心购买。因此，智能汽车产品的安全性就是企业的生命线。一旦智能汽车产品出现了安全问题，企业就会失去信用，品牌就会受到伤害，很可能很长一段时间内，消费者都不会再考虑购买这家企业的产品了。

需要提醒整车企业的是，传统汽车售出之后出现事故，通常默认是驾驶人的问题，与车企无关，除非能确定是产品存在制动失灵等缺陷。同时，一旦发现产品缺陷，企业还可以按批次进行召回处理，避免承担衍生事故责任。从目前的情况来看，交通事故后客户起诉车企的案例是很少的。而对自动驾驶汽车来说，一旦行驶中出现安全事故，将默认是车企的责任，客户会第一时间投诉车企，毕竟汽车是车企设计制造出来的。

因此，安全是智能汽车发展的核心和底线，而目前有功能安全、信息安全和预期功能安全三大障碍亟待突破。其中，功能安全和信息安全大家比较容易理解。至于预期功能安全，简单地说，就是一辆汽车在所有功能都没有失效的情况下，依然发生的各类驾驶安全问题。预期功能安全与交通环境密切相关，而我国人口密度大、城市布局不合理、交通混流情况严重，导致智能汽车的预期功能安全面临更大的挑战。

整车企业一定要尽快建立智能汽车预期功能安全的开发体系，包括研究预期安全的技术能力、组织架构和测试体系等。这是非常重要的工作，甚至可以说，是智能汽车开发中排在第一位的工作。

企业对智能汽车安全领域应加大投入

对智能汽车安全这样复杂的系统性问题，必须有完善的标准法规提供保障。众所周知，目前汽车上涉及安全的零部件，即安全件，都是有强制性要求的。今后对智能汽车也要确定新的安全件以及新的强制性要求。同时，黑客攻击等问题也要通过法律手段来解决，要将黑客攻击汽车网络系统视为严重的违法行为，一旦触犯就要承担相关刑事和民事责任，不仅要坐牢，还要罚得倾家荡产。

毫无疑问，智能汽车安全的标准法规非常复杂，既然这是不可或缺的，我们就必须加紧推进。未来，很多车企都会开发出智能汽车产品，那么不同车型的安全性应该如何评价呢？就像 C-NCAP（中国新车评价规程）对车辆被动安全进行分级评价那样，我们也应该建立一套面向智能汽车安全的客观量化评估标准，让每款智能汽车都有不同星级，星级越高代表安全性能越好。这一评价还会对产品的客户吸引力以及保险公司的承保策略产生直接影响。

对车企来说，不重视智能汽车安全性能是非常危险的。目前，国外车企对新形势下汽车安全的重视程度不断提升，全世界已有 11 家车企每年发表安全白皮书，以赢得消费者的信任，树立自己的安全信誉，并努力将"安全"标签打造成未来智能汽车品牌的核心基因。令人遗憾的是，到目前为止还没有一家中国车企发表过安全白皮书。

事实上，只有每家车企都对智能汽车安全做出更高承诺和保证，才能真正解决整个产业的产品安全问题。为此，企业对智能汽车安全领域应加大投入、加快推进，因为能力和经验都需要积累，越早投入就越早受益。等到将来智能汽车安全强制标准出台时，就像现在的排放标准一样，产品不满足标准要求就不能上市了，企业再想投入也来不及了。

智能汽车安全问题应通过标准法规解决

智能汽车的安全应分成两类，一类是车辆自身的安全性问题，另一类是数字化网络生态的安全性问题。网络不稳定将给智能汽车带来严重的安全隐患。汽车人都知道"车规级"这个词。所有应用到汽车上的技术都必须满足车规级要求，未来支撑汽车自动驾驶的网络也必须是车规级的，而不是手机通信级的。要真正实现车网融合一体化，就必须搭建车规级网络。而车规级网络不仅体现在传输速度、时延和带宽范围上，更体现在安全性和可靠性上。这就像车规级芯片一样，必须满足汽车的使用要求。为此，我们要制定好车规级网络的标准，建设好满足标准的车规级网络，这样就可以解决网络的可靠性问题。

同时，智能汽车安全也不能完全依赖于外部网络，车辆自身也要有网络出现问题时的应对方案，也就是要有足够的安全冗余。智能汽车安全冗余的设定肯定不能与传统汽车一样。实际上，车企必须参照《ISO 21448 预期功能安全（SOTIF）》等标准，构建一个面向智能化、网联化汽车的新型质量保证体系，而不是沿用原来的质保体系。这一点非常重要，中国车企应尽早关注、加快布局。

开发自动驾驶技术涉及以下四个定义：DDT（动态驾驶任务）、ODD（设计运行范围）、OEDR（目标和事件探测及响应）和 DDT Fallback（动态驾驶任务后备）。自动驾驶汽车要在 ODD 内完成各种 DDT，而如果 OEDR 感知到意外情况，则必须通过 DDT Fallback 予以解决。这就像人类驾驶汽车时，如果在一些路况下感觉自己开不过去了，肯定要安全地停下来，然后请更有经验的人来帮忙，此时千万不能逞强，否则很容易发生事故。将来自动驾驶汽车也要有类似的设计，即当系统失效或遇到 ODD 之外的状况时，要控制车辆进入最低风险状态，这就是 DDT Fallback 的作用。网络出现问题也属于这种情况。

因此，当企业还不具备在很大的 ODD 内完成 DDT 的能力时，绝不可以让汽车超出能力范围进行自动驾驶。例如奥迪推出的 L3 级车型，明确规定车辆在自动驾驶状态下，最高车速不能超过 60 公里/时。也就是说，这款车是不能在高速公路上自动驾驶的。这是企业负责任的做法，实事求是地表明自己研发的车型目前达到了什么水平，如果超出了一定范围，就无法保障安全。实际上，所有车企都应该有类似的明确说明。

此外，还有混流车队安全问题，即自车安全级别高，却仍然有被安全级别低的车辆撞到的风险，这需要通过提升智能汽车的能力来解决。未来，自动驾驶汽车必须有自己的安全识别区，在遇到危险状况时，必须有能力及时做出处置。驾驶人遇到危险状况时，会下意识地踩一脚制动踏板，这就是安全大脑的作用。对自动驾驶汽车来说，也要有这种安全大脑技术。这样通过安全识别区来判断可能出现的危险，利用安全大脑在遇到危险时进行紧急应对，安全级别高的智能汽车产品就无需担心被安全级别低的汽车撞到了。

智能网联汽车安全：合作重于竞争

在智能网联汽车的安全问题上，整车企业更应关心和确保的是车端安全。当然，车端的安全已经发生了很大变化：过去汽车如同信息孤岛，几乎不与外界联系，车企只要确保汽车内部安全就可以了；而未来汽车将充分开放，作为智能网联终端随时与外界发生各种联系，由此要确保汽车安全就不可避免地要面对信息安全、网络安全等问题。

首先，车端的安全一定是由整车企业来负责，包括车内关键部件的安全保障，以及系统集成后的安全保障等。车端安全必须严防死守，车企对此怎样重视都不为过。这就像是自家金库的大门，要由绝对可靠的自己人来看守，而不能随便交给外人负责。当然，未来保障车端安全既涉及硬件，也涉及软件，这就需要车企扩展自身的能力。同时，应充分考虑冗余设计，通过软硬件的双保险，构建一个高度严密、完备的车辆安全系统。

其次，除车端外，车企还需要尽可能确保管端和云端的安全。因为有一部分云端安全问题需要也可以由整车企业来解决。或许车企无法管理公有云，但完全可以管理私有云。由此，涉及车辆的云端安全问题就转变为车企如何进行合理决策的问题，即把哪些数据存放在公有云上，又把哪些数据存放在私有云上，然后再分别施以不同的管理策略，这样安全系数就能高很多。

最后，智能网联汽车的安全问题涉及面非常广，很多问题仅凭一家乃至一类企业是解决不了的，因此企业之间迫切需要跨界合作，共同应对安全难题。在这方面，希望行业组织能多做一些工作，这些组织与各类企业都没有直接竞争关系，可以更好地解决行业的共性问题。

同时，解决安全问题也不能完全依赖合作，尤其是车企一定要努力形成自己的特色竞争力，毕竟车企还是要面对市场竞争的。不过至少在现阶段，对车企来说，合作的诉求要高于竞争。事实上，智能网联汽车需要一个整体性的大环境，不是说一家车企的产品实现智能就行了。如果其他车企的产品不够智能，那自家产品的智能化水平也会大打折扣。同时，行车安全本身是一个公共安全问题，因此，未来安全要求将成为车企打造智能网联汽车的基础条件。安全问题说到底不是为了"防君子"，而是为了"防小人"，例如信息安全要防的就是黑客，未来智能网联汽车肯定会成为他们攻击的目标。在这方面，相对于竞争，企业合作的需求显然更强，也更紧迫。

另外，在安全领域开展国际合作也很重要。国外公司在一些方面做得很好，我们理应学习和借鉴。特别是欧洲一直非常注重安全问题，其社会安全意识整体上要比我们更强。中国坐拥全球最大的市场，对国外公司颇具吸引力，这是国际合作的良好切入点。总之，安全对汽车行业来说是永恒的主题，只要存在出现安全问题的可能，我们就要探索有效的解决方案，而在新形势下，这需要汽车及相关企业坚持不懈的共同努力。

院长心声 VOICE

安全是未来产品创新的最大挑战之一

安全是智能汽车的核心问题之一，也是当前汽车企业面临的最大挑战之一。如果不能解决安全问题，智能汽车就只能是镜花水月，其他所有美好愿景都将成为泡影。事实上，当车辆驾驶主体由人变成机器时，一旦车企设计制造出来的汽车产品出现安全问题，就会给企业自身带来巨大经营风险。因为传统汽车出现交通事故，往往是驾驶人操控失误的责任，而自动驾驶汽车如果出现交通事故，显然与驾驶人无关，只能由车企来承担车辆操控不当的责任。自动驾驶汽车一旦出现问题，很可能是群体性的，会造成大面积的交通瘫痪，可怕程度远远超过此前的单一车辆事故。当然，反过来讲，如果哪家企业能很好地解决智能汽车的安全问题，就有望成为未来竞争中的赢家。

智能汽车安全是复杂而庞大的系统工程，想要找到系统性的解决方案谈何容易。为此，整车企业、零部件企业、ICT 公司、科技公司以及国家管理部门、标准法规制定机构等各类相关主体，必须彼此互动、共同合作。一方面，推动智能汽车安全强制标准和法规早日出台，以规范行业竞争和产品要求；另一方面，促进企业提升汽车安全的使命感和责任感，不断加大投入，加快实现智能汽车安全技术的全面突破。

实际上，智能汽车的安全已经远远超出了传统汽车主被动安全的范畴。因为智能汽车将是一个信息物理系统，即 CPS（信息物理系统），不仅涉及传统汽车的物理安全问题，还涉及网络安全、通信安全和数据安全等一系列信息安全问题，从而形成了一个庞大的系统工程。

当前，业界逐渐达成了一个共识，即自动驾驶汽车必须比人驾驶的汽车安全很多，甚至达到 10 倍、100 倍，才能得到消费者的普遍接受。如果安全水平仅做到与传统汽车差不多，自动驾驶汽车是很难大行其道的。

安全是未来企业竞争的核心与焦点

在汽车安全方面，零伤亡是一种美好的愿景，零事故则是更高的境界。智能网联汽车要想达到零事故的境界，不只需要车辆安全，还需要网络安全和数据安全等。如果说智能汽车是未来的发展方向，那么安全就是智能汽车的根本保障。事实上，安全是汽车产业永恒的主题，安全技术的进步永无止境。

毫无疑问，安全是未来企业竞争的核心与焦点。如果安全无从保障，无论汽车能力怎样智能、动力怎样强劲、使用怎样方便，都将毫无意义。试想，假如未来自动驾驶汽车受到黑客攻击，失去控制而横冲直撞，将是多么可怕的场景。即使你的车未被入侵，别的车辆被黑客操控也有可能主动撞上你，更有可能会出现车队集体失控的情况。

然而，汽车也不能因此就拒绝开放，而是必须与管端、云端充分连接，否则继续保持信息孤岛状态是没有竞争力可言的。为此，整车企业第一步要紧紧守住车辆与外部的接口，确保车辆自身能抵御黑客攻击；第二步要争取掌控一部分云端核心数据的安全。最终，唯有汽车及相关企业通力合作，才能充分保障智能网联汽车的安全运行。从这个意义上讲，相比于车企之间通过竞争来提升各自车辆的安全性能，各类企业一起合作解决共性安全问题更为重要，因为我们的终极目标是让整个车队都达到零事故境界。

智能网联汽车的安全问题必须有效解决

毫无疑问，智能汽车安全，尤其是预期功能安全非常重要，也非常复杂。希望车企都能尽快建立起预期功能安全的开发体系，这是当务之急。

具体来说，我们应该通过标准法规来解决棘手的智能汽车安全问题。如果将来建立了智能汽车安全标准法规体系，各项相关工作就可以得到规范，同时我们也就可以更准确地评定智能汽车的安全级别。当车辆驾驶主体由人切换到机器时，汽车将由物理系统转变成信息物理系统，不仅仍要解决物理安全问题，还要解决信息安全问题，更要解决物理与信息结合的安全问题，因此智能汽车安全已成为全行业面临的严峻挑战。相对来说，单一零件的问题容易解决，而整车集成的问题则非常困难。例如防止电动汽车自燃就是一个事关整车集成的系统性难题。又如智能网联汽车的安全问题更是如此，涉及很多传统汽车之外的要素。对车企来说，汽车安全问题是无论如何都必须有效解决的。

如果不能有效解决智能网联汽车的安全问题，车企就不敢出售产品，供应商也就无法从中获利。而普通消费者的首要关注点也是安全，否则即使车辆再智能，消费者也不会接受。反过来讲，把安全性能做好也会成为一个强有力的产品卖点，例如沃尔沃汽车就是这方面的成功案例。由于智能网联汽车的边界空前扩展，其安全问题不能只靠某家企业单打独斗，而要由不同领域的相关企业协力解决。行业组织应推动各方共同解决智能汽车安全问题。

产品创新既需投入又需坚持

在安全方面，一些新造车企业与传统车企有所不同。这其中可能既有新造车企业理解不到位或做得不到位的原因，也有新造车企业愿意为创新而冒更大风险的原因。例如特斯拉出现了一些安全事故，传统车企会认为怎么能允许这种事情发生？而特斯拉可能认为不去创新尝试又怎么能把新技术快速导入市场？在这个过程中，安全事故带给企业的负面影响和技术创新带给企业的正面影响相比，究竟哪个更大，这恐怕没办法量化。而实际情况是，大部分消费者认同特斯拉是一家创新型企业，也是一家引领型企业，它在尝试很多先进技术，因此付出的代价也是其创新的一部分。

事实上，如果是传统车企遇到同样的安全事故，恐怕相关创新早就叫停了，因为觉得再这样下去会对公司造成巨大伤害。但特斯拉却始终选择坚持，并在实践中持续完善自己的产品，一代一代地不断升级，我想这是因为特斯拉在骨子里相信科技创新是企业的未来。时至今日，特斯拉仍然被一些人诟病，但我觉得特斯拉确实给汽车产业带来了很多不同的思维和巨大的改变，这恰恰是传统汽车企业都应认真反思的。透过特斯拉，我们不仅要认识到创新的重要性，还要认识到创新是有代价的，既需要投入，更需要坚持。说到底，企业到底愿意付出多大的代价坚持创新，还是取决于企业对创新的信心和决心。

三、产品创新战略

01 电动化

电动化已成为汽车产业发展的大势所趋

2020年发布的《中国新能源汽车产业发展规划（2021—2035年）》中提到，2025年新能源汽车新车销售量要达到新车销售总量的20%左右。对车企来说，这是一个有挑战但也应该有信心达成的目标。

第一，电动化已成为汽车产业的发展趋势，这不只是中国的趋势，还是世界的趋势。今年欧洲新能源汽车的发展速度很快，就像赛跑一样，有了对手，各国可以更快地前进。

第二，《巴黎协定》代表着全球共识，包括美国在内，新一届总统上任后也会回到协定中来。汽车产业作为碳排放大户，也必须为履行减碳义务做出应有贡献。近期，全世界新能源汽车公司的股价都在增长，而且是以难以置信的速度增长，有的公司股价已经涨了10倍以上，这说明了资本市场更看好什么方向。如果说过去还有部分国家对发展新能源汽车心存犹疑，例如日本一直在混合动力与纯电动路线之间纠结，但现在主要汽车国家从政府到行业层面，都已经达成了发展新能源汽车的高度共识。

第三，我国推动新能源汽车发展的相关法规相继出台，特别是"双积分"政策明确规定在华车企的新能源汽车产量必须达到一定比例。可以说，中国新能源汽车政策法规体系正在逐步健全，已经对企业形成了倒逼机制。

第四，未来几年政府将继续加快充电基础设施建设，这也会促进新能源汽车的发展。如果到处都有充电桩，电动汽车开到哪里都可以很方便地充电，那车企也就不必再纠结于电动汽车的续驶里程长短了。因此，随着中国充电基础设施的问题逐步得到解决，未来高续驶里程很可能不再是电动汽车的卖点，或者说当前车企追求的高续驶里程电动汽车只是阶段性的产物。

第五，现在普通民众对电动汽车产品的接受度正在不断提高。因为电动汽车越来越好，能满足不同层次消费者的需要。当前，电动汽车市场呈现出高端和低端"两头热"的现象，从中就可以看出消费者的真实需求：高端车续驶里程更长，用户对充电问题的焦虑相对较小，且车辆的功能和性能更佳；低端车价格更低，虽然续驶里程往往较短，但也能满足用户日常短途使用的需求。这些电动汽车产品都能满足消费者实实在在的刚需。同时，人们的环保意识越来越强，大家都希望空气质量能得到改善。

电动汽车是支撑智能化的最佳产品载体

电动汽车具有简单和纯粹的特点，而简单和纯粹恰恰是大众化产品更容易获得发展的基因。例如，智能手机为什么选择触摸式大屏来取代按键式设计，单从功能实现的角度看，按键方式也是可以的，但无论从开发还是从使用角度来看，按键都不及触屏方式简单。正是触屏和安卓系统的结合，才引发了智能手机的广泛普及。汽车产品也是如此，如果用燃油汽车来实现智能化，则整个产品及其开发过程都会变得更加复杂。

这种复杂主要体现在两个维度上。一是供应链维度，燃油汽车的供应链比较复杂，而且不少Tier1（一级供应商）掌握着很大话语权。例如大部分整车企业使用的AT（自动变速器）都是从供应商那里购买的，想要自己升级AT本身就非常困难。如果还要基于自动驾驶需求，同时匹配合适的发动机MAP图（发动机特性图谱）来进行AT换档升级，就是难上加难了，很可能与Tier1沟通很久都无法解决。当然，对汽车产品来说，安全永远是第一位的。不过在传统汽车供应链体系及与之对应的产品开发模式中，有太多出于安全考虑的更新升级阻碍，其中很多其实是可以不影响安全性能的。另外，很多Tire1都是国际供应商，其本土化能力强弱有别，就算想支持车企进行相应调整，也未必能做到令人满意。就像发动机标定，很多时候车企也只能选择接受或不接受而已，并不能进行细节优化。更何况汽车供应链不仅结构复杂、层级分明，还有着既有的利益捆绑和固化体系，这是多年沉积形成的结果。在这种情况下，要让燃油汽车的供应商们完全按照新造车企业的思路来开发智能汽车会非常困难。二是技术维度，这一点大家都很清楚，主要是发动机控制比电机控制复杂，变速器换档比电机调速复杂。

如果在产业链和技术复杂度都更高的燃油汽车平台上开发智能汽车，自动驾驶等智能化功能就只能以增量搭载的方式才容易落地，要想对整车架构进行系统全面的重新设计几乎是不可能的。也就是说，基于传统动力总成的智能汽车，有一些系统可以通过OTA升级，而另一些系统不能通过OTA升级，导致整体智能水平不及电动化的智能汽车。

实现新能源汽车产品全生命周期内的"零焦虑"

用户在使用电动汽车时会产生各种焦虑，例如里程焦虑、服务焦虑、二手车残值焦虑和电池焦虑等。用户心中存在的焦虑就是最重要的痛点，而用产品和服务真正解决这些用户痛点，也给车企提出了很高的要求。一方面，在产品上，怎样通过技术来支撑产品实现零焦虑？另一方面，在服务上，如何解决用户在用车过程中的各种焦虑问题？又如何在车辆全生命周期内为用户提供服务？这些都是需要思考和解决的问题，希望在不久的将来，车企能真正为用户提供"零焦虑"的产品和服务。

现在普遍存在的里程焦虑，应该只是暂时的问题，通过技术突破和加强基础设施建设是可以解决的。类似的还有手机，之前每个人都会备上几块手机电池，现在已经无需这样，因为一块电池的容量已经足够用了，而且充电也很方便。未来电动汽车也一样，随着动力电池技术的进步和充电设施的普及，里程焦虑终有一天会成为历史。今后车企应该持续解决引发用户焦虑的所有问题，例如电池监控、用车服务、修理维护、预防性维修等。在这个过程中，车企会不断采集和分析数据，不断发现和解决问题。

从企业转型升级的角度出发，未来也不能只把产品卖给用户就万事大吉了。过去传统车企把新车交付给用户后，与用户的联系就只剩下维修保养，而维修保养也是间接的，因为中间还隔着4S店。但今后车企把新车交付给用户后，与用户的关系才刚刚开始。后续车企要持续观察用户在用车过程中产生了哪些问题，然后全力帮助用户解决问题，向着"零焦虑"的目标不断前进。

面向用户体验进行电动汽车产品创新决策及验证

今后，车企推出全新产品时，都应该有一个让用户试体验的环节。在用户体验的过程中，可以围绕几个焦点问题不断验证自己当初的设想是否正确。例如充电技术路线的选择，是快充还是慢充？可以通过用户体验来验证慢充路线的可行性。

首先是成本低。建一个快充桩价格在7万～15万元之间，而慢充桩仅需一两千元，而且同样是防水防雷击设计，同样可以实现联网并通过云端进行控制。如果是在地下停车场和小区固定车位安装慢充桩，则仅需几百元。这样对用户来说，电动汽车的使用成本就几乎只有用电成本了。然而，现在多数企业选择的方向恰恰是快充，这样下去会因使用成本较高而影响电动汽车的推广。

此外，大数据研究发现，当前85%的用户每天行驶里程都在35公里以下。根据二八原理，一个产品不需要也不可能满足所有用户的需求，只要满足80%的人群就可以了。因此，可以把电动汽车的续驶里程设定为150公里，如果按一周五个工作日用车计算，基本上大部分用户一个星期充一次电即可，慢充完全能满足这种需求。

其次是慢充方式安全性高。充电安全问题非常重要，必须避免出现充电安全事故。

最后是环境要求低。建设慢充设施所需的环境条件要比快充低得多。

慢充桩至今没有被广泛接受，主要是因为很多地方政府存在害怕担责的心理，因此以往在小区里，哪怕是拉一条电线、装一个插座都很困难，物业、住建、消防、质监等都会监管，生怕出现安全事故。这就需要车企与地方政府联手打通这些环节，在满足安全标准的前提下，快速铺开慢充桩的建设。

打造消费者买得起且愿意用的电动汽车

微型电动汽车应该会成为中国未来电动汽车中很大的一个品类，也是电动汽车的发展方向之一。打造没有国家补贴、老百姓也能买得起且愿意用的电动汽车产品，是汽车产品创新重要的努力方向。或者说，造最便宜的电动汽车是最根本的逻辑之一。

那么，怎样才能造出最便宜的电动汽车呢？众所周知，电池成本在电动汽车成本里占了很大一部分，"三电"（电池、电机、电控）成本也主要在于电池。因此，可以考虑通过车辆小型化来降低电池的使用量。同时，电池的使用量与车辆的续驶里程直接相关，适当减少续驶里程也是降低成本的一个方向。但车辆小型化到什么程度、续驶里程减少到什么程度，都不能随意确定，而是必须结合市场需求来思考。实际上，目前电动汽车的市场推广有两个尚未解决的棘手问题，一个是续驶里程，另一个是充电焦虑，两者又互为因果。

企业可以通过调研确定电动汽车的尺寸和布局，目标是既能满足消费者大部分日常出行需要，又能显著节省成本。接下来，解决充电的问题更加棘手，尤其是快充，涉及很多非常麻烦的事情。为此，一定要找到一个畅通的使用场景，这样才能真正检验设计合不合理，产品合不合适，最终探索出有效的解决之道。在这个过程中，车企可以与地方政府联合起来，一起解决新能源汽车的推广问题，让老百姓把电动汽车真正用起来。对地方政府来说，目的是促进整个城市的建设和发展。对车企来说，要在这些电动汽车的使用过程中发现并解决两方面问题：一是车辆本身存在的问题，二是用车环节存在的问题。

车企应掌握涉及产品迭代、改进和反馈的核心技术

汽车企业要把核心技术掌握在自己手上，因为只有这样才能做出真正有竞争力的产品，才能确保用户体验的一致性，进而将软件、硬件、服务的全面结合做得更好。显然，如果只采用常规的成熟技术，是无法达成这个愿望的。

从汽车进化的角度来看，新时期企业首先要看清全局，明白企业到底应该做什么样的产品，然后再从整车到系统、从系统到零部件确定开发目标及相应的策略。绝不能反过来先考虑有什么零部件，然后做系统，再做整车。当然，从整车产品全局出发进行全面创新，需要很大投入，只有少数公司才舍得或者说敢于做这样的投入。同时，对新创车企而言，正向开发本身也意味着投入大、时间长、风险高。但要做领先的智能电动汽车产品，就只有这一条路可走。

在电动化方面，企业目标应是自己掌控"三电"，包括电机、电控、电池包的整体设计以及BMS（电池管理系统）的所有软件，甚至应该自己生产电机、电控系统和电池包。在电芯层面，如果车企整体规模较小，单独研发电芯是不合算的，而电池企业已经拥有了很大规模，用他们的产品肯定比自己做更划算。在智能化方面，例如数字座舱，从硬件到软件都应由车企自己研发。又如自动驾驶系统，除芯片外，其余也都应由自己研发，包括整个控制系统的软件、CGW（连接网关）的底层数字系统等。除"三电"、"三智"（智能驾驶座舱、智能网关和自动驾驶）系统外，车企对整车的集成设计也应该从一开始就自己来做。

这种选择背后是有内在逻辑的，越是涉及产品及时迭代、改进和反馈的部分，就越应该由车企自己来做。因为整车企业比供应商离用户更近，用户反馈意见后，车企可以及时改进并回应。如果要通过供应商才能处理，就等于增加了一个环节，会变得很麻烦和低效。

按这样的逻辑再往前推就可以发现，软件部分也应该是车企自己做。例如控制电池包的BMS等。在整车层面，凡是软件程度高的部分，都要自己研发。尤其是整车的控制部分，更需要车企自己来掌控。如果不是

自己来做整车控制，车企又怎么可能根据用户反馈，结合自身产品，迅速开发某种新功能呢？要是让供应商来开发，那反应速度一定会慢得多。因此，越是涉及产品及时迭代、快速改进和跟踪反馈的技术，就越需要整车企业自己来做。

车企应从产品定义的角度研究电池

从电动化的角度看，电池无疑是最核心的技术，其中电池包的设计非常关键，因为电池安全性等都与此息息相关。从今天电芯的水平来看，已经像钢铁一样，是靠规模驱动成本降低了。因此，整车企业自己做电芯不太现实，也没有意义。电芯也不会成为车企的"卡脖子"技术。在电池上，有两件事对整车企业至关重要：一是根据自己的产品需求设计电池包；二是做好电池管理软件和数据分析挖掘工作。这两件事应该是车企自己来做。

具体来说，对于动力电池，车企不做电芯，也不做模组，但应该自己做电池包的设计。因为电池包生产的技术难度并不算高，而电池包的整体设计以及工程化、质量管控能力，则很有技术含量，也非常重要。对这些关键能力，车企今后要不断加强。

至于单体，包括电芯材料等技术，车企也要从电池系统的整体角度出发进行一定的研究。研究不应只基于当下，也要考虑未来。特别是从产品定义的角度研究电池，即考虑用户在什么场景使用，用户的使用习惯是怎样的，以及由此确定什么样的电池最适合用户？

车企不宜生产电池单体，但须强化电池技术能力

在电动化方面，车企不一定要直接参与生产电池单体。第一，三元锂电池究竟能占据主流地位多长时间，现在尚无定论。业界目前讨论比较多的候选者是固态电池，当然，固态电池在汽车上应用的时间表可能会晚于预期。毕竟汽车对电池安全性能的要求非常高，同时还要综合考虑质量能量密度、体积能量密度、使用寿命以及成本等其他指标。但无可否认，动力电池的终极发展方向很可能是固态电池，这样未来电池行

业将面临巨大的变化。在此前景下，车企如果在锂离子电池方向投入过多、研究过深，是存在风险的。

第二，研究电芯材料需要很大的团队。如果团队规模有限、投入不足，就会导致技术迭代进步的速度不够快，企业根本无法确保领先优势。这是新技术发展的客观规律，我们必须充分尊重。也就是说，车企要想把电池单体技术吃透是很困难的。

不过，整车企业必须了解电池单体技术，能够与电池企业进行深度交流并提出适宜需求，甚至能够准确判断未来电池的发展方向。为此，车企需要密切关注电池在成本、安全性、一致性等方面的最新进展与预期潜力。近几年电池技术的进步非常快，例如过去电池体积是一个很大的问题，现在随着体积能量密度的提升，电池体积有了明显缩小，这样电动汽车的尺寸也有了更大灵活性。实际上，电池技术的很多改进都源自车企的诉求，然后再由车企和电池供应商一起努力解决相关问题，最终达成所需的目标。

因此，目前阶段整车企业不应直接参与电池单体的生产。因为三元锂电池的体系已经相对成熟，就像已经取得了高分的考生，再想往上提升成绩是很难的。至于将来固态电池或其他新型电池成为车用动力电池的主流后，车企是否有必要参与，那是另外一个问题，还要再行研究。

车企如果想深度研究电池，就一定要投入重兵，否则只有少量投入不会有什么效果，也解决不了任何问题。不过，无论如何车企都要确保电池绝对受控。为此，很多一线车企采取的对策是与头部电池供应商共同成立合资公司，以资本纽带建立强连接的关系。与此同时，企业内部也招揽了一批电池方面的技术人才，以此确保对电池有足够的了解，能辨别电池性能的优劣，判断电池技术的趋势。这是车企应该也可以具备的能力。

至于下一代电池技术，例如固态电池方面，总体而言目前车企还处在技术跟踪阶段。据观察，固态电池的发展速度要比我们想象得慢，还有一些瓶颈有待突破，可能至少要到 2025 年后才能看到固态电池量产产品。毕竟电池开发是一个系统工程，需要兼顾安全、性能与成本等多元目标。而应用固态电池的主要目的之一就是要从根本上解决电池安全问题，确保不再出现电池起火燃烧事故，这在技术上仍有很多挑战。

混合动力的创新方向是成本控制做减法

混动系统中的发动机应该做减法。因为动力组合中增加了电池和电机，而客户对成本的接受度是有限的，对发动机、电池、电机都做加法肯定不行，因此发动机必须做减法。在保障性能的前提下，谁的减法做得好，谁的动力系统成本控制就能做得更好。

多领域交叉、组合式的融合创新至关重要，不仅可以开辟产品创新的新赛道，还可以拓宽旧赛道，让原本找不到答案的难题获得新的解决方法。例如，很多企业多年前就在研究 HCCI（均质压燃）技术，但 HCCI 技术一直没能在汽油机上普及，因为汽油机独自驱动车辆时，必须满足多种复杂工况的输出需求，而在 HCCI 模式下要做到这一点非常困难，或者说只靠汽油机自身创新几乎没有解决问题的可能性。而现在，我们把汽油机与电池、电机组合起来，情况就不同了。主要用于发电的汽油机工况区域大幅收窄，这样 HCCI 技术就有了大显身手的可能，从而显著提升汽油机的热效率。

燃料电池将在 2025 年后逐步应用于乘用车

除电动汽车外，新能源汽车还包括燃料电池汽车。燃料电池汽车可能是解决汽车能源消耗和环境污染问题的终极解决方案。一方面，燃料电池可以在源头上解决汽车使用清洁能源的问题。燃料电池汽车输入的是氢，输出的是水，完全没有污染。最终人类应该使用可再生能源和核能，以此电解水来制氢，再采用分布式储氢，即储能，随时随地供给燃料电池。而在核能发电技术方面，中国已经达到了世界先进水平。以此为突破口，汽车对化石能源的依赖以及由此产生的环境污染就可以得到根本性解决。

另一方面，对燃料电池所用的材料进行溯源可以发现，除铂比较昂贵外，其他材料都比较常见，也都是环保材料。同时，业界正在进行技术攻关，铂的使用量将越来越少。预计今后铂在燃料电池中的用量，会比满足国Ⅵ排放标准的传统燃油汽车在三元催化转化剂中的用量还要少。

因此，从未来可持续发展的角度看，燃料电池汽车是很好的发展方向。当然，目前仍有一些关键零部件尚待技术突破，同时成本问题也尚待解决。实际上，产品的成本与规模息息相关，后续随着产销规模的提升，燃料电池汽车的成本自然会逐步下降。

近期，燃料电池比较现实的应用场景应该是商用车，例如在固定区域内使用的物流车，这主要还是基于加氢站限制来考虑的。其一，在氢能发展初期，加氢站数量肯定很少；其二，商用车的线路相对固定，加氢问题比较容易解决；其三，从基本原理上，燃料电池汽车方案也更适合商用车。因为商用车如果采用纯电动方案，就需要装载大量电池，导致成本高、重量大。像重型货车等商用车本身的功用就是运送物资，其能量应该用在运载货物上，而非运载电池上。

至于在乘用车上的前景，随着成本的下降，预计燃料电池到2025年可以逐步在乘用车上得到应用，不过可能要到2030年才有望进入普及期。目前，也有少量大型MPV或SUV燃料电池车型，但轿车车型极少，主要还是加氢和成本的问题难以解决。

当前，国家在推动电动汽车发展的同时，也在鼓励发展氢能源。中国是大国，汽车产销规模全球第一，同时探索纯电动和燃料电池两条技术路线是没问题的，也是应该的。总体来说，燃料电池这个方向非常值得我们继续努力做下去。

院长心声　　　　　　　　　　　　　　　　　　　VOICE

政府力量在汽车产业生态构建中不可或缺

由于新能源汽车的使用环境建设涉及政府掌控的诸多资源，政府各部门必须有效打通和联动，因此这项工作往往需要地方政府最高领导的认可和重视，按照所谓"一把手工程"来着力推动。当然，事物都有正反两面，有人会觉得"一把手工程"是不是容易武断。但反过来看，一旦地方主管领导认识到建设未来汽车生态的重要性，其推进力度将是最大的，毕竟一把手掌握着所有资源。其实这是一条普遍规律，不只政府如此，企业也如此。

实际上，电动化、网联化、智能化的未来汽车产品将催生出与传统汽车产品完全不同的产业生态，这意味着车企不仅要拿出优秀的汽车产品，还要想清全新的汽车产业生态。而这个全新生态，只靠传统整零车企是不可能构建成功的。正如我此前多次指出的，未来汽车产业必须采取"1+1+1"的发展模式，即整车及零部件企业、ICT及相关高科技公司和政府三方力量共同参与，三者缺一不可。也就是说，未来汽车一定是与交通、城市和能源相互融合、一体化发展的。因此，汽车、ICT以及政府三方都是汽车产业生态建设中不可或缺的重要力量。

车企与当地政府共同努力，在充电设施、停车位等各方面尽可能为电动汽车提供最大使用便利，不仅可以解决新能源汽车推广中企业自身难以解决的诸多瓶颈问题，还可以为构建城市绿色交通体系以及帮助居民便捷出行提供有力支撑。我认为，今后车企应认真考虑如何有效撬动城市管理者的力量，以助推产品、技术和商业模式创新的有效落地。

对整车企业而言，一旦明确市场需求、理清商业模式，就要主动争取地方政府的支持，不断沟通交流，打通各个环节，这样才能有效调动自己并不掌握的资源，最终实现创新汽车产品的有效应用和发展。从这个角度讲，汽车产业的生态化发展前景，为中国发挥体制优势提供了难得的机遇。

对政府而言，要想帮助企业更好发展，就应该与企业进行深层次的紧密互动，提供企业真正需要且只能由政府给予的支持，而不是简单地给企业财政补贴。企业则应向政府充分展示自己创新方案的价值，并指出需要政府解决的瓶颈环节。为此，企业可以先在小范围内进行示范运营，向政府演示项目的可行性，然后再寻求其帮助，解决运营中发现的实际问题。事实上，这也是一个企业提出战略后不断积极实践的应有过程。当项目发展到一定程度后，不仅会给企业，也会给地方，创造出超乎想象的回报。

发展电动汽车与建设充电基础设施必须相辅相成

虽然 2025 年新能源汽车新车销量占比 20% 的目标是不小的挑战，但随着新能源汽车政策体系的不断优化，以及充电基础设施建设的快速推进，中国新能源汽车的快速发展是可以期待的。

发展电动汽车与建设充电基础设施是相辅相成的关系：电动汽车数量多了，会倒逼充电基础设施加快建设；充电基础设施普及后，电动汽车也可以更快发展。更重要的是，在充电便利的情况下，电动汽车有两三百公里的续驶里程就够了，因为多数用户平时并不跑远路，偶尔长距离外出，可以用快充补电来应对。这样大可不必追求五六百公里的续驶里程，让电动汽车"背着"大量电池四处跑。电池多不仅意味着消费者购车成本高，也意味着车辆无效能耗高。使用少量电池既能降低成本，又能降低汽车能耗，这才是更经济、更环保的电动汽车解决方案。

微型电动汽车具有广阔的市场空间

现在国家对新能源汽车还有财政补贴，等到补贴完全取消时，微型电动汽车的成本优势将进一步彰显。

说到低成本的电动汽车，早在 2016 年我就专门写过一篇关于低速电动车的文章，当时我就提出，尽管低速电动车面临安全性差、质量低劣、环境污染等一系列问题，如果不进行升级将很难有良性发展，但其代表的市场刚性需求却不容忽视，并且具有很强的合理性。低价位的短途微型电动汽车产品完全能满足很大一部分消费者的使用需求，还可以节约车用能耗和社会资源。

为此，我特别提出了智能微型电动汽车（SMEV）的概念。我认为，终有一天，使用绿色电力、承载智能功能并与外部网联生态充分打通的微型电动汽车将大行其道，在未来移动出行生态中发挥汽车灵活移动的属性优势，成为解决"最后一公里"问题的有效手段。这种产品一定是高质量的精品车型，为消费者提供安全保障和良好体验。同时，小型化确保了它的使用便利性和资源友好性。再加上较短的续驶里程和部分性能，例如最高车速等的适当"打折"，使它具有突出的成本优势。由此，智能微型电动汽车将拥有广阔的市场空间。

开发新能源汽车应打造纯电专属平台

开发新能源汽车可以基于三种平台：一是可以同时做传统燃油汽车和新能源汽车的油改电平台，这种平台可以更充分地借助传统车企已有的资源和积累。不过这种过渡方案弊端非常明显，开发出来的新能源产品很可能是"四不像"，无法实现最佳的产品性能，在成本上由于要彼此兼顾，也不见得具有优势。借用原有平台本来是为了降低成本和缩短开发周期，可产品如果没有竞争力，这些好处就都没有意义了。二是同时考虑搭载电驱动和其他动力方案的兼容平台，目的是扩大平台整体销量，分摊电动汽车较高的成本。可基于兼容平台开发的电动汽车无法实现最理想的性能，而且为多种动力总成进行预留也会导致成本增高。三是全新的新能源汽车专属平台，显然只有基于这样的专属平台，才可能开发出真正领先的新能源汽车产品。目前，越来越多的车企已经达成共识，要想开发出领先的电动汽车，就必须打造专属的纯电产品平台。

有一点非常重要，就是企业必须先把产品做好，而不是先想着能不能赚钱而不敢投入。因为产品做好了，才能打动甚至感动消费者，也才有后续降低成本、实现盈利的机会。当然，追求一步到位是有风险的，打造新能源汽车专属平台需要巨大投入，而且只是让产品有了领先的机会，并不能说产品就一定会热销，这就要考验企业家在战略判断背后的胆识和魄力了。而最终企业只能以结果来证明当时的战略选择是否正确。

车企要提升对电池提出精准需求的能力

在电动化方向，主流整车企业对锂离子电池体系的掌控力目前已经从电池包延伸电池模组，再往下就涉及电池单体部分了。而整车企业不应直接投入电池单体生产，只需采取资本等手段进行产业链布局，与头部的电池供应商紧密合作即可。同时，车企内部要储备电池技术人才，深度研究和了解电池技术的基本属性及最新进步，以准确把握未来发展趋势，并提升对电池提出精准需求的能力。

此外，对于下一代电池技术，例如固态电池，车企应该随时跟踪，并适当进行前瞻储备，避免在主流电池体系发生转变时出现落后于人或受制于人的被动局面。目前，业内对固态电池的发展前景也有不同看法，例如有跨国车企表示，其固态电池在 2025 年前后即可量产，当然其最初指标未必能超过高性能的三元锂电池。事实上，固态电池的进步速度也不是一成不变的，除技术本身的难易外，还在很大程度上取决于整车及相关创新企业的投入力度和技术实力。

重新思考混合动力系统的创新方向

在当前产业重构的前景下，为了打造出让消费者惊喜的产品，汽车企业必须考虑更多的创新要素，一定要积极拥抱其他领域的技术进步，使之为我所用。切不可思维固化，一直停留在原地。唯有不断拓宽思路，尝试新赛道、转战新战场，才能把产品创新做得更好。

打个比方，我们不能只盯着眼前的一口井，如果大家都靠这口井喝水，最后很可能无水可喝。我们要放宽眼界，看到井的后面还有河，河的后面还有海。这样，跳出旧思路，进入新赛道后，很可能就海阔天空了。不同于"弯道超车"，所谓"换道超车"意味着要有新赛道，进入一个全新的世界。不过，这并不意味着要完全摒弃旧赛道，毕竟汽车还是汽车，其基本要求不会有丝毫降低。但未来汽车一定要有新能力，插上"新翅膀"。

关于换道思维，在传统的混合动力概念中，发动机和电池的组合是以发动机为主，致力于把发动机的性能用足。同时以电池为辅，因为此前电池的成本比较高。而现在情况有了很大变化，电池的成本已经大幅降低，可以由配角转变成主角了。相应的，发动机的作用也将发生质变，逐渐以发电为主要作用。这时就应该重新评估和定义混合动力概念，因为发动机和电池的重要程度和角色正在发生变化。

当前，在混合动力系统中，过分关注了发动机的作用，而弱化甚至忽视了电池的作用。原来电池受限于自身性能，只能担当替补队员的角色。而现在电池技术已经取得了巨大进步，完全可以与发动机同等看待了。

燃料电池应被视为潜在的终极解决方案

在纯电动汽车发展得如火如荼之际，中国车企为什么还要坚持对燃料电池汽车进行大量投入呢？这是因为企业必须考虑得比较长远，一方面是把燃料电池视为潜在的终极解决方案来储备，另一方面也是看到了近期燃料电池在部分场景下应用的可能性及优势。尽管燃料电池汽车仍面临加氢基础设施不足、核心技术有待突破、成本居高不下等严峻挑战，在相当长的一段时间内，恐怕都无法在性价比上与燃油汽车和电动汽车较量。但在行驶距离长、载重量大、对基础设施依赖相对较小的商用车领域，燃料电池汽车已经具有了良好的应用前景。特别是商用车同样需要向低碳化方向发展，而走纯电动路线会有很大的局限性，这更让燃料电池路线的价值得到彰显。

同时，由于基础设施和成本的限制，短期内燃料电池要在乘用车领域取得较大突破非常困难。不过长远来看，燃料电池最终会在乘用车市场占据一定的比例，预计在2030年或以后燃料电池乘用车将进入普及期。同时，乘用车与商用车存在部分相通性，乘用车中体积重量较大的MPV和SUV，同样面临与商用车类似的挑战，即搭载过多的电池是不经济的，因此燃料电池技术也是这些乘用车车型的重要选项，或者说这些车型将是燃料电池在乘用车上应用的突破口。

02 网联化与智能化

自主学习和进化能力是智能汽车的核心属性

智能化产品必须具备两个核心属性。第一个核心属性是自主学习，智能汽车一定是可以自己学习的。这又可以分成四个维度：一是存储能力，像背唐诗；二是感知能力，汽车上安装各种雷达和摄像头，使其具备感知周边环境的能力；三是联接能力，能够与其他智能体进行交流和分享信息，从而提高自己甚至整个群体的智能水平；四是计算能力，就是在收集到信息后能有效处理。

也就是说，智能汽车必须具备这四个维度的学习能力，能综合感知并判断环境情况，然后决定怎样安全快速地到达目的地，而不仅仅是通过既定逻辑或规则来进行决策。这是 AI（人工智能）汽车与以前嵌入式系统汽车的本质不同。基于这样的认识，汽车的整个自动驾驶系统都应建立在深度学习的基础上。当然，对这一模式也存在争论，例如 Mobileye 公司对深度学习就有过质疑，不过后来他们也逐渐开始采用深度学习技术了。

第二个核心属性是自主进化。生物是从单细胞到多细胞、从爬行动物到哺乳动物、从变温动物到恒温动物逐步进化的。而人造智能系统也应该是可以升级和进化的，而且也只有通过代际升级的不断积累，才能最终完成质变进化的终极目标，类似于猿猴最终进化成人类。在这方面，能够在产品全生命周期中不断通过 OTA 进行升级，对智能汽车来说是非常重要的能力。

总体来看，智能汽车有两个关键词，第一个是 OTA。因为 OTA 提供了一种贯穿整个汽车产品生命周期随时进行升级的核心能力，这样各种相关技术工作的最新进展就都可以及时体现在终端产品上。实际上，这种能力涉及汽车的各个方面，而不只限于自动驾驶系统，BCM（车身控制模块）、座椅控制和空调控制等功能都可以基于 OTA 随时升级优化。

第二个关键词是 AI。某个车型的自动驾驶系统到底能否做到 L3 级或 L4 级，关键还是要看 AI 能力。这既包括人工神经网络等 AI 算法的有效性，也包括提供给算法的数据的有效性，只有不断优化算法，并基于大量的高质量数据进行训练，AI 能力才能变得越来越强。因此，数据至关重要。这也是自动驾驶等功能的使用率深受重视的原因所在。如果用户对功能使用得少，相应产生的数据就少，车企也就无法获得更多的数据积累来支撑汽车进化。

智能汽车必须具备感知、决策和执行能力

智能汽车必须具备三种能力。第一，智能汽车必须具备对路况、车况以及整个场景关键变量的感知能力。第二，智能汽车必须具备判断、理解用户意图和需求的能力。第三，智能汽车必须具备执行能力。这实际上就是业内常说的感知、决策和执行，这三种能力需要在使用过程中不断进化，这样智能汽车的能力就会不断提升。

至于说如何评价智能汽车的能力达到了什么程度，可以考虑建立一个智能化指数来进行系统分析。从感知能力开始，我们可以建立一个完整的感知架构，包括 ADAS（高级驾驶辅助系统）、车内摄像头等，以此分析智能汽车的新变化以及由此产生的新能力。像摄像头对汽车原来的硬件架构来说就是一种新变化，值得我们重新进行产品创新方面的探索。从感知架构的角度看，增加了摄像头这样一个新传感器，就将识别某个变量（视觉）的基本功能提供给了车辆。而我们应该进一步思考，车内安装了摄像头后，都能解决什么问题？首先能解决 Face ID（人脸认证）的问题，这样车辆就可以识别并记住每一个上车的用户，然后存储或调用用户的相关信息。不仅如此，摄像头还能判断出车上的人数，分别坐在哪个座位上，并结合 Face ID 识别这些人之间的关系。

此外，摄像头还有其他作用：例如可以直接观察用户是否系了安全带，这样原来判断安全带状态的传感器就可以省去，车内五个座位的传感器都不用装了，仅靠摄像头就能一目了然；又如还可以看到各个座位上乘客的大致年龄及状况，并进行车内功能的相应设置。如果后排座位上是一位老人，就减少后排空调的出风量并避免直吹。如果监测到后排座位上的小孩在睡觉或醒来了，就提供不同的车内氛围，包括音响、灯光和空调策略等，比如小孩睡着的时候需要把音响音量、空调风量等调低。这些都属于车辆对用户需求的理解能力，关键不在于车企有没有能力做到，而在于车企有没有认识到并切实去做。

也就是说，理解的前提在于感知系统能识别出车辆到底处于什么场景，而场景是可以由一组特殊的变量组合来定义的。例如汽车进入隧道，

外部环境光线变暗了,车灯就会自动打开,这就是车辆对外部环境的感知。类似这种感知都可以建立标准架构,最后全部实现数据化。所谓数据化就是赋予每个数据固定编号,这样就可以由一系列变量的数据组合来表征某个场景。当然,实际上我们很难穷尽所有汽车使用场景,但我们可以从主要场景做起,不断积累,这样能定义的场景就会越来越多。

当场景切换时,要考虑用户的意图或需求是否因此发生了改变。像前面提到的汽车进入隧道就是一种场景切换,其对应的用户需求之一就是打开车灯。因此,感知系统的核心作用就是判断用户的意图和需求。至于判断的准确度,则要通过在实际应用过程中学习用户的直接干预来不断提升。例如刚才说的老人坐在后排座时,系统根据"常识"初步判断应该调低空调风量,可发现老人上车后自己调大了风量时,系统就知道了这位老人的喜好,并记录到用户信息中,今后按此进行相应调节。

目前,这种感知结构及其与功能的对应关系在汽车上正日渐清晰,后续面向"软件定义汽车"进行产品开发的相关标准将会据此决定。因为在这样的感知架构下,一旦场景被标准化,功能也会随之标准化。即在感知架构的基础上,通过数据循环迭代不断提升车辆判断、理解用户意图和需求的能力,之后再实施相应的执行,这就是智能汽车的发展方向。

反过来审视一下智能汽车这三个层级的能力。在感知层上,一个产品具备什么感知能力主要是由企业的产品战略决定的,需要感知什么变量就要安装相应的传感器,当然还要考虑冗余;在决策层上,决策能力实际主要是对用户意图和需求的响应能力,这部分能力对应着车企的整个组织及其对数据的处理能力,新型组织在这方面会更有优势;在执行层上,执行能力主要与车型的"硬"属性相关,例如细分市场定位、汽车的规格,包括空间和配置等。从这样的视角看,现在智能汽车的内部结构已经比较清晰了。

智能汽车创新应抛弃"搭载"理念,采用"连接"模式

自动驾驶汽车与传统汽车相比有本质性区别。汽车发展了100多年,此前一直是基于"搭载"的理念来开发产品,即把某种功能及相应的零部件配置到车里。为争取客户的青睐,车企总是想多加配置。特别是中国车企在过去一段时间里,往往追求产品的高性价比,即依靠同等价位下更多、更高的配置来吸引客户,也取得了一定的效果。但未来继续这样做就不行了:一方面,产品成本恐怕会越来越高;另一方面,"搭载"也不能从根本上解决开发自动驾驶汽车的问题。

自动驾驶汽车就是一个"熵"系统,其走向成熟必须有效实现"熵减"。由此来分析,过去那种把很多技术"搭载"到汽车上的模式,只会让车辆系统愈发复杂,导致"熵增"。因此,今后要想成功开发自动驾驶汽车,企业就必须采用"连接"模式。这是由未来汽车的本质决定的,不以企业的主观意志为转移。

未来车企需要掌握整车层级功能的控制权

以智能手机为例,智能手机的品质有好有坏,归根结底还是在硬件上,因为软件如果出现了 bug(缺陷),相对来说容易测试出来,也容易解决,而硬件的问题则很难解决,涉及很多核心 Know-how。例如产品的材料工艺、电磁干扰、防护等级、防水性能等品质,都必须靠硬件来保障。小米科技创始人雷军讲过一句话,创新决定飞多高,品质决定走多远,说的就是这个道理。从这个意义上讲,不能说硬件变得没有软件重要了,因为品质是创新的基础。

未来的汽车产品创新并不是谁颠覆谁的问题,而是如何实现合作共赢的问题。在传统汽车电控系统的开发过程中,很多功能确实分别掌握在不同的 Tier1 手中。例如制动控制,由于博世等供应商具有很强的技术能力和丰富的开发经验,于是放在了他们开发的 ESP(电子稳定程序)系统中。再如发动机控制,放在了供应商提供的 EMS(发动机管理系统)中,这些功能其实原本应该在整车层级统一控制。当然,传统车企也会做一些标定匹配工作,但本质上各项控制功能,包括在各种不同工况下的控制逻辑和算法,还是分散在供应商提供的相关系统里。

对智能汽车来说,整车层级的多数功能应该由整车企业来统一设计和掌控，这样上述模式就很难适用了。对于Tier1，车企更希望他们提供安全性好、鲁棒性强、冗余度高、质量可靠的硬件系统。例如转向系统，整车需要让车辆转向多少度，就能非常精确地实现，而判断该不该这样转向并不需要供应商来完成。

目前，大量整车层级的感知和控制是由供应商提供的系统完成的，像刚才讲的ESP、EMS和BCM（车身控制器）等。这样整车企业就很被动，可能连控制车门开关这样的简单动作都不能自己主导。当然，设计这些系统的出发点都是好的，问题在于这些离散的系统无法从车辆整体上获知更多信息，因此要做出精准判断和最优决策就很困难，要使用OTA进行升级也很麻烦。因为车企根本无法预料一些软件更新后会不会出现问题。对整车企业来说，开发智能系统必须确保产品安全，但不能因此就被各个供应商的系统和程序"绑"住了手脚，这样是无法真正实现预期的智能化功能的。

由此可知，传统汽车的分布式控制架构是不适合智能汽车的。而车企在理清思路的过程中，也在引导博世这样优秀的供应商逐渐把注意力更多地聚集在系统硬件上。当然，直到现在汽车产品还是有一些整车层级的控制需要放到供应商的系统中，例如与制动相关的ESP。原因在于，一方面，整车企业要形成相应的能力还需要时间；另一方面，这些与安全直接相关的领域，像博世这样的供应商在很长时间内都会比车企更有经验。但类似BCM、车载空调控制等，车企就要自己掌控了。在传统汽车上，只要车辆没有起动，这些系统就无法打开，因为之前的设计理念认为不开车的时候是不需要这些功能的。现在这类事情不再用供应商来考虑了，车企可以自己决定这些系统何时使用，无论车辆本身是否已经起动。在这一过程中，车企必须确保在整车层级上不会因此出现其他问题。

今后，由供应商负责的整车级功能会越来越少，目前来看剩下的功能主要集中在制动领域，其他领域都可以陆续转给整车企业，以提高整车的智能化表现。例如转向系统，以前的策略是发动机没有起动时不提供转向支持，以免出现这样或那样的问题。例如曾有车企在测试时遇到过车辆在某些工况下突然不能转向的情况，经过排查发现是转向系统一直就有这样的诊断程序，动力系统未开启时就不工作，其实这种控制逻辑对智能电动汽车来说已经不适用了。又如落锁功能，供应商之前是不太关注的，而现在可以由整车企业根据需要来设计，变为一种主动性动作。总体来看，未来供应商掌握的整车层级软件将越来越少。

还有一点要特别强调，随着智能汽车的发展，汽车产品开发模式和流程也必须进行相应调整。例如在传统开发模式下，车企想要开发一款能在下雨时自动关闭的天窗，需要找天窗供应商和感应刮水器供应商，建立天窗与感应刮水器传感器间的通信。最终由车企、天窗供应商和刮水器供应商三者协作完成开发工作。这个过程极其繁琐，协作关系非常复杂。而未来智能汽车需要实现的功能以及涉及的系统会越来越多，仍然采用这种分工高度细化的去中心化开发模式，实施难度将越来越大。

车企可按中等重要度来界定自己掌握的软件边界

任何车企都有自己的品牌，从品牌定位出发可以定义产品的属性，可以支撑企业的愿景，也可以标定与之竞争的对手。从这三个角度进行分析和评估，就可以确定企业究竟需要什么软件，以及在多大程度上需要这些软件。确定了需要哪些软件后，车企再来选择适宜的获取方式，实际上无外乎三种来源：自行开发、外部购买和合作取得。

对于实力强、雄心大的整车企业，自己开发的软件应该更多些。为此，企业要下定决心进行持续积累。一方面，软件人才也需要培训和历练，不是说招聘了10个软件工程师，他们马上就会编写汽车产品代码。另一方面，软件开发和硬件开发的流程完全不同，所用的工具也不一样，因此必须建立适合软件开发的新流程和新体系，这远非一日之功。

不过即使是实力强、雄心大的整车企业，也不能自己开发所有软件，特别是未来汽车上的软件还将继续增多，车企想"通吃"更会力有不逮。因此，企业现在就应该把这个问题想透，把所需软件按对自身的重要度分类，例如分为高、中、低三等。车企应努力掌握高等重要度的软件，同时关注中等重要度的软件，并以此作为自身需要掌握的软件边界，适当进行一定储备。虽然这种储备需要投入更多资源,但等到真正需要时再去扩展就不及了。正如前面讲到的,软件能力需要一点一滴积累起来。这就好比 CAE(计算机辅助工程)分析能力,必须持续积累、不断提升,不能等到支架断裂了,才想起应该进行产品结构力学的仿真分析,这将直接影响产品创新的表现。

未来汽车最核心的技术是电子电气架构

未来汽车产品最核心的技术是电子电气架构。特别是今后汽车电子电气架构将与过去大不一样,由分散式、嵌入式逐渐向集中式、集成式方向发展,最终的理想状态应该是形成一个汽车中央大脑,统一管理各种功能。而车企对电子电气架构的掌握不可能一步到位,需要分步前进。

电子电气架构是汽车产品的核心,就像"中央政府"一样,可以对汽车的各种功能进行统筹管理,避免"诸侯割据、政令不一"。当然,开始时这个"中央政府"可能管得会少一些,但之后一定会管得越来越多,以确保车辆整体表现最优。同时,电子电气架构作为汽车的中枢,将定义很多与此前完全不同的相关标准,因为过去汽车是一个封闭的系统,而未来汽车将是一个开放的系统。对于具体开放到什么程度,达到什么目标,又如何通过电子电气架构来实现,车企都要想清楚。显然,像这样必不可少的核心技术,车企是一定要掌握的。

还有一点也很重要,汽车作为交通工具的本质属性不会改变,而交通工具必须确保绝对安全,因此安全技术不能交给别人,一定要由整车企业掌握。特别是将来自动驾驶汽车普及应用后,一旦发生行车事故,整车企业肯定要承担责任。从这一点出发,车企也要把电子电气架构和中央控制系统牢牢掌握在自己手里,包括电子电气架构之上的车载操作系统、基础应用和服务软件架构等,都要充分理解,做到融会贯通。对此,车企不应有丝毫犹疑。

实际上,原来汽车产品上的控制器是相互独立的,而且是嵌入式的,整车企业将其中一些交由供应商负责也不会有太大问题。而未来汽车产品上的控制系统终将走向统一,在此情况下,整车企业必须自己掌握中央控制系统，否则就会失去对汽车产品的控制权。当然，要把原本高度分散的控制功能逐步整合统一起来，这个过程并不容易，但这是车企必须为之努力的方向。

电子电气架构的不同层级和开发规律

电子电气架构是一个大概念，其最底层是硬件，再往上是操作系统。未来汽车产品可能会有两个操作系统，一个是座舱操作系统，另一个是自动驾驶操作系统。例如有的科技公司希望目前所做的座舱操作系统未来能向平台化方向发展。事实上，这种操作系统开发投入巨大，维护成本高昂，而且不是一次就能做好的，后续还要持续迭代优化，做这项工作是要耐得住寂寞的。因此，汽车操作系统本来就应该向公共平台化方向发展，没必要每家车企都独立开发。

对车企来说，只要有能放心使用的操作系统，能确保在技术上不会被"卡脖子"，在商务上也不会被某家公司垄断即可。中国最好有两到三套平台型汽车操作系统，如果只有一套就会形成垄断。如果有很多套，又不足以负担其成本，毕竟平台必须有足够的规模来支撑。因此，有两到三套平台由各家车企共用应该是最理想的状态，这样就可以进入良性循环。

众所周知，汽车行业的规模效应至关重要。而当汽车进入互联时代后，还会有另一种效应，即网络效应。将来车企要想生存下去，必须紧紧抓住规模效应和网络效应这两条发展主线。

在操作系统上面的一层，一般称为中间层。这一层的作用是把上层和下层打通，或者说是实现软硬解耦，为此要解决数据连通和应用连接等问题，让底层操作系统能面向应用服务层。

中间层再上面就是应用层了，通俗地讲就是很多APP（应用程序），用户可以自由调用。在调用过程中，用户并不需要知道应用层以下的各层都在做什么。应用层上的APP可以分为几类：一类是给消费者用的；另一类是给整车企业的工程师用的；还有一类是给供应商的工程师用的。应用层开发的根本目标，就是让消费者使用起来越简单越好。而对中间层的产业分工，目前业界存在不同看法，总体来说中间层还是应该由车企负责。因为车企如果不把中间层做好，上下层就无法有效打通，汽车产品产生的大量数据也就无法有效连通并发挥作用。

就数据而言，供应商可以掌握一部分与其相关的数据，但综合数据一定要掌握在车企手里。过去汽车行业也强调系统思维，而到了大数据时代，系统思维的重要性将更加突出。现在还有不少人谈到汽车硬件和软件时，好像完全是在讲两件事，这就是受固有思维方式的局限。实际上，未来必须把汽车硬件和软件视为一个整体来思考，并且要以软件为主，逐步变硬件思维为软件思维。但这种思维方式的转换真的非常困难，这才是汽车企业应该感到焦虑的事情。

智能汽车的软件和硬件开发策略

智能汽车最核心的能力应该是智能控制能力，这主要涉及软件，同时也涉及顶层的硬件，例如电路板的设计等，但不包括芯片等底层的硬件。车企关注的核心主要还是软件，与智能相关的软件肯定要自主研发。而硬件要看具体情况，有些也要自主研发，有些则要与合作伙伴联合开发。对于芯片和电池等涉及很深专属技术的硬件，目前还是借助能力更强的合作伙伴来做，而不是垂直整合，每个环节都自己做。

在真正需要自主掌控的核心领域，即使企业暂时还不具备能力，也要先通过合作进行参与，同时不断努力，逐步扩大自主掌控的范围和程度。以自动驾驶为例，包括高级驾驶辅助技术以及 L3 级、L4 级自动驾驶，都是车企应该自主掌控的。未来，整车企业需要自主掌控的不仅有域控制器，还包括核心算法，以及更为重要的应用场景。企业需要通过数据识别用户用车的不同场景，再根据场景的不同情况设计车辆所需的逻辑和功能，并开发相应的关键系统及部件等，以满足用户的不同需求。更进一步，车企还需要把车辆的逻辑和功能转换成应用层软件，并逐步实现自主掌控。因为车企只有掌控了应用层软件，才能为用户提供"千人千面"和"千车千面"的服务。整车企业最终要打通从控制系统到核心算法，再到应用层软件的完整链条，才能形成自己掌控的核心闭环。

当然这是一个终极目标，需要不断摸索、逐步实现。在这个过程中，车企要与各方伙伴一起探讨、共同合作。同时，车企现在也应思考和尝试，究竟应该基于什么合作模式，逐步把更多的软件从黑匣子变成灰匣子，再变成白盒子，这是车企未来必须要走的一条路。如前所述，对整车企业来说，最理想的情况是把事关个性化服务的环节全部打通，并实现自主掌控。例如操作系统非常复杂，其具体实现方式需要慎重决策：可以是自建，也可以是与合作伙伴共建，还可以是直接采用现成系统，但要进行定制化改造。

将来汽车操作系统会是"诸侯割据"的局面？还是会形成类似安卓那样大家共用的开放系统？其实对车企来说，这也比较矛盾。如果最后整个汽车行业形成一个共同的操作系统，类似手机的安卓平台，对车企来说到底是好事还是坏事？从产业发展现状出发，应该有一套共用的操作系统，这将帮助汽车产品更快地实现软硬分离，更好地提供各种服务。但企业也有所担忧，一旦汽车产品都被限定在一个统一的操作系统中，虽然也能在其中开发一些功能，但再往上做，各家车企就可能因逐渐趋同而失去自我。在这种情况下，整车企业将难以赢得市场竞争，因为用户需要的是差异化。

除智能本身外，车企还要特别关注智能汽车的颜值。可以看到，高科技智能产品的颜值都很高。如果颜值不够，就会影响消费者对产品定位的认知。与燃油汽车相比，不搭载传统动力总成的智能电动汽车在颜值设计方面有更多创新空间，例如格栅变化、轴距和车长关系调整等。此外，布置雷达、摄像头等新硬件也会给设计带来变化。当然，汽车是各方面综合平衡后的产品，还有很多重要的基础性能必须考虑，例如整车的加速性能、NVH 性能等。

车企应掌握车辆底层操作系统和应用软件

车企在智能方面究竟应该掌控到什么程度？可以从三个维度来判断：一是与车辆控制相关；二是与数字座舱体验相关；三是与自动驾驶相关。

以软件为例，与车辆控制相关的主要包括底层操作系统和应用软件等。从长远看，车企应该自己做整车底层操作系统（Vehicle OS），因为这部分软件相当于整车控制的地基。如果不掌握底层操作系统，车企就很难把整车控制做好，甚至从逻辑上就行不通。这就好比自己不掌握地基，又怎么在上面盖楼呢？在整车控制方面，有实力的汽车公司最终都会做自己的底层操作系统。由此在底层操作系统上可能不会有太多共用性，其实也不需要共用。车企一定要做出一套反应速度快、迭代效率高的底层操作系统。就像前面说的，地基必须是自己的，而且必须搭得好。

但车企做底层操作系统是非常困难的，主要不是难在编写软件，而是难在让供应商基于车企的底层操作系统来开发相关应用软件，恐怕很多供应商都不会愿意。试想，如果各家整车企业都有自己的操作系统，都要求供应商按照自己的操作系统开发软件，供应商会心甘情愿吗？因此在应用软件层面，整车企业也要有所判断和取舍。有的应用软件不愿意交给供应商做，或没有供应商愿意做，就只能是车企自己来做，这相当于做了以前 Tier1 的一些事情。即整车企业直接与原来的 Tier2（二级供应商）合作，由车企做控制部分，Tier2 做执行部分。

从这个角度出发，长期来看，传统的 Tier1 与做了 Tier1 部分工作的车企之间是会有冲突的，这也是没有办法的事情。现在，传统 Tier1 越来越多地把自己的附加值放在 ECU（电子控制单元）上，放在软件上，而不去做执行器，这是产业分工变化的一个趋势。实际上，一些大型 Tier1 应该尽快转换思路，要更开放一些，将自己的软件对接到整车企业的底层软件和硬件上，这可能才是正确的发展思路。不妨设想一下，未来 Tier1 想要增加一个 ECU 单元，与整车企业直接在 Domain Controller（域控制器）或 Central Controller（中央控制器）上增加相应的功能软件，将是完全不同的两套逻辑。两者相比，哪种方式在成本、反应速度和改进升级上更占优势呢？答案无疑是后者。

在做控制器及相应软件的过程中，供应商的确积累了很多 Know-how，但 Tier1 非要像过去那样把所有东西都集成到一个黑盒子里，再提供给车企吗？这样将越来越不被车企接受。其实，供应商也不一定要开放源代码，完全可以用 License（许可）的方式直接成为整车上的中间件，放在域控制器中。实际上，Tier1 是可以这样做的，只是目前很多企业还没有很强的意识去做这种改变。

如果思想不改变，就不会有行动的改变，以后会非常麻烦。参考互联网领域，当 SaaS（软件即服务）大行其道后，原来的套装软件模式很快走向了终结。今后，汽车行业的趋势肯定也会是这样。现在很多 Tier1 仍然沿用套装软件的逻辑来应对快速变化的时代，这是行不通的。

再看与数字座舱相关的，车企也要做应用软件，不过数字座舱的 OS（操作系统）可能不是那么重要，用安卓系统就可以，用 Linux 等其他系统也没问题。此外，安卓已经形成了生态，如果车企自己开发数字座舱 OS，就还要建立相应生态，反而更加麻烦。在这方面并没有"卡脖子"的问题。

最后，与自动驾驶相关的可能最为复杂，因为它不仅涉及底层的软件、数据，还涉及很多其他层面的问题。毫无疑问，这将是企业投入的重点方向。

总的来说，面向智能电动汽车的软件研发，可能除数字座舱的操作系统外，其他方面都应该由车企自己做，毕竟附加值就在这里。这就回到了一个终极问题，企业究竟凭借什么创造价值？对汽车企业来说，以前主要是靠制造规模，而未来要靠软件能力支撑的增值服务，也就是说，汽车产业将发生由制造向服务的价值转移。

未来汽车硬件必须实现可定义化和可控化

智能汽车技术分成了两个部分。一部分是智能技术，新造车企业要深度自研，同时要大胆创新，实施快速敏捷开发。另一部分是传统汽车技术，汽车作为历经百年的大工业，有着非常深厚的底蕴，在这方面应该尽量采用成熟技术，谨慎面对"创新"。也就是说，要对传统汽车技术心存敬畏，对底盘、车身等，要用成熟方案，并尽量选择行业最好的资源，充分借助很多优质合作伙伴的力量。

因为智能汽车的本质就是软件定义汽车，所以未来开发的硬件一定是软件能定义和控制的，如果硬件无法用软件定义和控制，就很难实现智能化。例如车门能不能自动打开？传统汽车没有与软件相匹配的传感和执行硬件，既无法感知车门有没有打开，也无法执行打开车门的命令。因此，未来开发硬件系统最重要的就是可定义化。用互联网术语表述叫作布点，即首先掌握硬件所处的状态，然后再对硬件进行有针对性的控制。例如，先确定车辆目前的使用情况，包括有多少人坐在车内，处于什么行驶状态等，再根据驾驶人意图和路况信息，灵活控制车辆加速、制动、转向、电池、电机以及车用电器等，最终实现软件对硬件的可控化。

实现硬件的可定义和可控主要有两点。第一，整车的电子电气架构必须重构。这也是传统汽车很难做到的一点。传统汽车的电子电气架构是分布式的，必须改成集中式，即 CPU + 域控制器。也就是说，各种功能要从以前各自为政的分散控制转变为相对集中的域控制，能由 CPU 统一管理。每一个控制单元各自对应一个功能，不仅系统高度复杂，还无法实现整体的最优控制。因此推进方向是努力把整车上大大小小的几十个控制器集成为十几个域控制器。

由此会带来很多改变。例如以前的控制器大多只是基于功能的，现在我们可以考虑线束的位置，致力于让整个线束布置得更加合理、节约。同时，智能汽车对网联化要求很高，必须构建"信息高速公路"，因此要在车辆上加入车载以太网等一些新的通信技术模块。

第二，硬件的控制精度必须能准确定义和测试。例如制动功能，为满足要求，必须对控制精度进行大量标定和测试，同时还要根据智能化引发的新变化设计一些冗余方案。这些诉求都必须在统一的顶层架构中系统思考和布置，如果还像以前那样一个一个系统单独控制和修改，后期就会出现很多冲突。

此外，对于车门、空调和电机控制等直接影响用户体验的部分，还应把舒适性纳入考量。例如以前的车门只要能开就可以了，反正是由人来开门的，而现在要用智能控制，就意味着需要把类似"老司机"那样的感觉体现出来，让用户感到车门开得非常"舒服"。因此，对机械的控制要恰到好处，这显然不是只靠软件就能达成的，必须与硬件本身相关联，不断提升硬件的控制精度才行。

未来智能汽车将形成专属平台

未来的智能汽车肯定不会是现在这个模样。当前的智能汽车有点像早期的电动汽车，总体上处于"嫁接"改良阶段。例如最初车企开发电动汽车的普遍做法是，把传统汽车的发动机换成电池、电机，这种方式显然是不可能开发出真正优秀的电动汽车产品的。现在大部分车企都已经意识到，唯有开发电动汽车专属平台，才能把电动汽车的性能发挥到极致。未来智能汽车也必将出现整车架构层面的全新设计，呈现出完全不同于以往的全新形态。

以后，智能汽车一定会形成专属平台，在此基础上，产品的整体架构与形态都将与现在不同。那么，这个专属平台究竟从何处来？只能是从市场上得来，从用户需求中发掘，然后逐渐固化为企业的产品基因，最终形成智能汽车全新的整体架构和形态。

现在，对汽车企业非常好的一点是，中国政府已经充分认识到智能汽车的重要性，从国家到地方，都开始采取各种方式着力推动，就如同新能源汽车刚起步时一样。在政府的大力支持下，电动汽车经过十多年的不断积累，已经让消费者有了一定认知。消费观念的转变也需要一个渐进的过程。在这方面，智能汽车和新能源汽车是一样的，只不过在时间上存在一定延后。一旦得到消费者的认可，智能汽车的发展前景将比新能源汽车更为广阔。

车企应适当掌握芯片的定义及设计能力

芯片在汽车中的作用越来越关键，特别是AI（人工智能）芯片，是汽车产品迭代优化能力的基础。目前，汽车产业所用的 AI 芯片以进口为主，国内一些企业才刚刚起步，有的企业也做了一些芯片方面的布局，包括投资了芯片领域的国内创新企业。

随着汽车智能化的不断发展，车企将越来越需要定制化的芯片，以确保算力最佳、功耗最小，这将是今后芯片重要的发展方向之一。所谓定制化芯片，就是把车企基于自身经验和积累提出的需求都定制到芯片中，以体现不同产品的差异化。汽车定制芯片不可能一蹴而就，必然需要较长时间的发展过程。不过芯片行业迭代速度极快，车企现在就要早做布局，提前储备芯片的设计能力。

对于备受业内关注的自动驾驶系统芯片，我们可以从两个方面分析车企自己开发自动驾驶芯片的合理性。一是体验，自己开发的芯片与算法之间耦合度更高，也就是说，可以根据算法反向设计芯片。自动驾驶芯片作为专用芯片，如果能与算法高度匹配，在算力效率等方面就会更加有利。否则很可能芯片的算力表面看起来很高，却不能充分发挥出来。从这个角度看，车企自己研发自动驾驶芯片有一定合理性，但前提是算法已经定型，并且算法与外购芯片之间的耦合度较差。如果目前算法并不确定，或现有芯片已经很好用了，就没有必要自己开发专用芯片。二是成本，自己做芯片需要很大投入，从研发到流片，再到后期维护的工具链软件等，无一不需要巨大的支出。

芯片制造投入巨大，没有足够的规模根本无法盈利，同时越是高级别的芯片，盈利的难度就越大。汽车产业使用的是车规级芯片，它要比工业级芯片高一个等级，而工业级芯片又比消费级芯片高一个等级。未来对车规级芯片的要求预计还会继续提高。总体而言，消费级芯片相对比较容易实现盈利，工业级芯片比较难，车规级芯片就更难了。因此，车企自行制造芯片需要非常慎重。

在汽车企业中，也有像特斯拉那样致力于把上下游产业链打通，自主研发及生产核心零部件，包括自行开发芯片的公司。不过芯片的开发难度很大，也不是汽车企业的强项，充分的分工才能带来效率上的提升。目前阶段，绝大多数车企都不会自己制造芯片，而是要与芯片企业深入合作，考虑如何实现共赢。一方面，客观上整车企业自己不具备芯片方面的能力，而这个领域有非常强大的供应商可以合作；另一方面，实际上整车企业在软件开发和电路集成设计等方面已经积累了很多 Know-how，这些整车层面的控制技术，也不是高通、英伟达等芯片企业所能做的。

对于通用化程度已经很高的芯片，车企自己做并不合算。例如一些模拟芯片，如果车企自己做，不仅成本高，还不好用。由于没有"卡脖子"的问题，只要车企想买，有很多供应商愿意卖给你。显然，做这种芯片是没有意义的。未来国内肯定也会出现优秀的芯片企业，从效率的角度讲，从外部采购芯片也是一个不错的选择。虽然业内一直在讲自主掌控，但开放合作可能才是未来汽车产业的主旋律。或者说企业应该在慎重考虑后确定需要自主掌控的核心领域，并为此倾注全力，而在其他方面，则应通过开放合作来实现为我所用，否则企业就会陷入资源分散、无法聚焦的困境。车企要想做某种芯片，一定要有足够的理由，要么是为了让产品有更好的体验，要么是为了获得更大的附加值，要么是为了做得更便宜，不是说自己想做就去做的。

最终，芯片制造方面应该问题不大，毕竟当前国家高度重视，已经做了大量投入，这一瓶颈迟早会被突破。同时，芯片制造的规模需求极高，一家整车企业的芯片用量根本不足以支撑。实际上，很多芯片公司也只专注于设计和封装工作，而不涉足制造，因此车企没有必要参与芯片制造。芯片设计才是车企需要重点关注的方面，因为未来定制化的芯片将决定产品的个性化，车企应该适当掌握芯片的定义及设计能力。

整体来看，芯片行业在中国还处于初步发展期，国内相关人才数量较少，而且车企要吸引这部分人才加盟并不容易。毕竟车企对芯片虽有切实需求，但需求量有限，研究方向也比较局限，这样即使能招到芯片人才也很难留住。实际上，将军都是打仗打出来的，优秀的芯片人才也必须通过实战才能历练出来，如果实战的机会不够多，人才的成长就会滞缓甚至停步。

院长心声　　　　　　　　　　　　　　　　　　　　　　　　　VOICE

智能汽车必须基于数据形成自主进化的能力

我给出过智能汽车的定义，就是能自主进化的汽车。如果不能通过持续迭代不断提升能力，汽车就不能说是真正智能的机器。如果智能汽车不能自主进化，就与现在的汽车没有本质区别了，因为现在的汽车也能收集信息并进行判断及执行。像汽车进入隧道后车灯自动打开，这种问题早就已经解决了，可以根据光线的强弱来实现车灯开关。然而这是预先设定好的，并不是系统自行判断的，更没有对用户喜好、环境变化等数据进行收集和应用，以优化相关设定。也就是说，没有基于大数据的人工智能对车辆运行进行迭代优化。因此，车辆无法实现持续进化，也就不是真正的智能。

我之所以提出智能汽车的上述定义，也是针对业界当前的一个争论焦点：究竟是软件定义汽车，还是架构定义汽车？在我看来，智能汽车最核心的要素应该是数据，因为自主进化能力一定是基于数据实现的。智能汽车如果没有数据，就如同电线里没了电流，血管里没了血液，将失去持续进化的生命力。而软件是收集、处理和利用数据的关键手段，从这个意义上讲，说"软件定义汽车"也没有错，尤其是这种表述更能表明智能汽车与硬件为主的传统汽车的差异。但与此同时，我们一定要清楚，软件如果不能服务于数据，对智能汽车来说就没有意义。

实际上，现在汽车上也有软件，能控制某个硬件，只不过现有软件大多是嵌入式的，不能收集数据，并且主要由供应商来帮助车企开发。车企直接采用供应商的解决方案，也可以把自动驾驶做到L3级甚至L4级水平，但在这种模式下，无论整车企业还是供应商，都很难获得数据，也就无法使用数据进行后续的优化升级。因此，我认为对智能汽车来说，这种嵌入式软件没有前途，甚至是当前存在的最大问题之一。当然，只有软件还不够，硬件也必须支撑软件高效地收集和处理数据，包括电子电气架构、计算通信架构等，这背后涉及计算能力、通信能力以及系统的复杂度、成本和效率。

最终，智能汽车必须基于数据形成自主进化能力，这样即使刚开始时不太聪明，也会变得越来越聪明，从而更好地帮助人、解放人和理解人。当然，如果一开始就很聪明，还能不断自主进化，就是智能汽车的更高境界了。就像我经常举的例子，一个人非常聪明，同时不断学习、不断进步，那他的能力就一定会越来越强，能在社会上不断应对更多挑战、取得更好业绩。人如此，智能机器亦如此。智能汽车具备了自主进化能力，就可以常用常新，让每个用户都能感受到个性化的完美体验。

智能汽车创新需要遵从的第一性原理

拥抱新一轮科技革命带来的产业全面重构，把车造好始终是基础和根本，但只是造好车已经不够了，今后还要把车用好。要用好车就需要智能化和网联化，因为唯有如此才能使汽车不再是没有温度的机械工具，成为帮助人、解放人、理解人的贴心伙伴，并且常用常新、越用越好，最终能以"千车千面"来满足消费者的个性化需求。到那个时候，一款硬件不变的汽车，消费者用过几个月后就与之前大不一样，让人感觉越来越顺手、越来越体贴。在我看来，这就是我们打造智能汽车的终极目标，也是智能汽车需要遵从的第一性原理。

当然，不管汽车今后如何智能，首先依旧是一辆汽车。因此传统汽车知识并不是没用了，车还是要造得可靠才行，各种道路和环境测试都不能缺少，要有足够里程的耐久测试，要有三高（高温、高原和高寒）试验。再智能的车也要满足基本的使用要求，开到高海拔的青藏高原能正常行驶，在冬季零下四五十摄氏度的黑河也能正常使用，这些要求不能因为是智能汽车就可以忽略，否则智能汽车就不是强大的"智能机器人"，而是无用的"智能稻草人"。在此基础上，汽车再实现智能化，形成自我进化的能力，使自身具有生命力，这样才能赢得未来消费者的青睐。

整车企业必须更多地掌握车辆总体架构上的核心内容

就智能汽车而言，自动驾驶是最核心的功能之一，而实现自动驾驶就要对制动、转向等硬件进行灵活且精准的控制。在这方面,优质的硬件还是需要由优秀的供应商来提供。但要使自动驾驶的智能汽车真正满足用户的个性化需求,乃至实现"千人千面"和"千车千面",整车企业就必须掌握这些硬件的控制权,不能仍然交由供应商负责。因为更贴近消费者的是整车企业,同时再大、再强的供应商也无法在整车层面上确定全局性的解决方案。整车企业如果做不到这一点,就没办法为消费者提供差异化的智能产品和服务,智能汽车的功能和性能也不可能具有个性,更无法通过OTA升级做到常用常新。这其实还涉及用户数据的收集和积累问题,前面讲到智能汽车是可以自主学习和进化的汽车,而学习和进化的基础正是数据。

从这个角度看,传统汽车供应商曾经开发的系统,现在看来更多是硬件系统,而不是软硬结合的系统。将来,供应商可能只负责硬件及其相关的一部分系统级软件,而整车级软件会逐渐被整车企业收回,这对供应商而言是一个巨大的挑战。原来是各种局部性系统混杂在一起来完成整车功能,未来会逐步走向统一架构。分工也会更加清晰,整车级就是整车级,系统级就是系统级,同时前者要能对后者进行有效调用。

随着智能汽车发展的不断深化,软件逐渐成为主导,但硬件仍然非常重要。特别是在软件调用硬件的前景下,硬件的品质及其鲁棒性和可控性,可能会变得比以往更重要。与此同时,消费者对智能汽车的体验依赖于软件对硬件的灵活精准控制,这就需要车企掌握整车层级的控制权,并基于大量数据的积累和应用,不断提高智能化功能的表现和可拓展性,从而为用户提供差异明显的最优解决方案。因此,未来只依赖供应商的车企恐怕走不了太远。整车企业对车辆总体架构上的核心内容必须掌控得越来越多,而供应商也必须逐步向整车企业开放,如果不开放,要么会被先进的车企淘汰,要么会与落后的车企一起被消费者淘汰。

电子电气及软件架构是智能汽车创新的关键

智能汽车既要有电子电气架构,也要有计算与通信架构。此前,汽车产品以硬件为主,因此平台架构体现为底盘、动力系统等硬件模块。而未来汽车将以软件为主,或者说硬件只是必要条件,软件及其支撑的服务才是充分条件，因此一定会相应产生新的软件架构。这才是发展智能汽车真正关键的部分，也是业界最为关注的焦点。如果这个新架构不正确，产品的DNA（基因）就会有问题，后续就难以挽回了。

之前车企只需要定义需求，而相应的控制功能是由供应商负责实现的。而现在电子电气架构必须充分掌握在车企手中。因为电子电气架构也有很多层级，当前有多种划分方法，在软件方面至少包括操作系统层、中间层和应用层等，而在硬件方面还涉及芯片等。车企想把各个层级的核心技术全部掌握是非常困难的。

应用层既面向消费者，又面向企业，还通过中间层面向底层操作系统。中间层负责连接上下层，两者的作用都很重要。实际上，电子电气架构之所以关键，就在于它与数据紧密相关，而数据是未来汽车产品进化能力的基础。为此，车企需要通过合理掌控电子电气架构来确保掌握数据，不能把这项工作交出去，再核心的供应商也不行。

另外，软件对系统思维的要求甚至比硬件还高。以前，传统汽车开发也有系统，主要局限于硬件，而未来汽车开发将涉及硬件、软件以及软硬件融合的各种系统。由此可见，未来车企打造汽车产品的方式确实要与此前完全不同，这既包括产品创新能力的转变，也包括思维方式和理念的转变。

培育软件能力需要经历一个从量变到质变的过程

在产业转型之际，企业必须随之转型，采取新打法，培育新能力。企业的目标不同、规模不同、优势不同，应该采取的新打法也不同，不能简单地一刀切。特别是未来汽车核心技术一定是多元组合的，企业必须考虑好哪些技术必须自己开发，哪些技术可以通过合作获取。也就是说，面向合作共赢与融合创新，企业必须清楚哪些技术是"白匣子"，自己必须掌握，即使开始时不得不依靠外部资源，也一定要加紧储备，尽快形成这方面的能力。哪些技术是"灰匣子"，企业需要足够了解并掌握定义能力，但可以交给合作方打造。又有哪些技术是"黑匣子"，企业拿来使用即可，永远都不必自己下功夫研究。

企业还需注意，汽车软件可不是手机里下载的APP，技术并不简单。

汽车企业要做好软件开发，必须有"水滴石穿"的准备。同时，开发智能汽车不仅要有软件能力，还要有软硬结合乃至融合的能力，更要有产品上市后通过软件不断迭代优化的能力，这些都需要企业一点一滴认真储备。

当然，这也意味着汽车企业不必冒进，不用担心没有软件能力一夜之间就"末日"来临。但企业必须认识到，软件是未来的大方向，必须加大投入、加快发展。企业要打造出优秀的产品，软件技术就不能只在及格线上，而是要超过优秀线。软件不能勉强对付着用，更不能只作点缀，否则汽车产品是不会有竞争力的。

现在不少企业并没有充分理解这一点，虽然也知道软件重要，但没有认识到软件究竟重要到什么程度。因为现有的产品没有太多软件，也还在正常销售，这就导致企业转型动力不足。然而，量变终将引发质变，五年之后的汽车产品一定会大不相同。等到那个时候再培育软件能力就来不及了，这就像"温水煮青蛙"，不早做准备的企业最终肯定会被淘汰。

芯片的重要性及其创新策略

未来智能化是汽车产业的战略制高点，因此决定算力、承载算法的芯片将变得极其重要。我认为，未来芯片可能会比电池更重要，因为智能汽车的竞争力将集中体现在软件和数据上，而软件和数据方面的表现直接依赖于芯片。从这个角度看，车企面向未来制定清晰的芯片策略，可谓意义深远。

近期受国际新冠肺炎疫情影响，一些车企出现了芯片断供的情况。同时，围绕芯片核心技术的国际博弈愈发激烈，进而引发了汽车行业的关注和担忧。整车企业是不是应该自己打造芯片以免受制于人？现在看来，没有几家车企选择做芯片，包括很多大企业在内都认为不具备这方面的能力，让专业供应商来做会更好，但我们看到特斯拉就在自己做芯片。在这里我们不讨论车企该不该做芯片，选择做或不做都有很合理的理由，但这只是战术问题。而我想强调的是，企业必须从战略角度出发，确保自己的目标受控。就像电池一样，车企如果认识到电池在电动化时代的重要性，就必须进行投入、有所参与，以获得必要的话语权，直至形成确保自身竞争优势的技术门槛。至于是通过自行研发、主导开发，还是资本控股、商业合作来实现这个目标，都是战术手段而已。

当然，车企要把芯片造好并不容易，可能也无必要。虽然芯片至关重要，但车企很难通过制造芯片盈利，因此更应与专门的芯片制造商合作，利用其规模效应来获得成本相对较低的优质芯片。同时，车企应重视芯片的设计和应用，努力形成芯片的定义能力，即能基于自身对整车的深度理解，明确提出芯片规格和性能的定制需求，然后再由芯片供应商按要求完成制造。这种芯片定义的能力必须在车企内部形成才有意义。

"战略决定战术"的理念说起来简单，但真正做起来必须克服固有思维和能力的局限。我和很多企业都讲过，不要只看现在的芯片能不能做好，还要考虑后续十年的芯片能不能做好。未来，如果车用芯片不能做到快速升级换代，建立在原有芯片上的整个软件系统就可能面临全面落后的局面。

03 共享化

基于汽车自身、使用环境及服务模式系统思考解决方案

车企面向汽车共享服务的对策主要有两点：第一，要基于场景来开发产品，为此必须改变原有思维方式；第二，要做好相应场景下的产品运营，当然运营也不一定由车企自己来做，完全可以通过合作向社会开放。也就是说，车企一方面要设定场景并提供产品，另一方面要通过产品在场景中的使用，反过来迭代优化产品。

基于场景的车辆运营尝试，是车企必须要做的事情。如果车企不做，就永远不会知道怎样把产品打造得更好。一种做法是以制造系统为中心，成立一个打通汽车设计、制造和使用等环节的统一团队，并给其设定明确目标。这样，团队就会主动思考汽车的使用需求是什么，使用环境怎

么样以及相关问题应该如何解决。按照以往那种甲方和乙方的模式，往往是甲方说乙方什么都没做好，不满足自己的需求，而乙方觉得甲方太苛刻，自己已经做得很好了，结果是问题得不到解决。现在可以让需求方也成为团队的一部分，作为主体来拉动项目不断前进，并让团队系统思考最佳解决方案，事情就会变得简单多了。

举个例子，某款汽车产品动力性不足，在工厂里的一个坡道处总是开不上去。为此，项目组对电机做了修改，但效果还是不太理想。后来团队里有人主动提出，不如把这个坡道铲平，让汽车先跑起来，将来这款产品也未必一定要去这么陡的坡道。这件事看似很小，却体现出一种完全不同的理念和思路，即汽车与其所处的外围环境、所用的服务模式等是相互影响的，唯有系统思考才能得出更合理的解决方案。因此，车企在新时期应该把这些因素都纳入到汽车产品创新体系中。

目前，很多互联网公司都在与车企探讨无人物流车方面的合作，他们看中的是汽车出行服务的广阔前景。而在汽车出行服务方面，这些互联网公司并没有优势。相较于互联网公司，汽车这类实体产业企业的优势就在于有真正可落地的实体产品，可以专门为共享模式打造定制化车辆，这是互联网公司做不到的。

共享汽车在设计上应与普通车辆不同

车企之前的业务是以 2C 为主，而汽车共享则属于 2B 模式，两者是完全不同的场景。为此，车企必须不断自我挑战，转变固有思维，思考新需求下的产品方案。现在，不少车企直接使用面向 2C 场景开发的车型来做共享，这其实是不行的，因为 2C 和 2B 模式的差异性非常大。

共享模式的 2B 属性非常明显，不是按车企现有业务模式开展就能成功的。实际上，共享汽车在设计上应该与普通车辆有很多不同。例如，为应对车辆磕碰划伤问题，共享汽车的一些外观件应设计成可拆换的。因为共享汽车需要通过最大限度地运营来创造利润，如果因车身的小剐蹭就不得不停运修理，甚至一个喷漆处理就要花费几天时间，肯定是不可接受的。

又如汽车内饰设计也有不同需求。传统的 2C 车辆，也就是家用车，消费者希望储物位置越多越好。而 2B 的共享汽车恰恰相反，并不需要过多储物位置，通常只在前面有一个较大的开放式储物空间就足够了。究其原因，一方面车内储物位置过多不好打理，即使只是简单除尘也不方便；另一方面，用户遗落物品还容易引起纠纷。因此，共享汽车的储物空间最好放在前面，在用户视线范围内，这样取物方便，也不容易遗忘。此外，减少储物位置也有利于节省整车空间，降低材料成本。

院长心声　　　　　　　　　　　　　　　　　　　　　　　　　　VOICE

基于各种场景的汽车出行服务是用好车的核心

如果没有汽车这个实体产品和综合平台，互联网公司有再好的出行服务商业模式也只能是空中楼阁，无法真正落地。当前，不少车企正在谋划由汽车制造商向汽车出行服务提供商的转型。也就是说，今后车企既要自己造好车，又要让消费者用好车，而用好车的核心就是基于各种场景的汽车出行服务。

在这方面，我认为共享化将是汽车使用的一大发展趋势。届时，很可能会出现这样的情形：很多消费者不再购买汽车，但仍然使用汽车。例如具有高等级自动驾驶能力的汽车在某些场景下为消费者提供便捷的出行服务，类似 RoboTaxi。车辆本身是共用的，而每次往往只有一两个人乘坐，即所谓"微公交"的概念，这种汽车共享服务或将成为未来公共交通的重要组成部分。而目前一些车企的做法，在我看来只是阶段性的过渡产物。或者说，现在的很多所谓共享模式其实根本称不上是共享，只不过是共用而已。

车企开发出符合市场需求的汽车产品，然后用这种产品自己做出行服务，这与出行公司向车企定制所需的汽车产品来做出行服务是完全不同的模式。其实，把各个环节综合在一起就构成了生态，每个参与主体都做好其中的一部分，然后互相协作以实现共同的目标。原来的模式是各方只负责自己的部分，根本不考虑其他环节，更不会主动想办法彼此打通，这样就很难取得成效。

04 国际化

未来全球汽车产业将发生巨大变化

十年后,汽车产业将发生巨大变化。第一,从中国的变化来看,十年后中国市场很可能要跨过汽车普及期了。虽然过去几年中国汽车销量出现下滑,但这只是阶段性的,我们其实还处在普及汽车的阶段。但等到普及期过后,市场就会趋于饱和,或者说处于存量替换为主的平衡状态。类似于欧洲现在的汽车市场,其汽车年销量基本上停留在一条水平线上,不同年份只是上下波动而已。未来中国也会达到这个阶段,这意味着市场竞争将更趋激烈。

第二,从消费者的变化来看,十年后中国汽车用户将更加成熟,"为自己消费"的意识将日益强烈。具体表现为强调个性、注重体验、追求品质,可能还会崇尚简约,这一点在汽车文化发达的一二线城市会表现得更为突出。现在的日本就可以看到这样的消费倾向,人们对汽车的需求更加理性、务实。而中国还有不少人存在面子消费的心理,购买汽车比较在意别人的评价。

第三,从产品的变化来看,十年后对汽车个性化的需求仍将普遍存在。当前有一种观点认为,未来汽车将全部是共享化的标准车型,而私家车会消失。这个观点不一定正确。出行是人的基本生活需求,而人们向往美好生活的愿望永远都会存在,或者说人们始终都有更高品质的生活需求。这就像买房子一样,1室1厅足以满足基本的居住需求,为什么很多人要买3室1厅呢?从这个角度出发,未来私家车仍将存在,因为人们对汽车的个性化需求只会越来越高,而私家车肯定要比共享汽车更能满足这种需求。

实际上,现在的汽车产品与十年前甚至几年前相比,已经不可同日而语了。汽车开始在某种程度上带给用户亲切感、体贴感,让人们愿意去触碰它，与它交流。不像过去，用户坐到汽车里感觉这就是一个铁疙瘩。

今后，人和车将成为彼此的亲密伙伴，汽车可以更好地为人提供服务，人也愿意在车里多待一些时间。说起来，车厢天然是比较私密的空间，而很多时候人是需要独处的，未来汽车一定会更好地回应这种需求。

十年后，自动驾驶的共享汽车或者说在有限场景下的 L4 级自动驾驶汽车可能会比较普遍。可以预见，在国家的规划和推动下，能实现 L4 级自动驾驶车辆运行的场景将越来越多。不过，对于 L5 级自动驾驶汽车，还需要更长时间的发展才能走向实际应用。也可以说，这将是自动驾驶汽车发展的长尾阶段。

现在看来，自动驾驶面临的最大问题可能是长尾过长，而且只靠汽车行业根本没办法解决这个问题。对于单车智能面临的瓶颈，要借助 ICT 企业提供网联化技术，依靠国家完成交通基础设施信息化升级，才能取得根本性突破。未来十年，通过推进车路协同加快发展，L4 级自动驾驶汽车将真正落地，并给人们带来极大的方便。

第四，从汽车产业竞争态势的变化来看，资源整合将是大势所趋。汽车始终是一个极度追求规模的产业，不仅是汽车硬件需要规模支撑，汽车软件也需要规模支撑，包括车辆外部的信息化环境建设，都需要大量投入。没有足够的规模是难以承载的。因此，未来看起来很美，但实际做起来很难，个中艰辛可能只有企业管理层感触最深。

正因为需要巨大投入，未来汽车产业的集中度一定会越来越高，或许最后全球只剩下为数不多的几家整车企业，最多不超过两位数。这些车企可能是原来的传统汽车企业，也可能是新进入的 ICT 公司或新造车企业，更可能是某种企业联盟，这是汽车产业发展的客观规律。等到新四化逐步落地后，汽车产业一定会出现更显著的规模效应，即使发展进程中受地缘政治和经济周期等因素影响而有所波折，在大方向上，世界汽车产业趋向高度集中和资源整合也是不可避免的，这将是产业的最终归宿。

新四化为中国车企国际化发展带来新机遇

在新形势下，中国车企走出去的方式必须有所改变，过去走出去主要是靠性价比，提供比竞争对手价格更低的产品。结果导致在外国人的普遍印象中，中国汽车品牌在美系、欧系、日系和韩系之下，如果产品不便宜就没人愿意购买。未来，我们走出去的时候一定要改变打法，重新塑造品牌形象。

从这个角度看，汽车新四化为中国车企提供了新的机遇。现在，海外市场已经发生了一些变化，中国的电动化、智能网联化汽车产品征战海外市场时，溢价能力有了明显提高，而且在某种程度上形成了与其他国家产品的差异化。例如，中国的互联网汽车在印度深受消费者欢迎，因此企业就有了一定的产品溢价空间，这是真正依靠技术含量形成的差异化。又如出口到欧洲的电动汽车，在油耗和排放标准上可以直接满足当地法规的严苛要求，而传统燃油汽车要满足当地法规要求就困难多了。中国车企要向欧洲市场出口燃油汽车，就必须超前按照更高标准来开发产品，这意味着不得不增加投入。而电动汽车则完全没有这个问题。因此，新四化让中国车企在国际化方面有了新武器，或者说，是有了解决老问题的新办法。

当然，面对不同国家的市场，中国车企同样面临巨大挑战。包括产品必须满足当地的标准法规，必须尊重当地的文化风俗，也包括在智能网联化方面的区域性差异，例如欧美国家普遍对个人信息的隐私保护更加重视，这将直接影响智能网联汽车的技术策略和最终表现。不过这种挑战是共性的，对后发的中国车企来说未必不是好事，至少可以促使我们在产品设计之初就遵照国际标准，而不是寄希望于先在中国把产品做好，再为了出口而修修补补。

中国的智能电动汽车进军海外会有优势

在新形势下，我们必须想清楚中国企业面向国际化发展的优势和劣势。国际化往往是与本地化关联的，例如麦当劳来到中国，只有让中国人接受才能算成功的国际化。反过来说，这也是麦当劳在华的本地化过程。从这个角度讲，不必太过担心中国车企未来的国际化。众所周知，中国互联网和智能手机等产业的国际化都做得比较成功。各个国家和地区都有不同的法规标准，例如不能上传某些数据，有些研发资源必须放在当地等，这些中国企业都应对得很好。外国消费者对中国产品的看法大都比较正面。他们认为，像小米手机、大疆无人机等中国智能产品都非常不错。因此，对未来中国智能汽车走出国门，我们也应该抱有信心。

同时我们可以看到，发达国家，例如欧洲市场上的产品，与国内的产品相比，在智能化程度和续驶里程等方面其实已经有了一定差距。因此一些在国内相对一般的产品，销售到国外时也能得到不错的评价。今后，中国的智能电动汽车进军欧洲应该是很有竞争力的。实际上，从产品力的角度出发，智能电动汽车走出国门反而会比传统燃油汽车更有优势。至于区域性要素，像地图、导航等确实依赖于本土资源，不过其实也可以借鉴互联网和手机公司的方法去做好。现在，华为、TikTok 等在海外受挫，并不是产品力本身的原因，而是受到了地缘政治因素的影响。对于这些企业无法左右的外部因素，当然也要预作准备，但同时我们更需要先把自己可以主导的事情做好。

中国车企要抱团维护中国品牌的海外声誉

在电动汽车方面，目前中国车企在国际上具有一定的先发优势。而在智能网联汽车方面，由于必须使用当地的地图和互联网服务体系，确实可能给国际化带来不小障碍。不过，这样的要求对中外公司是平等的，中国车企到国外市场需要如此，外国车企到中国市场也需要如此。大家都必须遵守当地的法律法规，融入当地的互联体系，这无疑是公平的竞争。

展望未来，一家汽车企业要想成为全球化公司，就必须具备在全球多个市场本土化融入的能力，否则这家企业就只是区域性公司，就只能在本国或某个特定区域内生存。这意味着未来的全球化将对企业的技术储备、产品储备及综合能力提出远超从前的更高要求。

千里之行始于足下，中国车企的国际化之路才刚刚起步。在新形势下，中国车企都应做好充分准备，之后再走出去。因为中国品牌在海外市场是一个整体，外国消费者往往分不清产品具体是哪家中国公司的，只知道是中国的。如果一家中国车企的产品出了问题，不只是自己受损，也是对所有中国车企的伤害。更重要的是，中国车企不要在国外彼此打价格战。过去有不少这样的例子，像十几年前的摩托车产业，就是中国企业一窝蜂地走出去，比拼价格、自相残杀，最后全部铩羽而归。前车之鉴，后事之师，中国汽车产业在国际化征程中一定要避免出现类似问题。

此外，未来中国一方面会更加开放，另一方面也会制定一系列的标准和法规，形成具有中国特色的政策体系。为此，中外企业都必须按照统一的"游戏规则"来进行产品创新，这意味着外资企业在华发展需要更加强调本地化。实际上，外资企业在华征战的经验也可以为中国企业海外征战提供宝贵借鉴，合资方式就是一个好途径。中国车企走出去的时候，也应该在目标市场寻找合适的合作伙伴，共同经营。在海外创办合资公司，让熟悉当地情况的本土人才参与公司决策，让他们提醒管理层应该做什么、不应该做什么，这才是加速实现本土化的捷径。毕竟，我们肯定没有当地人了解他们国家的情况，双方有效协作，一定能取得更好的效果。

院长心声   VOICE

中国车企当前的国际化之路必须不同于以往

虽然中国车企至今还没有大规模地走出去，但中国汽车产业的合资史已经有30多年了，我们很了解走进中国的外资企业遇到过哪些问题。今后，中国企业走出去的时候，也会面临同样的问题，只不过主客双方的角色不同了而已，我们进行换位思考就能少走很多弯路。

此前，中国的汽车油耗和排放标准一直滞后于一些发达国家。中国车企要想出口燃油汽车产品，就必须开发足以满足当地标准的新技术，但出口量又不会太大，这样就不可能形成规模效应，难以分摊巨大投入，也无法拉动形成协同的供应商体系，这是传统燃油汽车出口难度大的重要原因之一。目前，中国最新的国Ⅵ排放标准已经与欧美基本同步，油耗法规也正在快速趋近，这个问题有望逐步解决。不过这并不影响出口电动汽车享有的优势，因为在电动汽车相关法规标准方面，中国与发达国家相比处于同步甚至领先地位。同时，中国车企开始重视电动汽车的时间也普遍早于国外车企。

站在今天这个时间节点上，中国汽车企业如果不走国际化道路，不成为全球化公司，是不会有未来的。因为区域性的企业，规模再大，品牌影响力也很有限，而且区域市场出现严重问题时，企业根本没有抗风险的能力。要成为全球化公司，就必须在国际市场上占有一定份额。

同时，我们必须认识到，中国车企当前的国际化之路必须与过去有所不同。原来，中国企业更多依靠低价优势竞争，可低价不仅意味着利润微薄，也会对品牌造成不利影响，还会影响对供应链体系的拉动力，结果往往是产品不降价就销售不出去，企业最终不得不撤出海外市场。今后，我们必须提升中国汽车的品牌定位，这需要产品和技术的有力支撑。而电动化、智能化和网联化，恰恰为中国汽车产品形成差异化的竞争力创造了新空间，在这些新领域中，中国车企是有机会实现全球并跑甚至领跑的，这就让我们可以凭借实力，更有底气，也更稳健地走出去。

因此，中国车企在走出去之前一定要做好充分准备，不能只考虑眼前而不计未来，简单地通过比拼价格来参与竞争，这样最终不仅会损害自己的利益，还会损害中国品牌的整体形象。我认为，国家应该从中国品牌国际化推广的角度来加强管理，帮助企业防控进军海外时可能遭遇的不确定性风险，同时要严惩"害群之马"，避免对中国品牌造成伤害。

走出国门需要考虑智能网联带来的新挑战

在国际化方面，车企还要考虑汽车智能化、网联化可能带来的新挑战。未来，汽车产品需要使用地图等区域性数据及服务，这不仅与当地的服务生态紧密相关，还涉及国家安全问题。

这种情况未必有利于车企的国际化，当然，这不只影响中国企业"走出去"，也影响外资企业"走进来"。例如国外车企的智能网联汽车产品如果沿用其本国系统，来到中国就会"水土不服"，因为无法顺畅接入中国的服务生态，使用中国的各种应用，这样又如何占领中国市场呢？因此，今后在华的国外车企也要考虑与中国的BAT（百度、阿里和腾讯）以及地图提供商等本土公司合作，这是让外企老总们感到焦虑的问题之一。同样的，中国企业进入国外市场也将面临类似挑战。

全球汽车产业格局重构呼唤新王者

新的产业生态呼唤新的王者，也必将诞生新的王者。届时，全球汽车产业格局将有非常大的变化。产品创新又与技术创新、品牌创新紧密相关、互为支撑，这实际上是一个综合性的系统工程。中国车企要想真正成为世界级强企，成为基业长青的百年老店，就一定要走国际化道路，必须在全球范围内拥有一定的市场份额和品牌影响力。

展望未来，十年后，世界汽车产业将发生翻天覆地的变化。我们眼前看到的一系列量变，未来都将积累成质变。汽车本身就是极度追求规模效应的产业，在导入智能化、网联化后，更需要通过庞大的规模来承载巨大的资金和人才投入，而车企如果不做这些投入，就无法打造出真正满足消费者需要的有竞争力的汽车产品。因此，汽车产业的集中度一定会持续提高，未来全球范围内的车企总量要比现在少得多。

面对未来的严峻挑战，汽车企业有效应对的前提是保持开放和学习心态。既然汽车是集大成的产业，我们就没有理由不拥抱新时代的新技术。为此，汽车企业一方面要努力形成自身必须掌控的核心技术及能力，另一方面要充分利用其他产业的核心技术及能力，通过跨界融合、分工协作，推动汽车产业更好、更快发展。

四、产品创新方法论

01 企业战略创新

新时期必须把创新视为战略而非战术

在产品创新层面,企业涉及的问题多且复杂,而最核心的问题是:今天我们不能再把创新看作"术",即战术,而要把创新看作"道",即战略。

第一,企业战略一定是基于创新制订的,或者说,企业的一把手必须坚持创新,这是最重要的。企业没有把创新放在战略层面,或者说一把手没有把创新提升到战略高度,是很难成为创新型企业的。

第二,企业需要先把整体架构的创新做好。包括产品创新、管理创新、经营创新、市场服务创新等,共同构成相互关联的一个完整体系。只有把体系架构的创新做好,才能形成多方面创新的合力。例如,有些企业技术非常好,可发展得却不太好,这并不是说技术创新没有价值,而是说技术创新在这些企业的体系中没有充分发挥应有的作用。如果企业的体系架构创新做得好,技术创新就可以最大化地发挥作用。

企业只有把自身的战略建立在创新发展上,并进行系统性的创新布局,才能不断完成深度创新,最终产生颠覆性的创新成果。而颠覆性的创新成果作用于产品、营销和服务,又是对品牌的最好诠释和提升。在很大程度上,品牌的知名度和美誉度必须以实实在在的创新成果来支撑,即一定要让创新扎根、结果,而不是包装几个亮点、开几个发布会就可以的。

当前，中国建设创新型国家正进入新阶段，而创新型国家需要创新型企业。试想，如果中国有 10 个华为会是什么情况？如果汽车行业有 10 个比亚迪又会是什么情况？因此，企业的体系创新非常值得重视和研究，现在很多企业还没有做到这一点。

产品创新需突破超算平台、数据中心和运营能力

软件定义汽车最关键的是，汽车的硬件及电子系统都可以被软件控制和定义，包括行驶、转向、制动等系统，也包括车身及座舱相关系统，例如车门等。为实现汽车硬件及电子系统被软件控制和定义，需要在三个维度上开展工作：第一，对汽车硬件进行重新设计，即面向软件定义汽车来进行匹配性开发，在重要的地方布点，搭载相应的传感器和执行器，随时了解硬件信息并对其进行控制；第二，铺设"信息高速公路"，为此要构建崭新的汽车电子电气架构；第三，配置智能 CPU 和域控制器，形成基于人工智能的复杂运算能力。这三个维度是软件定义汽车的基础，改造后的硬件、高速信息通道和智能汽车大脑缺一不可。

为此，车企应致力于在三个重点方向上实现突破：

一是超算平台。超算平台对发展智能汽车具有非常重要的价值，将为智能汽车提供关键的"脑力"支持。因为智能汽车及其运行的环境高度复杂，对计算能力的要求不断增长，未来如果没有强大的超算平台，就根本无法支撑智能汽车的进步。这也符合互联网产品开发的规律，即硬件更新的速度永远跟不上软件迭代的速度。我们作为普通消费者也能感受到这一点，例如智能手机刚买来时运行速度是很快的，可往往过了一段时间就会慢下来，因为软件迭代更新得太快，各种新 APP 很快就让手机的计算能力难以应付。相较手机，智能汽车需要处理的数据量更庞大，其计算能力也必须更强，因此超算平台的开发对智能汽车至关重要。

二是数据中心。要想做好软件定义汽车，就必须拥有大量的数据和强大的数据处理能力。现在很多人都在谈大数据，好像它是一个新事物。实际上，企业本来就涉及很多数据，只是此前没有进行有效的收集、梳理和分析，自然也就没有办法使用数据来创造价值。为此，车企应设立专门的团队，对数据进行规范化的收集、梳理、存储、分析和运用，致力于从数据中挖掘出更多有价值的信息，并应用到产品的持续迭代优化中。

三是运营能力。"智能汽车的核心不在于制造，而在于运营。"试想，智能汽车怎样才能产生价值？怎样快速迭代从而不断优化？数据应该怎样搜集？又该怎样处理？应用数据之后怎样才能触及用户？这一系列问题的答案都指向运营能力。相较传统汽车，智能汽车在维修、保养和使用服务上都将有巨大改变。而车企必须通过一定的媒介才能实现这些改变，并使其真正抵达用户，这个媒介就是运营能力。现在已经可以看到一些新造车企业展现出的新特点，例如远程诊断、用户服务及运营体系智能化等方面。今后还有很长的路要走，车企需要继续加倍努力。

当然，强调运营能力，并不是说汽车制造就不重要了。正如前面讲到的，无论开发什么汽车，制造始终是基础，就像人的呼吸一样是必备条件，只不过这一点对传统汽车和智能汽车来说并没有差别，也就无需特别强调了。而需要强调的是，如果没有相匹配的运营能力，未来的汽车产品就根本称不上是智能汽车，只是功能更多一些的传统汽车而已。

企业战略转型需认清大方向并坚定推行

在企业战略转型过程中，最重要的是要解决思想转变问题。员工并不是不想把工作做好，只是在认识上与高层存在差异。这很正常，毕竟大家对产业未来发展的洞察、个人所掌握的信息以及知识与经验的积累等都不相同。这时就需要高层不厌其烦地宣贯和坚定不移地推行转型战略。所有人理解了要执行，不理解也要执行。

而战略转型最关键的是企业从一开始就把握清楚大方向，同时在前进过程中始终保持开放的心态，不断吸收各种知识和信息，不断进行反思和挑战，这样就可以突破原来的思维惯性和认知局限。

从大方向上讲，第一个基本判断是，企业如果还按照以前的打法，未来是走不了多远的，因此战略转型不是可做可不做，而是非做不可。

第二个基本判断是，要想清楚未来汽车行业究竟会向什么方向发展，科技革命带来的核心变化究竟是什么？答案就是智能化。因此，企业从一开始就要朝着这个方向转型。当然，大企业实施战略转型是不可能一步到位的，而且外部环境随时都在变化，因此企业规划每年都要重新评估一次、调整一次，根据外部变化和内部实践的情况不断细化后确定具体举措。

院长心声　　　　　　　　　　　　　　　　　　　　　　　　VOICE

企业创新发展需要制度、文化和体系支撑

　　车企对科技革命驱动产业重构带来的机会必须有非常深刻的认识，并为此制订清晰的转型战略。同时，产品创新不是孤立的，其背后不仅需要企业战略的支撑，还需要企业在战略落地的过程中有效解决研发、采购、生产、销售和服务等一系列问题，最终产品才能真正满足市场需要。在转型过程中，应坚信核心技术始终是企业的源动力，坚持高比例的研发投入。这种坚持应该经过高层集体决策，纳入到公司的管理原则中，成为公司必须长期严格遵从的"宪法"。有了这种制度性的保障，公司重大的方向性决策就不会因管理层的变动而轻易受影响。

　　在此基础上，相应的企业文化将逐渐形成，会产生重视技术、崇尚创新的企业基因，这就使很多优秀的技术人才也包括其他方面的专业人才，都愿意加盟。最后，体系在管理原则落地、企业文化形成的过程中发挥着关键作用。打造出一款优秀的产品可以靠团队的努力，或者有时也可以靠一些运气，但要把每款产品都打造好，就只能靠企业完备的体系来支撑。此外，企业无论发展到什么阶段，都需要时刻避免陷入僵化。不能为了创新而创新，而是要以产品最终满足消费者需求为目标来创新。

企业转型往往难在理念落后而非能力不足

　　很多人没有把事情做成不是因为能力不足，而是因为理念落后，这样即使有能力也难以发挥。对企业来说同样如此，没有新理念就无法形成新能力。在"老路"上使用新方法毫无意义，只有在"新路"上使用新方法，才有可能形成新能力，最终产生新结果。因此，理念落后是传统车企变革艰难的根本原因。实际上，这并不限于汽车产业，像柯达、诺基亚这样的行业巨头当年之所以失败，也不是输在能力上，而是输在了理念上。

当前，汽车产业正在经历全面重构，这为后来者提供了进入汽车产业的良机。像特斯拉这样的企业就是抓住了这个机会，通过产品创新逐步证明了自身的竞争力。传统车企具有多年积累形成的产业实力，既包含研发能力与核心技术的积累，也包括人才资源的积累。不过，这种实力在一定程度上也是企业转型的沉没成本，或者改革创新的固有障碍。为此，传统汽车企业领军人既要克服自身思维的惯性，也要有效确保理念的更新，还要与时俱进地判断当前的决策是否正确。

企业战略转型必须看准方向、大胆实践

新一轮科技革命驱动下的产业重构，意味着汽车产业进入到前所未有的无人区。正因如此，即使是大众、丰田这样的传统车企巨头也都备感纠结。同时，特斯拉等新造车企业的一些理念也没有完全落地。而中国自主品牌又与这些车企不同，既不是传统车企巨头，也不是从零起步的新造车企业，更没有什么适合参照的对象。因此，自主车企想明白自己要做什么才是最重要的。企业的发展是一个不断完善的过程，只要在开始时看准了大趋势，找准了大方向，之后就应该大胆实践，摸着石头过河。其实转型过程中的很多具体问题是无法提前预料的，只有在转型中不断解决转型带来的问题，并且持续完善相关的具体举措，转型才能越来越接近成功。

现在几乎所有企业都在讲转型，但不少转型战略都因没有实际行动而沦为口号，只有真正努力践行的企业才有可能转型成功。我也在企业打拼过多年，深知企业转型的艰难。在转型过程中，领军人不得不触动很多人的蛋糕，薪资级别只是一方面，如果面临理念难以统一的问题，有时真的只能是"不换理念就换人"。反过来讲，当企业上下的理念转变到一定程度后，转型就会成为大家自觉的行动。"问题出在前三排，主要还在主席台。"企业的成功转型与领军人的见识和魄力是分不开的。

同时，企业思维和理念的更新永远没有止境，在产业日新月异的今天，更要不断吸收外部的新思想。说到底，企业最终不是与自己竞争，而是要战胜对手，因此在内部究竟谁对谁错并不重要，重要的是如何不断提升产品竞争力。对车企来说，必须做到该坚持的坚持，该创新的创新，该学习的学习，该接纳的接纳，只有这样才能抓住产业重构的机会，逐步形成智能汽车超越传统汽车的吸引力。也就是说，今后汽车产品要常用常新，车企的理念也要常干常新。为此，企业领军人必须站得高、望得远、想得清、看得准，这非常挑战领军人的眼界和判断力。

02 组织架构创新

以组织架构和管理模式创新支撑企业发展

在企业管理中，最重要的一点就是明确责任。企业必须从一开始就划清责任，以免后续扯皮。实际上，这不只涉及研产供销服等基本环节，也包括整个企业的组织架构和外部边界确定。

传统车企面临一个很大的问题，就是金字塔结构的部门制。每个部门都有各自的KPI（关键绩效指标）考核，很容易形成彼此之间的壁垒，导致沟通效率和质量降低，甚至出现推诿、扯皮等问题。当然，企业可以采取各种手段来解决这些问题，但最好是没有沟通壁垒，否则即使以强力手段破除了壁垒，相关部门也不一定能心甘情愿地合作。

为了让跨领域和跨专业的团队快速形成合力，向着一个目标共同努力，也为了让团队自主决策、快速决策，有的企业采用了扁平化的组织结构，甚至提出了"跨部门"的理念。即在企业内部只划分研发、工艺等大领域，而没有部门设定，鼓励员工进行跨领域合作，例如研发与工艺、研发与营销、研发与采购等。当然，在领域内部还是有分工的。同时，企业内部从员工到高管基本上最多就是两到三级，包括COO（首席运营官）、CFO（首席财务官）、CTO（首席技术官）和CBO（首席品牌官）等都是如此。因为要提高决策效率和质量，最好是让最前线的人或者说最接近用户的人来做决定，也只有这样的组织才能支撑技术的快速迭代和产品的敏捷开发。

最后，为解决协作问题，企业在各领域内部都采用了OKR（目标与关键成果）管理模式。在这种模式下，大家都向着同一个目标努力，例如开发好一款产品，或开发好一个功能。为实现这个目标，大家对各自应该做什么、要取得什么关键成果一清二楚，之后在工作中就可以很容易地彼此沟通。而管理层只要确保各领域之间的OKR相互匹配、互不影响，就可以实现企业的整体目标了。也就是说，通过OKR管理，即面向目标以及相应关键结果的管理模式，企业内部就能自然地形成健康的日常沟通机制，确保快速解决问题。当然，还是会有单一领域解决不了的问题，这样的问题会很快提交到高管层做出决策，协调其他领域共同解决。而对大部分问题来说，大家都会按OKR自行协调解决，因为大家有着共同的目标，并要一起努力实现这个目标。

也就是说，如何更快速地做出正确决策，如何打造更高效的企业运转流程，组织扁平化就是策略之一。此外，企业还应强调价值观，强调企业文化。例如在创建团队时，招纳人才的标准之一就是要有共同理想，要有创新渴望。有了一致的目标，就能快速形成有战斗力的团队和有共识的行为公约。

扁平化架构有利于提高交流和决策效率

产品创新必须与商业模式相互结合，用户体验必须考虑运营和服务。在这个过程中，如何搭建符合上述需求的新型产品研发架构？这就需要企业高层不断进行尝试和摸索。

例如，有的企业研发最早由一个负责人专门管理数字智能化。后来发现，从战略角度看，让一个人管理所有数字智能化业务，会给汽车软件与硬件之间的结合增加很多壁垒。也就是说，很多业务交流都要横跨两个大部门。当意识到这种组织架构有问题后，企业领军人迅速调整了组织架构，使其更加扁平化。扁平化可以让交流变得更通畅，不需要上一座高山再下一个深渊，然后再上一座高山，进而使各种连接更加紧密。

扁平化的组织架构减少了管理层级，有利于提高交流和决策效率。不过，随着专业部门的拆散和细分，也会造成业务接口增多。这是另外一个问题，后续也需要解决。企业在决策时必须评估得失、明断取舍，因为永远没有万全之策，所以只能以先解决大问题，为原则做出选择。在解决了大问题后，自然会产生小问题，这时再设法去解决小问题。

为此，企业可以设置跨部门小组，给其充分授权，让这些小组去打通所有环节。可以强化产品经理和体验经理等角色，赋予其足够权力，使他们能对用户意见做出快速反应，确保研发人员与用户的交流更加高效。还可以建立 Debug（排除故障）系统，将用户意见，无论质量问题，还是体验问题，都与研发一线直接连接起来。

今后，汽车企业的体制、组织结构、管理模式、产品开发工具及流程等都要跟上"演奏交响乐"的新时代，不能再用"打鼓"的老方式了。而 CEO（首席执行官）应该扮演什么角色呢？CEO 应该是整个乐队的指挥，他可能不会弹钢琴，不会拉提琴，甚至打鼓也不在行，但他必须知道如何让大家演奏的曲目相同、节奏同步。另一方面，每个公司都有自己的具体情况。如果想做出最彻底的创新，CEO 就必须承担起指挥乐队这份职责。否则，创新进程就会比较慢，创新成效也会打折。因为产品研发过程中有很多取舍，需要综合各种要素快速进行决策。毕竟谁都不可能造出一款价格低、性能高、体验好，360 度毫无缺陷和短板的汽车，既然做不到尽善尽美，就必须寻求一种相对最佳的平衡。

打破内部组织壁垒，实现部门有效融合

要做好产品创新，首先必须打破组织上的壁垒，让各部门之间有效融合。这不能靠临时性的举措，而是要建立长效性机制。例如让技术中心的人员参与销售公司的市场调研，哪怕是 CEO 亲自安排的也只是一次

性行为，这是不行的，必须在制度上做出明确规定，建立相应的规范。

只有在机制上打破组织壁垒，研发人员才能与销售人员充分交流，深入了解市场。如果研发人员还是按照"我认为或我估计用户可能会喜欢"来开发产品，是不可能真正满足用户需求的。反过来，如果销售人员与研发人员沟通不足，总是认为自己的产品这不好、那不行，这样也很难赢得用户的认可。研发与销售之间的割裂和制约，对双方的工作都不利。因此企业必须打破组织壁垒，在机制上实现跨部门融合，让大家都能朝着共同的目标，即满足用户需求而共同努力。

当然，产品创新的目标也是分层级的。一是要满足用户不断升级的需求；二是要对用户需求实现引领。而在引领方面，工程师往往更关注技术配置上的引领，思考的是如何增添技术让产品更炫酷。但这样用户会不会满意呢？很多时候答案是否定的。因为工程师虽然给汽车产品增添了很多新配置，或者说增加了很多新功能，但这些新配置或功能往往与车辆的整个使用场景并不匹配，只是在场景中间的某一个点有可能用到，在这个点之外就用不到了，同时前后也没有其他可以衔接的功能，这样对用户的帮助就不太大，用户不一定愿意使用。例如现在一些智能驾驶配置就存在这个问题，在驾驶过程中系统需要反复开关，用户的体验并不好。如果增添了某项功能后，用户的用车体验反而变差了，那相应的配置就没有实际价值，只是企业卖车时的一个宣传点而已。

为了做好产业变革期的产品创新，企业应当谋求建立某种新组织，能把各方面的人才汇聚到一起，在一个团队里工作，并为大家设定一个统一的清晰目标。这个目标不同于各业务部门的小目标，应该是整个产品的大目标或者说是满足用户需求的大目标。不像以前研发中心只负责将汽车开发出来，生产部门只负责将汽车制造出来，销售部门只负责将汽车销售出去。如果还是那样，各业务领域之间的联系就仍然是割裂的。企业必须给所有人都设定一个共同目标，让大家一起为之努力，并且这个目标一定是最终目标，而不是中间目标。这样一来，各部门之间的彼此融合和相互支持就会变得更有效。

新造车企业在组织架构和企业文化方面的特色

相对传统车企，新造车企业组织架构和企业文化主要有三个特色。

第一，不少新造车企业有一些类似"直辖市"的部门。例如智能部门，在传统车企的组织架构中通常隶属于整车或电子电气部门，而在一些新造车企业，智能部门是直接与很多核心部门并列的，也就是说在组织架构中地位更高。

第二，相对于传统汽车企业通常更侧重专业部门的矩阵式管理模式，很多新造车企业采用的是项目式管理模式。当然，传统汽车企业也有项目式管理，但在新造车企业中，项目式管理用得更普遍，更强调项目打通各专业部门的作用。此外，新造车企业通过各种项目打通的业务范围也更广，除打通汽车和互联网外，还牵涉充电设施建设、出行服务运营等，甚至还包括与政府的合作。在这种情况下，采用这种项目驱动的管理模式，就是为了以结果为导向，拉动不同专业的员工共同参与，尽可能快速地实现目标。

第三，新造车企业大都对企业文化建设非常重视。实际上，越是偏重项目管理的组织，对企业文化的要求就越高。因为现在工作需求的变化太快，企业不可能从年初就确定好每个员工各自要做什么工作，很多时候往往是某个员工正在做一项工作时，就必须打断他，让他立即转去做其他工作。遇到这种情况时，员工心中对企业文化的认同就会起到关键作用。因此，新造车企业往往更加强调企业文化建设，目的就是要通过企业文化把整个公司的力量有效凝聚起来。

当然，传统车企也有企业文化建设，但总体上是与人力资源部门的工作混在一起，主要是员工福利、文体运动等。而在带有互联网基因的新造车企业，企业文化是要接受考核的重要指标之一。在对员工的考核中，企业文化的权重甚至占到了30%。其实，很多互联网企业都是这样做的。

企业文化评价不能是上级凭主观印象给下级打分，而应该设定可考量、可执行的具体考核项。只有建立了具有实操可行性的评价方法，才能准确鉴别员工是否符合公司的价值观，是否认同公司的文化。对符合公司价值观的员工，就要正向激励。而对不符合公司价值观的员工，就要负向激励，甚至可能判定不适合继续在公司工作。也就是说，企业文化建设的落地是有"技术含量"的。在这一点上，传统车企可能关注得还不够。

软件团队既要相对独立，又要有效连接

在未来的汽车产品上，软件与硬件应该分离，但分离的目的是为了实现更好的融合。过去，产品开发流程主要针对硬件，每一个节点都很明确。今后，我们必须把软件也考虑进来，彻底改写开发流程。当然，各家车企目前还在摸索中，可能需要三到五年时间，才能形成新的汽车产品开发流程，包括软件的节点以及软件与硬件结合的要求等，都要有明确的规定。

实际上，当前整个行业都处在探索期。有的企业成立了软件中心，作为一家分公司，希望其在业务上与母公司既相对分离，又保持连接，这也是在探索中迈出的一步。将来，随着整个产品开发流程的不断完善，软件和硬件团队的融合度应该会更高。现在的产品开发流程在二级节点上才加入软件，而在一级节点中还没有体现，将来的产品开发流程一定从头至尾都是软硬融合在一起的。无论如何，整车企业最核心的竞争力始终是集成能力。过去，汽车产品主要是硬件与硬件的集成，而未来汽车产品一定是软件与硬件的集成，这将是一场革命。为此，整车企业不仅要解决工作方法创新优化问题，还要解决不同领域人才交流合作问题。

马克思主义对生产力和生产关系的论述是：生产力的进步，要求生产关系必须随之调整，以适应其进步。软件行业讲的康威定律其实也是类似的原理，即企业想要获得什么样的系统，就需要什么样的组织和思想。例如今后车企需要两个工厂，其中对物理工厂的组织管理，可以说车企已经做到得心应手，已经形成了半军事化、分层级、高效率的管理模式。而对数据工厂的组织管理，尚需探索合适的模式。两个工厂的功

能和诉求各不相同,分别代表着不同的生产力,因此必然需要不同的生产关系,即管理模式与之匹配。在这方面,创业企业的很多理念和模式与传统车企有很大不同,这些企业往往更加开放,更愿意采用合伙人的方式,值得传统车企借鉴和参考。

院长心声　　　　　　　　　　　　　　　　　　　　　　VOICE

通过创新解决传统金字塔式组织的弊端

面向未来的严峻挑战,原来相对简单的管理方式已经不再适用了,转变管理理念、创新管理方法应该是企业最根本的应对策略之一。汽车产业传统的金字塔式组织架构,层级和部门众多,专业分工高度细化,在一定程度上确实导致各业务部门之间容易相互割裂,降低了企业的运行效率。甚至有时为解决一个局部问题而牺牲了整体利益。结果是各个部门的KPI似乎都不差,但公司的总体目标却未达成。扁平化的组织结构可以减少沟通成本,否则即使大家最终能达成共识,逐级汇报互动的过程本身也会浪费时间。组织层级越少,决策速度就越快。

不过,汽车产业之所以采取金字塔式的组织架构也是有原因的,其中最主要的一点就是汽车产业高度复杂,涉及很多不同的专业领域。从这个角度看,强调团队整体上的高效协同无疑是正确的,其实传统车企也在这样做,但在专业性极强的各领域之间进行分工恐怕也是不可避免的。例如研发车身和底盘的员工,还是要有所分工的,不可能去做对方的工作。

在产业发生深刻变革之际,企业也可以尝试采用OKR模式,这是把互联网高科技公司的管理理念导入到传统汽车企业中的探索实践。无论结果如何,在公司整体管理理念和模式的层面上坚决进行创新尝试,都是难能可贵的。

组织架构创新并无标准答案

整车企业对软件在未来汽车产品中的定位及重要性应有非常深刻的认识。软件代表着新的生产力,为此必须建立新的生产关系,以确保这种新生产力能充分发挥作用,产生最大价值。而调整组织架构、管理模式和流程标准等,都是在构建新的生产关系,以确保在产品开发中软件与硬件的打通。

在产业探索期,组织架构的创新并无绝对正确的标准模式可循。重要的是我们必须以一种积极开放的心态行动起来,大胆尝试,勇于改变,然后在实践过程中发现问题、解决问题,这本来就是一个"摸着石头过河"的过程。实际上,企业的组织架构和管理方式原本就有所不同,像质量业务,有的企业是售后部门牵头,有的企业是采购部门牵头,有的企业是研发部门牵头,还有的企业是由独立的部门来负责。不过殊途同归,企业无论采取哪种方式,最终都要建立起确保产品质量的完整体系。

成立软件中心是为了打造特色的软件能力

整车企业为什么要成立专门的软件中心?原因在于:在"软件定义汽车"的前景下,未来汽车产品将是硬件和软件的综合体,其中,硬件是躯体、是基础,软件是灵魂、是升华。为把汽车产品做好,在功能上要软硬结合,在性能上要软硬融合,以实现产品功能、性能的极致化,并最终实现消费者的个性化体验。在开发方式上要软硬分离,针对软件和硬件完全不同的特点,建立新的开发流程、标准、体系和能力。在成本控制上要软硬平衡,固定不变的硬件既要为迭代升级的软件预留足够空间,又不宜储备过多,以免影响产品的性价比。由此可知,未来汽车产品创新将更为复杂,车企尤其要关注软件不同于硬件的特色,努力做好这一新领域的相关工作。同时,还要做好软硬件之间的协同。这正是很多车企纷纷建立专属软件团队的根本原因。

那么,这类软件团队是作为车企内部研发机构的一部分,还是作为独立的子公司来运作更好呢?在我看来,两种方式各有利弊。相对而言,在企业研发团队内部构建应该更有利于软件与硬件的融合,而成立独立的子公司应该更有利于采取不同的管理模式,例如在软件子公司内实施类似互联网公司的管理模式。

应该说,互联网基因确实与汽车行业不同,有一些精髓需要汽车企业认真体会,例如对员工价值观的管理,对员工使命感的培养,就很值得车企借鉴。也唯有如此，企业上下才能同心协力、攻艰克难。实际上，这也与企业的组织架构有关，传统车企大多是典型的金字塔式架构，各层级和不同部门之间泾渭分明，其优点是职责明确、分工精细，但相对而言也容易出现墨守成规和协同困难的问题。在传统车企中，高层管理者或上下级之间为了一件事情激烈争论的情况通常比较少见。而互联网公司有很大不同，很多时候大家都把就事论事的争论视为合理的工作方式之一。这既与企业文化有关，也与组织架构以及相应的权力分配关系有关。

03 研发与制造创新

汽车产品研发已经由打鼓变成了演奏交响乐

当前，CTO（首席技术官）的职能发生了很大变化。在汽车产品以硬件为主的时期，CTO 的职能比较容易界定。在收到产品定义和需求后，CTO 领导研发团队将产品设计开发出来，这主要是机械和工程上的工作。当然，CTO 也会面临很多挑战，包括如何将众多供应商提供的硬件有效集成等。不过，相对于开发智能电动汽车，传统汽车的开发目标比较明确，开发过程和时间也比较清晰。因此，之前的汽车产品开发相当于打鼓，而且鼓点是固定的。

但现在不一样了。汽车产品除硬件外还有软件。此外，商业模式的部分也必须考虑，例如换电产品和商业模式就有很大关系。因此，在产品设计过程中必须考虑得更加全面，把各个方面都放在一起思考和处理。在这样的情况下，如果 CEO（首席执行官）不亲自上阵，谁能有这样的权力呢？如果当年乔布斯不负责产品，将软件、硬件、服务都通盘思考，并把资源充分打通，恐怕苹果公司是做不出划时代意义的智能手机的。

在这件事上，CEO 责无旁贷，必须把自己推到这个位置上，哪怕自己不是技术专家，也必须具备技术领导力。说到底，CEO 是不能把做好公司的希望寄托在别人身上的。

原来，汽车产品开发就像打鼓，而现在则像演奏交响乐。对于传统机械部分可能"打鼓"就够了，但对于智能硬件部分，就必须"弹钢琴"，要求高得多。而对于软件部分，还必须"拉小提琴"。后续产品还需要持续的迭代改进和运营管理，各种乐器必须协调地继续演奏下去。因此，今天开发智能电动汽车产品就像演奏交响乐，必须有一个人负责这个交响乐团的指挥，这就完全不是原来 CTO 的概念了，更接近 CEO 的权责。

建立研发与市场部门之间有效沟通的机制

可以说，在确定市场需求的工作上，每家企业都难免纠结，内部各部门之间也常有相互争论、埋怨，甚至甩锅的现象。例如销售部门认为研发部门不了解消费者的需求，没有在产品上搭载消费者真正需要的配置，研发部门则认为销售部门提供的市场需求信息有误，一味要求增加各种各样的配置。

实际上，这里没有谁对谁错的问题，关键在于大家看问题的角度不同。销售和市场部门直接与用户接触交流，他们更关注用户当下的需求。研发部门了解技术趋势，他们往往希望采用先进的技术引领用户需求。主流车企研发团队目前存在的主要问题并不是技术能力不足，而是思维方式有偏差。因此工程师们应该走进市场，改变思维方式。某项技术不能只是车辆应用场景中孤立的一个点，而是要尽可能与其他技术一起形成全场景下连续的用户体验，从而给用户带来整体的价值感。如果各项技术彼此间不能打通，就会成为可有可无的配置，用户根本不愿意使用，更不愿意为此买单。

对企业来说，一方面必须促使研发人员改变思维方式；另一方面，还要建立起有效的沟通机制，确保研发与市场部门之间信息传递的畅通和准确。举个例子，市场部门反馈产品某些部位有异响，如果研发部门没有去现场了解实际情况，就据此做出整改，很可能并不能解决问题。因为市场人员并不了解汽车结构，他们对于异响产生部位的描述和判断很可能是错误的。因此，必须为各部门确定一致的目标，建立有效沟通的机制。

整车企业必须加紧形成新的集成能力

汽车企业的核心竞争力究竟是什么？答案应该是集成能力。过去汽车主要是机械产品的时候，车企就在不断集成各种先进技术，以实现各种功能和性能的持续提升。未来，车企更要集成更多不同领域的先进技术，以形成车辆的各种新能力。事实上，汽车的发展历程就是不断融合新技术的过程，这其中很多技术都不是汽车人所熟悉或擅长的，但这并不妨碍汽车人把这些技术用好用足。历史已经多次证明了这一点，汽车产业完全可以把其他产业的先进技术有效集成进来。

当然，不同产业之间一定会有交集，这个交集的部分最好双方都能掌握，特别是我要懂你一些，你也要懂我一些，这样才能更好地交流。否则就会出现"鸡同鸭讲"的情况，根本无法相互理解和沟通。另外，有些时候双方可能互有戒备心理，总觉得对方没必要了解自己的技术。这就需要双方增进了解、增强互信，让对方清楚自己了解相关技术的目的，这样才有机会达成良好合作。

回顾历史可以为我们指明今后的方向，坚定我们前进的信心。未来，ICT技术在汽车产业的重要性将越来越高，但外部技术集成应用于汽车上的基本原则并不会因此改变。汽车企业本来就一直在把自己"不太懂"的新技术引入进来。问题的关键在于，车企是否形成了面向新技术的集成能力。如果说过去车企已经掌握了很强的集成能力，那么在新形势下，这种集成能力已经不够了。车企需要学习新知识、掌握新技术，才能形成新的核心竞争力。因此，面对产业全面重构，汽车企业一方面不必太过焦虑，要坚信自己的核心地位不会动摇，另一方面必须更新理念和知识，尽快形成融合创新的新能力。

并行开发模式助力企业缩短产品开发周期

从管理的角度出发，企业不能只在最后给员工一张大饼，必须在工作进程中就不断给员工激励。要给团队设定一个最终目标，不过这个总目标一定要向下分解成若干子目标，并且必须覆盖汽车产品的整个生命周期。说到底，管理主要就是管人。员工通常在项目刚开始时干劲儿最高，做了一段时间后，干劲儿就会慢慢降下来。在这个时间点上，企业就要激励员工，让他们重新燃起激情。因此，并不是只设定一个最终目标就万事大吉了。

当然，如果产品开发周期比较短，对于按最终目标来评价员工是有利的。要缩短产品开发周期，就必须在产品开发过程中实现各项工作的高度并行，这也涉及团队融合的问题。实际上，企业把产品研发和制造环节融合起来，目的之一就是缩短开发周期。例如，一款新产品与此前产品的底盘类似，那么开发过程中时间主要应该花在车身设计上。在此情况下，企业在产品开发前期，就把车身模具、装备的开发人员和车身的研发工程师聚到一起，包括供应商也适时提前介入，各方相互沟通、充分交流，商定后续的解决方案，这样就可以最大限度地节省时间。

当然，串行的产品开发过程也有好处，即每一部分都可以充分做好自己的工作。相比之下，并行模式可能有一个潜在的缺点，就是开发过程中必须把各部分的工作都协调好，否则并不能节省时间，因为后期必然会出现反复。实际上，在并行开发过程中，企业必须有人能拍板、敢担当，否则下面的执行人员肯定会争论不休。

"合作制造"模式不是简单"代工"

企业一定要做自己擅长的事，那些不是必需且未必擅长的事，就不一定自己做，这是商业决策的基本逻辑。从这个角度讲，有的新造车企业选择"合作制造"或者说代工，是合理分工的商业模式。事实上，"合作制造"不是简单的"代工"。"合作制造"意味着委托方对制造并不是放手不管，相反，委托方要自己管控整车制造工艺，而且要从设计环节就开始考虑制造。

举个例子，企业选择租办公室或自建办公楼，就是一种商业决策。在不同的发展阶段，企业应根据各方面的情况做出最合理的选择，这里并没有对错之分。在企业资金短缺时，为什么一定要盖楼呢？又或者企业仍在不断扩展，最终的业务规模和形态尚不能确定时，也不需要盖楼。因此，采用"合作制造"的模式，只不过是企业尊重基本客观规律而做出的选择，并不是为了追求标新立异的造车。

院长心声　　　　　　　　　　　　　　　　　　　　VOICE

研发人员必须建立用户意识

产品创新方向，即产品卖点在很大程度上源自市场需求的输入，由此产生了一个核心问题——市场需求到底是什么？尤其需要注意的是，以前汽车产品是以硬件为主，用户主要关注基于硬件的功能，配置高几乎就等同于功能多、卖点多。然而，未来汽车产品将以软件为主，用户越来越关注基于软件的体验，这并不是单纯增加硬件配置就能满足的。也就是说，当前市场需求正在发生改变，导致需求确定变得更加复杂。

无论如何，产品最终能否被市场接受，只能是企业为此负责。因此无论是研发人员不了解市场需求，还是销售人员反馈不准确，抑或是两者之间沟通出现问题，都需要企业自己有效解决。

企业中每个人都有自己的业务分工，但要想把本职工作做好，还必须清楚自身工作的最终目的。例如研发人员的分工就是开发产品，但开发产品是为了让人使用，最终产品要进入市场，去满足用户的需求。也就是说，工程师不能简单地为了画图而画图，为了试验而试验，而是要考虑用户真正需要什么。否则开发出来的汽车连自己都不想买，又怎么能赢得消费者的青睐呢？从这个意义上讲，企业让研发人员直接走进市场，即使接触到的用户量有限，也会大有帮助，因为可以驱动研发人员转变思维方式。一旦研发人员有了用户意识，他们就会认真倾听销售和市场部门的意见，同时边倾听边做出自己的判断。如此一来，工程师们就会逐渐意识到，不能一味追求把技术做到极致，更不能将产品做成艺术品，因为这样是很难得到消费者认可的。

集成能力才是车企最核心的竞争力

虽然新四化中有很多内容并不是传统汽车企业的强项，但回望过去，不少应用在汽车上的技术也都不是掌握在汽车企业手中的。但这些技术一定是基于汽车产品的需求并经由汽车企业的集成，才得到有效应用的。因此，汽车企业的集成能力才是最核心的竞争力。要知道汽车有上万个零部件，涉及各种各样的技术领域，汽车企业不可能也没有必要掌握所有技术。对整车企业来说，有些技术了解即可，既不需要自己制造，也不需要自己掌握，这是汽车作为集大成产业的本质特点。如果事事都要自己钻研，每一个零部件、每一项技术都要自己掌握，反而会分散资源和精力，是不可能真正造出好车来的。当然，面对产业重构期涌现出的诸多新技术，汽车企业必须以积极的心态加紧学习、加大投入，以尽快掌握有效集成应用这些新技术的能力。

不过，这其中还是有一个核心技术主导权的问题，或者说，整车企业虽然可以集成其他领域的一些技术，但一定要自己掌握一部分核心技术。例如原来整车企业的核心技术包括发动机、自动变速器以及电控系统等，而电控技术的问题，中国汽车产业实际上至今也没有完全解决，该领域一直存在受制于人的潜在风险。

构建 SOP-X 的全新研发流程

为做好智能功能，车企必须构建起适宜的组织和相应的团队。如果还沿用之前的理念，把这些智能功能视为一个总成系统交给供应商来完成，自己并不主导，那肯定是不行的。因为即使有顶级供应商能帮助车企把 L4 级自动驾驶系统开发出来，也难以进行后续的 OTA 升级，无法实现持续的迭代优化，这意味着交付使用后很快就会落后。

因此，我认为今后不应该再讲 SOP（投产开始）了，而应该讲 SOP-X，即在产品全生命周期内会有 X 次"投产"。或者将传统的量产 SOP 改称为 SOD（交付开始），因为后续通过 OTA 还会实现更多交付。在此过程中，开发工作一直在持续，以支撑产品的不断优化，这与以前 SOP 之后产品开发就基本结束了是完全不同的。正是通过这种不断的 SOP，才能实现产品常用常新、体验越来越好。

04 销售与服务创新

打通线上线下生态，满足用户服务刚需

过去，车企虽然也在天天讲服务，但对象其实是各级销售商，并没有真正服务到用户。而销售商的服务水平参差不齐，因此车企与用户的这条线也要打通。以前是整车企业到经销商、经销商再到用户的直线型模式，现在整车企业与用户这条线连起来，等于车企也做 B2C 了，这样整车企业、经销商、用户就形成了一个"金三角"。要形成"金三角"，只依靠传统体系显然是不行的，因为用户没有办法找到车企。因此必须开发一个 APP，只要用户打开这个 APP 就可以直接找到车企。也就是说，用户可以通过 4S 店找到车企，也可以通过 APP 直接找到车企。车企则可以利用 APP 为用户提供线上线下连通的服务。

未来，企业必须有直接连接用户的渠道，而且企业的管理也要跟得上。用户会有车辆技术方面的问题，也会有一般性的使用问题，这些都需要企业及时予以回应和处理。为此，企业可以专门设置技术席，由工程师们直接解答用户的问题，为用户提供解决方案。当然，这样专业化的服务，没有足够积累的企业是很难做到的，因为这不仅需要很强的服务意识，还需要投入相当数量的专业人员。同时，企业还要把线下服务做到位，包括充电、送电、取车、送车等。

很多传统车企已经习惯了以往的成熟模式，过分依赖 4S 店。而现在车企要做的创新和变革，虽然可能也借助于 4S 店，但模式完全不同，是一场真正的服务革命。当然，传统车企真要做出改变并不容易，需要对

整个既有的营销服务体系进行彻底调整。此外，还有一点也很重要，就是新能源汽车有充电的需求，而传统燃油汽车没有类似的强连接，因此就少了一个与用户联系的途径。正因如此，很多传统燃油汽车售出后，车主甚至从来没再回过 4S 店。

电动汽车充电是一种刚需，汽车都需要能源，燃油汽车会找加油站，而新能源汽车自然就会找充电桩。现阶段，充电桩的普及度还远远不够，这就给了车企做充电服务的机会，也由此提供了与用户联系的纽带。如果 4S 店的充电设施布置得比较多，使用非常方便，就还是会有吸引力的。同时，充电其实是可以赚钱的，过去充电桩不赚钱，主要是因为利用率不高。因此，现阶段车企一定要把充电服务这个机会用好用足。等到充电桩充分普及后，用户可能就不会再为充电回到 4S 店了，届时车企就需要提供其他服务。

车企既要负起服务责任，也要用好用足经销商

虽然"金三角"实现了车企与用户的直连，但三角关系是最复杂的，容易出现扯皮现象。对此，一方面要确保信息对称，即用户所有的需求信息三方都能看到；另一方面，整车企业要负起主要责任，凡是车企能直接解决的问题都要立即解决，需要通过 4S 店解决的问题再分配到 4S 店。过去 4S 店是服务的主角，而现在车企是服务的第一责任人，这种转变本身就有助于提升用户满意度。因为用户会感受到是车企在为自己服务，信任度更高，效率也更高。在这个过程中，车企不只为用户提供技术服务，更要建立起互信关系，从而把用户有效地管理起来。

随着企业售出车辆数量的增长，用户的服务需求确实也越来越大。不过，这个问题是可以解决的。第一，车企要把产品本身尽量做好，车辆不出问题就不需要太多技术服务；第二，车企要把用户需求统一管理起来，确保问题都能及时得到有效解决，但这并不是说所有问题都要由车企自己解决。过去，众多 4S 店"自发"地直接服务用户，对车企来说，其服务行为是不受控的。而现在，"金三角"模式最核心的优势在于，车企可以对 4S 店的服务进行控制。对于 4S 店的服务是否到位，车企

完全掌握，并且可以根据情况随时介入，这样4S店的服务水平就会大幅提升，服务效率也会显著提高。也就是说，车企要更充分地利用4S店的能力，而不是要完全代替4S店来服务用户。实际上，车企需要做的就是把管理和服务的标准抓起来，同时替4S店处理其难以解决的问题。至于其他事情，还是要由4S店来做。这样车企就可以掌控服务水准，提升对用户需求的响应速度和质量，避免因4S店服务水平参差不齐而影响用户体验。

让经销商都能盈利对做好服务非常关键，没有盈利肯定不行，那样服务是无法持续的。为此，车企可以考虑与经销商共同承担4S店或体验中心建设店面的费用，这样就减少了4S店的先期投入，只要车卖得好，用户服务做得好，4S店盈利就不成问题。从车企的角度出发，为了服务好用户，当然要支持自己的经销商。

对于充电等刚需服务，车企必须看得长远一些，现阶段可能不一定能赚到钱，但只要服务生态进入良性循环，就一定能盈利。试想，如果用户经常回到4S店充电，一个店建大约30个充电桩，只要经营得好，每个充电桩每月都可以收入1万元左右，30个桩的月收入就有几十万元，扣除成本之后的收益也相当可观，这是传统4S店不具备的盈利模式。另外，建设异业同盟也可以产生收益，例如在体验中心办派对，这是收费的。又如可以通过太阳能储能获得收益，对于有条件安装太阳能发电设施的4S店，车企可以为其提供废旧动力电池作为储能设备。

基于未来产品特点，打造"用不坏的汽车"

现在还有一个理念，就是要打造"用不坏的汽车"。有的企业从研发端就着手，重点学习手机模式，例如苹果、华为手机，都默认了使用一定期限后要更换新手机，而不是让用户来维修旧手机，凑合着继续用。将来，新能源汽车可能也会在一定程度上实现这种模式，即主要不是修车，而是换车。

试想，未来的汽车为什么还要维修呢？在4S店三电系统修不了，智能系统也修不了，可能只有车身刮擦的损伤才能维修。这与传统燃油汽车需要维修发动机和变速器是完全不同的。此外，今后汽车可以通过OTA进行在线升级，能解决大量日常问题。既然如此，为什么车企不能打造"用不坏的汽车"呢？也就是说，车企可以随时监控并预判车辆的状态，一旦达到一定使用强度，出现问题的概率上升，车企就直接为用户换车，同时对旧车进行回收处理。

车企应将全程服务用户视为自己的责任

谈到汽车服务，现在整个汽车行业的主要做法是先卖车，之后车辆的服务就转交给别人来做，包括汽车经销商、服务商、加油站和保险公司等，或者说车辆的服务是交给了社会，没有一家整车企业能对汽车品牌的总体体验全程负责。实际上，整车企业应该考虑跳出原有的框架，不只是在用户买车时提供服务，还要负责在用户用车的过程中提供良好的体验。

这两种做法的出发点完全不同。新做法是把服务用户当成车企自己的责任，而现在汽车行业的分工并不是这样。这就像通过电商平台将产品卖给用户，与自己直接将产品卖给用户，这两种销售方式在逻辑上有着本质区别。从根本上讲，整车企业要成为用户企业，就必须对用户使用产品的全程体验负责，高度重视建立用户与企业的长期关系。

一些企业在底层的商业逻辑上，并不认为全程服务属于汽车公司该做的事情。因此，这些企业就不会深入考虑用户家里有没有充电桩，也不会想尽一切办法让用户的充电体验能像加油一样，甚至比加油更好。另外，当汽车出现质量问题，用户来投诉时，这些企业考虑的是先界定是不是自己的责任，而不是先解决用户的问题。与此相反，用户企业从上到下的整个管理体系都是围绕用户运转的，整个公司的商业模式以及内部管理体系都是按照服务用户的方向设计的。如果公司里的每一个人、每一个环节都能充分践行"以用户为本"的理念，那么服务质量就一定会越来越好。

未来汽车服务可借助销量规模效应和网络规模效应

有时候,我们看待一件事情还是要想得更长远一些。例如今天我们对孩子的教育投资,会影响他未来变成什么样的人。但也不能以孩子今天的成绩,来判断他未来一定会怎样,这种逻辑肯定是不对的。也就是说,大家不该沿用今天非常成熟固化的模式去看待服务创新,这就像之前沃尔玛看亚马逊的眼光,亚马逊一直亏损了十几年,到 2010 年还在赔钱,那是不是亚马逊的经营就有问题呢?事实证明,并非如此。从这样的逻辑出发,很多事情就容易想通了。

在产品刚上市、销量不足的情况下,固定成本分摊到每辆车上肯定比较高。同时,由于销量少,零部件供应商也不可能给出较低的价格,企业在产品投放后的一段时间里肯定是不赚钱的,即毛利率是负值,这很正常。但毛利率是在变化的,随着销量的提升,分摊到每辆车上的固定成本就会下降。另外,随着技术的进步,电池成本也在一年内下降了 20%~30%,再加上零部件合作伙伴纷纷加大支持力度,零部件的成本又进一步下降,于是整车毛利率就可以转正了。这背后也体现出汽车产业的基本规律。

汽车服务也是一样的道理。产品上市初期用户量少,还要提供优质服务,刚开始时单用户的平均服务成本比较高是很正常的。后续用户量增长很多,但企业的服务投入并不需要增加那么多。车企在服务上赔的钱就会逐渐变少,直至持平。

用户数量增长后,服务会自然得到升级,这也是有基本规律可循的。因为现在车企可以提供云服务,像充电服务的背后是能源互联网,车企把自建的换电站、充电桩,包括第三方充电桩、用户充电桩,以及用户的手机 APP,全部连接在一起,就形成了一套智能调度的高效系统。显然,这种服务体系是有网络规模效应的,接入的要素越多,服务就越高效、越便捷。其他服务也是如此,用户可以直接在 APP 上下单,各种服务就像点外卖一样,都能一键下单,一键呼叫。

这样车企就可以用最高效的方式匹配后方的喷漆、机电维修等服务,或者说可以用最高效的方式进行服务能力布局。这背后同样是有逻辑的,就是车企通过做服务获得了重新进行产业分工的机会,即基于云服务的高效连接来重构价值链。例如刚才说的服务模式,既方便了用户,也减少了接待人员。仅此一项,车企售后服务就可以节省很多人力。试想,如果每个环节都实现了精准服务,将会创造出多大的价值!

从商业模式创新或企业经营角度看,车企的价值究竟来自哪里?实际上,主要就是两点:一是有没有更高的效率;二是有没有更好的体验。当然,一家公司不可能刚开始经营就具备这两方面的能力,因此必须先行投入,不断积累和提升。就像亚马逊和京东如果没有物流投入,又怎么可能成为今天的亚马逊和京东呢?

面对问题最好的对策就是及时解决

当企业面对问题时,最好的对策就是直面问题,及时解决,不推卸任何责任。企业家首先要相信用户,他们会有自己的正确判断。评价一家公司就像评价一个人一样,不是只听他说了什么,更重要的是看他做了什么。越是遇到紧急问题的时候,越是能体现出公司的终极价值观。其实人也好,企业也好,总会遇到一些考验,这时怎样做远比怎样说重要。企业究竟怎样做,最终大家都会看到。如果企业始终把用户利益放在第一位,绝不做损害用户利益的事情,用户是看得到,也读得懂的。看到的人就有可能成为企业的用户,并向亲朋好友推荐企业的产品。

也就是说,消费者对一家公司的文化、价值观、做事方式及产品和服务,都会有自己的判断,不会被外界的一些负面信息所左右。等用户做出判断后,就能体会到产品和服务的好,这样企业口碑就建立起来了,自然就会有越来越多的消费者。

全面提升用户体验是车企价值创造的核心

在产业变革的新时期,企业基本上不可能再靠老方式来取得成功了。从企业经营的角度讲,要回答的终极问题就是价值创造,不能创造价值的企业,是无法在市场上成功的。而企业创造价值的核心就是要为用户创造最佳体验。例如，迪士尼给用户创造了欢乐的体验，因此它一直存在了近100年；苹果给用户创造了科技和人文体验，因此它取得了出色的业绩；亚马逊给用户创造了高效的购物体验，因此它获得了高额的回报。实际上，每家公司都需要清楚回答自己创造的价值或者说创造的用户体验究竟是什么，这样才能知道自己不断努力的目标和积累的方向。

那么，汽车企业的价值创造体现在哪儿呢？简单地说，一是怎样给用户提供不一样的体验；二是怎样用高效的方式提供不一样的体验。正因如此，不断追求汽车产品体验、服务体验、数字化触点体验以及汽车之外的生活体验等的提升，既是思维逻辑，也是企业家思考自身利润来源的出发点。

具体来说，第一，在汽车产品上，企业可以争取赚到行业的平均利润。

第二，在汽车服务上，可以考虑不以盈利为目标。重要的是，企业提供的服务能真正让用户省心，让用户遇到问题都愿意交给企业处理。同时，车企可以通过可移动连接对服务资源进行高效的重新布局，并将用户交互界面简化，用较低的服务成本为用户提供更好的服务体验。在整个服务业中，能源公司、金融保险公司以及经销服务商等，无不依托汽车开展服务。假如一家车企能用更高效的方式把这些服务资源组合起来，为用户提供更简单、更方便的服务界面，那用户的体验肯定会很好。车企如果不在服务上赚钱，最终用一种只要不赔钱就可以的模式去提供服务，那用户的体验自然会更好。

第三，数字触点应该是企业创造价值的重要关注点之一。数字触点是一个大概念，未来汽车体验的很多方面都将集成在数字触点中，即通过数字化方式为用户直接提供各种增值服务。以自动驾驶为例，这其实意味着给用户提供了一个买车送司机的服务，只要自动驾驶技术做得足够好，这种服务就能带来价值创造的空间，就能帮助用户节省时间、解放自己，还能减少车辆事故率。因此，数字触点为用户创造更好体验的前景是巨大的。

第四，汽车之外的生活也应是非常重要的关注点。今天，企业通过移动社交方式与用户连接在一起，是可以创造出很多情感体验的。这种体验已经超越了汽车产品本身。车企着眼于汽车之外的生活，就是要为用户创造欢乐空间，让自己成为用户分享欢乐、共同成长的社区，这是做好相关服务的核心。

当把上面这一切都打通后，车企为什么一定要在造车、卖车以及服务的每个环节都赚钱呢？完全可以在汽车产品上赚钱，同时在汽车服务上做到极致来"赚人品"。

因此，车企对汽车服务的理解不能太窄。车企通过造车赚取合理的利润。同时，对于汽车相关服务，用更高效的方式完成，企业只要最终不赔钱即可，但前提是一定要为用户提供更好的服务。此外，在汽车产品之外还有大量延展服务可做，例如数字化肯定是车企今后的利润增长点之一，包括基于自动驾驶的服务，还有其他很多方面。又如汽车之外的生活，可以想象的空间非常大，例如销售衣服和背包等相关用品，车企自然可以从中获得一部分利润。

汽车之外的生活服务和汽车本身的服务有什么区别呢？举个例子，假如一个人生病了，必须去医院看病，此时医院的服务再好，病人也不会开心。汽车服务也是同样的道理，用户在汽车使用过程中遇到麻烦时肯定会不开心，因此车企要及时为用户解决问题。在这方面，车企也可以赚钱，而如果能做到尽可能不赔钱就把用户的不开心降低到最小程度当然更好。不过，汽车之外的生活服务就不是这个逻辑了，例如用户购买衣服不是必须的，选择购买是觉得好玩儿，是因为开心，企业在这个环节赚点钱就没什么问题。还有数字化也与之类似，像自动驾驶技术能让用户省时、省力、省心，让乘车出行变得很快乐，因此用户就会觉得企业为此收取一定的费用很合理，相当于为自己雇了一个司机。

数字化生态系统是车企做好服务的支撑

为战胜竞争对手，未来用车服务是车企最应该倾注全力做好的。当然，这里的服务不是普通的服务，而是基于数据的服务。实际上，在未来"产品＋服务"的新形态下，服务对企业来说可能是最重要的事情，企业一定要把用户充分服务好,让他们没有焦虑、非常舒心地用车。通过产品和服务为用户提供最佳体验就是优势所在。同时,对于产品本身车企也要做得过硬,因为汽车的本质仍然是满足出行需求的机械,这一点并未改变。

为了让每位用户都能感受到车企为自己提供了个性化服务,车企现在应该重点做两件事。第一件事是聚焦于产品本身,形成新的汽车定义能力。一段时间以来,业界一直在讨论,未来汽车到底是由什么来定义的?最流行的说法就是"软件定义汽车"。实际上,汽车产品应该根据用户的使用场景来定义,当然在本质上,这是大同小异的两个概念。有了基于场景的定义,企业就可以清楚产品开发的努力方向。由此出发,当前很多车企正在开展汽车上的软硬分离和软硬解耦工作,这涉及整个汽车架构,包括各个系统及相关技术的一系列重大改变。

在此基础上,第二件事是要建立面向未来的数字化生态系统。数字化生态不是传统营销体系的改良,而是要构建一个全新的运营服务体系。这一体系充分融入人工智能技术,基于大数据分析,追踪、识别和响应用户的需求。以此为支撑,企业能为用户提供真正的智能化服务。

未来,汽车产品将成为车企为用户提供服务的载体,为此必须在车端做一些硬件预留,例如,芯片算力等。就像手机一样,要能满足未来软件升级的需求,至少按照三到五年甚至更长的时间来预留后续升级空间。此外,汽车应该是耐用性强的电子产品,而不是消费类的电子产品。因为消费类电子产品寿命比较短,而汽车并非如此,用户不可能像换手机那样频繁换车。因此,车企要把汽车打造成耐用的智能终端,使其真正成为会移动的智能机器人、面向未来的新物种。前面说的软硬分离和软硬解耦,目的也正在于此。

未来汽车产品本身只是基础,或者说是企业为用户提供服务、与用户交流的工具和平台。在产品背后,企业还要通过对用户及其用车数据进行分析,为用户提供个性化的用车服务。而在服务背后,为提供有效支撑,企业还要对组织架构、运营体系和产品开发流程等进行相应变革。这其中,最重要的是企业要进行全面的数字化变革,未来要让整个企业都运行在数字化平台上，真正成为研发、生产、销售、服务、运营全数字化的企业。要达成这个目标非常困难，但势在必行，因为如果不做，车企就无法为用户提供常态化的智能服务。

让服务用户成为全员共识和企业文化

汽车企业在服务方面恐怕会越做越难，今后最大的挑战仍然在于服务。如果只是造车或只是开发自动驾驶技术，就没有那么大的挑战，或者说以这两方面作为公司的竞争壁垒，并不像想象中那么高。当前，中国一年能造 2000 多万辆汽车，只要有资金投入，再花一些时间去摸索，后来者肯定能把车造好。同样的，自动驾驶技术现在看起来非常复杂，不过终有一天，自动驾驶将成为汽车上的标准配置。

而要把服务做到位就非常困难了，这也不完全是对服务的重要性有多相信的问题。例如，星巴克经营得不错，但谁能保证再做一家类似的企业就能比星巴克做得更好？开一家优质的咖啡店可能并不难，但开 1 万家咖啡店呢？何况还要保证这 1 万家咖啡店都保持相同的服务水准。再举个例子，大家都觉得海底捞的服务好，可又有谁复制出这种服务了呢？说到底，服务关乎的是人心，而人心是最难把握的。特别是当用户越来越多，场景也越来越多的时候，要保证每一个用户都得到标准化的卓越服务，让用户发自内心地感到满意，这将难上加难。

因此，必须把服务用户作为企业最底层的核心理念，让全体员工自上而下、自下而上，由里到外、由外到里都真正相信并努力践行。最终还是那句话，人心都是肉长的，企业做了什么，用户都会看到。只要企业上下都相信服务用户，就一定能把这件事情做起来，而且还能汇聚相信这件事情的很多人一起努力。

院长心声　　　　　　　　　　　　　　　　　　　　　　　VOICE

未来服务能力将成为企业的核心竞争力

当前，汽车产业正加快从"制造"向"制造 + 服务"转型，企业既要把产品造好，也要把服务做好，两方面有效融合，才能构成产品全生命周期的完整生态，从而为用户提供最佳体验。也就是说，未来汽车产品创新是"产品＋服务"的融合创新。服务创新是对产品创新的补充甚至超越，或者说服务创新已经成为产品创新的重要组成部分。未来，服务也将成为企业的核心竞争力。

在我看来，做好服务的关键在于打造出相应的企业文化，使之成为企业的灵魂。实际上，几乎所有公司都在讲"一定要服务好用户"，可有不少公司只是在喊口号。而要想让"服务好用户"的理念真正落地，绝不是只喊口号，或只做好某一件事就能实现的，这需要企业从上到下、从里到外的共同努力。服务是一个水滴石穿的过程，在这个过程中，首先企业领军人自己必须相信和坚持。可仅靠高层管理者的力量肯定远远不够，因此一定要把服务理念融入企业文化中，融入到每一名员工的骨子里，然后努力形成全员共识，最终融入所有员工的意识中，成为团队共同的价值观和企业文化。

这种"制造＋服务"的生态建设，一方面要做好线上服务，即通过有效手段把所有用户有效连接起来，及时了解用户共性或个性的各种服务需求，并尽最大可能予以满足。用户可以通过APP直连车企，遇到产品技术和使用问题均可直接询问工程师，第一时间得到专业回复或处理。另一方面，还要做好线下服务。对此，车企可以主要依托4S店的体验中心来开展。这已经不是传统4S店那种用户修车时可以喝饮料看电影的层面，而是要构建一个充满关爱的全新服务环境，让每一个用户都能感受到自己身处一个温馨的大家庭，可以随时"回家"做自己感兴趣的事情。

企业打造品牌必须赢得消费者的关注、青睐乃至信任，为此，强调关爱用户、让用户得到暖心的服务，我认为这无疑是正确的方向。如果说此前汽车产品交付给用户后，就与整车企业基本没有联系了，那么未来汽车产品交付给用户后，整车企业必须在使用过程中继续提供支持，这样才能让用户把车用得更好、用得更开心、用得更持久。这种能力将成为汽车产品创新中很重要的组成部分，同时服务环节也将为企业创造巨大的利润空间。

05 协同融合创新

未来车企对供应商要有不同的定位和管理模式

汽车上60%～70%的零部件都是采购来的,每一款车型涉及几十家甚至上百家供应商。在智能汽车的供应链管理上,整车企业90%以上的精力还是花在了质量管理、采购管理和账期管理等方面,新造车企业的工作与传统汽车企业相比并没有什么不同。当然,未来整车企业在供应链管理过程中还需要注意几点。

第一,供应商的信心管理至关重要。例如车企要打造行业领先的自动驾驶系统,没有供应商的全力支持是很难做到的。而供应商与车企合作需要很大投入,优质供应商对整车合作伙伴是要进行评估和选择的。特别是芯片等一些新兴领域的供应商很强势,几乎所有整车企业都要寻求与其合作。对车企来说,必须全力以赴做好供应商的信心管理,争取最大限度地得到供应商的支持。

第二,与供应商有效合作还需要进行文化管理。整车企业有自己的文化,供应商也有自己的文化,必须寻求两者之间的共同点和平衡点。核心就是要建立平等、合作的文化氛围,而不是以整车企业的身份"压迫"供应商,这样供应商才能以更积极和投入的方式与车企合作。

第三,整车企业还应探索构建与供应商的新型合作模式。在产业重构的新形势下,由于所处层级和技术能力不同,供应商已经出现了两级分化。其中一部分供应商下沉成为代工厂。以前整车企业向供应商支付开发费和模具费等,由供应商完成相应的零部件开发工作。而现在开发智能汽车时,很多原本由供应商负责的零部件设计工作必须由整车企业自己完成。由此,车企对这部分供应商就需要采用代工管理模式。也就是说,车企完成设计,然后告知相关供应商所需零部件的要求和数量,供应商只负责生产,甚至供应商用到的下一级配件也由车企购买或指定。

这就与传统的供应商管理模式完全不同了。

以前车企打造一款车型，直接涉及的供应商大约有两三百家，而现在智能汽车的供应商远远不止这个数量。因为以前很多零部件是以总成形式整体采购的，在整车企业的采购管理系统中只视为一个零部件，而现在很多零部件是拆分采购的，这样零部件及其背后供应商的数量自然就变多了。例如中控大屏、电池包等，车企要自己完成设计开发，然后分包给很多二级供应商生产。很多与智能相关的总成，由于不再有整体供应商，都必须采用这种代工方式来处理。

与此同时，另外一部分供应商则成为车企的战略合作伙伴，在各个维度与车企展开密切合作，不只是生产零部件，也不只是设计零部件，还会参与到整车企业的运营和业务管理中。例如电池方面的供应商，就应该参与到车企的售后服务环节。传统汽车的发动机修理大多是由整车企业处理的，很少让供应商直接负责，可能只有一些大客车发动机的维修存在例外。而现在的电池维修，整车企业其实是做不了的，因此车企就要与电池供应商结成战略合作伙伴关系，让供应商直接负责。双方在质量、成本、商业模式等层面共同探索和努力，真正形成一荣俱荣、一损俱损的利益共同体。

车企必须掌握产品集成创新的主导权

无论产业如何变化，关于造车这件事，业外公司肯定还是不如汽车企业。因此面对当前各种各样的创新可能，车企要做的就是秉持更加开放的思维，努力将其集成到汽车产品中。因为无论有哪些新内容，都只能在汽车上实现，都需要融合创新。

另一方面，如果车企在集成汽车产品时只掌握躯体，而汽车大脑等决定汽车产品属性和表现的关键内容都由其他公司提供，那车企拥有这个集成载体又有什么意义呢？从这个意义上讲，尽管融合创新是大势所趋，但企业恐怕仍然不能在所有层面都毫无保留地向合作伙伴开放，说到底，拥抱变局、协同创新的目的还是为了做强自己。

对车企来说，集成产品的主导权一定要掌握，即集成的内容必须由车企来定义。这不仅源于车企要对汽车品牌和产品负责，还源于基于汽车的本质实现与各种场景的结合本就是车企的优势。

针对从圈外进入汽车产业的其他企业，包括互联网公司，它们原本不具备造车能力，即使从各个车企挖来很多人才，造车的基因也很难在短时间内形成。而针对车企，它们对汽车产品的深刻理解可谓是天生的，这是固有基因。接下来车企要做的就是以更开放的思维来拓宽汽车的使用性。从如何实现整车集成和如何使用汽车的角度看，车企更有优势，只不过现在汽车人必须基于互联网思维来重新思考汽车与其他相关产业的大融合。

如果汽车人基于对汽车本质的理解，从汽车使用的角度出发，以互联网思维进行汽车产品创新，那么广大用户一定会更愿意使用汽车。这里的基本逻辑是，在用户使用汽车的过程中会产生大量数据，车企与其他企业共享部分相关数据，就可以为用户提供更多、更好的用车体验。不过涉及汽车产品底层控制的数据一定要由车企自己掌握。为此，车企也需要软硬件集成以及部分软件开发方面的人才。也就是说，对整车企业来说，掌握汽车产品的硬件始终是基础和根本。而现在智能汽车硬件的新架构还没有明确，车企需要边做边学。

未来汽车产品创新要求相关企业必须做好分工协作

传统车企必须掌控的核心能力，有两点可能是最重要的：一是定义使用场景的核心能力，车企需要藉此提升自己的差异化竞争力；二是资源整合的核心能力，即在多元丰富的产业生态中通过构建新的商业模式，获得自己需要的资源。

其实，在某种意义上互联网企业也需要转型，它们希望把传统互联网生态向工业互联网延伸，而汽车产业恰恰是工业互联网中最重要的领域之一，因此双方都愿意相向而行、深度合作。现在，自主车企把平台提供给互联网公司作试验田，为其技术实现更广泛的商业化创造机会，而互联网公司则给车企提供优质技术，使车企的产品保持领先，这样就形成了优势互补和良性互动的双赢局面。

未来，相关企业在这方面应该可以很好地进行分工。实际上，现在企业已经在讨论这个问题，包括车企做什么？供应商做什么？供应商向车企开放什么内容？车企给供应商提供什么接口？总体来说，可以将这些功能中比较基础的软件部分交给博世、华为等供应商来做，但与场景直接匹配的应用软件，尤其是对一些特殊性较高的场景，可能交给整车企业来做更合适，因为这样不同车企的产品之间才能真正形成差异化。例如各家车企可以使用相同的操作系统，也可以使用相同的底层软件，但只要上面的应用软件不同，呈现给用户的汽车产品和服务就会有所差异。而且这应该也是最经济的一种解决方案，每家车企都去做自己的操作系统和底层软件是不现实的。

在软硬融合的过程中，软件将在很大程度上发挥主导作用，这是未来汽车产业与过去相比最大的不同。因此，汽车企业一定要认认真真向ICT企业学习。同时，ICT企业也不能固步自封，事实上当前软件技术也在快速变化中，而且不了解汽车也无法充分发挥软件的作用。因此ICT企业也要向汽车企业学习，这样双方的跨界合作才能更加顺畅高效。

院长心声　　　　　　　　　　　　　　　　　　　　　　VOICE

整供关系正在发生根本性改变

随着汽车智能化的不断发展，车企必须掌控核心软件和一部分关键硬件，自己完成相关的设计开发工作，这样一部分供应商的研发角色就被弱化了，逐渐成为车企的代工厂。但另一方面，"汽车新四化"相关的很多新兴领域都有很高的技术门槛，车企能做的工作其实非常有限。在这些领域，车企就不能只把相关供应商视为供货者，而是要使其真正成为自己的战略合作伙伴。

同时，智能化的不断发展也为信息产业巨头们进入汽车领域提供了战略契机。不过，整车企业对此没有必要过于担心，因为汽车产品始终是各种"新"技术集成应用的核心载体。而车企在几十年甚至上百年发展历程中积累起来的整车集成能力，是信息产业巨头们所不具备的。这部分基础性、支撑性的关键能力，是车企参与新时期产业竞争的最有利条件之一。

从这个意义上讲，只要车企不断强化整车集成能力，就可以应对产业重构带来的挑战。至于在汽车上"新"出现的某项核心技术，车企是掌控得多一点还是少一点，都只是战术层面的问题。真正属于战略层面的问题，是车企一定要把汽车产品这个集大成的平台打造好，充分满足未来千人千面、千车千面的各种使用需求，这才是车企的核心竞争力。当然，能力强、规模大的车企，也要努力掌握更多的"新"核心技术。未来汽车涉及的核心技术将日益复杂、日益多元、日益交织，没有任何一家企业能独自掌握所需的全部核心技术。因此，企业必须充分聚焦、有所取舍，选准最核心的部分掌握在自己手里，这样才能重新定义整车架构并优化车辆控制。有实力的车企都会朝着这个方向努力。由此可知，如果Tier1仍然沿用简单的嵌入模式与车企合作而不做改变，肯定是走不了太远的。

实际上，现在所有整供汽车企业都在思考同样的问题，也都需要重新确定自己的发展策略。当前，不少供应商以软件公司作为自己的转型目标，但真要实现这个目标并不容易，沿用原来的打法是不可能成功的。

唯有融合创新方能实现汽车产品价值倍增

对整车企业来说，汽车产品上的软件不能无限制地开放给第三方企业。但反过来讲，如果软件开放程度不足，又会导致生态丰富性下降，进而影响产品竞争力。因此车企围绕"软件定义汽车"必须确定一个基本原则，就是既要实现高效、丰富的差异化，又要确保企业对核心软件的掌控。

当前，车企和ICT企业的合作，主要还是从服务生态角度展开的。而未来，智能汽车还会有直接控制功能和性能的外部开发生态。对于这部分软件，一些整车企业正在涉猎，而像博世、华为这些新旧供应链企业也在探索，其中恐怕是有所重叠并存在竞争关系的。在一定程度上，我认为这涉及未来汽车产品的核心Know-how究竟由谁掌控，以及掌控多少的关键问题。

未来创新不能只盯着自己手里有限的资源，必须做好"跨界"资源的组合和整合。例如在混动系统中，发动机之所以能做减法，在本质上就是借助于"外部资源"电池和电机的优势。万物互联后，一切资源都可以"为我所用"。各方参与者要有效分工、协同合作，并在此过程中各取所需，获得自己需要的收益。缺少任何一方的资源，其他参与者都很难完成创新。因此组合创新将成为常态，而达到融合创新的高度时，就会产生更大的价值。从这个意义上讲，今天企业不能总想着关起门来"偷偷"把自己的产品做好，实际上，其他企业具备的资源及能力在产品创新中是必不可少的，唯有组合创新乃至融合创新才能产生价值倍增的效果。

06 商业模式创新

车企应重新审视自我，构建开放平台

事实上，产业重构和产品进化都不可能一蹴而就，路还是要一步一步地走。现在我们总是说汽车产业太封闭、太保守，一定要加紧转型、加快创新，这在大方向上无疑是正确的，但并非传统汽车产业就如此落后，以至于所有环节和领域都要彻底变革。也不是互联网或家电行业的从业者来到汽车企业，就完全按照他们的想法去造车，而是说他们会给传统汽车人提供不同的视角重新审视汽车产业。汽车产业有自身的规律，即使未来汽车成为更加智能的产品，并且包含了更多服务内涵，其本质也还是汽车，还是要实现安全运载的基本功能。也就是说，人们对汽车的基本诉求并不会发生变化。

但与此同时，汽车人必须以更开放视角看待汽车产业，所谓兼听则明，我们需要从外部视角反思到底有哪些事情做得对，又有哪些事情做得不对。"不识庐山真面目，只缘身在此山中"，很多时候只是自己进行

思考和判断是不够的，借鉴外部理念和思维方式才能让我们更容易发现问题。因此，当前车企应该积极吸纳更多领域的不同思想，包括内部引进跨界员工，也包括外部加强深度交流等。

实际上，这还不仅仅是以外部视角审视传统汽车产业的问题，而是未来汽车产业作为一个更加开放的平台，必须引入外部力量来共同发展。例如汽车产品与服务的结合，需要实现自动驾驶、V2X、智能座舱等功能，这样才能提供相应服务。这显然不是只靠汽车产品创新就能实现的，还需要与道路、其他车辆、外部环境等互相关联、融合发展。因此，车企要努力把自己打造成一个更大的平台，让各方参与者都愿意汇聚到这里来，获得为用户服务的机会和收益。

可移动性与物联网结合将催生汽车新属性

汽车产业的发展趋势已经日趋明显，就是汽车硬件的重要性正相对下降，且同质化越来越严重。而基于汽车软件的服务逐渐成为产品差异化的关键，且具有广阔的增值空间。无论如何，网联化和智能化一定是未来方向。

展望未来，汽车出行产业将是一种全新的生态，具有更大的范畴，其中心位置究竟在哪里，现在还无法确定。等到汽车出行生态系统形成后，汽车产品形态和种类很可能与今天完全不同，因此车企所做的事情也很可能与今天完全不同，最终或许有的车企将成为创新科技公司或物联网公司。

对传统车企来说，很可能只有最后十年的窗口期了。颠覆性的互联网思维就像一波巨浪，很快会席卷整个汽车行业。最终恐怕只有几家汽车企业能获得引领性的成功，而其他企业至多只能处于跟随状态，勉强存活下来。因此，传统车企必须加紧做出改变。

当然，我们也不必太过纠结于未来汽车产业究竟是互联网企业占据主导，还是汽车企业占据主导。汽车毕竟还是实体产业，互联网思维更多的是驱动商业模式创新，而产业的主体应该还是提供产品的车企。如果车企能把产业重构和产品形态想清楚,同时积极拥抱互联网公司,那么车企在汽车产品创新上的执行能力和实现能力肯定要比互联网公司强得多。

事实上,未来汽车产业将迎来更大的发展空间。具体来说,一是市场需求将持续增长,这既源于中国消费者对汽车出行的刚性需求远未饱和,也源于人们对交通系统智能化升级的需求将越来越大。二是汽车的关联性将持续增强,例如5G网络环境下的核心产品将是什么?肯定不是手机,手机有4G支持就可以了。下一代网络技术的风口一定是汽车,唯有自动驾驶的智能汽车才需要5G支持。同时,汽车的可移动性与物联网充分结合,将产生无穷多种全新可能。在此前景下,未来汽车作为可移动的网联节点、智能终端、储能供能装置和伙伴式机器人,将在"人-车-家"全场景中发挥更核心的作用。由此,不仅汽车作为交通工具的属性会变得更强,还将衍生出很多重要的新属性。

小额高频收费的商业模式将给产业带来重大变革

未来车企应该与供应商一起直接面对用户,这其实应该是跨界融合中一件相对简单的事。此前,汽车产品上的很多配置都是车企从供应商那里采购来的,供应商是向车企收钱。未来供应商完全可以直接向用户收钱,而车企则无需支付采购费用,反而可能会向供应商收取少量的"入场费"。

这样,供应商的盈利模式将发生根本性改变,转为追求小额高频收益。例如自动泊车系统的接受度,如果因搭载自动泊车系统而提升汽车产品的售价,很多消费者是不接受的。而如果车价不变,车上搭载的自动泊车系统只在使用时收费,消费者的接受度就要高出很多。例如,用户把车开到某处,只需在手机APP上操作,汽车就会自行停到地下停车场内。当用户需要用车时,在APP上再操作一下,汽车就会自行开出。这样每次使用该功能可能只需要支付5元钱,大部分人都是可以接受的。

实际上,这个市场非常大,尤其像北京、上海等一线城市,花费20

分钟找停车位的情况很常见。如果汽车有了自动泊车功能，就可以节省用户的停车时间。此外，自动泊车功能还可以优化泊车资源的利用。这种小额高频收费的商业模式一旦实现，必将引发汽车产业的重大变革。

虽然现在这种模式还只是设想，但实现起来应该也不会特别困难。面向自动泊车模式，停车场的基础设施改造并不需要太多投入，却能给停车场带来很大收益。而开始时，车企大可不必向全社会开放，完全可以一个一个停车场地逐步推广。同时，车企每开通一个停车场，就等于帮助供应商得到了一个收取费用的机会。供需两端都有积极性，这个应用场景就一定可以越做越大。由此出发，未来智能网联功能在汽车产品上的应用，很可能并不是将外部互联网的内容引入到汽车上，而是将汽车植入到整个互联网体系中。

院长心声　　　　　　　　　　　　　　　　　　　　VOICE

汽车企业应该更积极地探索新模式

我认为，汽车企业应高度重视生态经济的价值。今后，可能有的人只是被某家车企的体验店吸引，喜欢到那里喝咖啡，或者读书、会友，最终并不一定买车。但只要他认可了这家企业的理念和文化，即使自己不买车也会向别人推荐这家企业的产品。因此在未来的生态经济模式下，企业并不一定要把每一个人都发展成用户，只要能吸引到足够的关注就是成功。不像现在的4S店，有时消费者去了只看车不买车，还不受欢迎。曾经的营销理念真的落后了，汽车企业应该更积极地探索新模式。

五年前，我曾写过一篇关于iParking，即城市智能停车模式的论文。当时我就指出，中国城市建设在停车设施方面普遍存在缺失，这是造成交通拥堵的主要原因之一。相比之下，发达国家一些大中城市之所以没那么拥堵，很大程度上是因为建设了很多立体停车场，几乎每个主要的交叉路口旁都有。其中，有些停车场是由老建筑改造成的，那些建筑在汽车没有普及之前就已经存在了。而中国没有面向汽车社会的需要及时进行基础设施改造。不过，在后续的"补课"过程中，我们恰好可以借助汽车产品以及基础设施智能化的最新成果，规划并建设更高效的智能停车场，进而为智能汽车的发展提供助力。

随着软件和硬件的深度结合，原来汽车产业简单的"产品"概念正在向"产品+服务"的新概念转变。这意味着仅仅从技术角度定义汽车产品已经不够了，车企还要从用户体验、商业模式和资源组合等角度来重新定义汽车产品。正因如此，企业CEO应肩负起确定产品定义、选择技术路线、统筹内外资源的职责，做好汽车产品创新的关键决策。

实际上，与传统汽车产品不同，未来汽车产品或将进一步成为创新创业的载体性平台。车企只提供一个"毛坯房"，不同的使用者可以根据自己的需求和喜好进行不同的"装修"，从而使汽车产品更适合不同的场景。在这个过程中，供应商也将获得直接为用户服务的机会，帮助用户完成或更新相应的"装修"。由此，我们对未来汽车产品的应用可以有无限畅想。例如，自动驾驶汽车把车主送到单位上班后，完全可以自行出去载人或运货，从而成为车主的盈利工具。

07 品牌建设创新

成功塑造品牌要做到四个一致

未来企业应该如何从技术创新的角度支撑产品创新，这是一个非常大的话题。如果往根源上推，就涉及汽车品牌如何塑造的问题，这是第一步。从品牌塑造上看，至少到目前为止，特斯拉是比较成功的。那么，为什么特斯拉能很好地建立起自己的品牌呢？首先，特斯拉的创始人马斯克定义了一个宏伟的愿景，或者说是伟大的梦想，这个梦想把很多用户变成了粉丝，让用户感觉是在参与特斯拉的事业，一起去实现共同的愿景。这个愿景就像自我进化一样，是在不断迭代升级的，可以一步一个台阶地不断前进。而特斯拉给用户带来的体验及其核心技术的开发，都是围绕着实现品牌愿景展开的。在具体推进的过程中，特斯拉较好地处理了四个一致的问题，这非常值得车企思考和借鉴。

一是目标与手段的一致。实际上，技术就是实现目标的重要手段之一，因此车企必须确保自己掌握与目标强相关的技术。例如以前往往以为整车企业做系统集成就够了，但特斯拉连汽车座椅都自己生产，这是因为特斯拉找不到符合其目标的座椅供应商，所以选择了自己做。由此，就打破了传统汽车产业链原有的分工和界限。

二是品牌与产品的一致。要建立一个能更好服务于用户的品牌，就必须按照用户的需求重新定义汽车，真正提供不一样的产品，并努力让用户形成新的使用习惯，进而认同企业的品牌。例如我们可以看到，目前特斯拉及其他几家新造车企业的自动驾驶体验确实做得比较好，正在逐步改变用户的使用习惯。另外，特斯拉的一些周边产品，例如方向盘配重环，确实让用户敢于脱手了，增加了用户信任。一旦用户形成了这样的用车习惯，就不会再改回去了。

三是购买与使用的一致。以前，车企在产品上设计了很多功能刺激用户购买，但在使用过程中不少功能是用不上的，这是传统汽车产品普遍存在的共性问题。其本质是过于凸显浅层体验，而没有把深度体验挖掘和策划好。今后，车企应该围绕目标用户群的实际用车习惯，去建立产品功能配置的新逻辑，保证用户购买到的产品功能都是确实要使用的。

四是企业组织与内外部环境的一致。特斯拉的组织与传统车企也有很多不同，且仍在不断调整中。这四个一致决定了企业实现愿景的能力，也指明了核心技术的创新方向，即选择哪些核心技术取决于企业要实现什么愿景，战术要服务于战略。例如以做好电动汽车为愿景，电池肯定是非常核心的技术，车企在这方面就要形成自己的核心能力，即使不垂直做到底层，至少也要参与重点环节，形成足够的掌控能力。

品牌向上一定要走差异化路线

现在，不少企业在品牌向上的过程中做得非常艰难。从做法上看，这些企业不外乎是提高和堆砌配置，导致产品的同质性越来越高。同时，原本没有品牌优势，很难获得用户认可，因此效果并不理想。实际上，实现品牌向上一定要走差异化的发展道路，而所谓差异化一定要在网联化、智能化功能上体现。

第一，网联化、智能化是汽车产品未来的发展方向，这一点毋庸置疑。当然，网联化、智能化肯定要经历一个过程，如同功能手机向智能手机的转变过程一样，不可能一蹴而就。

第二，原来智能网联功能都是豪华车的配置，自主品牌跟着豪华品牌走肯定是不行的。原因就在于提供智能网联功能的那几家大型供应商。这些供应商都是把智能网联功能作为配置包卖给不同车企的，这样各家车企就会陷入同质化，自己的智能网联功能和其他竞争对手基本上是一样的。而对自主品牌来说，又没有豪华品牌那样的成本承载力。说到底，上述做法还是把智能网联功能视为某种配置的传统理念。现在，这种理念已经不适用了，今后企业应该从产品基因的角度来重新思考。例如，不是只有高配版车型才有智能网联功能，所有版本的车型都有智能网联功能，这将成为产品基因。

具体来说，形成产品基因上的差异化一定要跨界融合，车企不能总呆在自己现有的小圈子里，要进入外面更大的圈子中，例如进入互联网的圈子。互联网公司在手机及其他消费电子产品上已经实践了很多年，在市场需求把握、用户体验理解以及用户交互方式等方面都有很强的积累，如果某家汽车企业能充分吸收和借鉴这些经验，就更有可能走到竞争对手的前面。

院长心声　　　　　　　　　　　　　　　　　　VOICE

比品牌向上更重要的是品牌定位

当前，很多车企都在努力实现品牌向上。我认为，品牌向上既体现出中国消费需求的不断升级，也体现出中国车企实力的不断提升，因此这个大方向无疑是正确的。但我们必须清楚的是，比品牌向上更重要的是品牌定位。如果车企没有清晰的品牌定位，盲目推进品牌向上，就会迷失前进方向，是根本不可能达成目标的。品牌定位简单地说就是品牌的中心线所在，围绕这一中心线有一个合理的带宽。而品牌向上应该是在明确了品牌定位之后，努力把产品做到品牌带宽的上限。如果某个品牌的定位就是打造经济型轿车，却寄希望于通过品牌向上将产品做到20万元甚至30万元以上，就已经跳出了自己的品牌带宽，是无法得到市场认可的。

品牌向上的关键是让目标消费群体真正喜欢你的产品，在同级别同类车型中愿意花较多的钱购买你的产品，这就需要在产品功能、性能、质量、服务与成本等方面都充分匹配用户期待，并最终努力与用户形成共同的价值观，乃至实现彼此共情。我认为，这才是品牌向上的真正内涵和终极目标。

在产业全面重构的新形势下，支撑品牌定位及品牌向上的汽车产品创新正在发生空前变化。中国车企还像过去那样在同等价位下提供更多配置或在同等配置下定价更低已经不行了，未来必须依靠产品差异化，才有可能在日趋激烈的市场竞争中取得优势。在这方面，智能化将是未来汽车产品实现差异化的最大机会，因为智能汽车能帮助人、解放人、理解人，从而给消费者带来全方位的不同体验。

品牌建设的最高境界是与消费者产生感情共鸣。例如一些人可能并没有驾乘过某个高端品牌的汽车，却发自内心地青睐这一品牌，对其产品满怀期待，一旦他们有了足够的经济实力，就会购买该品牌的产品。这就是品牌的力量。反之，如果消费者需要相关产品和服务时，根本想不到某个品牌，或者想不出该品牌的特点，那又怎么可能购买呢？因此，企业应该持续宣传自己的品牌形象、理念和特色。所谓"酒香也怕巷子深"，即使到了万物互联的时代，企业也需要不断将品牌广而告之。

品牌定位最终需要产品和技术提供支撑

谈到品牌定位，既有客户的选择，也有价格的确定，而最终还是要落到产品上，产品又依靠技术提供支撑。因此，产品创新既涉及品牌创新，又涉及技术创新，更涉及包括品牌建设、产品打造、技术落地等在内的整个管理体系的创新。

同时，高端产品也有价位区别。过去自主品牌总强调性价比，追求所谓物超所值。其实不只是打造高端品牌，在所有中国自主品牌向上的征程中，我觉得都不应该再抱着性价比这个老黄历不放了。因为性价比本质上就是做相同的产品而价格比别人便宜，但未来消费者不再会为同质化的产品买单了。我们更应该打造差异化的产品，让消费者购买之后觉得物有所值。实际上，物有所值才是一种清晰的产品定位。

所谓十年育树、百年育人，培育品牌如同育人，绝不是一朝一夕的事情，必须持续努力，一点一滴地做对每一件事情，这样才能逐渐赢得消费者的关注、青睐乃至信任。就像人们一提到奔驰、宝马就会产生一种情感上的共鸣，觉得它们是豪华车，多花点钱是应该的，这就是品牌的价值。很多人觉得做品牌太虚，其实不然。看似"虚"的品牌还是要靠"实"的产品和技术提供支撑。从这个角度看，每个员工做的每件事，都可能会为品牌添砖加瓦，也可能会让品牌受伤，而最终品牌的培育结果还是要靠产品的市场表现来证明。

如何用技术创新来支撑产品创新，以及如何用市场信息来指引技术创新，这其中最关键的因素在于企业要打造什么样的品牌，以及需要什么样的产品来支撑品牌的落地，这是最根本的目标，而技术只是实现目标、让用户满意的手段。对企业来说，确保品牌愿景、产品创新与技术支撑的一致是至关重要的，也就是说必须做到表里如一。

现在有些企业说的是一回事，做的却是另一回事。例如所有企业都在讲"质量第一"，可当市场销量下滑时，有的企业就开始以牺牲质量为代价降低产品售价，包括一味选择更便宜的供应商等，这样短期或许可以收到提振销量的作用，但长期必然对品牌造成伤害，这就是企业的言行不一。在这方面，中国本土企业与国际大牌企业相比总体而言还有明显的差距。不少本土企业虽然也有自己的愿景，并且听起来认识也很到位，但其实并没有渗透到骨子里真正相信，结果做起来时就经常"走样"，甚至南辕北辙。

08　人才与产品创新

新时期汽车人必须不断挑战自我、开拓创新

新时期汽车人承担着全新的使命，如果还沿袭传统思维、采用传统方法做事，就注定不会成功，"穿新鞋走老路"是没有用的。因此，汽车人必须不断挑战自己，不断否定自己，要批判地借鉴以前的经验。自我否定是改变，被市场否定是被革命，如果不希望被革命，就只能不断改变。当然，"否定"并不是要抛弃过去的一切，而是要批判性地看待以前的经验，先想想是不是该尝试改变，再考虑能不能继续沿用。

因为产业在变化、产品在变化、技术也在变化，所以汽车人必须不断学习新思想、新知识，容不得半点松懈。同时，汽车行业本身比较封闭，汽车人也容易把自己封闭在固定的标准、体系和圈子里，自己去看自己的产品，总觉得挺好，这其实无异于坐井观天。因此，汽车企业领军人一定要放眼看外面的世界，随时关注汽车及其他相关行业正在发生的巨大改变，例如互联网行业、消费电子行业以及快消行业等的发展变化，寻找它们的发展轨迹中可以为汽车行业借鉴的打法。想想看，中国在互联网、手机、家电等行业目前都有世界领先的产品，为什么汽车行业还没有呢？这是值得反思的。

对于企业内部员工，可以通过新型管理模式进行有效引领，还可以通过企业文化和价值观培育创新思维。实际上，在招聘过程中，管理者就可以考查应聘者的价值观、思维方式和行为习惯等，是否与公司的创新需求匹配。更重要的是，车企应有意识地引入一批互联网、快消品、家电等跨界行业的新员工，以他们的思想冲击传统汽车产业的固有理念。同时，在内部要形成交流沟通的习惯，基于交流和沟通，企业才会不断产生打破边界的创新想法。就企业高层领导者而言，一定要理念前瞻、眼光远大、心态开放，对产业重构的理解更深刻，对企业发展的目

标更明确，也对传统车企需要适应时代做出的改变更坚定。总之，今后汽车人要敢于否定传统，敢于打破边界，不断开拓创新，不断挑战极限。

汽车人与互联网人需要相互理解、有效协作

在一个行业里做得太久了，手段就慢慢变成了目的，就会下意识地觉得改变打法肯定是不对的。例如开发汽车产品，形成了标准流程，这个流程逐渐就成了金科玉律。因此，汽车人在不经意间形成了很多固有思维，常常感到有很多地方无法与互联网人沟通。但很多时候汽车人认为明显错误的观点，只是互联网人用的一些术语不够精确，但他们想表达的思想其实是对的。例如互联网人说产品应该如何如何做，汽车人一听就感觉不可行，而实际上互联网人的想法可能更接近问题本质。在很大程度上，这是汽车和互联网产业的话语体系完全不同造成的。很多时候，互联网人因为缺乏一些汽车专业知识和术语，没能把观点表达到位，但他们的直觉和判断往往是正确的，而这恰恰是传统汽车技术人员所缺乏的。

当然，从另一个角度讲，汽车专业人员拥有的技术能力的重要性仍然是不容置疑的。原有的汽车共性基础技术，像整车安全、汽车动力学等必须按部就班、一丝不苟地坚持做下去，在这方面不能随意"创新"。例如开发一款车型需要三年时间，新造车企业不能因为领军人的一句话，就把开发时间缩短到一年半，这是不符合科学规律的。

对新造车企业来说，整车开发流程该有的步骤一个都不能少，测试车辆的数量可能要比大多数传统车企更多。新造车企业必须清楚自身在汽车技术上与传统车企的差距所在，毕竟造车经验更少。总体来说，对于传统汽车产业的理念和经验，新造车企业必须坚持一部分，改变一部分，既要有继承，也要有创新。

此外，在汽车人与互联网人辩论和争吵的过程中，汽车人将逐渐从互联网的角度思考问题，互联网人也将逐渐从汽车的角度思考问题。互联网人与汽车人的相互理解和有效协作，对企业健康发展至关重要。不过,这种理解和协作不应导致互联网人逐渐失去互联网思维,或汽车人逐渐失去传统汽车的理念。

因此,新造车企业的领军人要随时提醒自己:一方面,质量是企业的生命线,汽车产业的基本规律不容违背。实际上,汽车制造领域有非常成熟的技术和经验需要新造车企业学习。不要总想着开辟新路,就像精益生产,只要学得更深入些,做得更到位些,这本身就是进步。另一方面,领军人要始终保持开放心态,认真听取和吸纳,切不可形成新的固有思维。因为一旦僵化理解互联网思维,僵化理解创新,就会形成新的形式主义。

车企管理软件人才应采用不同的方式

近年来,软件人才在车企研发团队中的比例越来越高,预计将来汽车行业内的软件人才将超过半数,因此汽车人才结构的调整非常重要。不过,汽车软件人才并不一定局限于ICT领域,而应该有更广泛的内涵,特别要包括那些兼顾汽车硬软件知识的复合型人才。

同时,软件人才与传统汽车人才在管理方式上应该有较大区别。主要有两个方面的原因。第一,这是由不同人才的工作性质决定的。对传统的机械行业来说,无论是个人的行为方式,还是企业的管理方式,都是比较"机械"的。所谓工匠精神就是要扎扎实实做事,尽可能不出一点偏差。从事机械设计的工程师必须一丝不苟地遵照相关标准和流程,否则一旦图纸出错导致硬件产品出现问题,企业就要付出很大代价。而软件行业则不同,一方面,软件的修改要比硬件容易得多,且软件漏洞往往需要在测试迭代中发现和处理;另一方面,软件Know-how与个人的相关度更高,很多代码只有编程者自己最清楚。因此,软件工作显得比较"随性",相对而言更依赖人才的主观能动性。

第二,软件人才较为集中的创业公司更愿意采用合伙人制度,合伙人制度本身是一种新的生产关系,可以更好地匹配新的生产力,而人是生产力中的核心要素。大家知道软件人才的年龄段和汽车人才不太一样,汽车人才的平均年龄要更大一些,特别是老汽车人,思维方式肯定还带有旧时的印迹，而软件人才普遍更为年轻。现在很多年轻人的生活条件一直很好，而且是互联网的原住民，其思维方式已经发生了很大变化。年轻一代的平等意识以及为自身兴趣工作的愿望，要比老一代人强烈得多。实际上不只软件人才，年轻的汽车人才也体现出类似的特点。对此，汽车企业首先要意识到这种变化，然后要正确看待这种变化，这是时代发展的必然结果，是非常正常的。

因此，整车企业需要在管理方式上进行调整，特别是对不同领域、不同年龄段的人才应考虑采取不同的人力资源管理模式。也就是说，必须让企业的生产关系符合自身生产力提升的需要，紧紧跟上时代发展的步伐。

架构工程师是当前汽车产业最稀缺的人才

当前，智能网联汽车的发展在一定程度上正受困于人才匮乏。记得十几年前，中国在推广电动汽车初期也出现过人才短缺的现象。现在经过这些年的发展，电动化人才的状况已经得到明显改善。相比之下，当前智能网联汽车人才短缺的严重程度更甚于当年电动汽车人才短缺的程度。因为智能化和网联化不只是汽车行业自己的事，还需要诸多产业乃至整个社会的全面转型，才能共同向智能社会方向迈进。对整车企业来说，可能需要的并不是只会编写程序代码的软件人才，而是既会编写程序代码又懂汽车的人才。

整车企业现在最稀缺的就是能把智能网联汽车整体架构讲清楚的人才。相对来说，写程序的软件工程师是有的，但架构工程师太少了。要知道，汽车产品软件的复杂度极高，而且必须确保软件在每次迭代时都不出问题，因此最初的架构设计至关重要。一旦架构设计出现错误，后续越往前推进问题就越多。为此，架构工程师必须深刻理解汽车软件与汽车硬件以及外部连接部分的关系。目前，全社会对架构工程师的需求缺口非常大，并不只是汽车行业需要这方面的人才。汽车是最复杂的民用大型工业品之一，软件行业之前恐怕也没有在这么复杂的硬件上搭建过架构，因此汽车架构设计工作还处在摸索过程中。

架构设计工作确实是非常重要的。以网络安全为例，汽车防御黑客攻击，就像一场守城战，一旦第一道城门被攻破，系统就必须立即监测到，并抢在黑客之前让第二道城门做好防御准备，能否抢到这个时间差在很大程度上取决于架构设计的优劣。

当前，架构工程师这类人才非常匮乏，是汽车行业的稀缺资源。毕竟之前产业内没有人做过这项工作，加之汽车又是高度复杂、多元交叉的集大成产业，合格的复合型人才本来就很稀少。像这类人才的培养，只靠学校教育恐怕是不够的，最终还是要在实践中历练出来。

院长心声　　　　　　　　　　　　　　　　　　　　　VOICE

新时期汽车人才的内涵与范围将有很大不同

实际上，人才也是当前汽车行业面临的共性挑战之一。由于汽车产品正从硬件主导向软件主导转变，汽车企业必然需要大量软件方面的人才，而这些人才与传统汽车人才相比，在理念、个性以及偏好上都有很大不同。例如他们可能更喜欢宽松的工作环境，更追求从事创造性工作的感觉。汽车企业要想把这些人才用好，无疑需要新的人力资源管理和激励方式。

未来，围绕智能汽车将会形成一个多方协同的产业大生态，这其中既包括硬件，也包括软件，既涉及平台架构，又涉及操作系统，既需要单个领域的核心部件，也需要有效集成的关键技术。例如芯片，必须有人定义、有人开发、有人使用。因此，未来汽车产业需要的人才范围将极大扩展，架构设计、数据处理、算法开发、软件编程、测试验证、标定匹配等方面的人才缺一不可。应该说，此前整车企业和供应商分工比较明确，例如标定匹配，整车企业也有少量工程师，不过主要任务还是由相应的供应商来完成。而今后为了适应消费者的个性化需求，实现产品创新的快速迭代，整车企业似乎需要掌控更多才行。

此外，在创新过程中，汽车人和互联网人都应该有自己的坚持。汽车人基于传统车企的经验，要坚持把产品打造好，绝对确保质量。互联网人则带来了新的理念，要坚持以第一性原理来识别和满足用户需求。

实际上，购买汽车的客户和使用汽车的用户是完全不同的，未来有些用户可能只使用而不拥有汽车，为此车企必须建立用户思维，重新思考用户的需求究竟是什么以及如何满足。汽车人和互联网人各自的坚持其实也是一种磨合，最终使大家逐渐都能站在对方的角度思考问题，甚至不再分得清彼此，这对企业的经营和发展是非常重要的。

汽车人必须具有持续学习和自我提升的能力

传统汽车人要转变理念是非常困难的，很多时候不经意间就又会回到传统的打法上去，很难跳出惯性思维。企业内部肯定也存在各种不同声音，要达成共识并不容易。这可能是传统车企转型面临的最大挑战，并不是没有能力，而是受理念和认知制约，不能有效发挥出自己的能力。反过来，这可能恰是新造车企业的后发优势所在。

事实上，传统企业只有高瞻远瞩的大战略还不够，如果操盘手的理念落后，也会把好事办坏，很多时候正确的战略都是毁于错误的战术。赢的企业一定有正确的战略，但有正确战略的企业仍然可能因战术不力而输掉竞争。因此既要做正确的事，也要正确地做事。

在产业变革期，汽车人与时俱进、持续学习和自我提升的能力至关重要。这就像智能汽车一样，业界对其定义一直有不同看法，而我认为智能汽车的本质并不在于汽车产品有多聪明，而在于其是否具有自我学习和自我进化的能力，这样才能基于数据迭代越来越好地服务于人，真正成为用户的伙伴。未来，打造智能汽车的人首先要具备智能汽车的基因，能不断学习、不断进步，这样才能打造出真正的智能汽车。

因此，企业高层领导的思想首先必须超前。有了思想超前的领军人，员工的开放思维和创新精神都是可以培养和引导的，包括从不同行业、领域引入新员工，有意识地强化思想交流和理念改变，并使之成为企业的文化和价值观等，就是可行的手段之一。

车企当前亟需进行人力资源模式创新

为拥抱新一轮科技革命，整车企业对组织架构进行调整是必然的，而目前有些车企正按未来发展的转型战略进行相应布局。例如实现了研究与开发的分离,避免了开发团队既要做好眼前的产品,又要思考未来的技术储备,让专业的人做专业的事,也让不同的人聚焦于不同的环节,这样研发的整体效率就提高了。

同时,企业也要为如何用好新领域的人才动足脑筋。过去,汽车产品创新基本上都是渐进式的改善,像化油器升级为进气道喷油,再升级为缸内直喷等。而在新一轮科技革命的驱动下,今后汽车产品创新将是跨越式革命,其核心是基于数字化实现智能化。汽车企业原来并不具备数字化、智能化等领域的技术,面对产业日新月异的快速变化,必须考虑如何用新的打法有效支撑新技术领域的创新。

此外,车企今后的竞争对手不限于其他车企,可能还包括一些信息通信产业巨头以及其他领域的科技公司。因此,车企既要努力招揽到新领域的相关人才,也要充分发挥他们的作用,以期在未来的竞争中占据优势。而互联网等产业的人才与传统汽车产业的人才是不同的,他们可能更追求自由创新、创业的氛围,如果还是按照原有的人力资源模式实施管理,就很可能会束缚他们的创新活力,或者出现一些人积累了部分汽车经验后就离职的情况。因此,车企需要考虑通过孵化创新、独立运行的子公司以及股权激励等手段,稳定新技术团队,提高其创新产出,为企业的长治久安奠定基础。

架构工程师是懂整车架构的软件人才

车企其实并不缺乏普通的编程人才,或者说即使有缺口也能想办法解决。车企目前最缺乏的是架构工程师,是懂得整车架构的软件人才,他们的任务就是在汽车硬件结构的基础上构建起合理的软件架构,这一定是专门为汽车产品设计的软件架构,也是能把软件和硬件充分打通的平台,包括软件控制、数据处理、平台接口等,都要在这个架构上预先考虑清楚。

除实现汽车的各种基本功能和性能外,架构设计还事关汽车安全。必须确保各个接口不易被侵入,要像涂上了强力的"密封胶"一样防备黑客攻击。同时,如果黑客侵入了系统,要能及时监测到,并预设有效的防御措施,甚至能反向追踪并攻击黑客。也就是说,未来汽车的冗余设计不仅要考虑硬件冗余，还要考虑软件冗余。这些诉求都要在整车架构上予以考虑和体现，因此架构工程师的责任重大。

前段时间我们参与工信部智能网联汽车人才需求预测项目，特别提出了整车架构工程师和系统/模块架构工程师的概念。架构工程师既要懂软件，也要懂硬件，更要从整车或整个系统的角度来思考软硬件各组成部分之间的关系与连接。从这个角度出发，像架构工程师这类交叉复合型人才，只靠学校教育是培养不出来的，必须在实际工作中不断磨练才能形成所需能力。

还有一点需要特别注意，软件人才和硬件人才的成才时间是不一样的。硬件注重经验积累，硬件人才往往经过多年的磨砺，年纪比较大了，才能进入中高层。而软件注重迭代，软件人才成长更快，普遍年纪轻轻就能独当一面了。由此，在汽车网联化智能化快速发展的新形势下，汽车人才群体可能会更年轻化，同时也更具成长性。

汽车学科教育要把硬件教足、软件教够

在新形势下，高等院校调整汽车学科的培养计划，特别是在知识体系和思维方式等方面进行优化，也是非常必要和紧迫的。以前大学里所学的主要是汽车硬件的基础知识，早些时候也没什么软件知识可学。而现在情况不同了，我认为高校里除了要把汽车硬件的基础知识教足外，还要把汽车软件的基础知识教够，同时更要培养学生开放的思维方式和持续的学习能力。今后，随着汽车产业向新四化的方向不断发展，汽车人才的复合性需求将日益突出。汽车人才既要懂硬件，也要懂软件，既要懂软件的编程，也要懂软件的逻辑，既要有工程思维，也要有互联网思维。因此，无论学校还是企业，在育才方面都需要进行创新性改变。

实际上，目前对于高等院校的汽车学科教育究竟应该如何改革，大家也有不少困惑。记得此前某一年，就曾有过知名车企表示不招聘车辆、机械等传统专业的毕业生，却对计算机、软件工程、信息工程等偏"软"专业的毕业生敞开大门。如果车辆专业的毕业生在汽车企业都失去了机会，那是不是说学汽车的大学生都应该去学软件呢？我想，答案肯定不是这样的。正如前面谈到的，汽车并不是只有软件重要而硬件不再重要了，未来企业真正需要的是软硬结合的人才。因此，汽车学科的培养计划还是应该立足于让学生把车辆的基本原理和基础知识学透，同时适当向"软"的方向进行扩展。当然，这个度的把握是最难的，还需要结合产业的实际需求不断进行回归探索。

我认为，来自企业一线的真实需求，才是汽车人才供给侧改革的方向。未来，那些只会写代码的软件人才，并不是车企急需的核心人才。具有软硬件融合的思维和能力，既懂汽车硬件、又懂汽车软件的人才才是车企最为需要的。事实上，从企业的角度看，人才永远都是短缺的。只不过这种短缺不一定是数量上的，更有可能是结构上的。从高等院校的角度看，未来的方向一定是培养学生形成硬软件兼顾的能力，这不是只修改一下专业名称就能实现的。最终，毕业生还是要在企业经过一定时间的历练，才能真正成为车企的中坚力量，而且像架构工程师这类高端复合型人才可能还是要靠企业来培养。当企业发展到一定程度后，这类人才就自然同步培养出来了，然后再把相关经验反馈给学校，形成相对标准化的培养方案，以便后续批量"生产"相关人才。

判断力是企业领军人最重要的一种能力

传统汽车企业必须摒弃历史沉淀的包袱，以创新者的姿态不断前进。尽管未来存在很大的不确定性，很多新事物的发展路径和节奏都难以准确预判，但有一点毋庸置疑，就是企业一定要充分开放、海纳百川、求新求变。

为此，企业必须不断了解和借鉴外部的新思想、新观念和新举措。一方面，这需要企业建立积极倾听、认真思考、鼓励尝试的价值观；另一方面，也需要企业把创新探索与现实基础有效结合起来，确保所做的事情既能落地，又能与未来打通。企业领军人应以非常积极的态度来面对思想碰撞，认真倾听、不断思考，然后做出决策，并领导团队努力探索和大胆实践。如果做不到这一点，企业要么就会与传统车企没有什么区别，要么就会在创新中迷失方向，以至于更快地走向失败。

此外，企业领军人要多与不同领域、不同经历的人交流，他们会带来不同的思考，为我们开拓思路并提供宝贵的镜子，使我们能更好地反思自己选择的道路和走法正确与否。事实上,"做正确的事"比"正确地做事"更重要,因为如果是在正确地做错误的事,只会错得更多。判断正确的事无疑是企业领军人的职责,从这个意义上讲,判断力是领导力中最重要的一种能力。不过判断力不会从天而降,领军人如果对各种不同的声音没有倾听、没有思考、没有借鉴,总是在封闭状态下自以为是地进行判断,是不可能做出正确决策的。因此,领军人一定要与时俱进,不断碰撞思想,不断自我挑战,不断自我提升。

附 录

嘉宾简介

一、凤凰网汽车、主持嘉宾及本书作者

01　凤凰网汽车

凤凰网（凤凰新媒体，纽交所代码：FENG）是全球领先的跨平台网络新媒体公司，整合旗下综合门户凤凰网、手机凤凰网及移动客户端、凤凰视频三大平台，秉持"中华情怀，全球视野，包容开放，进步力量"的媒体理念，为主流华人提供互联网、移动互联网、视频跨平台整合无缝衔接的新媒体优质内容与服务。

凤凰网汽车，日均 UV250 万，PV5500 万，月度覆盖人数 3800 万，拥中华情怀，享全球视野。凤凰网汽车力求打造最准确、最详尽、最专业的车型数据及报道产品，提供最新行情及走势分析。凤凰网汽车由媒体平台转变为产品服务平台，深度满足汽车用户需求，追随互联网移动化趋势，打造 PC + 手机的服务平台。凤凰网汽车品牌栏目"速识主义""读懂白车身""凰家众测"等共同打造凤凰网汽车媒体影响力，为品牌广告提供强力支撑。目前，凤凰网汽车已在华北、东北、华东、华中、华南、西南、西北大区开设 50 个城市分站，通过以看车、选车、买车于一体的无缝式服务体系，向不同地域汽车消费者提供本地化、零距离的全程关怀式购车服务。凤凰网汽车以全新的理念迎接汽车市场变革，以地区为核心，城市为基础，建立覆盖全国各地的地方站网络系统，深耕二三四线城市，扩大用户群，强化品牌影响力。

02 主持嘉宾及本书作者

赵福全,博士,清华大学车辆与运载学院教授、博导,汽车产业与技术战略研究院(TASRI)院长,世界汽车工程师学会联合会(FISITA)终身名誉主席。目前主要从事汽车产业发展、企业运营与管理、技术路线等领域的战略研究工作。在美日欧汽车界学习、工作近二十年,曾任美国戴姆勒-克莱斯勒公司研究总监(Research Executive)。2004年回国,先后担任华晨与吉利两家车企的副总裁、华晨宝马公司董事、吉利汽车(香港)执行董事、澳大利亚DSI控股公司董事长以及英国锰铜公司董事等职。作为核心成员之一,领导参与了包括并购沃尔沃公司在内的多起国际并购案及后续业务整合工作。

赵教授2013年5月加盟清华大学。现任世界汽车工程师学会联合会首届技术领导力会士,美国汽车工程师学会会士,中国汽车工程学会首届会士、理事长特别顾问、技术管理分会主任委员,英文期刊《汽车创新工程》(Automotive Innovation)创刊联合主编,中国汽车人才研究会副理事长,以及多个地方政府及多家企业的首席战略顾问。

赵教授作为特邀主持嘉宾与凤凰网在2014年共同创办了凤凰汽车"赵福全研究院"高端对话栏目,迄今已经与行业领袖及知名企业家等重量级嘉宾开展了66场对话。赵教授主持开发过近20款整车及10余款动力总成产品,主导完成了各类重大战略及管理咨询项目150余项,拥有授权发明专利300余项,已出版中英文专著11部,其中一部英文专著已被译为中文,发表中英日文论文300余篇,在主流报刊上发表产业评论100余万字,在重大论坛上发表主题演讲200余场次,曾获《中国汽车报》行业年度人物、纪念改革开放30周年及40周年中国汽车工业杰出人物、

《21世纪经济报道》年度自主创新人物、"中国经济网"汽车行业年度人物等重大奖项30余项。世界汽车工程师学会联合会为表彰赵教授的特殊贡献而授予他主席奖盘，该奖盘由北京汽车博物馆永久收藏。

刘宗巍，博士，清华大学车辆与运载学院副研究员，汽车产业与技术战略研究院（TASRI）院长助理，主要从事技术评价与决策、技术创新体系建设及汽车产业发展战略等研究工作。

吉林大学（原吉林工业大学）汽车工程学院车辆工程博士，麻省理工学院（MIT）斯隆汽车实验室访问学者。曾在吉利研发一线工作六年，历任吉利汽车研究院技术管理部副部长、项目管理部一级高级经理、产品战略及策划部部长、院长助理（副院级）等职，直接领导过企业产品战略、技术、项目、知识产权及商务等五大业务板块的技术管理工作。

2014年入职清华大学至今。现任中国汽车工程学会理事会理事、技术管理分会秘书长、人才评价工作委员会首届委员，中国汽车人才研究会常务理事，英文期刊《汽车创新工程》（Automotive Innovation）副主编。

近年来承担或参与国家、行业及企业战略研究项目50余项。领导编撰企业、产品及技术战略等研究报告，合计近百万字。已发表论文60余篇，出版著作8部。经常受邀在行业重大论坛发表主题演讲或在行业主流媒体上分享观点。获中国汽车工业优秀青年科技人才奖（2017年）、中国产学研合作促进奖（2018年）。作为主要完成人，获全国企业管理现代化创新成果一等奖（2012年），浙江省企业管理现代化创新成果一等奖（2012年），中国汽车工业科学技术二等奖（2016年、2018年），高等学校科学研究优秀成果奖（人文社会科学）二等奖（2020年）。获评为机械工业出版社汽车分社"十三五"十佳汽车图书作者（2021年）。

马青竹，现任凤凰网汽车事业部产经主编，是从业超过十年的资深汽车产经编辑。中国人民大学法学学士，2015 年加入凤凰网汽车事业部，主导了一系列汽车产经精品栏目，数次获得汽车业内媒体奖项。致力于为汽车行业提供来自媒体的客观观察与思考。自 2018 年以来，参与"赵福全研究院"近 30 期栏目的制作和系列丛书的编辑工作。

二、第十五季"赵福全研究院"嘉宾简介

01 朱华荣

重庆长安汽车股份有限公司董事长、党委书记　朱华荣

朱华荣，现任重庆长安汽车股份有限公司董事长、党委书记，第十三届全国人民代表大会代表。1986年大学毕业后加入长安汽车，曾长期扎根一线从事科研工作，凭借自身努力和业绩，从一名普通的工程技术人员逐步成长为长安汽车乃至中国汽车工业自主创新的带头人，为我国的汽车工业发展做出了重要贡献。

在朱华荣同志的带领下，长安先后在中国、意大利、日本、美国和英国建立了全球化研发体系，成为中国第一家在海外建立研发基地的汽车企业，并成功探索出一条"以我为主、自主创新"，具有长安特色的自主创新道路，被国务院发展研究中心定义为"长安模式"。

朱华荣同志在汽车研发和技术创新领域取得的成绩得到了广泛认可，他个人完成及主持参与的项目先后获得多项重要荣誉或奖项，包括纪念改革开放30年中国汽车工业杰出人物（2008年）、国务院国资委中央企业思想政治工作先进个人（2012年）、中华国际科学交流基金会杰出工程师奖（2014年）、重庆市"富民兴渝贡献奖"（2015年）等。他领导企业实现快速发展，为中国消费者提供了优质的产品和服务，为中国自主品牌汽车的发展做出了突出贡献。

02 夏 珩

广州小鹏汽车科技有限公司联合创始人、总裁　夏　珩

夏珩，广州小鹏汽车科技有限公司联合创始人、总裁。全面负责公司整车相关业务板块，制订汽车产品战略，负责汽车产品规划、实施和质量管理工作。2014 年，夏珩先生作为创始人之一，联合创建了小鹏汽车初始团队，并带领团队共同经历了从零到一的发展历程。夏珩先生具有对新能源汽车发展的前瞻性国际视野，以及对汽车行业的敏锐洞察力，是小鹏汽车发展壮大的重要领导者之一。在互联网电动汽车行业，夏珩先生是勇于创新的领航者，其创业者思维与传统汽车行业经验不断碰撞出新的火花。

小鹏汽车是中国领先的智能电动汽车企业，面向庞大且不断增长的热爱科技的中国中产消费者，设计、开发、制造和销售智能电动汽车。小鹏汽车致力于通过数据驱动智能电动汽车变革，引领未来出行方式。为优化用户出行体验，小鹏汽车自主研发全栈式自动驾驶技术和智能语音车载操作系统，以及包括动力系统和电子电气架构在内的核心车辆系统。小鹏汽车研发总部位于广州，并在北京、上海，以及美国硅谷和圣地亚哥设有办公室，汽车制造厂位于肇庆和郑州。

在创办小鹏汽车前，夏珩先生曾任职于广汽研究院，负责新能源汽车和智能汽车的控制系统开发工作，拥有丰富的国际联合开发经验，对科技与汽车的跨产业融合有独到见解。

03 卢 放

岚图汽车科技公司首席执行官兼首席技术官（CEO&CTO） 卢 放

卢放，现任岚图汽车科技公司首席执行官兼首席技术官（CEO&CTO），负责公司运营工作，同时分管公司战略和发展规划、产品管理和开发以及采购管理工作。

卢放先生有长达22年的汽车开发经验，曾先后担任一汽-大众产品设计师、主管、经理。2014年4月进入一汽轿车，先后担任产品部部长助理、部长；2017年9月—2018年7月，担任一汽奔腾开发院项目管理部部长；2018年7月—2018年12月，担任长春一汽富晟李尔汽车座椅系统有限公司技术总监。在一汽任职期间，负责过大众、奥迪、奔腾、红旗和马自达等品牌车型的研发工作。后赴东风集团任战略规划部专项技术总监，直至出任现职。

卢放先生曾获中国汽车工业科技进步奖二等奖、一汽集团科技创新二等奖、一汽沈曾华自主创新奖等荣誉，曾任全国汽车标准化技术委员会车身分技术委员会（车身分标委）、汽车碰撞试验及碰撞防护分技术委员会（碰撞分标委）委员，在汽车工业技术领域成就突出。他出生于吉林省松原市，拥有吉林大学车辆工程专业博士学位。

04 古惠南

广汽埃安新能源汽车有限公司总经理　古惠南

古惠南，现任广汽埃安新能源汽车有限公司总经理。古惠南先生投身汽车行业33年，先后在广州标致、东风本田发动机、广汽丰田发动机、广汽乘用车等企业工作。作为汽车行业的资深专家和企业家，他在整车和动力总成制造技术、企业管理等方面具有丰富经验，拥有多项发明专利，曾获中国汽车工业科学技术奖、中国汽车工业科技进步奖、广东省科技进步奖等奖项。

2007年，古惠南先生开始参与广汽自主品牌项目建设，现正带领广汽埃安新能源汽车团队，致力于为用户提供世界级智能纯电动汽车产品和服务，引领绿色智慧出行新方式。自2017年成立以来，广汽埃安始终坚持科技创新，持续保持高质量发展步伐，销量连年翻倍增长。2020年，在迎来品牌独立的同时，广汽埃安累计销量超过6万辆，进入行业前五，成为新能源汽车行业的头部车企。

05 张晓亮

So.Car 汽车数据工场创始人、首席执行官（CEO） 张晓亮

张晓亮，So.Car 汽车数据工场创始人、首席执行官（CEO）。1979 年生，河北唐山人。2002—2006 年供职于慧聪国际，2006 年参与创立北京麦锐思管理咨询有限公司。2015 年创立 So.Car 汽车数据工场。

张晓亮先生长期聚焦于汽车品牌和产品战略咨询工作，先后服务于一汽、上汽、广汽和吉利等汽车企业，参与了超过 60 款新车型的产品定义工作，致力于推动车企品牌战略、产品战略和产品定义工具的本土化。

So.Car 是一家以大数据驱动、知识跨界和提供创新解决方案、专注汽车品牌&产品战略的咨询服务机构。其核心团队拥有全球丰富的汽车产品策划和定义项目经验，并不断总结和迭代适用于快速变化的中国市场的最新方法论和模型。

三、第十六季"赵福全研究院"嘉宾简介

01 李 骏

中国工程院院士、中国汽车工程学会理事长、清华大学教授 李 骏

李骏,中国工程院院士,中国汽车工程学会理事长,清华大学教授。1989年毕业于吉林大学(原吉林工业大学)汽车学院,获内燃机工学博士学位,同年就职于中国第一汽车集团长春汽车研究所,2000年后历任中国一汽技术中心总工程师、技术中心主任、集团副总工程师、中国一汽股份公司总工程师等职。2018年3月入职清华大学,任车辆与运载学院教授、博士生导师。

李骏院士长期主持我国大型汽车企业的产品研发与科技创新工作,建成国内领先的自主研发体系和能力,完成多项集团重大产品换代研发,以及国家863、973和重大装备型号研制项目。

在汽车动力总成领域，李骏院士主持研发了重型系列柴油机、直喷增压汽油机系列产品，装备重型货车、军车和红旗高级轿车，发明双轨电控可变喷油规律高压喷油系统、气驱动尿素喷射系统，主持研发并大批量生产了柴油机自主电控系统产品，填补了国内空白。在新能源汽车领域，李骏院士发明了电机与发动机及变速器双耦合的强混合动力构型，主持研发了国内第一款强混合动力和插电式混合动力轿车及混合动力客车产品。在智能网联汽车领域，李骏院士提出了中国一汽智能网联汽车"挚途"技术战略和技术路线，完成了红旗L3原型车和智慧城市智能汽车前瞻预研发。

李骏院士曾获国家科技进步奖一等奖1项、二等奖1项，国家技术发明奖二等奖1项，中国汽车工业科技进步奖特等奖3项、一等奖2项，中国机械工业科技进步奖一等奖2项、二等奖1项，其他省部级奖一等奖1项，2012年荣获何梁何利基金科学与技术创新奖。获得授权专利9项，发表论文98篇，出版专著1部。2018年获世界汽车工程师学会联合会（FISITA）杰出贡献奖。

2009年当选为世界汽车工程师学会联合会主席（2012—2014年），2013年当选为中国工程院院士，现任中国汽车科技进步奖评委会主任、中国内燃机学会副理事长、中国内燃机工业协会副理事长、中国汽车人才研究会副理事长、中国智能网联汽车产业创新联盟专家委员会主任、汽车振动与噪声和汽车安全控制国家重点实验室主任。

02 李 斌

上海蔚来汽车有限公司创始人、董事长、首席执行官（CEO） 李 斌

李斌，上海蔚来汽车有限公司创始人、董事长、首席执行官（CEO）。李斌先生是一位连续创业者，也是中国互联网行业的第一批创业者。早在大学期间，他就创办了南极科技——中国最早的互联网公司之一。1997年，李斌先生又参与创办了科文书业（当当网前身），2000年，创办了中国最大的汽车互联网企业易车（NYSE：BITA）。他不仅对互联网用户的需求有深刻理解，在为企业提供数字时代营销平台产品和服务方面也进行了诸多前瞻性实践。围绕互联网和汽车行业，李斌先生迄今为止参与创办及主导投资了超过40家企业。

2014年11月，李斌先生创办蔚来汽车，致力于通过提供高性能的智能电动汽车与极致用户体验，为用户创造愉悦的生活方式，创造一个以车为起点，分享欢乐、共同成长的社区。旗下主要产品包括蔚来ES6、蔚来ES8、蔚来EC6、蔚来EVE和蔚来EP9等。2018年9月，蔚来汽车在纽约证券交易所正式上市。2020年2月25日，蔚来汽车中国总部项目落户合肥。

蔚来汽车注重核心科技独立正向研发。对于智能电动汽车的六大核心技术——电机、电控、电池包（"三电"系统），以及智能网关、智能座舱、自动辅助驾驶（"三智"系统），蔚来汽车全部拥有自主知识产权。

在李斌先生的领导下，蔚来汽车成为中国新造车企业的领军者，独特而强大的用户服务体系成为其核心竞争力，打造的 NIO House（蔚来中心）是属于蔚来用户和朋友们的生活空间和线下社区。蔚来汽车为中国汽车行业树立了新的用户服务管理模式，因具有良好的口碑与成效而被其他车企广为学习。

03 祖似杰

上海汽车集团股份有限公司副总裁、总工程师　祖似杰

祖似杰，工学硕士，教授级高级工程师，现任上海汽车集团股份有限公司副总裁、总工程师。曾任上海汽车集团股份有限公司副总工程师、规划部总经理等职。目前兼任中国汽车工程学会副理事长、上海市汽车工程学会理事长、中国汽车工业科技进步奖励基金会常务理事、中国集成电路产业技术创新战略联盟副理事长、中国汽车技术战略国际咨询委员会委员、上海市科技成果转化促进会副会长、上海市促进科技成果转化基金会副理事长、上海人工智能行业协会副会长等10余个学术团体职务。曾荣获中国汽车工业优秀科技人才奖等奖项。

祖似杰先生从事汽车行业工作近30年，有扎实的技术功底和行业前瞻性眼光，作为上汽集团技术委员会主任，牵头制订了上汽集团新能源、智能网联、数字化等科技创新领域的技术路线，以及上汽集团整车研发和关键零部件开发能力的提升策略，并面向汽车"新四化"发展趋势，打造了一系列国内领先、国际一流的硬核技术和产品，构建了上汽集团在新能源、智能网联、数字化等领域的产业链、生态链体系。

04 练朝春

上汽通用五菱汽车股份有限公司副总经理　练朝春

练朝春，教授级高级工程师，现任上汽通用五菱汽车股份有限公司副总经理。投身汽车行业 27 年，先后获得国务院颁发的"政府特殊津贴"、国家科技进步奖二等奖、中国汽车工业杰出人物、广西五一劳动奖章、广西壮族自治区劳动模范等荣誉或奖项，带领企业成为具有特色的先进制造企业。

作为上汽通用五菱制造区域分管领导，练朝春先生带领团队打造了"低成本、高价值"的上汽通用五菱智能制造体系，发展先进制造业。他还兼任产品研发区域分管领导，大力推动了上汽通用五菱"新三大战略"（乘用化、新四化、国际化）的贯彻落实。他坚持自主研发，创新性打造了产品联合开发模式，形成了上汽通用五菱独特的产品研发流程，推动了"合资留品牌，合资留自主"战略的落地。他大力发展新能源汽车，集成了通信、软件、云计算、智能控制、能源应用等新领域技术，创造性地构建了三大生态（用户驱动的新价值链生态、大数据驱动的智造生态、政产学研联动的环境生态）。

通过打造特色制造体系及技术研发体系，上汽通用五菱成为中国第一家汽车产销量超 200 万辆的企业，以及广西第一家千亿级制造企业，蝉联 13 年国内单一车企销量冠军，连续 4 年销售收入突破千亿元人民币，位居广西工业企业榜首。